本书由广州市城市规划勘测设计研究院科技基金资助出版

城市形态研究丛书

田银生　主编

广州旧城形态演变特征与机制研究
——1949 年至今

The Characteristics of Urban Morphological Transformations and Development Mechanisms: A Case Study of Guangzhou since 1949

黄慧明　著

中国建筑工业出版社

图书在版编目（CIP）数据

广州旧城形态演变特征与机制研究——1949 年至今 / 黄慧明著 .—北京：中国建筑工业出版社，2018.8

（城市形态研究丛书 / 田银生主编）

ISBN 978-7-112-22043-4

Ⅰ.①广… Ⅱ.①黄… Ⅲ.①城市史—研究—广州 Ⅳ.①K296.51

中国版本图书馆CIP数据核字（2018）第063304号

城市形态是城市社会经济发展的具象表征。对于旧城区这一复杂的城市地区，城市形态的演变深刻地记录着城市变革的历史印记。同时，良好的城市形态对于保证城市可持续发展具有重要意义。广州自 1949 年以来经历了数次旧城发展与更新的起伏，城市形态也随之发生了复杂的演变。全书详细论述了 1949 年至今的广州旧城形态演变特征、总体规律、自组织机制等。

本书可供广大城市规划师、城市历史与理论工作者、高等院校城市规划专业师生学习参考。

责任编辑：吴宇江　孙书妍
版式设计：京点制版
责任校对：芦欣甜

城市形态研究丛书
田银生　主编
广州旧城形态演变特征与机制研究——1949年至今
黄慧明　著
*
中国建筑工业出版社出版、发行（北京海淀三里河路9号）
各地新华书店、建筑书店经销
北京点击世代文化传媒有限公司制版
北京同文印刷有限责任公司印刷
*
开本：787 × 1092 毫米　1/16　印张：17　字数：360 千字
2018 年 7 月第一版　2018 年 7 月第一次印刷
定价：79.00 元
ISBN 978-7-112-22043-4
（31935）

“城市形态研究丛书”总序

本丛书所进行的城市形态研究，主要是以康泽恩学派（Conzenian school）为视角，或者是运用了在该学派的启发之下而衍生的理念与方法。因此，可以看作是对该学派的学习和思考的结果。

自从 2005 年接触康泽恩城市形态研究学派以来，至今已有 10 多个年头了。这个学派对城市形态的研究虽然有宏观层面的，重点关注的是“城市边缘带”（fringe belt），但微观层面的研究是该学派更重要的特征，主要立足于“形态区域”（morphological region）的识别和划分。这是该学派很值得注意的一点，具有特殊的价值。

康泽恩学派的建立虽然主要是在英国完成的，但其创立者康泽恩（M.R.G. Conzen）是德国人，具有德国人特有的理性和严谨，所以，康泽恩学派以概念清晰、推理严密、精确细致为风格，从一个特定的角度把城市形态做了深入的解析。并且，把时间因素考虑进来，注重历时性地分析考察城市形态的发展演变过程。从而回答了城市形态“是什么”、“为什么”和“演进变化”的问题。

在学习的过程中，我深刻地领会到，任何一个学术流派，必定有其扎根的土壤，换一个地方，学术的传统以及相应的基础条件发生变化，便不一定适用，至少是不完全适用。康泽恩学派对于中国就是这样。比如，该学派最重要的研究方法是对城市各个时期的详细地图的分析，这在西方没有问题，因为它们的历史地图齐全详尽。但到了中国，情况就完全不一样了，因为中国古代从来就缺乏精确测绘的地图，这种状况一直持续到近现代。即使到了现当代，由于种种原因，地图的完整性以及取得的可能性仍然是很大的问题。

因此，这样一个学派可以应用到中国来吗？事实上，康泽恩学派当代的代表性人物、英国伯明翰大学的怀特汉德（J. W. R. Whitehand）和新西兰奥克兰大学的谷凯（Gu Kai）到中国来开展研究时，从一开始就感受到了地图资料的问题。

尽管如此，我们认为，这个学派仍然有引介到国内来的必要性和可行性。就必要性而言，这样一种对城市形态的认知，能很好地服务于城市历史文化的保护与更新等许多方面的工作。就可行性而言，很重要的一点是，我们要改变观念，不企求原封不动的照抄照搬，而是吸取其思想和方法的精髓，加以本土化应用，甚至要结合中国的条件创新性地发展变化，创造出一个分支或曰一种变例。这样的改造性应用或许更有意义。所以，对康泽恩学派，我们的态度从一开始就是学习、创新，而非食洋不化。

本着这样的认识，我们展开了系统性的研究工作，主要包括以下 3 点：

1. 康泽恩学派的学习和本土化创新

重点围绕着广州以及其他一些城市进行案例性的城市形态解读，同时探寻着康泽恩方法的适应性变化。比如，我们提出了“一张图上读历史”，就是针对历史地图缺失的情况，如何只凭着一张现状图分析城市形态的变化情况，从而厘清历史文脉。再比如，针对现代城市和康泽恩学派创立时的城市形态的重大不同，把建筑高度新列为区划城市形态的又一基本因素。再比如，地理信息系统、大数据等先进的技术手段的运用等等。

2. 康泽恩学派启发下的研究拓展

我们的研究一方面紧紧围绕或依托着康泽恩理论而开展，同时也在此基础上更进一步，注重在康泽恩理论的启发下拓展研究的领域，包括研究的对象、内容、目的、方法等，不受拘泥，大胆突破。比如我们注意到，在城市形态的形成过程中，总有一些特殊的功能要素起到核心性的组织带动作用，而考察这些功能载体在城市中的生长和分布情况，就可以从根本上解释城市形态的结构特征和演变情况。再比如我们的目光也投向了乡村，实际上中国乡村的尺度特别适合康泽恩学派的应用，而康泽恩学派的应用则可以前所未有地解读出中国乡村形态的某些形式意义，挖掘出许多曾经被忽视了的重要信息。

3. 康泽恩学派在实践中的应用

除了理论的学习和创新外，如何在实践中应用始终也是我们不倦追求的。由于种种原因，康泽恩学派在西方的实践应用机会并不很多。但在当下的中国，城市建设空前活跃，无一不涉及形态问题，城市形态的理论研究服务于城市建设的实践活动，既有机会也有意义。反过来说，如果在中国的城市建设实践中有很好的应用，也是对康泽恩学派最好的发扬光大。令人欣慰的是，我们在这方面也初有收获。比如，在广州的从化区温泉镇和越秀区的状元坊街区的保护更新规划中，我们把康泽恩方法下的形态分区和房屋产权的区划结合起来，创新性地提出了历史城镇或地区的“管理单元”，为复杂情况下的城镇有机更新提供了一条可以借鉴的路径。

到目前为止，我们以康泽恩学派为基础的城市形态研究，申请到了多项科研基金，发表了一批成果，除了期刊和会议论文外，还包括近20篇博士论文和30余篇硕士论文。这套丛书以部分博士论文为主，也将有部分专著收入，大体能够反映上述工作的情况。

学习、创新，始终是我们的理念，虽然为此做了一些粗浅的尝试，但仍显得十分的不足，期待大家的批评，以利我们改进，做出更多更好的成果。

田银生

2017年6月12日

前　言

广州是具有2200多年历史的文化名城，旧城区一直以来都是全市的政治、经济、文化中心和具有深厚底蕴的商业名城。悠久的历史与长期的积淀造成了旧城丰富的城市空间形态。随着城市规模的快速扩张与内城的高度集中建设，广州旧城正面临房屋日益危破、公共服务配套落后、设施陈旧、交通拥堵、空间环境恶化等一系列问题。为努力提升广州城市面貌，打造国家中心城市形象，政府对旧城进行更新改造的意愿十分迫切，2007年提出“中调”策略，并陆续出台一系列纲领性文件以及相关配套政策。

1949年以来的60多年是广州旧城更新最快的时期，也是现状城市形态形成的主要时期。因此在政府全面启动更新改造之前，更需要客观科学地解析广州旧城在这一时期空间形态演变的客观规律，正确看待目前的历史阶段，明确“所为”与“不所为”，理性分析未来的发展趋势，确定正确的规划与建设引导方式。

结合国内外研究成果与城市更新控制引导需求，本书拟定了以下三个主要视角：第一，基于形态分区理念的城市形态演变特征研究。以康泽恩“城镇平面分析”方法为基础，结合中国城市的具体背景，构建了基于“形态单元”的系统分析框架。第二，基于自组织机制的城市形态演变动力机制研究。在形态分区研究基础上，根据系统自组织原理，深入研究城市形态演变的内生动力。第三，基于形态类型学的城市形态设计干预控制研究。科学合理的规划调控是引导城市形态发展演变的重要他组织手段。本文基于形态类型学理念，结合形态演变自组织机制，提出形态设计干预控制的有效手段。

本书共分为六章。第1章为绪论。是对论文研究的意义、内容、方法和相关概念进行阐述。第2章为1949～1978年广州旧城的形态演变特征。重点研究这一时期旧城范围的功能布局与形态格局的演变特征。识别1949年广州旧城的“形态原型”，划定的形态单元与形态区域将作为1978年后旧城形态演变分析的基础。第3章为1978年以来广州旧城的形态演变特征。对改革开放以来广州旧城研究范围的功能布局与形态格局进行演变分析。以形态单元与形态区域的演变分析为基础，通过定量与定性相结合的方法分析旧城形态的演变特征。第4章为1949年以来广州旧城形态演变的总体规律。从形态格局、形态单元、产权地块三个层面总结1949年以来广州旧城形态演变的一般规律。归纳出城市边缘带、形态框架、形态周期等重要概念。第5章为广州旧城形态演变中的自组织机制。运用系统分析的方法，对广州旧城形态演变中的循环演进阶段、竞争协同机制、自相似分形特征、混沌与秩序等重要自组织特征进行研究。第 6 章为广州旧城形态演变中的规划调控机制及优化探讨。从他组织干预角度出发，总结现状广州旧城形态演变现状调控机制及问题。提出构建多元化目标导向体系。在形态类型研究与自组织机制研究基础上，提出各项调控优化策略。

本书是首次对中华人民共和国成立以来广州旧城形态演进的系统性研究，将弥补目前相关研究专著的不足，对科学指导旧城更新具有重要意义。运用基于“形态单元”的形态分区体系，本书解构了 1949 年以来的广州旧城的形态演变规律，剖析了其圈层式形态格局的形成过程。通过自组织机制研究，深入阐述了竞争协同机制在经济与社会领域的重要作用，揭示了小规模渐进式更新主导下广州旧城的高度混合式形态演变机制。通过以“形态单元”为基础的更新改造单元划定，可以实现功能、形态与历史保护三重目标的结合，把形态类型学中的设计干预手段有效的应用与规划管控当中。

目　录

01 第1章 绪 论

1.1 研究背景

广州是建于2200多年前的历史文化名城，旧城区一直以来都是全市的政治、经济、文化中心和底蕴深厚的商业名城。悠久的历史造就了旧城区独特的城市形态与富有渊源的社会经济传统。新中国成立后至改革开放前，广州的城市形态一直受计划经济体制影响而处于调整演变中。一方面中心城区以划拨用地的方式不断扩张，另一方面历史旧城区也存在少量的更新活动。改革开放后，随着市场经济的快速发展，广州城市空间形态发生了巨大的变化。旧城区内大量的传统街坊被高楼大厦所取代，大量的商业服务设施在旧城区聚集发展，旧城区以超乎寻常的速度实现了快速更新与现代化发展。与此同时，这样的更新方式也给广州留下了沉重包袱：街区内部的旧房屋日益危破而缺乏改造动力；城市交通疏解困难，越发拥堵；城市形态高度混杂，开发强度过高；城市环境品质日益下降，污染严重。这些问题都影响着广州顺利迈向国际化、现代化大都市。为此，广州政府对旧城更新改造的意愿十分迫切。2006年广州提出“中调”策略，再次强调旧城更新的重要程度；2009年市政府陆续推出了《广州市旧城更新改造规划纲要》、《广州市三旧改造规划纲要》等重要纲领性文件与一系列配套文件，推行政府主导、市场力介入的更新改造模式，试图提高广州旧城更新改造的力度与速度。

城市形态是城市社会经济发展的具象表征。对于旧城区这一复杂的城市地区，城市形态的演变深刻的记录着城市变革的历史印记。同时良好的城市形态对于保证城市可持续发展具有重要的意义。广州自1949年以来经历了数次旧城发展与更新的起伏，城市形态也随之发生了复杂的演变。为判断广州旧城区当前所处的发展阶段，明确哪些“可为”与哪些“不可为”，首先就应该科学理性的分析广州旧城空间形态演变的客观规律，寻找其背后的影响机制。这样才能在历史长河中，科学制定适于当下的规划与建设引导方式。

本书正是基于这样的目的而进行的研究。书中确定的旧城研究范围是指《广州市旧城更新改造规划纲要》所划定的旧城范围[1]，涉及荔湾、越秀和海珠三区，具体为：

[1] 《广州旧城更新改造规划纲要》由广州市规划局2009年组织编制，广州市城市规划勘测设计研究院编制完成。

环市路—恒福路—永福路以南，广州大道以西，昌岗路—新港路以北，白鹅潭珠江水道（鹤洞大桥）—同德涌以东的地区，总面积为 54km^2。该范围基本为 1984 年广州市总体规划所界定的建成区范围。香港房屋署规定 30 年楼龄为房屋必须进行修复、重建的标准。若以 30 年作为衡量城市更新改造的周期，则目前来研究改革开放以来广州旧城的更新情况是适宜的。

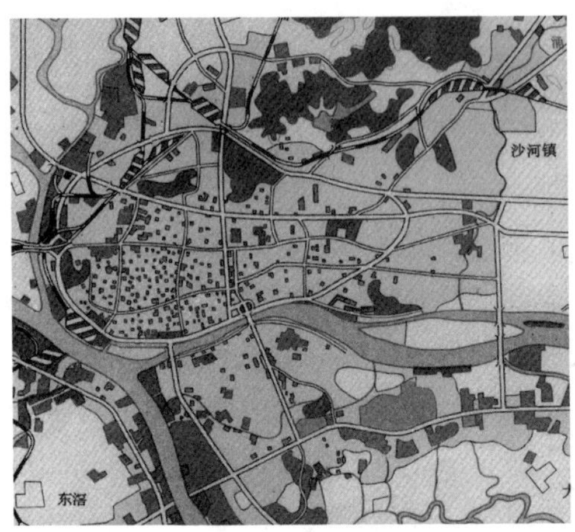

图 1-1　1984 年广州建成区图
资料来源：《广州市城市总体规划》（1984 版）

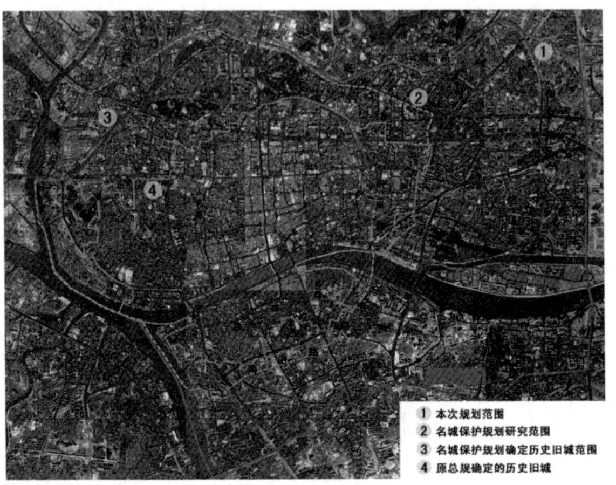

图 1-2　广州旧城范围示意
资料来源：《广州市旧城更新改造规划纲要》，广州市规划局 2009 年组织编制

1.2　概念界定

形态（morphology）一词来源于希腊语 Morphe 和 Logos，意指形式的构成逻辑。现代形态学源于生物学领域，是关于生物体结构特征的一个分支学科，主要研究动物及微生物的结构、尺寸、形状和各组成部分之间关系，后被广泛应用于历史学、人类学、社会学、地理学等其他学科领域❶。借鉴生物学中 Morphology 的本意，可以大致描述形态学的涵义为：客观实体从整体到局部层面的外在形状与内在结构，以及外在形状与内在结构发生发展的演化过程❷。它包含两点重要的思路：一是从局部到整体的分析过程，复杂的整体被认为是由特定的简单元素构成，从局部元素到整体的分析方法是适合的并可以达到最终客观结论的途径；二是强调客观事物的演变过程，事物的存在有其时间意义上的关系，历史的方法可以帮助理解对象包括过去、现在和未来在内的完整的序列关系❸。

❶ 郑莘，林琳．1990 年以来国内城市形态研究述评 [J]. 城市规划，2002，26（7）：22-23.

❷ B Gauthiez. The history of urban morphology [J]. Urban Morphology，2004，8（2）：32-33.

❸ 谷凯．城市形态的理论与方法：探索全面与理性的研究框架［J］. 国外规划研究，2001，25（12）：36-38.

城市形态学（urban morphology）即研究城市形态的科学。现代西方城市形态学的一般研究内容是：揭示在某一时间范围内城市空间构成形式和特征的发展演变规律；通过分析事物发展的动态特征以及历史性分析方法的运用，探讨城市的结构布局、土地利用、建成形态等物质性要素的演变规律。在此基础上研究社会、历史、政治、经济、文化等相关非物质因素对物质环境的内在影响❶。城市形态研究可分为城市外部形态研究与城市内部形态研究两类。外部形态研究一般将城市的城市轮廓线作为对象，侧重研究城市或城市群的拓展蔓延特征；内部形态研究对象为已建成地区，侧重研究城市用地的外部几何形态、城市内各种功能地域分异格局，以及城市建筑空间组织和面貌等。

城市研究中还存在城市空间结构（urban spatial structure）的概念。城市空间结构是城市要素在空间范围内的分布和组合状态，是城市经济结构、社会结构的空间投影。Bourne（1982）在定义城市形态与城市相互作用两个概念的基础上，提出了二者的概念区别与紧密关系：城市形态是城市地域内个体城市要素的空间形式和安排；城市空间结构以一套组织规则，连接城市形态和子系统内部的行为及相互作用，并将这些子系统连接成一个城市系统❷。其涵义即为城市形态侧重于具象的空间表征，城市空间结构侧重抽象的结构性要素表达。但二者之间存在紧密联系。一个从表层入手研究，由表及里；另一个从深层入手研究，由内而外。两者的最终目的都是为了揭示城市发展的客观规律，提高人类引导和干预城市发展的主动性及能力。

本书对于广州旧城的形态演变研究属于城市内部形态研究范畴。由于研究范围约 $54km^2$，是具有一定系统完整性与功能特征的城市区域，对其研究不能只局限于建筑空间组织要素。为揭示广州旧城空间演变的客观规律，结合城市形态的概念内涵，本书设定的形态研究包括以下两个研究层面：

（1）旧城总体功能布局，指旧城各类产业功能及其土地利用在空间上表现出来的特征。功能是旧城形态演变的基础，功能布局反映了整体功能的结构性特征。

（2）旧城形态格局，指运用形态学分析方法分析旧城在街区与地块层面的形态要素，并通过类型学方法把个体形态归纳提升为具有空间范式的形态格局特征（morphology pattern）。

以上两个层面之间存在紧密联系。宏观的城市功能布局特征影响中微观的城市形态格局，并最终作用于我们每个人可以感受到的物质空间。

❶ 段进，邱国潮．国外城市形态学研究的兴起与发展[J]．城市规划学刊．2008（5）：34-36.
❷ 唐子来．西方城市空间结构研究的理论和方法[J]．城市规划汇刊，1997（6）：1-3.

1.3 研究综述

1.3.1 国外研究综述

（一）西方城市形态研究的历史演进

（1）空想主义时期的理想城市形态探索

18、19世纪之交，资本主义社会科学技术突飞猛进。由于工业发展带来的居住环境日益恶化，经济发展带来阶级分化的加剧，引发了一系列的城市问题。基于社会改良愿望而产生的物质决定论受到空想社会主义的影响，因而产生了采用各种物质技术手段来试图解决社会矛盾的思想。1825年法国空想社会主义者欧文（Robert Owen）提出并付诸实施的“新协和村”（Village of New Harmony），将居住环境的改善与社会改造结合起来，强调公共交往和共同生活对个体的意义。随后1829年傅利叶提出了理想居住组织单位“法郎基”，以公有制设想为基础，以社会化集体生产和生活取代小家庭的部分功能，勾勒了新型居住空间的示意方案。鉴于时代的政治背景，这些实践不久均归于失败，但可将此视为西方近代居住理论与实践的起源。

19世纪末，英国政府提出了城市改革，着手解决居住问题。霍华德（Ebenezer Howard）基于分散主义的思想原型，提出了新建城市的一种理想模式——田园城市。在1898年出版的《明日，一条通向真正改革的和平之路》一书中，提出了城乡结合的居住社区必须产生新的文明，改善人类生活的全貌。在莱奇华斯（Letchworth）、韦林（Welwyn）两个新城的推动下，田园城市的理论影响和实践范围不断扩大，并产生了恩温（R.Unwin）和帕克（B.Parker）等一批追随者。田园城市的实践最终虽未成功，但它把城乡结合起来作为一个整体进行研究，设想了一种带有先驱性的城市模式，是一种比较完整的城市规划思想体系，对现代城市规划思想起了重要的启蒙作用。

（2）功能主义时期的城市物质空间理性规划

20世纪初机械论和理性主义思想兴盛，城市被理解为高度精密的机器。规划师们试图通过对各个部分的严格分工和密切合作来提升其运转的效率和功能。

20世纪初期，一批工程师与建筑师基于城市的空间形态和严格的功能分区提出了现代城市设想。如西班牙工程师玛塔（Mata）的“带形城市”（Linear City），法国建筑师嘎涅（Garnier）的“工业城市”。“带形城市”提出以城市的交通线为延展轴，主要城市职能空间沿交通线两侧带状发展。“工业城市”主张对城市内部进行工业、居住空间的严格划分，形成明确的功能分区，同时城市中辅以便捷的交通联系功能区，这成为以后雅典宪章所倡导的功能分区的城市空间结构的原型。

随着各种规划模型的深入和发展，逐渐出现了城市形态发展的两种相互对立的趋势：城市分散主义和城市集中主义。以沙里宁（Eliel Saarinen）为代表的分散主义者继承田园城市思想，通过创造有机疏散的城市发展模式使人们居住在兼具城乡优势的环境中。以柯布西耶（Le Corbusier）为代表的城市集中主义者，提出不应回避城市的聚集趋势和吸引力，消除城市病必须对城市物质形态和形体空间做出彻底的改造。他强调功能，控制城市用地，疏散城市中心，重视快速交通对城市空间结构的作用，主张以城市人口高密度、建筑低密度来解决城市问题。柯布西耶把这一思想写入《雅典宪章》（1933），居住、工作、游憩、交通四大功能和理性功能主义的城市规划设计思想影响了第二次世界大战以后的许多国家。这种以理性秩序替代现状城市结构的思想，伴随了第二次世界大战以后西方大规模的城市重建更新，也造成如后来简·雅各布斯所批评的“非人性的环境和单调乏味的空间”❶。

（3）人文生态主义时期的现代城市反思与批判

1920年代以后，在城市地理学中大量引进社会学、生态学与土地经济学的方法与空间分析思想。1920年代美国芝加哥大学的帕克（E.Park）和沃尔斯（L.With）等把生态学原理——竞争、淘汰、演替和优劣用于城市研究，从社会学角度研究城市空间结构，称为“芝加哥城市社会生态学派”。1925年该学派中的伯吉斯（W.Burges）首创了城市土地利用结构的土地同心圆模型，与1936年霍伊特（H.Hoyt）的扇形模型，以及哈里斯（D.Harris）和乌尔曼（E.L.Ullman）的多核心模型，合称“三大经典城市空间结构模型”，都对城市居住社区空间分异作了重点描述，反映了现代西方城市居住社区空间地域演进的一般规律❷。

这个时期在西方城市居住社区建设中，社会学研究也得到了加强，并与规划学、建筑学相结合。1933年美国成立了地区协会，对当时的社区实际情况进行了调查，提出了美国的城市规划理论，其中最为著名的是芒福德（Mumford）的地区城市规划理论设想。1920年代佩里（Clarence Perry）提出“邻里单位”（Neighbourhooh Unit），把以邻里为单位的社区交往关系用建筑空间加以承载，帮助居民对居住场所形成一种“社区感”。“邻里单位”设计理念不仅成为今日欧美各国社区规划的主要思想，也曾经影响20世纪四五十年代中国的城市规划。1933年斯泰因（C. Stein）提出雷德伯恩（Super Block）街坊规划，以人车分流的居住区交通体系，进一步营造了怡人的社区空间。这一阶段的社区规划基本还是着重探讨建筑空间与人的团体性关系，严格意义上只能称之“居住区规划”。

（4）功能主义的批判时期的人文关怀与现代社区运动

第二次世界大战之后，随着大规模重建与城市快速发展，西方国家越发认识到人文思想在城市建设中的重要性❸。1950年代希腊建筑师萨迪亚斯（C. A. Doxiadis）开创了“人类聚居学”理论，强调人与环境之间关系的重要性。1954年现代建筑师会议第10小组（Team 10）提出“人际结合”的观点，明确指出应按照人类的特性去研究居住问题。1966年美国建筑师文丘里（Robert Venturi）发表《建筑的复杂性和矛盾性》，

❶ 简·雅各布斯.《美国大城市的死与生》[M]. 北京：译林出版社，2005：101-102.

❷ 曹康，顾朝林. 西方现代城市规划史研究与回顾 [J]. 城市规划学刊，2005（1）：23-24.

❸ 马润潮. 人文主义与后现代化主义之兴起及西方新区域地理学之发展 [J]. 地理学报，1999（7）：54-56.

提倡对城市文化价值、生态环境、人类体验等多要素的关注，他的思想和实践被认为是后现代主义城市规划诞生的标志。1960 年代以后，西方人文地理学发展的哲学派别先后出现了行为主义学派、结构主义学派和人文主义学派[1]。行为主义学派强调城市居民的个人行为和感受与空间的关系及其对空间的塑造，以改善过去过分偏重对经济要素的空间研究。如 1960 年林奇（Kevin Lynch）的《城市意象》提供了一套完整的城市意象空间调查及研究的方法，提出居民对于城市意象的认知模式。结构主义学派将对空间的解释建立在社会结构体系层面之上。人文主义学派则认为对一切事物的诠释皆基于人的思想、感情与经验，以人作为出发点，强调空间的差异性。这些都从不同的角度对城市居住模式进行了诠释。1961 年雅各布斯在《美国大城市的死与生》一书中从美国城市的社会问题出发，对功能主义的城市规划提出尖锐的批评。至此西方社会已认识到《雅典宪章》以纯理性的思维方式强调科学化的规划、绝对的土地分区、高效率的大众交通、工业区的隔离、贫民区的清除等等，只能造就孤立的邻里单位、绚丽的社区中心，却不能反映实质的交往结构。这使得人们疲于上下班的奔命，土地分区与社会结构无法匹配，城市缺乏人类所最需要的多样性与丰富性。1977 年《马丘比丘宪章》在对《雅典宪章》进行反思的基础上，提出了城市应当被看作一个“生命有机体”，它的内在秩序的建立是通过系统内各组成要素的复杂作用而形成的，同时维系着系统的平衡，它标志着人类对城市组织结构的认识进入了一个新阶段。

（5）新城市主义运动时期的活力中心城区与紧凑型社区

1980 年代美国兴起的“新城市主义”运动，是对现代主义城市规划理论反思而出现的城市设计思潮。主张借鉴传统城镇的空间组织特色，塑造城镇生活氛围，通过重新建立公共空间秩序、步行尺度和邻里单位来推动紧凑型社区发展，取代郊区蔓延的发展模式。“新城市主义”提出了一整套城市设计原则，提倡将历史文化、地方建筑传统、邻里感、场所精神和生活气息等传统价值标准与现代生活环境结合起来。提出以公共交通主导的发展单元模式，以公共交通站点为中心，以适宜的步行距离为半径，在此范围内建设中高密度住宅。新城市主义在美国海滨城、拉圭纳韦斯特社区和肯特兰镇等实践较多，有关的著作以盖兹（Peter Katz）的《新都市主义——社区建筑》、卡尔索普的《下一代的美国都市：生态、社区和美国梦》等为代表。

新城市主义主要影响于城市设计领域，但重视土地利用与公共管理等关键问题，没有得到政府的广泛配合。1980 年代中后期，美国制造业大量向新兴工业国家转移，大城市的产业结构转变为以第三产业为主导，郊区发展逐渐失去产业税基，政府财政窘迫，不得不考虑通过提高建设密度减少基础设施成本[2]。于是政府的公共管理政策与“新城市主义”思想融合演化为一场“精明增长”运动，其策略主要包括：① 限制城市

❶ 吴志强．百年西方城市规划理论史纲导论 [J]. 城市规划汇刊，2000（2）：9-11.

❷ 梁鹤年．精明增长 [J]. 城市规划 .2005（10）：36-38.

蔓延与城市增长边界（UGB）管理；②高密度、更紧凑的发展模式；③尽可能发展混合用途城区；④通过提供公共运输和步行街等其他交通方式避免过度依赖小汽车；⑤发展权（TDR）转移与重振老城区和中心城区；⑥ 保护开放空间 ❶。2000 年，美国规划协会联合 60 家公共团体组成了“美国精明增长联盟”（Smart Growth America），其具体的实践行动已在联邦政府、州和地方政府三个层面体现。联邦政府做出预算及财政资助，州政府进行政策制订以及超区域协作，城市政府负责具体实施方面 ❷。

（6）后工业社会下的信息网络城市与低碳城市

1990 年代以来，后工业化城市与信息化社会的发展对城市空间结构的影响日益明显。阿尔温·托夫勒预言:“电脑网络的建立与普及将彻底改变人类生存及生活模式”❸。信息网络高速发展改变了传统的城市生活与生产方式，改变了以往的时空概念，以新古典经济学为基础的区位理论有逐步弱化的趋势。电子商务、虚拟社区、虚拟交通带来的是城市功能的高度融合，及时空距离不同的土地在价值和使用方式上的等值性，这种等值性带来的是城市空间结构向棋盘式的网络结构演变 ❹。

1987 年联合国与世界环境发展委员会在《我们共同的未来》中提出“可持续发展”概念。1992 年在巴西里约热内卢召开的联合国环境与发展大会通过的《21 世纪议程》把建设可持续发展的人类居住环境提到新的高度。进入 21 世纪，全球油气资源不断收紧，保障能源安全压力逐渐增大，全球环境容量瓶颈凸现，同时气候变化问题也成为人类所面临的严重环境问题。在此背景下，“低碳（low carbon）发展”的理念应运而生。“低碳生活”作为一种生活方式，可以理解为：减低二氧化碳的排放，就是低能量、低消耗、低开支的生活方式。2009 年 12 月哥本哈根世界气候大会第 15 次缔约方会议暨《京都议定书》第 5 次缔约方会议召开，来自 192 个国家的谈判代表召开峰会，商讨《京都议定书》一期承诺到期后的后续方案，即 2012 年至 2020 年的全球减排协议。

（二）西方城市形态研究的主要领域

（1）城市历史研究

西方著名城市研究学者培根（Baken，1976）、吉尔德恩（Giedion，1971）、科斯托夫（Kostof，1991）、芒福德（Mumford，1961）、拉姆森（Ramussen，1969）和斯乔伯格（Sjoberg，1960）等对传统城市研究作出了主要贡献。他们的著作除了详尽地描述了西方城市历史形态演变过程之外，也讨论了引起其变化的原因 ❺。比较著名的著作有芒福德的《城市发展简史》、斯乔伯格的《工业化之前的城市》、万斯的《延伸的城市——

❶ 黄慧明 . Sam Casella.Faicp.PP. 精明增长——美国“精明增长”的策略、案例及在中国应用的思考 [J]. 现代城市研究 2007（5）：35-38.

❷ 刘海龙 . 从无序蔓延到精明增长—— 美国“城市增长边界”概念述评 [J]. 城市问题 . 2005（03）：21-23.

❸ 阿尔温·托夫勒 .《第三次浪潮》[M]. 北京：中信出版社，2006：245-246.

❹ 王颖 . 信息网络革命影响下的城市——城市功能的变迁与城市结构的重构 [J]. 城市规划 .1999（8）：45-46.

❺ 曹康，顾朝林 . 西方现代城市规划史研究与回顾 [J]. 城市规划学刊 2005（1）：15-16.

西方文明中的城市形态学》等。

（2）城市内部空间结构研究

城市内部空间结构是城市要素在城市建成区内的分布和组合状态。在 1923 年美国芝加哥大学伯吉斯（Burgess，1925）创立了同心圆理论的基础上，霍伊特（Hoyt，1939）发展出扇形区理论，哈里斯（Harris，1925）和乌尔曼（Ullman，1945）发展出多核心城市理论。同心圆与扇形模式可以认为是城市内部结构的理想模型，多核心理论则比较准确地反映了按功能区组织城市结构和城市向郊区发展的趋势。20 世纪 50、60 年代以后，他们及其追随者（芝加哥学派）的研究在世界范围内产生了广泛影响。1933 年德国地理学家克里斯泰勒（Christall）创建了著名的"中心地理论"，分析了城市之间的空间布局模式与规模等级关系。这种方法被广泛应用到分析城市内部空间结构中来。戴维斯（Davies，1976）提出著名的城市商业中心地等级结构演变模式，认为城市商业中心地等级体系由最初相对均衡的对应于不同收入地区的 4 级体系，不断分化、整合，最后高、中、低收入居住区分别形成不同的商业中心地等级结构。此外还有对于 CBD 形态的研究，大型零售中心研究，现代服务业区位研究等等，成果十分丰富❶。

（3）形态类型学研究

西方形态类型学研究主要集中在两个领域：基于"市镇规划分析"的德英学派与基于建筑类型学分析的意法学派。古典市镇规划分析起源于欧洲中部，以 19 世纪末德国的斯卢特（Schlter，1899）为代表的"形态基因"研究（Morphogenesis）是其最早的理论基础。1960 年该理论被第二次世界大战前移居英国的德国地理学家康泽恩（M.R.G.Conzen）进一步发展。在分析欧洲中世纪城镇中，康泽恩把规划设计元素划分为街道和交通网络、用地单元和街区，以及建筑物及其平面布局，并提出了"规划单元"（plan unit）、"形态周期"（environmental period）、"形态区域"（environmental regions）、"形态框架"（morphological frame）、"地块循环"（plot redevelopment cycles）和"城镇边缘带"（fringe belts）等概念。康泽恩对城市形态研究的贡献可概括为五点：①建立了基本的市镇规划分析体系；②第一次在英文地理文献中使用完全的过程演变的方法；③确立以独立的基本地块为研究单位；④使用详细的地图配合实地调研和文献分析的研究方法；⑤发展了城镇景观的概念❷。1980 年代初成立于英国伯明翰大学地理系的城市形态研究组（Urban Morphology Research Group），继承和发展了康泽恩的思想，是目前这一领域最为活跃的学术组织之一。

以意法学派为代表的类型学分析，以建筑学为依托，形成一系列建筑类型学与文脉研究（contextual studies）的研究方法❸。类型学先驱者是意大利建筑师穆拉托里

❶ 冯健．西方城市内部空间结构研究及其启示 [J]. 城市规划，2005（8）：33-35.

❷ 谷凯．城市形态的理论与方法：探索全面与理性的研究框架［J］. 国外规划研究，2001，25（12）：36-38.

❸ 段进，邱国潮．国外城市形态学概论 [M]. 南京：东南大学出版社，2009：105-106.

（Saverio Muratori）。1950 年代穆拉托里完成了建筑类型学以及它们在城市中的区位的研究。以建成对象为基础检查城市的活动历史，依靠文化历史地图和单栋住宅的历史重构分析城市形态特征。穆拉托里思想被坎尼吉亚（Canniggia）继承与深化，他在 1963 年主持对 Come 城的研究中提出“发展类型学”（Procedural typology）理论，认为“建筑类型是城市形态的基本构成”。此后在罗赛（Rossi）等著名建筑师的影响下，穆拉托里学派的影响日益扩大，在建筑与城市分析中被广泛使用。

（4）空间句法研究

空间形态研究起源于 1950 年代由马奇和马丁（March，Martin，1972）在英国剑桥大学创立的“城市形态与用地研究中心”。 随后各种不同概念被发展用以定义和描述建筑和居住聚落（Steadman，1983；Mitchell，1990）。其中最有影响的是以希尔（Bill Hill）为代表的“空间语法”。这一理论认为城市由基本的空间元素组成，它们构成了各种开放与围合的空间和交通走廊。希尔强调物质空间形态的社会人文属性，通过运动经济学建立一种计算机软件，将“空间句法”分析工具与图解表达和研究人员及设计师的成果联系在一起[1]。

（5）环境行为学研究

20 世纪 50 年代，西方城市经过战后重建与飞速发展，原有的物质空间规划经历一段时间实践后出现了一系列问题。不少学者指出物质空间决定论只关注空间的实体部分，忽视了人在其中的活动与对空间的需求。在这样的背景下，乔尔（Gehl，2000）、林奇（Lynch，1958）、拉波波特（Rapoport，1990）和赖特（Whyte，1980）等的研究建立了人类行为与物质环境关系的理论。1958 年林奇运用环境行为心理学研究城市市民心目中的城市意象，以物理的、可感知的物体所产生的心理效果来分析城市形态构成因素间的关系。林奇认为一个具有可读性的城市应包括区域、地标、边界、节点与路径等要素，并在 1981 年概括出宇宙模式、机器模式和有机体模式等三种标准的城市形态[2]。拉波波特（Rapoport，1990）、洛赞诺（Lozano，1990）和特兰塞克（Trancik，1986）讨论了人对特定建筑环境的行为反应，分析了现代城市问题多出于“逆城市”和“逆人”的作用力。拉波波特（Rapoport）在《城市形态的人文方面》一书中指出，城市形态受心理的、行为的、社会文化的因素影响，建议城市发展演变应与当地生活方式及文化需求相适应，强调设计应与环境相协调，即“环境行为”的方法。

（6）城市形态演变的机制解析

西方经济学者尝试用经济学理论解释城市形态演变的机理，最常见的是用聚集效应原理解释城市发展和空间结构的形成。由于聚集效应存在，针对不同的区位，相同的投入会产生不同的产出，从而影响企业和个人根据自身选址要求决定其空间区位，

[1] 段进，B. Hillier，邵润青，等 . 空间句法与城市规划［M］. 南京：东南大学出版社，2007：125-126.

[2] （美）凯文 • 林奇 . 城市形态 [M]. 林庆怡，等译 . 北京：华夏出版社，2001：78-79.

形成不同的空间格局[1]；反过来，各种要素的时、空配置结果，即城市空间结构，又决定了城市的聚集经济效应及其演化趋势。著名的地租理论就是用地租来解释城市土地利用结构的形成过程。1964 年阿隆索（Alonso）用新古典主义经济理论分析了区位、地租和土地利用之间的关系，运用地租竞价曲线来分析城市内部居住分布的空间模式。1985 年哈维（Harvey）用政治经济学的方法分析了城市形态的变化和资本主义发展动力之间的矛盾关系，在此基础之上建立了"资本循环"理论，他指出城市景观变化过程中蕴涵了资本置换的方法[2]。鲍尔（Ball，1986）推进了这一思想，发展出"建筑供给结构"（structure of building provision）模型，他讨论了建筑生产过程中的相关社会元素，其中包括发展商、规划管理和服务对象的动力作用及其之间的相互关系。

（7）分形城市研究

分形的基本特征是自相似性，亦即没有尺度或者特征规模。分形城市源自基于分形思想的城市形态和结构的模拟与实证研究[3]。1967 年曼德布罗特（B.B.Mandelbrot）在美国权威的《科学》杂志上发表了题为《英国的海岸线有多长？》的著名论文，揭示了大自然中的几何分形现象。1975 年他创立了分形几何学（fractalgeometry）。在此基础上形成了研究分形性质及其应用的科学，称为分形理论（fractaltheory）。1991 年，巴迪发表《作为分形的城市：模拟生长与形态》一文，标志着分形城市概念的萌芽。1994 年巴迪、隆利出版了题为《分形城市：形态与功能的几何学》的研究专著，弗兰克豪泽发表了专题著作《城市结构的分形性质》，"分形城市"正式成为自组织城市领域的一个专门术语。

（8）系统动力学研究

1969 年福瑞斯特（Forrester）将系统动力学应用于城市结构的动态变化研究中，建立了城市系统动态学模型。1980 年 Dendrinos 和 Mullaly 将生态学 mata 动态关系的方程引入城市动态分析。1995 年 Markse 等利用逾渗模型模拟了城市发展的形态模式。细胞自动机（CA）模型、DLA 模型、逾渗模型、多主体模型等离散动力学模型成为当前城市动态模型的最新发展方向。

总体来说，国外城市形态研究的学科背景涵盖地理学、建筑学、社会学、历史学、经济学等。不同学科背景的研究总是依据不同的目标、观点和方法，依照不同研究角度，但都关注同一物质空间的不同方面。从研究成果和方法来看，城市形态研究已成为多学科相互交融的载体。

1.3.2 国内研究综述

我国有关城市形态的研究起步较晚，1990 年代后随着城市建设的快速发展，城市形态逐步引起理论界与实践者的关注。国外城市结构与形态研究理论方法的不断引入，

[1] 江曼琦．聚集效应与城市空间结构的形成与演变 [J]. 天津社会科学，2001（04）：32-33.

[2] 叶超，蔡运龙．地理学思想变革的案例剖析：哈维的学术转型 [J]. 地理学报 .2012（01）：35-36.

[3] 叶俊，陈秉钊．分形理论在城市研究中的应用 [J]. 城市规划汇刊，2001（4）：21-23.

并与国内大量各种类型城市的实证研究相结合，取得了较丰富的成果。从研究的对象看大致有以下几方面内容。

（1）综论型研究

综论型研究是在分析各种类型城市特点基础上总结城市的总体发展与演变特征。武进（1990）的《中国城市形态：结构、特征及其演变》对中国城市形态的结构（要素的空间布置）、形状（城市外部的空间轮廓）和相互关系（要素之间的相互作用和组织）进行了较系统的研究。胡俊（1995）的《中国城市：模式与演变》探索了全国范围内宏观尺度上带有普遍性的城市结构模式。段进（1998）的《城市空间发展论》中探讨了空间发展与城市外部形态、空间演替与城市形态等重要问题。郑莘（2002）对1990年以来国内城市形态的研究进行梳理总结，认为虽然城市形态研究正得到越来越多学者的重视，但城市形态的理论研究方法以及在实际中的应用仍十分有限。熊国平（2006）的《当代中国城市形态演变》对20世纪90年代以来我国城市形态演变的特征、动力机制、合理形态等进行论证。梁江等（2007）的《模式与动因——中国城市中心区的形态演变》在横向与纵向分析基础上，总结出我国城市中心区具有“封建传统模式”、“近代殖民模式”、“计划经济模式”、“现代新区模式”四种形态模式。

（2）城市形态演变的历史研究

指对某一城市建设历史分析总结城市形态演进的研究。如王建国（1994）、胡海波（2002）从常熟一千多年来的城市发展史中总结出其城市形态演变的规律、动因、趋势。周霞（2005）在《广州城市形态演进》中分析了广州两千多年来城市建设历史与形态演进特征。陈泳（2006）在《苏州古城结构形态研究》中分析了苏州两千五百多年的空间演进。李军（2005）在《近代武汉城市空间形态的演变》中对近代武汉城市增长、公共空间、城市中心位置等进行分析。这类研究一般采用编年史的研究方式，通过大量的史料分析揭示城市空间发展规律。

（3）城市内部空间结构研究

目前国内学者对于城市内部空间结构的研究相对城市外部空间结构的研究滞后。主要研究成果涉及两个方面：第一是城市内部商业空间结构的研究。国内城市地理学家在1980年代初就根据中心地理论对城市内部商业空间结构进行研究。徐放（1984）研究了北京的商业服务地理，对北京商业服务进行分类，对商业服务中心进行分级。宁越敏（1986）围绕商业中心的范围、分类、等级体系、影响因素等几个方面，探讨了上海市区商业中心的区位问题。吴郁文、谢彬（1988）等对广州城区零售业企业的区位布局进行了探讨。阎小培等（2000）研究了广州CBD的功能特征与空间结构，探讨了中国特大城市CBD功能与结构演变的一般规律。许学强等（2002）利用GIS技术，研究了广州市大型零售商店的空间布局现状、影响因素和发展走向。总体来说，早期研究较多应用中心地理论等商业地理方法进行物质空间的实证研究，近年来更多偏重社会行为学的分析，GIS、生态学等技术被逐步使用。第二是城市内部社会空间结构的研究。国内城市地理学者在20世纪90年代开始进行城市内部社会空间结构的研究。许学强、胡华颖和叶嘉安（1989）采用居民出行调查及房屋普查的数据，对1985年广州城市社会空间结构进行了因子生态分析。他们认为人口密集程度、科技文化水平、工人干部比重、房屋住宅质量及家庭人口结构是广州社区的5个主因子。郑静、许学强和陈浩光（1995）利用第4次人口普查数据，对广州的社区进行了因子生态分析，初步分析了5年中广州社区类型变化的原因。20世纪末城市社会空间结构逐步成为中国城市地理学界的热点研究领域。柴彦威（1999）运用时间地理学方法，对比了中、日城市内部结构，归纳了基于土地利用的中国城市内部空间结构模型及其形成机制。2000年王兴中出版了《中国城市社会空间结构研究》，吴启焰（2001）在《大城市居住空间分异研究的理论与实践》论文中，对城市居住空间分异的理论基础、城市居住空间分异的特征、机制与演化模式等进行了探讨。近年来关于城市内部社会空间结构的论文著作不断涌现。

（4）历史聚落形态研究

国内学者对特殊的历史聚落、文化聚落进行了大量研究。不同文化地域均产生了丰富的作品。如王颖（2000）分析了传统水乡城镇的结构特征与原型要素，并与现代城镇结构形态进行对比；段进等（2008）研究了历史文化遗产西递和宏村古村落的空间形态；李立（2007）研究了江南地区乡村聚落形态的演变；潘安、吴庆洲（1998）研究了客家历史聚落与民系建筑，还有大量特殊聚落的形态研究在此不一一列举。这类研究多采用空间形态学的方法，侧重聚落整体、街巷水网、风水环境、建筑特色等方面内容。如张宏（1998）对苏州古城肌理和居住街坊的保护更新的研究；胡峰（2006）对城市中轴线形态的研究；刘莹（2004）对城市滨水地区空间形态的研究。此外还有大量对里弄、合院、街巷等特定对象的形态研究。

（5）理论方法与理论框架的研究

国内一些学者对适合中国的城市空间结构形态分析方法和理论进行了探讨。综述方面，唐子来（1997）回顾了西方城市空间结构研究的理论和方法，提出其发展过程表现为，在方法研究上从城市空间的物质属性到社会属性，在理论研究上从个体选址行为到社会结构体系；冯健、周一星（2004）对改革开放以来中国城市内部空间结构研究进展进行回顾，并对未来发展方向进行展望；段进、邱国潮（2009）在《国外城市形态学概论》一书中对国外各流派的城市形态学理论进行了详尽论述。

在研究方法方面，王建国（1994）较早地在《城市空间形态的分析方法》一文中介绍了林奇的基地分析、心智地图等空间分析方法；林炳耀（1998）介绍了城市空间形态的计量方法及评价；陈勇（1997）、张宇星（1995）等还在研究中陆续使用了特尔菲法、层次分析法、分形法等定量方法；段进、比尔·西列尔（2007）的《空间句法与城市规划》介绍了空间句法的研究方法并在中国多个城市地区的应用探讨。

在分析理论框架方面，石崧（2004）研究了城市空间结构演变的动力机制，提出城市形态是在自然资源条件制约下，由政府、企业、居民三个利益主体推动城市经济、技术过程、政治权利和社会组织四种力量相互作用而构成；栾峰等（2008）构建了城市空间形态成因机制解释的概念框架，提出该框架应包括内生限制性因素层面和社会能动者层面。张庭伟（2001）在《1990年代中国城市空间结构的变化》一文中通过相关理论的透视，总结出一个完整的城市空间结构理论框架应包括对政府、市场和社会三方面的分析。

（6）广州旧城形态与城市更新的相关研究

近年来针对广州旧城形态及城市更新的研究主要包括以下几个方面：

一是历史类研究。《广州城市形态演进》（周霞，2005）、《20世纪初广州的旧城更新与都市发展》（周霞，2002）、《广州城市公共空间形态及其演进研究（1759—1949）》（周祥，2010）等一批通过史料分析方式，对广州城区的历史演变进行论述。由于受现存史料影响，对民国时期的广州城区建设论著最为集中。

二是城市内部的空间结构研究。以许学强、阎小培为主的一批城市地理学者在此领域取得了较多成果。研究涉及人口、商业业态、服务业区位、居住分异、社会空间景观等。对城市空间的解析主要在功能结构、社会空间层面上，更多关注社会经济与政策因素对城市功能空间的影响机制。

三是从传统风貌保护出发的旧城更新研究。如《广州旧城更新与保护研究》（吴敏，2005）、《广州市传统专业街区的保护与更新研究》（殷盛伟，2008）、《广州市恩宁路骑楼历史街区保护规划研究》（慎重波，2007）等等。主要对广州各类历史街区的历史特色、形态特征、更新与保护策略及具体设计方案进行研究。

四是对广州旧城改造更新模式与相关政策的探讨。如《广州旧城改造中城市住房拆迁补偿问题研究》（王必武，2010）、《广州市旧城改造房屋拆迁流程再造研究》（杨承志，2010）、《香港市区重建政策对广州旧城更新发展启示》（黄文炜、魏清泉，2007）等等。这些研究多针对目前广州旧城改造出现的问题，对其更新制度与具体政策展开探讨。

1.3.3 相关研究述评

根据以上综述分析，可以概括出以下几个特点：

（1）多学科、流派关注形态层面不同，对城市形态研究层面不统一

综合国内外城市形态研究，可以看到虽然各种理论方法与著作比较丰富，但在地理学、建筑学、社会学、经济学等诸多学者介入下，研究的方向不一致，对城市形态研究的层面也不一样。城市地理科学侧重对城市内部空间结构的分析，城区内部的各种要素往往被抽象为某种结构模式，如点、轴、带等用以描述城市的空间特征。建筑学侧重对某个具体范围如一个街区的具象形态进行分析，如建筑肌理、开放空间、街廓街面等都是主要研究要素。城市社会学侧重对城市内部社会空间结构的分析，通过不同特征人群的聚集分布研究社会分异的空间特征。城市经济学侧重城市内部经济要素的组织，往往通过投入与产出关系分析经济效率与制度的合理性。不同研究视角下

的城市内部空间呈现不同层面、不同涵义而又交互交融的论述。

不同学科关注的物质形态层面不同，导致了对城市形态研究方向的差异。地理学者更擅长整体城市空间结构的分析，建筑学者更擅长微观尺度的分析，社会经济学者更擅于城市形态演变机制的分析。这种差异造成了城市形态研究的概念、方法、理念的不一致。

（2）对于城市内部空间形态国内研究相对滞后，亟须建立科学理性的分析框架

总体来说国内对于城市外部空间形态的研究相对丰富，而内部空间形态的研究相对滞后。城市外部形态研究关注城市的拓展与增长，通过城市用地、人口等要素外延式拓展演进分析，揭示城市空间发展机制，并进一步探讨多个城市连绵发展形成的形态。相比之下城市内部空间结构与形态则复杂得多。解析内涵式的更新演替需要明确分析要素体系，从目前的研究文献看，国内研究的差距还比较大。对于物质空间的分析多以描述为主，所采用的科学方法不够。

（3）缺少从城市形态演变角度研究旧城更新的研究

目前国内研究针对某一地区进行规划更新的案例描述性居多，应用形态学理论、从城市形态系统演变出发研究旧城更新的较少。我国大量的大中城市正处于快速的城市更新过程之中，需要形态学研究的基础支撑。

（4）对 1949 年以来的广州旧城形态演变还没有建立系统全面的分析框架

针对广州旧城的研究目前主要有三类：一是基于史料分析的历史演进研究；二是基于社会经济要素的城市内部空间结构研究；三是基于传统风貌保护出发的街区更新研究。这些侧重于定性或某些结构要素分析的研究并没有为旧城建立一套完整的形态分析框架。正是由于基础研究的缺失，使得旧城规划管控只能依靠简单的指标控制或自由裁量，缺乏精细化管理手段。

1.4 研究视角

综合以上国内外研究情况，本书拟定以下有创新性与实践意义的研究视角。

1.4.1 基于形态分区理念的城市形态演变特征研究

（一）西方形态类型学研究中的形态分区理念

形态分区是现代形态学中对于形态类型识别与划分的一种方法。西方城市形态分区的理念最早源自建筑师对建筑组织类型的识别。1832 年法国著名建筑理论家昆西（A. Q. Quincy）在《建筑学历史目录》一书中提出通过由建筑群、广场和街道构成的形态类型能够识别出城镇的空间结构[1]。这种形态类型被作为欧洲中世纪城镇的典型形态区而被区分出来。在建筑类型学中建筑类型及空间组织的重复性被作为识别形态区的重

[1] 沈克宁 . 建筑类型学与城市形态学 [M]. 北京：中国建筑工业出版社，2010：96-97.

要因素。其中街区作为构建重复性城市肌理的基本单元而主导了城市形态（D.Vesely，1997）。

地理学者为形态分区构建了系统理性的框架。20世纪初期，德国地理学者开始运用城镇平面图分析方法与按照城市景观要素对城市形态进行分区。斯科特（O.Schluter）最早为聚居区研究而定制了“文化景观形态”分区❶，围绕城镇景观分区的研究吸引了许多学者的加入。1960年德裔英国城市地理学家康泽恩（M.R.G. Conzen）发表了著名论著《城镇平面格局分析：诺森伯兰郡安尼克案例研究》，康泽恩学派所创造的“平面类型单位”、“形体周期”、“形态区域”、“形态框架”、“城市边缘带”等概念与研究，为城市形态特别是平面形态的演变提供了系统理论框架❷。

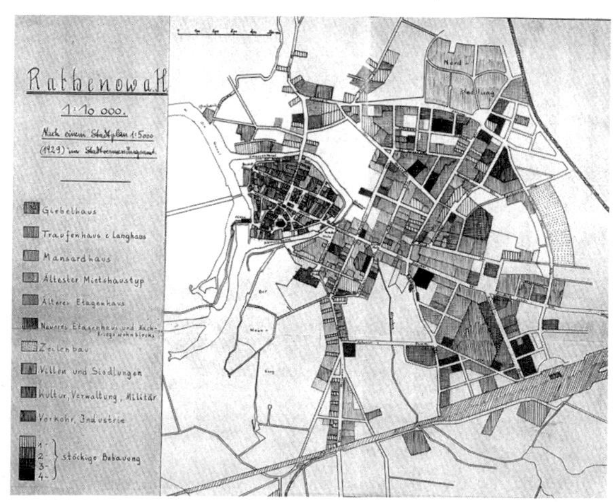

图1-3 康泽恩的“平面单元”划分

资料来源：M.R.G.Conzen. Alnwick，Northumberland：A Study in Town-Plan Analysis

（1）平面类型单元（plan unit）

“平面类型单元”可定义为在城镇中不同于周围环境的形式同构区域。康泽恩指出，根据不同的研究对象，城市中由独特的形态元素构成的较小的地方可以是“形态原型”（morphotype），即“平面类型单元”的雏形。“平面类型单元”内容通常由三个基本要素组成：街道系统（street-system）、地块（plot）组合和建筑物基地平面组织。

街道是为街道边线（street-line）所限定的开放空间，当与城镇平面的其他要素分离出来单独观察，可称之为街道系统（street-system）。没有被街道占据，而又被整个或部分街道边线限定的区域可称之为街廓（street-blocks）。每个街廓代表着一组相邻的土地或一块单独的土地，这就是地块（plot）。地块沿着街道或以其他方式组合排列，形成地块系列（plot series）。建筑的基地平面（block-plan）就是建筑所占的区域，在地面上就是建筑外墙所限定的区域。

通过三要素界定的“平面类型单元”可以理解为“街道、地块和建筑物”这三个平面要素形成的组合体。“平面类型单元”本质上代表着形态构成的规划类型（morphogenetic plan types），不同特征的规划类型构成了形态生成类型系统（a morphogenetic typology）（M.R.G.Conzen，1960）。“平面类型单元”是理解城市整体复杂结构的第一步，同时是其他市镇规划分析概念如“形态周期”、“形态地区”、“形

❶ 段进，邱国潮. 国外城市形态学概论 [M]. 南京：东南大学出版社，2009：6-8.

❷ 霍耀中，谷凯. 市镇规划分析：概念、方法与实践 [J]. 国外城市规划，2005（02）：28-29.

态框架”、“地块变化周期”和“城市边缘带”的基础。

（2）形态区域（Morphological Region）

“形态区域”的概念充分反映了康泽恩对城市物质形态发展过程的理解。“形态区域”是指一定区域具有统一的形态特征并不同于周围区域。形态区域结构可以有层次结构，康泽恩曾使用五个等级区分形态区域的边界❶。“形态区域”由“平面类型单元”、“建筑类型”和“土地利用”三个形式综合体叠加而形成。其中“平面类型单元”是构成城市形态的要素中最稳定的，它提供了了解现有的物质形态与过去的城市形态及基地原始特征之间联系的物质基础。建筑类型相比市镇规划则较易被改变，而土地使用功能是最容易被改变的。根据康泽恩对现有城市形态的理解即不同历史时期形态叠加的外在体现，要全面了解现有街区形态，采取跟踪形态生成的方法是最为清晰明了的。

（3）形态框架（Morphological Frame）

形态框架是指一些能够延续并影响制约后续形态发展的要素。康泽恩认为在城市形态构成要素体系中，地块边界和道路系统相对稳定并构成形态框架，即便城市环境产生了变化，地块边界和道路系统仍可在新的形态中找到痕迹。形态框架的概念同时应考虑客观存在的自然环境和地理条件，所有相关因素的合力共同限制或促进了城市现在和未来的发展。

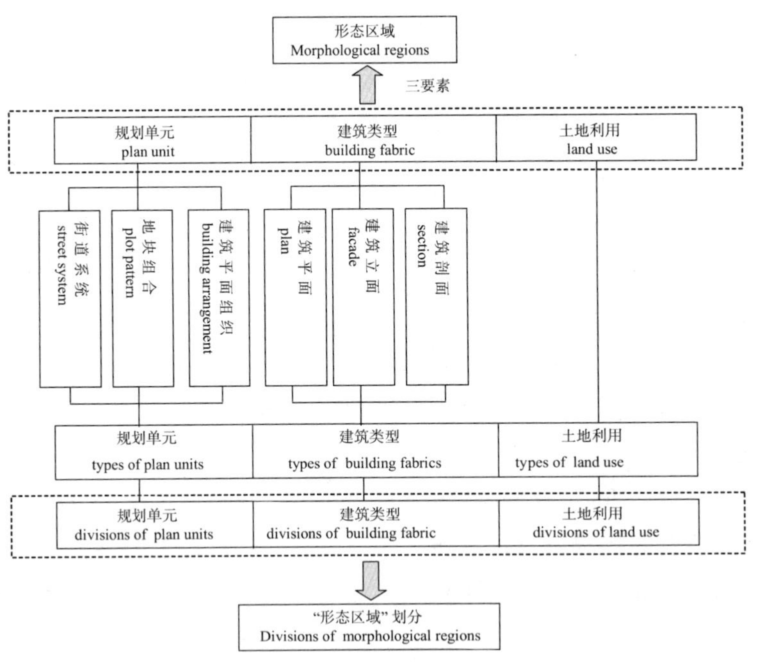

图 1-4 康泽恩城市形态区域研究框架

转引自：王敏.《广州市华侨新村地区城市形态演变及动因研究》[D]. 广州：华南理工大学，2012：4.

❶ M R G Conzen. The growth and character of Whitby [C]// G H J Daysh. A Survey of Whitby and the Surrounding Area. Eton, England: Shakespear Head Press, 1958.

（二）在中国旧城地区进行形态分区研究的意义

中国自古就有形态分区的思想。春秋《考工记》中就有“九分其国，以为九分”形制，将王城分为九份而制定城市的基本形态格局。宋代之后城市的坊巷组织成为城市的基本形态单元。新中国成立之前，许多中国城市在封建旧城基础上经过近代化的发展而形成了较为清晰的形态分区结构。新中国成立后，特别是改革开放后，随着城市现代化的发展，中国城市发生了翻天覆地的变化，城市形态呈现多元化趋势。在这样的背景下，学习西方城市形态学的相关理论，对中国旧城地区进行形态分区研究将具有以下积极意义：第一，通过形态分区对中国旧城地区进行形态解构，以此深刻认识其演变规律。第二，通过形态分区研究城市形态演变背后的复杂非物质因素作用机制。形态类型区的研究有助于对这些作用机制进行抽丝剥茧的深入分析。第三，通过形态分区弥补现有城市规划管理的不足。以单一的密度分区为基础、土地指标管控为核心的规划管理手段已不足以满足旧城地区精细化管理的需要。需要通过形态分区将城市设计控制更合理地融入现有规划体系中来。

（三）在中国旧城地区进行形态分区研究的关键问题

中国城市经历了复杂的历史过程。只有在保存较好的历史街区才存在适用康泽恩形态分区体系的可能。因此对中国旧城地区进行形态分区研究的关键问题是建立适合中国城市的形态分区结构体系。在此有几个重要问题需要讨论：

（1）中国城市形态的构成单位是什么。田银生提出学习西方城市形态学要解决的关键问题是建立适合中国城市条件的“形态单元”（morphological unit）[1]。本书认为这样的“形态单元”要符合几个条件：第一，它具有在较长时间内长期存在的稳定要素，是城市形态演变框架中稳定的构成单元；第二，它要根据研究区域大小而采取合理的分辨率划分，要能反映研究区域的形态结构特征；第三，它能具象反映形态的最小构成体——地块及其建筑的空间组织关系，起到从微观到宏观的纽带作用。

（2）“形态单元”的形态要素构成与划定标准是什么。康泽恩认为街道系统、产权地块组织、产权地块上的建筑基底是英国历史城镇“平面单元”的形态要素。中国旧城地区因为历史过程的不同而要寻找自己的标准。

（3）如何划定形态类型区域结构。根据康泽恩的多层级形态区域划分理念，应考虑如何把“形态单元”作为最基本的形态区域，同类型“形态单元”集聚区的连续边界构成上一级形态区域，以此类推则可以划定不同层级的形态区域。通过这种方式可以找到城市形态中的同质区，从而了解城市形态的基本格局构成。

1.4.2 基于自组织机制的城市形态演变动力机制研究

城市形态演变存在自生的动力机制，了解这一机制是解析城市物质空间演变背后

[1] 田银生，谷凯，陶伟. 城市形态研究与城市历史保护规划 [J]. 城市规划，2010（4）：23-25.

复杂社会经济环境运行的重要手段。系统论中的自组织理论为研究城市系统的内生动力创造了理论基础。

（一）城市的系统构成

系统论的基本思想方法是把所研究和处理的对象当作一个系统，分析系统的结构和功能，研究系统、要素、环境三者的相互关系和变动的规律性[1]。第二次世界大战以后，有关城市形态领域的研究兴趣逐渐从空间的存在和构成转向系统的形态的发生、转化、结构和功能[2]。系统论在城市形态研究领域中被逐步广泛运用，“耗散结构理论”、“协同论”、“突变论”等都被应用于城市空间结构的自组织与动态变化当中。

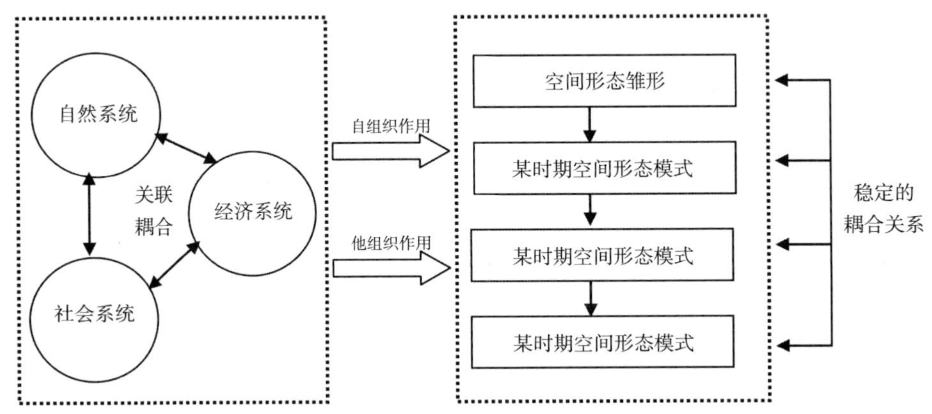

图 1-5　系统耦合下的城市空间形态演化

按照系统论与空间经济学观点，城市是一个复杂的开放巨系统，主要由自然系统（要素）、社会系统（要素）、经济系统（要素）三大子系统协同运行，共同构成有序的复杂人工系统[3]。自然要素、社会要素和经济要素自身之间及与其周围环境之间，不断进行物质、能量和信息的交换和传输，以“流”的形式（如人口流、物质流、能量流、信息流、经济流等）贯穿其间，既维持系统与环境的关系，又维持系统内部各要素的关系。城市形态是城市系统在运行过程中的物质空间表征，也是城市系统耦合的结果。在漫长的发展过程中，经济系统与社会系统、自然地域系统发生复杂的耦合关系。当一种平衡的耦合关系出现时，便可以认为城市系统在相对稳定的城市形态结构中处于一种均衡而有序的状态。当城市形态结构不能完全满足于城市系统的耦合要求时，城市系统中就会涌现改变城市功能的力量，城市形态将走向无序，直至新的有序结构形成。

[1] 曾菊新．空间经济：系统与结构 [M]. 武汉：武汉出版社，1996：105-106.
[2] 于一凡．城市居住形态学 [M]. 南京：东南大学出版社，2010：126-127.
[3] 曾菊新．空间经济：系统与结构 [M]. 武汉：武汉出版社，1996：41-42.

（二）城市形态演变中的自组织机制

城市系统的发展始终受到两个力的制约与引导：无意识的自然生长——自组织，有意识的人为干预——他组织。在漫长的发展过程中，城市系统从一种组织状态变为另一种组织状态，城市形态从一种模式变为另一种模式，都表现出强烈的自生力，不断从无序自我调节成有序。同时，外界对城市系统演化的干预即他组织活动也一直存在。因此，城市系统与城市形态的发展演变就是在这样的两种作用交织下进行的。

从进化论的观点来看，“自组织”是指一个系统在“遗传”、“变异”和“优胜劣汰”机制的作用下，其组织结构和运行模式不断地自我完善，从而不断提高自身对于环境的适应能力的过程[1]。城市空间自组织过程主要体现在以下几方面：

第一，流动与集聚。这是城市空间自组织的基本形式。城市人口流、信息流、资金流等受不同要素影响形成流动与集聚，造成两种结果：一是城市空间进一步向外扩散，寻求和拓展新的优势区位，形成城市空间的外部性拓展、扩大。二是在城市内部的挖潜更新，促使城市的内部质变更新。后者是造成城市更新的主要内生动力。

第二，演替与发展。当城市空间“流动集聚”足够由“量变”引发“质变”时，城市现状的空间形态类型将被另一种类型所替代。演替的发展结果是自组织机制隐藏秩序性的体现，从而形成一个更为有序、更有活力、更具竞争力的整体的空间秩序。

第三，调整与进化。受到系统外力的干扰（他组织作用）后，城市系统会在空间发展中进行“调整”和“进化”。这也说明了城市空间的自组织作用，即空间组织形式的演变会逐渐从无序演化为有序。

他组织即外界对城市系统运行的调控干预活动，政府规划及各种调控是其主要内容。自组织与他组织对城市空间形态演化过程有三种影响：一是当他组织力与自组织力同步时，加速空间的有序发展；二是阻碍或延缓空间自组织演化的过程；三是修正空间自组织的方向。这些都取决于人们主动作用的目的、方式与能力。

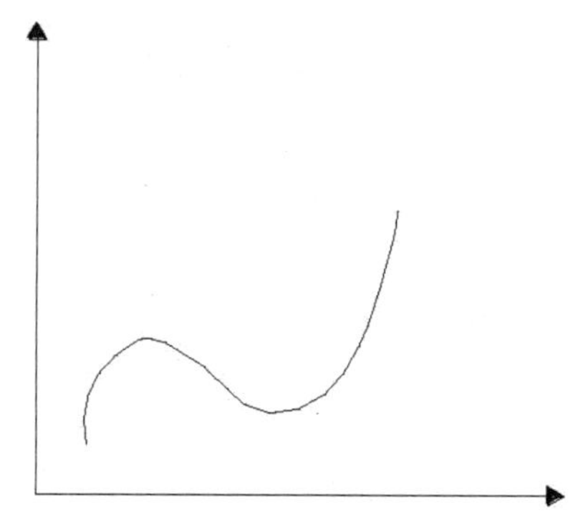

图 1-6 城市形态系统演变自组织过程

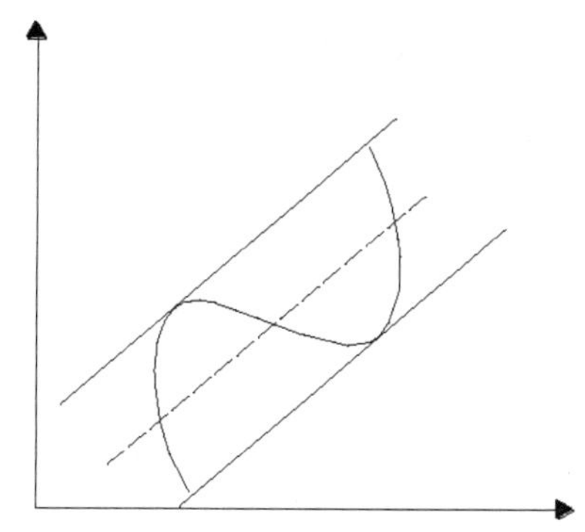

图 1-7 规划控制的约束

[1] 张京祥 . 城镇群体空间组合 [M]. 南京：东南大学出版社，2000：32-33.

（三）形态分区为自组织机制研究奠定基础

形态分区理念可以深入解析不同层面城市形态演变的特征。不同层级形态类型的划定解构了城市形态的系统构成，也为运用系统学分析演变过程中的自组织机制提供了基础。在形态类型与复杂的社会经济运行机制之间建立关联关系，将有助于更深层次研究城市形态演变的内在动力，解析自身客观发展的规律。

1.4.3 基于形态类型学的城市形态设计干预控制研究

城市承载着社会、经济、环境等多元目标。完全的自组织演变会使城市形态偏离合理的发展轨道。合理的他组织规划干预是塑造良好城市形态的必要手段。

对于旧城这一十分复杂的城市系统，如何制定合理的规划干预手段呢？根据形态区划我们可以获得形态类型的分类特征。康泽恩学派的核心理念是通过平面分析的方法寻找城市中的“形态原型”。如果能够把这个原型模块中的典型形态要素抽取出来作为设计控制的准则，就能有效指导城市形态发展。基于历史地理的“城镇平面分析”方法并没有对形态要素的规划控制进行深入阐述，但同时期发展起来的西方建筑类型学对此形成了补充。意大利建筑师卡尼吉亚形成了建筑类型学的基本思想，通过对基本建筑类型、城市肌理类型和类型过程的确认和分析，建立了微观建筑单体与城市形态分析的桥梁。“城镇平面分析”与建筑类型学在方法论方面的互补性提供了创造综合的“类型—形态”（typo-morphological approach）的新的城市分析框架并应用于城市规划设计实际案例研究的可能性[1]。基于“形态类型”的分析框架在美国“新城市主义”实践中得到了很好应用。美国设计师杜安尼和普雷特·兹伯格遵循类型学理念，以滨海城为代表的一系列城镇设计确立了“新城市主义”理念的主要思想。以欧洲传统街坊为空间原型，提倡欧洲传统社区形态，提倡紧凑、人性、多样化空间塑造，反对以小汽车为依托的“现代主义”。在建筑类型学研究基础上，采取直接有效的控制方法：

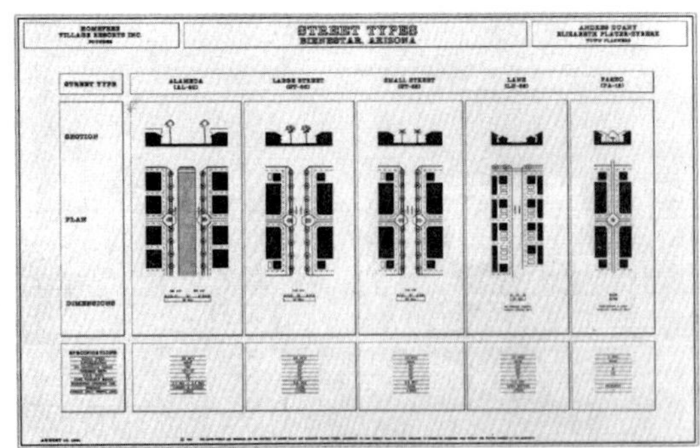

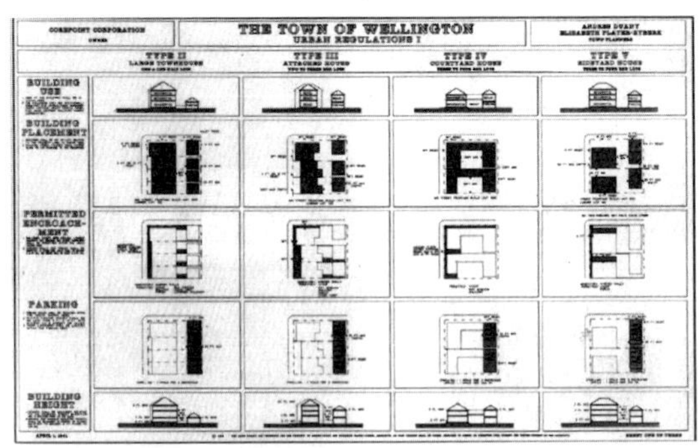

图 1-8　新城市主义某空间模块的要素控制

资料来源：唐纳德•沃特森，等 . 城市设计手册 [M]. 刘海龙，等译 . 北京：中国建筑工业出版社，2006.

---

❶ 田银生，谷凯，陶伟 . 城市形态研究与城市历史保护规划 [J]. 城市规划，2010（4）：23-25.

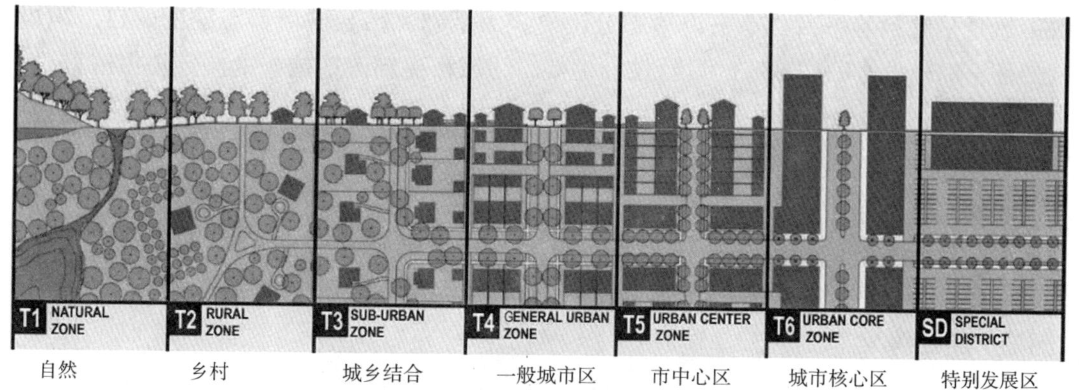

图 1-9 新城市主义典型空间模块大类

资料来源：唐纳德 • 沃特森，等 . 城市设计手册 [M]. 刘海龙，等译 . 北京：中国建筑工业出版社，2006.

制定类型空间模块（transect module），对建筑体量（massing）、比例（scale）和公共空间质量（quality of public space）进行控制。

因此，鉴于本书对于广州旧城形态分区的研究基础，结合城市形态的自组织演变分析特征，可以将形态学中“形态类型—设计控制”的理念应用于设计控制当中。通过形态控制单元的划定、形态控制要素提取等措施，对广州旧城地区进行有实际操作意义的设计控制，从而实现城市精细化管理要求。

1.5 研究意义

1.5.1 理论意义

（1）在国内旧城地区尝试应用形态分区的研究方法，建立理性分析框架

城市“内城”地区（inner city）是国内外城市研究中的焦点问题。受学科背景影响，对于城市内部空间形态的研究对象与关注层面并不统一。本书从形态分区角度出发，在康泽恩平面分析方法基础上，根据广州旧城具体情况进行发展创新，提出适合中国城市旧城地区形态分析的“形态单元”概念，并以此构建“形态区域—形态单元—形态更新地块”的多层级系统分析框架，为中国“内城”地区的形态分析提供新的视角。

（2）通过系统学理论探索城市形态的演化机制

传统形态学研究主要从物质空间变化入手，注重图面表达，往往缺乏形态背后的社会、经济、人文运行机制的研究。本书在形态分区研究基础上，通过系统学研究旧城的自组织规律与他组织调控作用，同时融入了制度经济学、空间经济学、社会学等诸多分析方法，以解析物质空间演化之后的复杂机制。

（3）建立针对旧城地区设计控制的理论框架

对城市形态研究的最终目的是为了揭示城市发展的客观规律，提高人类引导和干预城市发展的主动性及能力。城市物质形态最容易被人感知，因此也是城市各项调控

政策最直接的检验平台。本书以形态分区研究为基础，结合城市形态演变的自组织机制特征，提出针对旧城地区的设计控制框架，为城市更新改造措施的制定提供依据。

（4）GIS 等分析技术在城市形态分析中的应用

本书在广州旧城的形态研究中使用了大量 GIS 分析方法，弥补了传统形态分析往往以小规模街区个案为主的局限。通过 GIS 的大面积统计分析，可以定量分析城市更新情况，科学划定形态类型。

1.5.2 实践意义

西方国家经历了从大规模城市更新到城市精细化管理的过程。与西方国家相比，我国的工业化和城市化历程短，现代城市更新的历史也比较短。新中国成立初期，我国城市的旧城更新主要是安置大面积的棚户区与危破住宅。1970 年代后，旧城改造的重点在于解决城市职工的住房问题。改革开放后，我国城市经济迅猛发展，旧城更新改造也以空前规模与速度展开。随着 1990 年代以来房地产市场的完善，中国许多大城市也进入了大规模城市开发与改造的阶段。从旧城更新面临的主要问题来看，第一是缺少良好的更新改造机制。目前的状况与西方国家第二次世界大战后情况类似，市场经济推动的大规模城市改造引发一系列问题，对于这一状况，大量专家学者以严肃的态度进行了研究与批判。第二是缺少精细化的规划调控手段。面对旧城这一极其复杂的系统，无法对各项事宜制定有针对性的规划控制措施，导致规划的失控与城市建设的无序。目前国内对于城市更新有以下三个方面的倾向：

（1）强调旧城改造由单一的形体规划向系统的综合规划转变。许多研究结合西方城市更新改造经验，对中国旧城更新的模式机制进行研究探讨。城市更新目标应建立在城市整体功能结构调整综合协调基础上，应由过去注重单纯的城市物质环境的改善转向对增强城市发展能力、实现城市现代化、提高城市生活质量，促进城市文明，推动社会全面进步和更广泛、更综合目标的关注。

（2）强调城市规划过程中理性、科学、精细化的管理。就城市规划学科本身而言，旧城更新研究的核心问题还是旧城空间的规划组织与管理。对于旧城这一复杂系统，我国目前以政府为主导的一元化规划管理体制已不能满足需求。自主治理、制度分析、产权变革等多元理论被广泛地讨论应用于规划编制与管理过程之中。

（3）强调旧城改造中的多元化运作模式。目前在我国城市更新中运用市场化手段已经成为不可规避的现实。尽管不少学者认为目前的市场化运作手段已经给许多城市造成了破坏，但在进一步协调开发商、市民与政府三者关系的基础上，通过多方合作与资金运作而进行适宜的改造开发已成为主要的研究趋势。

广州旧城在经历了计划经济时期下的用地扩张与市场经济时期下的快速更新后，其未来的更新方式、运作模式及规划管理也都面临许多困惑。对于旧城未来的空间形态发展方向，目前还没有一个统一的认识。从关于广州旧城的相关研究来看，论述历史得多，论述案例得多，论述个别策略得多，但还没有论著全面系统研究改革开放以来广州旧城空间形态的演变规律与其背后深刻的社会经济与政治影响因素。因此，本书对于科学客观地评估广州旧城的形态演变规律、切实指导旧城的具体改造工作具有重要的实践意义。

1.6 研究方法

（1）城镇平面分析

本书以康泽恩城镇平面分析为基础，采用广州旧城 1949 ~ 2010 年不同年份的 1 : 2000 地形图，配合历史影像图进行城镇平面分析。分析过程中根据广州旧城的实际情况提取了形态要素，划定了形态单元与形态区域。因此城镇平面分析是本书进行形态区划工作的基础。

（2）文献法

通过国内外相关理论研究、广州 1949 年以来的历史文献研究，作为研究重要的定性分析依据。

（3）GIS 定量分析

本书运用 GIS 分析技术对旧城形态单元的演变特征进行了大量定量分析，以科学判断城市形态的演变规律。为判断旧城的自组织特征，本书还进行了分形定量测算，运用网格维度与边界维度等方法定量测定旧城形态的分维特征。

1.7 研究框架

本书共分为六章。

第 1 章为绪论。对本书研究的意义、内容、方法和相关概念进行阐述。

第 2 章为 1949 ~ 1978 年广州旧城的形态演变特征。研究广州旧城研究范围内的"总体空间布局"与"形态格局"的特征。识别 1949 年广州旧城的"形态原型"，分析 1949 ~ 1978 年的形态单元与形态区域演变规律。划定的 1978 年形态单元与形态区域将作为 1978 年后旧城形态演变分析的基础。

第 3 章为 1978 年以来广州旧城的形态演变特征。对改革开放以来广州旧城研究范围的"总体空间布局"与"形态格局"进行演变分析。通过定量与定性相结合的方法分析广州旧城形态单元与形态区域的演变特征。

第 4 章为 1949 年以来广州旧城形态演变的总体规律。从总体形态格局、形态单元、产权地块三个层面总结 1949 年以来广州旧城形态演变的一般规律。归纳出城市边缘带、形态框架、形态周期等理念。

第 5 章为广州旧城形态演变中的自组织机制。运用系统分析的方法，对广州旧城形态演变中的循环演进阶段、竞争协同机制、自相似分形特征、混沌与秩序等重要自组织特征进行研究。

第6章为广州旧城形态演变中的规划调控机制及优化探讨。从他组织干预角度出发，总结广州旧城形态演变现状调控机制及问题。提出构建多元化目标导向体系。在形态类型研究与自组织机制研究基础上，提出各项调控优化策略。

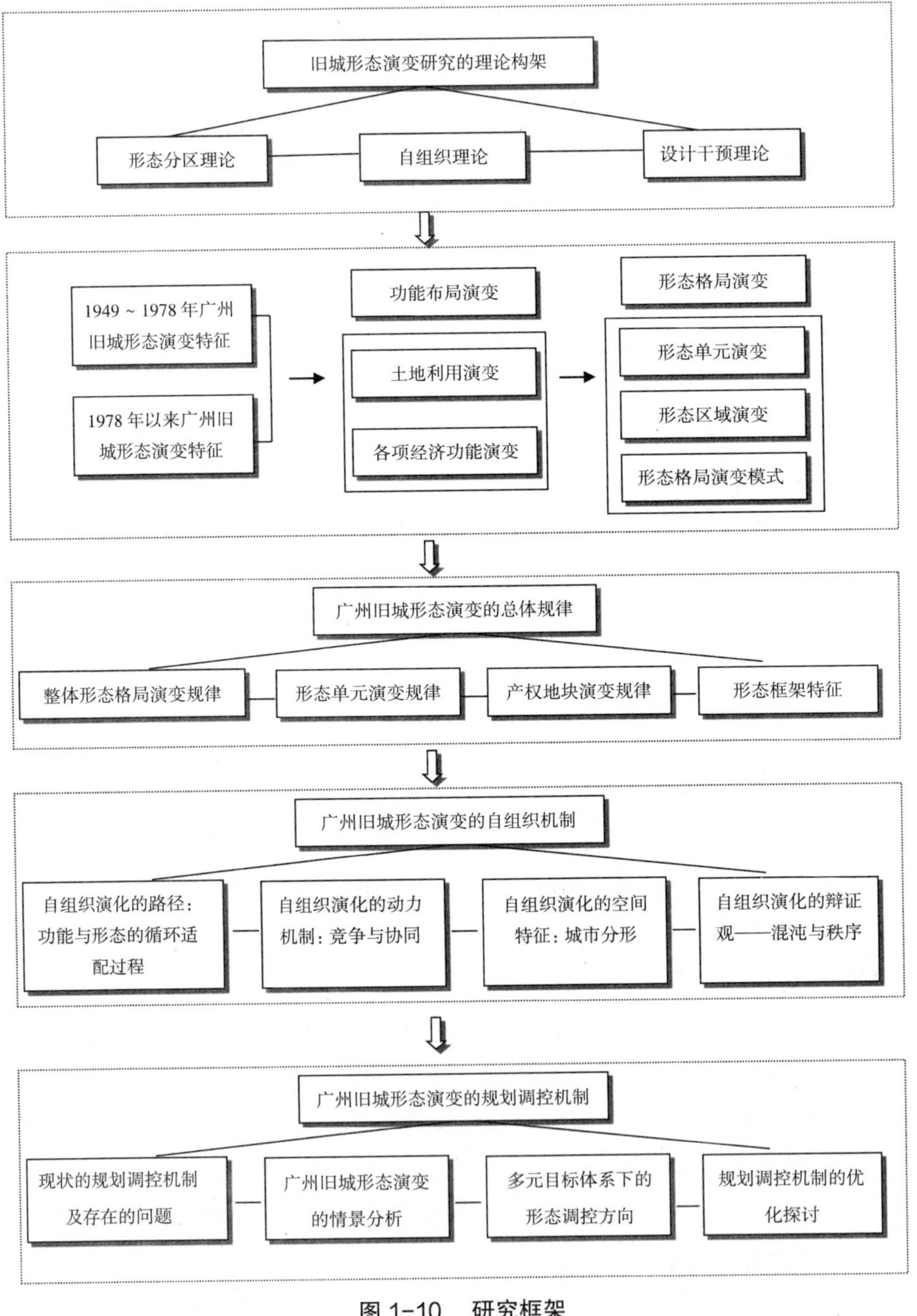

图1-10 研究框架

第2章 1949 ~ 1978年广州旧城的形态演变特征

2.1 发展背景

2.1.1 1949年前的广州历史城区

广州是拥有两千多年历史的古城，南汉时期已形成典型的都城结构——宫城、皇城、郭城。经过历朝历代发展，至清末已基本形成老城、城南、城西三个城区。老城区基本上为赵佗城区范围，是城市的政治中心与传统商业中心；城南区是宋三城南城关厢地区，在宋明时期依靠玉带濠、南濠等河网水道成为最繁华的商住区；城西区又称西关，经历了十八甫“圩街”与机房区的开发、十三行的兴衰与西堤沙面地区的发展后，在近代已取代城南商业区而成为广州最重要的对外商贸门户。民国时期广州加快了东山新式住宅区与河南地区的开发，基本形成了老城、西关、南关、东山、河南五个城区版块[1]。随着1921年开始拆除城墙与1933年海珠桥连通，城市逐步突破人为与自然的阻碍而融合发展。历经陈济棠与孙科两个重要时期的经济发展与城市建设，广州在新中国成立前已成为中国华南第一大城市。

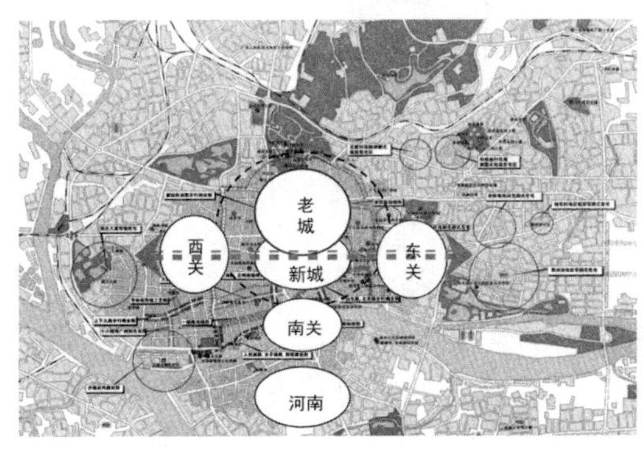

图2-1 1949年广州城区情况

图2-2 1949年广州城区地图

资料来源：广州市档案馆.广州历史地图精粹[M].北京：中国大百科全书出版社，2003.

[1] 周霞.广州城市形态演进[M].北京：中国建筑工业出版社，2005：145-146.

根据《广州市历史文化名城保护规划》勘定，1949 年广州建成区面积为 20.4km^2。这个范围内保存有广州主要的历史风貌，如城市轮廓、主要道路系统、主要水系、历史街区、骑楼街等都主要形成于 1949 年以前，因此广州市将此范围作为历史城区范围❶。

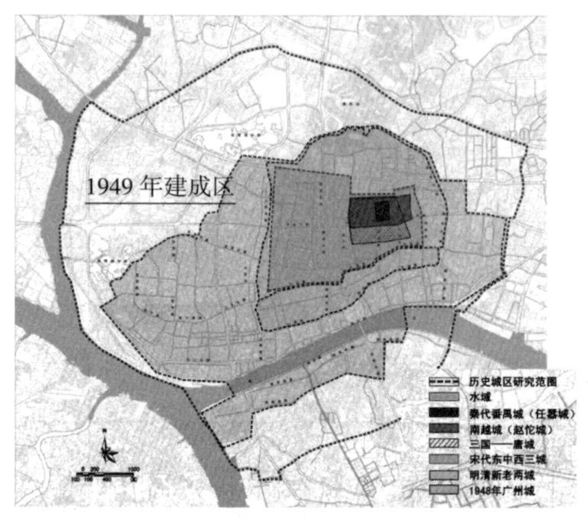

图 2-3　广州历史各时期建成区情况

资料来源：《广州市历史文化名城保护规划》，广东省城乡规划院、清华大学 2009 年编制

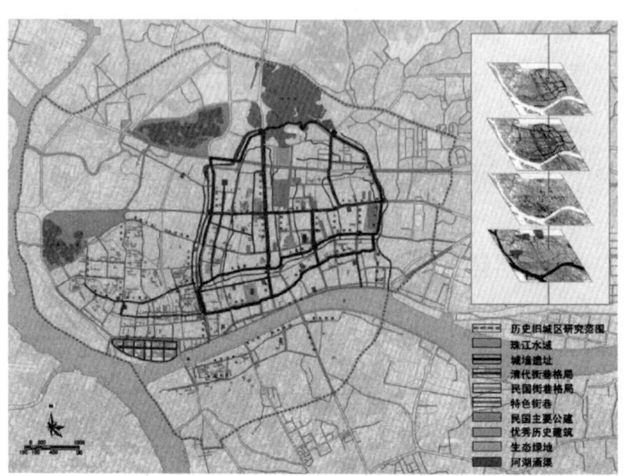

图 2-4　广州历史城区内空间格局要素

资料来源：《广州市历史文化名城保护规划》，广东省城乡规划院、清华大学 2009 年编制

2.1.2　1949 ~ 1978 年广州中心城区的发展

1949 年 10 月广州解放后，由于长期战乱使广州破败不堪，城市损毁严重。人民政府着手城市重建，至 1978 年前中心城区发展主要经历了以下 3 个阶段：

（1）国民经济恢复和转型时期（1949 年 10 月 ~ 1957 年）

解放初期城市发展主要是恢复生产、医治战争创伤和安定人民生活。人民政府清理了黄沙、西堤灾区地段，设立专项资金修复公用设施，把原有木屋改为砖屋，把收归国有的原官僚住宅、大资本家住宅以较低租金分租给政府、企事业单位职工和无房市民居住，解决了大批市民居住问题❷。

经过国民经济的三年恢复之后，国家进入第一个五年经济建设时期。发展工业是国家基本任务，建设生产性城市成为国家城市建设的基本思想。为适应这一发展要求，广州对城市发展进行了规划与部署。工业布局上，由于广州地处国防前线，国家不布置大型工业项目，需充分利用原有工业基础。因此在当时的城区周边布置了冶炼厂、水泥厂、造船厂、电厂等一批工厂企业。

❶《广州市历史文化名城保护规划》确定 1949 年广州建成区范围为“历史城区”，是历史文化名城保护的核心地区。

❷ 李厚强 . 广州城市居住空间分异研究 [D]. 广州：暨南大学，2010：22.

（2）大规模经济建设调整时期（1958 ~ 1964 年）

1958 年国家开始“二五计划”，中央提出“鼓足干劲，力争上游，多快好省地建设社会主义”的总路线，全国开始了“大跃进”和人民公社化浪潮。工业建设方面，城市从轻工业逐步向重工业发展。随着钢铁、化工、机械工业的发展，在城区边缘继续布置一些大型企业。住宅建设方面，一是在原有分散的工厂住区的基础上，建设成片的住宅，形成一定规模的工人住宅区，如建设新村、凤凰新村、共和新村等❶，二是建设了一批标准较高的供知识分子居住的住宅群。

（3）“三线”建设和“文化大革命”时期（1965 ~ 1978 年）

1965 年国家开始大规模的“三线”建设，沿海许多重要企业向内地搬迁。1966 年 5 月开始“文化大革命”，城市经济受到严重破坏，城市建设十分缓慢。本着“重生产，轻生活，重工业，轻城建，重主体，轻配套”的思想，城区发展被忽视。至 1978 年广州建成区范围基本没有增加，城市非农业人口比 1966 年反而减少了 2.8 万人。

经过以上三个阶段的发展，广州城市格局逐步拉大，城市沿珠江向东发展的趋势明显。总体来看，城市还呈现明显的单中心结构，以广州旧城为主体的中心城区一直是城市主要中心。

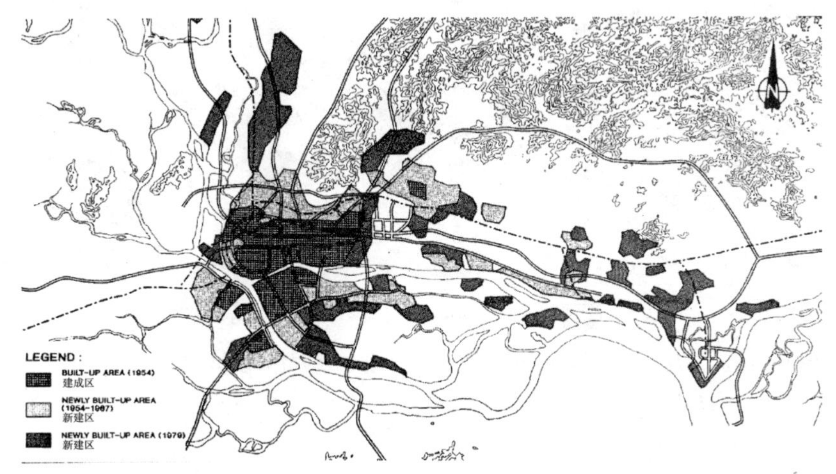

图 2-5　中华人民共和国成立后至改革开放前广州建成区拓展

资料来源：《广州城市发展概念规划纲要》，广州市规划局 2001 年编制

2.2　1949 ~ 1978 年广州旧城的功能布局演变

2.2.1　旧城地区的外延扩张与内外圈层格局

1949 年广州旧城的建成区面积约 20.4km^2，至 1978 年已增长为 33.7km^{2}❷。增长的

❶ 周霞 . 广州城市形态研究 [M]. 北京：中国建筑工业出版社，2005：100-101.

❷ 根据广州城市规划勘测设计研究院 1978 年测绘的 1：2000 地形图测定。

方式主要采用以建成区为中心的外延式扩张，即在当时的城市近郊布置了大量的工厂、公有房住宅区与单位用地。这种扩张方式使广州旧城形成了较为明显的内外圈层布局结构。内圈层即1949年历史建成区，外圈层即1949～1978年建成区。

1949年广州旧城范围内主要以传统居住、行政办公与商业商贸为主。1949～1978年间的建设活动使旧城的功能与土地利用发生了调整。本书以1978年1∶2000地形图为基础，结合相关资料绘制了1978年广州中心建成区的土地利用图（图2-6）[1]。土地使用的情况可以反映当时城市的主要功能特征：① 居住是中心区的主导功能。城区居住用地为17.9km^2，占总建设用地的53.14%。这充分反映了在“生产性城市”战略方针下城区主要承担生活配套基地的功能地位。② 公共服务设施以教育科研、行政办公设施为主，商业用地所占比例较小。这反映了计划经济体制下在城区优先布置“单位用地”的功能特征。③ 工业用地比重高，占总建设用地的14.66%。这反映了当时的中心城区仍具有较强的工业生产功能。

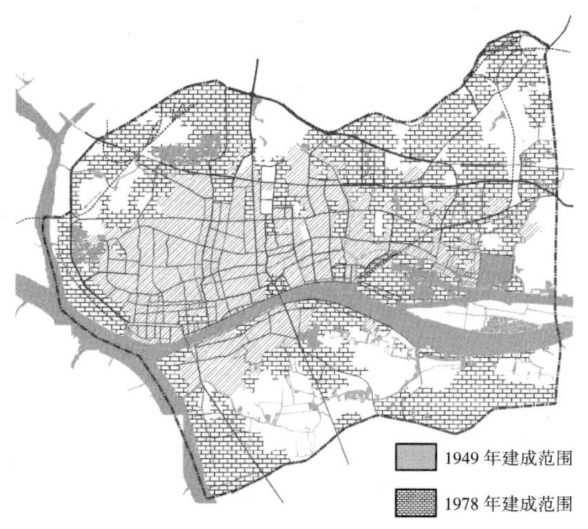

图2-6　1949年与1978年广州中心建成区

图2-7　1978年广州旧城范围土地利用情况

资料来源：根据1978年1∶2000地形图绘制

1978年广州旧城范围用地统计　　表2-1

土地利用性质	用地面积（hm^2）	比例（%）
居住用地	1794.85	53.14
公共服务设施用地	627.03	18.56
工业用地	495.18	14.66
仓储用地	3.81	0.11
对外交通用地	68.53	2.03

[1] 本书根据1978年旧城研究范围1∶2000地形图，结合历史地理绘制，并测定土地利用指标。

续表

土地利用性质	用地面积（hm^2）	比例（%）
道路广场用地	220.52	6.53
市政设施用地	65.6	1.94
绿地	87.72	2.6
特殊用地	14.66	0.43
城市建设用地合计	3377.9	100

2.2.2　1949 年建成区内的功能布局演变

1949 年前，广州历史城区是广东的商业贸易中心、金融中心，全市的行政文化中心。新中国成立后，由于经济发展的重心在工业生产，而当时政府的财力也十分有限，所以在历史老城区内的建设活动较少。但是计划经济的体制对历史城区内的功能格局产生了较大影响。

（一）计划经济体制下商业功能的调整

历史城区是广州最早的商业发源地。早在唐代，广州的城区便开始经营生活必需品的店铺和供旅客住宿的邸店。宋代广州西城扩建，店铺纷纷向西城街巷转移，形成米市、小市、大市等商业街。明代城外西关成为通商要地，建立了十八个“甫”的商业街。晚清时期，广州形成了惠爱街—双门底（今北京路）和第十甫—上下九甫（今第十甫路和上下九路）两个商业中心。民国时期，民族资本商业发展，新式轮渡码头和马路在长堤、西堤一带兴建，沿路先后建起一批大型商业设施，逐步形成了第三个商业中心——长堤西濠口。在此基础上，又兴建了一批商业网点，初步形成了众多的商业街[1]。中华人民共和国成立初期许多商业街、商业中心继承下来继续发展。但是 1956 年后国家对私营商业进行社会主义改造，大量发展国营经济与合作社经济，商业网点被统筹安排，同时也新建了一批政治色彩浓厚的涉外商业商务设施。

（1）城市商务功能东移

广州以金融业为代表的商务办公业起步较早，早在五口通商后的 20 世纪 40 年代，已有洋商在广州“西关”地区的沙面设立银行，沙面对面的第十甫路、人民南路一带成为广州的商务办公区，也是华南地区最大的商务中心。20 世纪二三十年代，以金融业为核心的办公业开始在北京路、上下九路集聚，并逐渐往长堤、西濠口等区域扩散，成为当时华南地区的金融中心。截至 20 世纪 30 年代，在北京路、上下九路包括沙面、西濠口一带共集中了近百家中外金融机构[2]。

新中国成立后，原沙面、长堤一带的外国商行、领馆多被改为单位办公与宿舍。

[1] 林耿，许学强 . 广州市商业业态空间形成肌理 [J]. 地理学报，2004（9）：18-19.

[2] 温锋华，许学强 . 广州商务办公空间发展及其与城市空间的耦合研究 [J]. 人文地理，2011（2）：38-39.

如沙面的11个使领馆中有5个转变为宿舍住宅，6个转变为省市所属的办公商业建筑[1]。城市主要商务活动转变为计划经济体制下的展览贸易、外宾接洽。1958～1975年开始重点开发流花湖、海珠广场两个涉外商务区，建设广交会馆、中国出口商品陈列馆（现为省展览馆）、广州宾馆等一批展馆、酒店、办公设施。1975年又在环市东路新建了33层高的白云宾馆，拉开了环市东商务区开发的帷幕。

总体来说，随着城市向东的逐步拓展，当时广州城市商务功能已有向东转移的趋势。在商业被控制发展的背景下，流花路、海珠广场、环市东成为当时广州现代化城市的标志窗口。

（2）商业中心的计划式调整改造

1956年对私营工商业社会主义改造完成后，广州开始对商业网点进行调整、撤并。1958年大规模调整商业网点后，网点大量减少，在计划安排下逐步形成了综合性的三级商业中心（图2-8）。市级商业中心有：北京路—中山五路商业区，人民南路—长堤商业区，上下九路—第十甫路商业区；区级商业区有龟岗商业区、洪德路商业区、纸厂商业区、火车站前商业区等；小区级商业区遍布城市各处[2]。在“文化大革命”时期，由于物资供应紧张，基本已发展到大部分商品都要凭票供应，许多商店因无货可卖而关停，商都广州异常萧条。

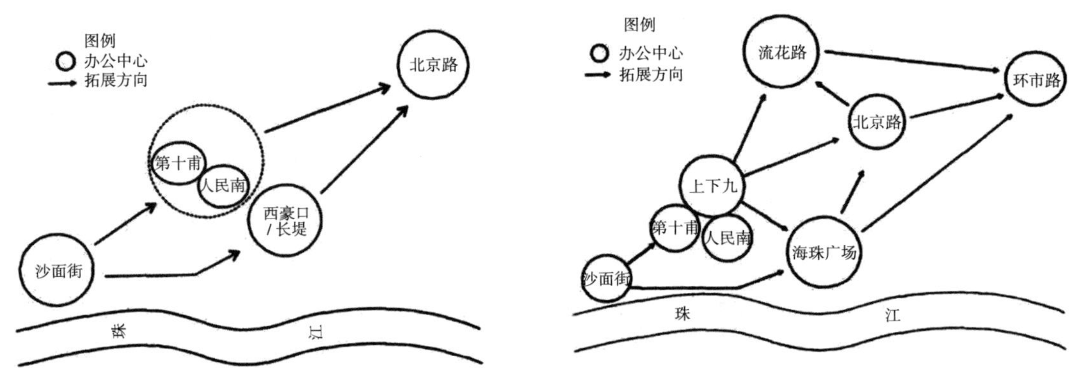

图2-8　1949～1978年广州商务办公空间演变示意

资料来源：温锋华，许学强.广州商务办公空间发展及其与城市空间的耦合研究[J].人文地理，2011（2）：38-39.

1949～1978年，广州最大的零售商业中心一直在长堤南方大厦地区。珠三角是水网地区，即使在1980年代陆路交通也十分不便，水运仍是重要交通方式。长堤自1930年代开始就是码头集中地，也是广州与外地的货运和客运中转枢纽，四乡的游客和货物来去均经过长堤码头中转，人流物流集中长堤，造就了这个商都“原点”。因此直到1980年代，广州四乡农民结婚如果没在白鹅潭畔的南方大厦买过被面、收

[1] 梁江，孙晖.模式与动因——中国城市中心区的形态演变[M].北京：中国建筑工业出版社，2007：101-102.

[2] 资料引自广州中山大学与广州三维地产咨询有限公司于2002年联合编制的《广州市商业布局规划》。

音机、缝纫机和自行车，就觉得不体面。而南方大厦门口就是联系珠三角水乡的客船码头。因此当时就有“没去过南方大厦，便不算到过广州”的说法。

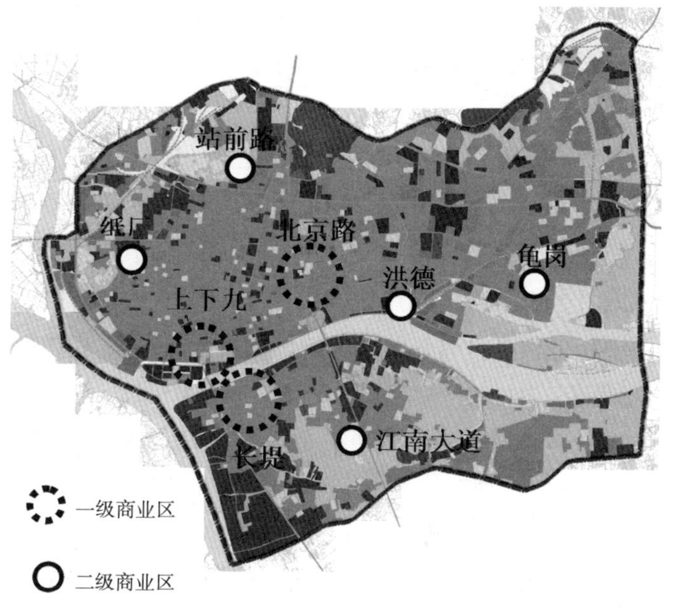

图 2-9　1978 年前广州旧城零售商业点布局

中华人民共和国成立前广州有大量的专业性商业街。随着 1952 年开始对私营工商业网点的调整、撤并，许多专业街逐渐萧条与消失了。一些专业街在改革开放后在原址又发展兴旺起来，一些专业街的功能发生了变化，一些专业街则永远消失了。

（二）改造与新建工厂作坊

中华人民共和国成立前广州城区内就有很多工厂企业，多为针织业、中成药、印刷业、日用品工业等。新中国成立后对个体手工业、私营工业、个体工业进行了社会主义改造，很多工厂企业仍然保留下来，成为当时广州轻工业发展的重要组成部分，其中还包括不少广州老字号产品。

1958 年在全民办工业的推动下，广州市区街道内新办了大量民办工厂。据统计 1958 ~ 1966 年市区新办的区街工业有 1000 多家，职工人数超过 2 万人[❶]。但这些区街工业大多设备落后，作坊式的企业多，生产能力低下，在“文化大革命”时期关停了很多。1959 年在广州市总体规划第 9 方案基础上编制分区规划时曾考虑把这些分布在内街巷的工厂搬到工业区，但区街政府认为不必搬迁无害的工业，在内街不需要建职工宿舍，生活配套容易，若搬到工业区缺乏生活配套[❷]。这也反映了当时在城区内建设小型工厂作坊的原因。据本书统计 1978 年在历史城区内仍分布有工业点约 70 多个。

（三）以传统中轴线地区为中心的行政功能强化

清末广州作为两广的政治中心，老城内还分布着数量众多的衙门机构，如布政司、广州府署、广府学宫、番禺县署、南海县署等省县级各行政管理衙门，主要沿惠爱街分布（现中山路）。民国初年至陈济棠时期，广州经过两次大规模城市建设，逐步形成了越秀山—中山纪念碑—中山纪念堂—市府合署—中央公园—海珠桥这一近代城市中

❶ 傅崇兰，杨重光，刘维新，史为乐 . 广州城市发展与建设 [M]. 北京：中国社会科学出版社，1999：48.
❷ 广州城市规划发展回顾编纂委员会 . 广州城市规划发展回顾 [M]. 广州：广东科技出版社，2006：55-56.

轴线。虽然中轴线上的各类设施分别在不同年代建成，当时也没有从建设中轴线角度考虑，但它建成后在客观上形成了广州城市形态的中心，市府合署楼也成为全市的行政中心[❶]。

中华人民共和国成立后广东省与广州市各级行政单位继续向这一地区集中。除市府合署楼继续作为广州市政府使用外，在中轴线及两侧还新建了省政府大院、市人大办公楼与大量省、市机关单位办公楼。使得近代城市中轴线的行政功能更为加强。除近代中轴线外，市政府还利用城区内的空置废墟地与拆除部分旧民宅建设了一些单位大院区。由于用地紧张，这些单位用地面积不大，不能集中布置配套用地，还需要在异地建设职工住宅。

总体来说，由于改革开放前广州还是单中心城市，大量行政设施还依赖老城，因此其行政功能得到了进一步强化。

（四）以自主改造为主的住房建设

中华人民共和国成立初期，广州城区内分布有大量的木屋与损毁的危房。据 1958 年统计，分布在各街区的木屋约 2.4 万间，面积约 57.7 万 m^2，居住着 3.29 万户人。1965 年市政府采取了“自建公助”办法，把木屋改造成砖瓦与混合结构楼房，至 1966 年底共改造木屋 11 万多间[❷]。由于政府财力有限，这类型住房以简易平房为主，人均居住面积较小，居住人口密度大，居住环境一般。由于缺乏持续的维修资金，老城区中这类型居住区很快成为较差的居住区。

2.2.3 1949 年建成区外的功能布局演变

历史城区外的 1949 ~ 1978 年建成区主要是在计划经济体制下通过土地行政划拨进行建设的区域，其功能布局也有与时代及制度背景相适应的特征。

（一）城区边缘形成五个工业区

1956 年 5 月，国务院颁布了《关于加强新工业区和新工业城市建设工作几个问题的决定》，指出“为了使工业城市和工人镇的住宅和商店、学校等文化设施建设经济合

图 2-10 改革开放前建成区工业区布局

❶ 朱晓秋 . 近代广州城市中轴线的形成 [J]. 广东史志，2002（1），32-33.

❷ 李厚强 . 广州城市居住空间分异研究 [D]. 广州：暨南大学，2010：24.

理，应逐步实现统一规划、统一设计、统一投资、统一建设、统一分配和统一管理”[1]。在新工业区建设中，规定新建厂区及生活区内和区外专用的基础设施、道路房屋建设由项目主管部门负责，此外公共使用的基础设施、道路与服务设施由地方政府投资建设。因此，各个单位部门负责建设各自的职工住区。为了满足本单位职工基本生活需求，每个住区都基本上建立了一整套基本的公共服务设施，成为自给自足的生活单位。

1949 ~ 1978 年建成区范围内共建成 5 个工业区，总计用地约 460hm^2。主要新增工厂布置在城区边缘，以解决就近配套需求。总体来说这个时期的工业布局是沿着当时的城市边缘与主干道路四面开花。广州西面与西南面是下风下水方向，当时来看在此布置重化工业相对合理，但由于距离城区太近，对城市发展影响较大。在不到 20 年的时间内工业大道与荔湾区西部就开始了迅速的工业置换。

1978 年前广州城区 5 个工业集聚区情况　　表 2-2

工业集聚区	发展情况
荔湾西部集聚区	始于 1905 年开始建设的西村工业区。新中国成立后在中山八路与荔湾路继续布置橡胶厂、制药厂、机电模具厂等大型企业
滨江大道集聚区	始于 20 世纪初开始建设的河南纺织工业区。新中国成立后随着滨江大道的改造，陆续建成了广州缝纫机厂、广州第一棉纺厂、广州素碳厂等，形成以纺织工业为特色的小型工业集群
江南大道集聚区	江南大道是改革开放前连通珠江两岸的交通要道。新中国成立前两侧已布置有少量工厂。新中国成立后又布置了高压电器厂、搪瓷厂等企业
环市路集聚区	天河路（现环市东路锦城花园一带）形成了一个以广州汽水厂、乳品厂、糖果厂等为主的小型食品生产企业集聚区

（二）大量分布的单位用地区

行政划拨体制造就了土地使用的“单位制”。据本书统计，1949 ~ 1978 年城区范围内共计有单位用地面积约 4.8km^2，占 1949 ~ 1978 年建成区面积的 43%。其主要分布在历史老城区的东侧。单位大院用地在功能布局上有以下特点：

（1）用地面积较大，条块式布局特征明显。大部分单位用地面积在 10 万 m^2 以上，多沿主干道布置，彼此间以围墙相隔且没有交通联系。这种条块式布局严重割裂了城市中心区应有的肌理特质。由于大院用地一直属于各单位所有，即使在今天各单位也有权利在各自属地内进行建设，对广州旧城的更新带来了深远的影响。

（2）功能复合。用地内包括了办公、居住、配套等综合开发。如广州铁路局所在的共和新村地区，原为广州铁路大沙头火车站位置而划拨铁路局建设。在这里广州铁路局建设了办公大楼、家属宿舍区、中小学与幼儿园，俨然形成了一个独立的小社会并保留至今。

（3）多单位集群式聚集。由于行政管理原因，许多归属同一部门的单位聚合在一

[1] 胡冬冬 . 广州 1949-1978 年住宅规划发展研究 [D]. 广州：华南理工大学，2010：10.

起，如东风东路的省国土厅周边就集聚了省国土部门及下属许多单位。许多学校与科研机构也采取集聚式布置。如海珠区中山大学周边就布置广州美术学院、广东轻工学校、市南海水产研究所、市基建干部学校等大量科研机构与学校。这些学校、机构与村庄交错布置，缺乏统一的规划部署。

（三）以涉外建筑带动的新区开发

在计划经济主导下，城市公共建筑主要是政府建设的涉外宾馆、展览设施，以集中显示城市的现代化形象。在历史旧城外以政府主导建设的新开发地区主要是流花湖地区。受广交会、铁路客运站等影响，流花湖地区成为改革开放前以政府为主导建设的最重要的城市新区。在这里集中了当时广州为数不多的商贸与接待性公共建筑。

（四）公房住宅区建设

1949 ~ 1978 年间广州各政府单位与工厂企业自主建设了大量住宅区。其类型主要包括工人新村、单位住宅区、水上居民住宅区、知识分子住宅区与华侨住宅区。除华侨住宅区是公助私办的形式外，其他新建住宅都实行福利住宅体制，即由国家来统一进行住宅的建设、分配和管理。据统计该时期广州旧城研究范围内共建成有一定规模的公建房住宅区 37 处，总占地面积约 244.8hm^2（图 2-11）。从空间分布上看主要集中分布在环市东地区、江南大道地区和滨江东地区。

图 2-11　1978 年广州主要公有房住区分布图

广州旧城范围 1949 ~ 1978 年公有房住宅区情况一览　　表 2-3

序号	名称	占地面积（万 m^2）	位置	性质
1	和平新村	16.4	东风西路	工人新村
2	冼家庄小区	1.9	西华路	工人新村
3	幸福新村	2.6	荔湾路	工人新村
4	党恩新街	1.3	中山八路	单位住宅区
5	湖边新村	0.7	人民北路	单位住宅区
6	流花新村	3.3	流花路	单位住宅区
7	西村新村	4.2	环市西路	工人新村
8	黑山新村	4.2	环市西路	工人新村
9	象岗小区	6.1	解放北路	工人新村
10	盘福路小区	1.1	盘福路	单位住宅区

续表

序号	名称	占地面积（万 m^2）	位置	性质
11	田心新村	9.1	登峰北路	工人新村
12	建设新村	16.2	建设大马路	单位住宅区
13	环市路小区	3.5	环市东路	单位住宅区
14	太和岗小区	3.2	白云宾馆北侧	单位住宅区
15	华侨新村（一期）	25.3	环市东路	华侨住房
16	永泰新村	4.8	环市东路	单位住宅区
17	黄花新村	1.8	环市东路	单位住宅区
18	邮电工人新村	3.5	环市东路	工人新村
19	青龙坊新村	5.5	环市东路	单位住宅区
20	福今东小区	4.2	东风东路	单位住宅区
21	水均岗新村	2.5	东风东路	单位住宅区
22	东园新村	8.9	中山一路	单位住宅区
23	共和新村	25.9	中山一路	单位住宅区
24	寺右东小区	11.7	寺右新马路	单位住宅区
25	花园新村	2.8	白云路	单位住宅区
26	大沙头小区	7.2	大沙头路	单位住宅区
27	纺织路小区	2.6	纺织路	工人新村
28	滨江东小区	8.7	滨江东路	水上居民安置区
29	素社新村	9.1	前进路	工人新村
30	云桂新村	3.7	前进路	工人新村
31	南园新村	4.8	前进路	工人新村
32	万松园小区	11.1	前进路	工人新村
33	凤凰新村	4.9	工业大道	工人新村
34	五一新村	5.4	工业大道	工人新村
35	沙园新村	15.0	工业大道	工人新村
36	如意坊	0.6	黄沙大道	水上居民安置区

资料来源：本书测算与整理

（五）混杂交错的城市边缘地带

1978 年广州建成区边缘分布有许多村庄，限于当时的经济条件不可能对城市化所覆盖的村庄进行改造，导致许多村庄与工厂企业或新村连接在一起，成为城中村或城边村，如荔湾的西村、南岸村，东山区的杨箕村，海珠区的南田村、云桂村等。村庄周边往往保留部分农地，造成了建成区内的插花地。

总体来说，1949 ~ 1978 年期间广州城区的外部空间增长呈现出一定的无序性。表现在工厂企业集聚区的无序性集聚、单位用地的条块式分布、工人新村的遍地开花与城市与村庄的高度混杂。这使得 1949 ~ 1978 年期间的新增建成区呈现出与 1949 年前旧城区迥然不同的城市形态。

2.3 1949 ~ 1978 年广州旧城的形态格局演变

2.3.1 基于形态分区理念的分析框架建立

（1）形态单元的划定与要素构成

康泽恩认为街道系统、产权地块组织、产权地块上的建筑基底是英国历史城镇“平面单元”的形态要素。中国旧城地区因为历史过程的不同而要寻找自己的标准。本书通过广州旧城自 1949 年以来的形态演变分析，经过大量形态要素的比对而筛选出 6 项要素。下面以一个广州旧城更新的典型案例来进行说明（图 2-12）。在一个由标准双排竹筒屋形成的近代传统街区中，在阶段 2 时部分竹筒屋被更新而建设了 A、B 两栋中高层住宅楼，阶段 3 又建设了 C、D 两座高层商住楼。在这个演变过程中，街道所围合的街区一直稳定存在，因而可以被作为一个“形态单元”被持续观察。在演变过程中“街道系统、用地性质、地块组织、形态基底、形态更新地块、建筑类型与组织”6 个形态要素是可以作为区别于其他类型形态单元的主要要素。其中竹筒屋建筑群被作为“形态基底”即被更新对象，A、B、C、D 地块作为“形态更新地块（morphological block）”即更新主体。这个案例中一直较稳定的形态要素是地块组织方式（一直为沿街道并列组织）、内部街道系统（巷道一直保留）、用地性质（一直为商住性质）与形态基底，处于变化的是形态更新地块。当这些构成要素变化到一定程度，“形态单元”将可能演变为另外一种类型。“形态更新地块”是“形态单元”下一层级的形态细胞构成，它由“产权地块特征、建筑特征（含三维建筑特征）、建筑基底”三个次级形态要素构成，更多反映了地块及其建筑的组织关系。以上基于的是一个完整的演变过程，一些形态单元可以在此基础上对 6 项形态要素进行适当处理。如对于一些面积较大的产权地块可以作为一个独立“形态单元”，其构成要素就可以进行简化。

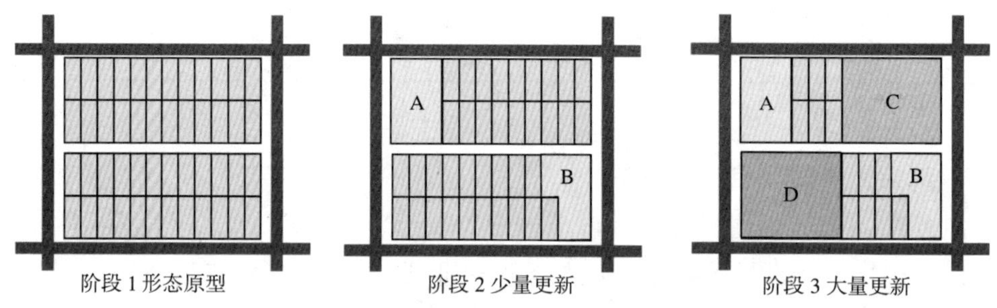

图 2-12　广州旧城更新的典型模式——“形态单元”的构建与要素构成

（2）基于“形态单元”的形态分区结构层次构建

根据康泽恩的多层级形态类型区划分理念，基于“形态单元”的形态分区研究可以形成三个层次的结构体系。中间层次的“形态单元”反映了研究区域形态类型的基本构成，可以通过其了解研究区域形态演变的本质；同类型“形态单元”集聚区的连续边界构成不同层级的“形态区域”，反映了城市形态中的同质类型区，可以通过其了解城市形态的整体格局特征；“更新地块”是进行建筑组织的基本单位，是“形态单元”的次一级细胞构成，可以通过其了解建筑及组织的相关特征。三个层次的结构体系反映了从具象的建筑形态到抽象结构特征之间的内在联系。

形态分区结构体系　　表 2-4

形态分区层次	形态要素	划定标准
形态区域	形态单元	根据形态单元分布分层级划定
形态单元	用地性质、街巷系统、地块组织、建筑类型与组织、形态基底、形态更新地块	结合城市街区或大面积产权地块划定
更新地块	产权地块特征、建筑特征（包括三维特征）、建筑基底	根据形态单元内部产权地块划定

2.3.2　1949 年广州旧城的形态基底

基于形态分区的形态演变研究基础需要在连续时间段的大比例尺历史地图上进行跟踪评估。广州在 1954 年起即开始测定城区 1∶2000 地形图，配合历史影像图与实地探勘可以满足这样的要求。应用现代信息技术，各种数据信息可以录入 GIS 地理信息平台，进一步为形态演变分析提供先进的分析手段。

本书将 1949 年的广州旧城形态格局作为原始的形态基底。以 1954 年广州旧城区 1∶2000 地形图为基础，配合 1949 年历史地图进行校正，对建成区范围进行城镇平面分析。结合前文所述的形态单元特征，以城市道路围合的街区为形态单元尺度，以 6 项形态要素作为识别要素，共识别出 8 种形态单元类型共计 186 个。

1949 年广州旧城形态区域与形态单元情况　　表 2-5

一级形态区域	二级形态区域	三级形态区域	形态单元数量	特征
1949 年前建成区（I）	近代传统商住区（Ia）	“长街”式商住街区（Ia1）	56	竹筒屋类大进深近代传统商住区，街道与历史水系平行或垂直，单向连通，主要分布在珠江北岸与东濠、西濠两侧
		自由式大街区（Ia2）	92	竹筒屋、骑楼街等大进深近代传统商住宅，自由式树状生长的街 巷系统，建筑沿街巷自由布置
		规整式街区（Ia3）	13	西关大屋为主的大进深近代传统住宅，正交格网状街道系统，建筑并列规整布置，主要分布在西关地区
	近代新式住宅区（Ib）	近代花园洋房式街区（Ib1）	25	近代西式花园别墅，正交格网状街道系统为主，建筑并列规整布置，主要分布在东山地区
	近代商业与行政办公区（Ic）	规整式金融商业街区（Ic1）	16	近代西式洋行、领馆建筑区，正交格网状道路系统，建筑并列或院落式布置，主要分布在沙面、西堤地区
		混合式商业街区（Ic2）	5	近代商行、百货、商业娱乐建筑，以南北向街道系统为主，建筑混合布置，主要分布在长堤、东堤地区

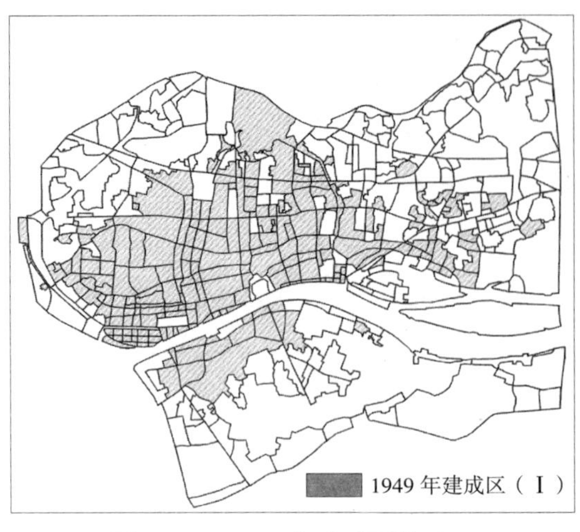

图 2-13　1949 年建成区情况

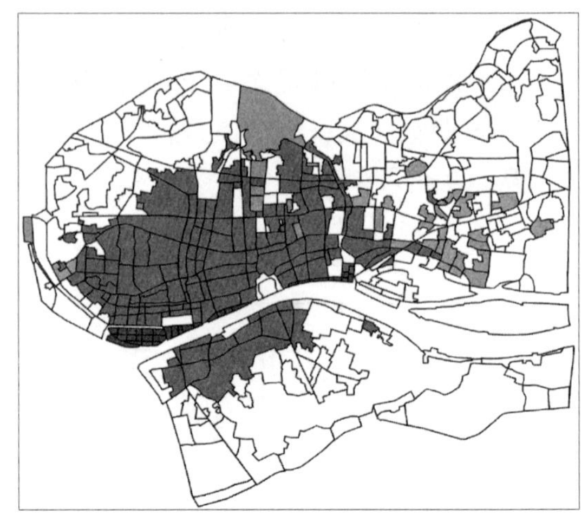

图 2-14　1949 年一级形态区域与形态单元分布

（一）"近代传统商住区（Ⅰa）"二级形态区域内的形态单元

"近代传统商住区"是指由竹筒屋、西关大屋、骑楼街等大进深近代传统住宅构成的二级形态区域。建筑大部分建成于民国初期，商业与住宅高度混杂。在该形态类型中本书共识别出 3 种次级形态区域及形态单元（图 2-15）。

（1）"长街式商住街区"形态单元

该类形态单元的基本特征是街区内有同一方向贯通内部的街道分隔而形成狭长的街坊布局。共计有形态单元 56 个，主要分布在广州历史老城区的珠江北岸及东濠与西濠沿线。根据长街的走向又可以分为东西向与南北向两个类型。东西向长街主要分布在梯云路——德路以北的地区。南北向长街主要分布在梯云路——德路以南的紧邻珠江北岸地区（图 2-16）。

长街式街区呈梳状路网结构。由于建筑朝向原因，东西向与南北向街坊的短边距离有所不同，东西向街坊的短边（南北距离）一般为 30 ~ 50m，可以布置更大进深的南北向住宅。而南北向街坊的短边（东西距离）一般为 20 ~ 30m，是因为受东西朝向住宅进深制约而引起的。

长街式街区的形成与广州城内的历史水道息息相关。古代广州自宋代突破坊市制度后，以自由商业为带动的自由街市构成了城市形态构造的主要因素。古代广州水系与水运发达，商业布局与河道系统一直就有紧密的联系，水运条件好的水道两岸商铺沿河布置，形成了繁华的商业街市。因此水系极大影响了自由街市的形态。宋三城时期珠江岸线已经移到今西关和玉带濠一带，带动了这些近邻内部河涌的开发与繁华，形成了丰富的长街式街区。如水母湾街、卖麻街、小新街、大新街等，都是当时依靠河道而形成的专业性商业街。元明时期珠江北岸南移到了今蓬莱街、和平路到一德路、泰康路一带。形成了西关的蓬莱基、黎基、陈基、冼基等堤围地区与一德路一带的长街式街区形态，也造就了如海味街、麦栏街、太平沙这些

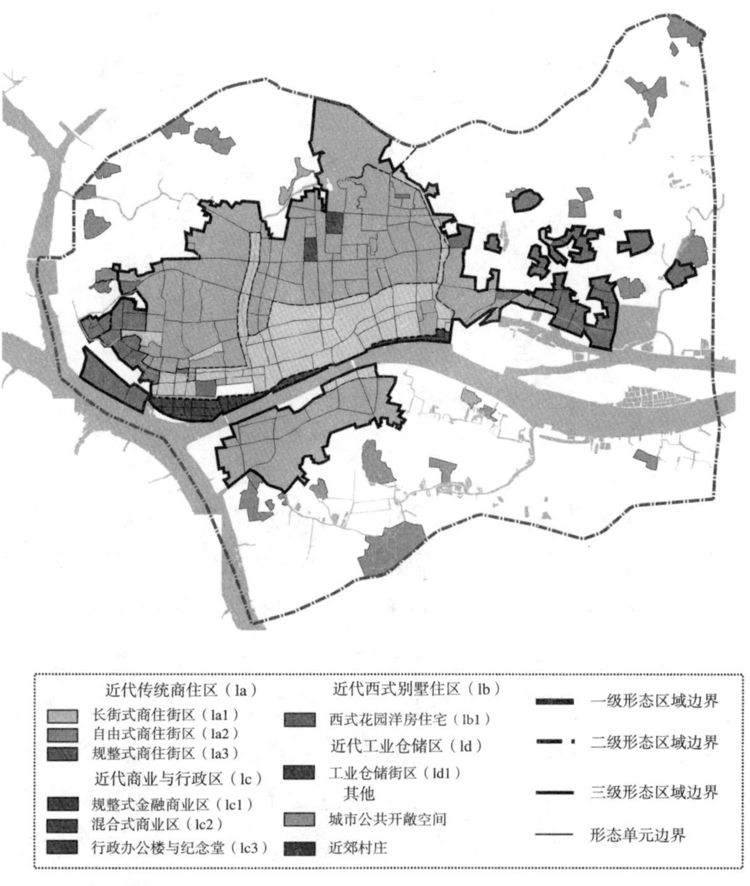

图 2-15　1949 年广州旧城形态区域与形态单元

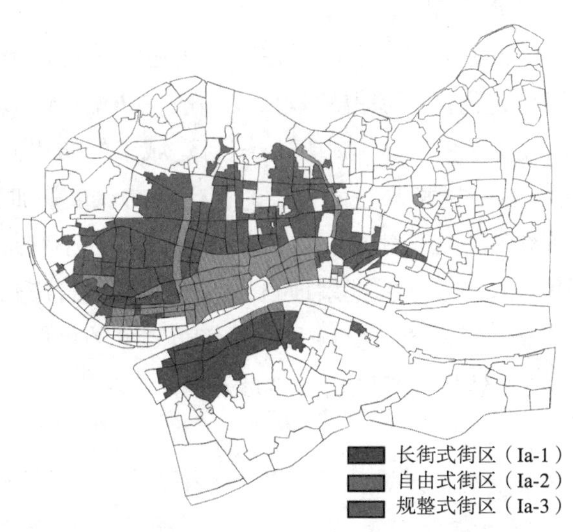

图 2-16　以近代传统商住建筑构成的三种形态单元

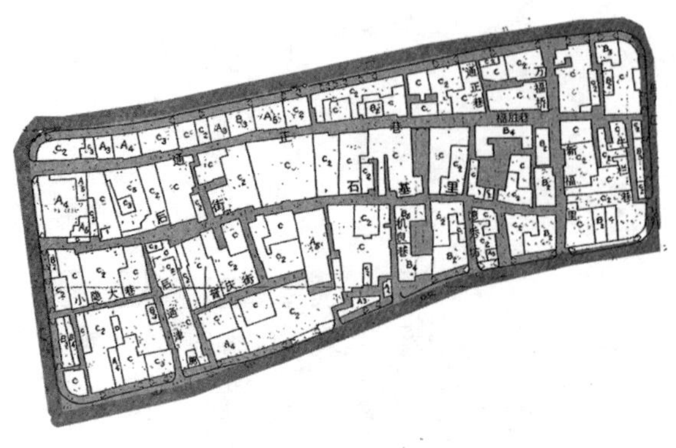

图 2-17　东西向与南北向长街式街区

资料来源：1954 年 1∶2000 地形图

当时有名的依水而生的商业街道。明成化年间开始修凿的大观河成为广州的主要货运渠道，带动了西关商业区的形成并逐步扩展为十八个“甫”❶。第一到第八甫在西濠沿线，因此在现光复路与人民路之间形成了明显的南北式长街形态。第九至十四甫在大观河北岸，第十五至十八甫在大观河以南。因此在上下九路、第十甫以南的地区形成了许多东西向长街形态。清初珠江北岸移至十三行路、靖海路和北京南路、珠光路一带。由于这一时期珠江北岸的东西向河道多淤积，街道转而向垂直于珠江、沿纵深方向发展而形成的街区系统，这也就造就了现梯云路至一德路以南地区的南北式长街街区形态。1958 年大沙头经过人工填筑，与陆地相连，珠江北岸从此固定下来。至 1978 年由于两岸未有大规模建设，珠江成陆对城市形态的影响也暂时停滞下来。

（2）“自由式大街区”形态单元

自由式大街区是广州历史老城区中以居住功能为主的形态区域，共计有形态单元 92 个。其基本形态特征一是街区面积占地较大，一般在 20 万 m^2 以上，二是内部呈混杂自由式布局。自由式大街区的形成与中国传统封建城市的坊里制布局有关。坊里的结构肌理是规划粗放的大街廓网格与自由生长的小街巷的双重叠加❷。隋唐初建城时只划分了坊里，将土地分给各家自己建造，住户间弯弯曲曲的小巷是自发形成的。这反映了在封建时期街区内部的建设是根据宗地自发完成的。尽管广州近代兴起的竹筒屋式民居在小范围内实现了排列式的组织与平行式街坊划分的可能，但整体来看自由式树状生长的街巷里坊系统仍然构成街区的基本形态。

（3）“规整式街区”形态单元

规整式商住街区的基本特征是：街巷平直，十字交叉，间隔有序，形成东西长南

❶ 曾昭璇 . 广州历史地理 [M]. 广州：广东人民出版社，1991：98-99.

❷ 梁江，孙晖 . 中国封建传统商业街区的空间形态及模式分析 [J]. 华中建筑，2006，24（2）：51-52.

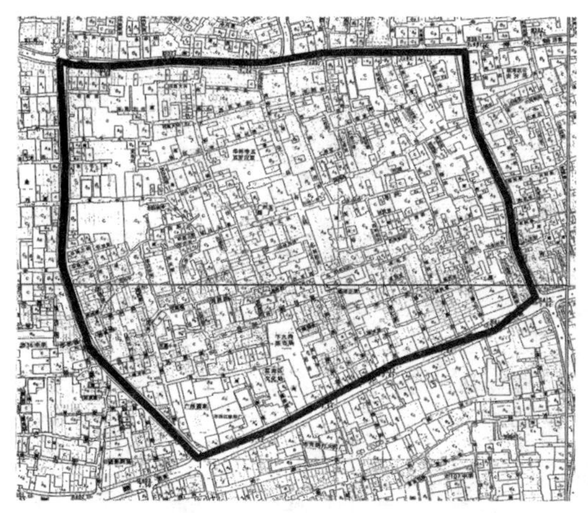

图 2-18　自由式大街区形态单元

资料来源：1954 年 1∶2000 地形图

图 2-19　自由式大街区形态单元肌理

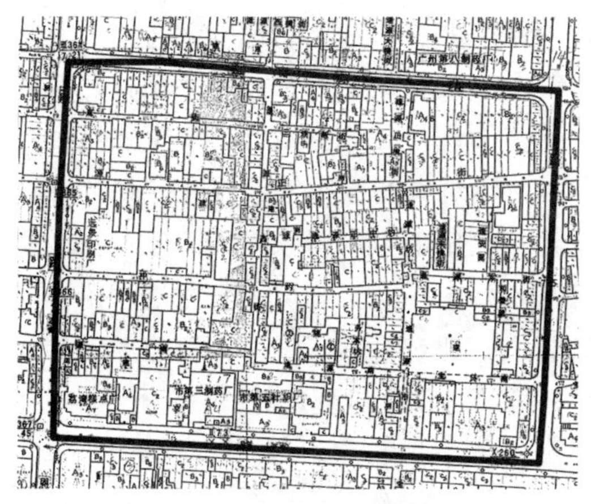

图 2-20　规整式街区形态单元

资料来源：1954 年 1∶2000 地形图

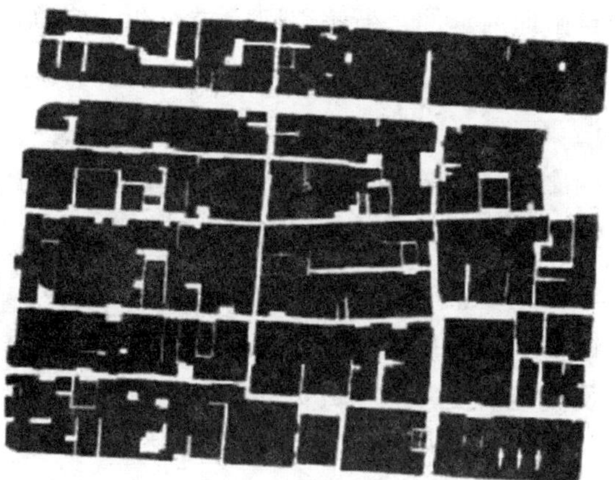

图 2-21　规整式街区肌理

北短的小型长方块街坊的特征。它是广州西关大屋与一些较好传统住宅区的组织模式，至 1978 年广州历史城区内共有该类形态单元 13 个。

西关大屋是竹筒屋与传统合院式住宅共同演化的产物，适应当时广州乡绅士富商传统经济活动与文化的需求，同时其布局方式又受西式住宅区布局影响，较高街道密度的小地块开发创造了丰富的街巷空间。规整行列式住宅区街坊南北进深多在 40 ~ 50m 之间，一般布置一至两排住宅。街坊东西长多在 120 ~ 220m。大街宽 4 ~ 5m，小巷宽约 3m。

地块组合方面，三类形态单元内的地块可以划分为大、中、小三种尺度：大地块是公建与工厂；中等地块主要是竹筒屋、西关大屋和骑楼形式的商住用地，街廓内部的地块面积在 40 ~ 150m^2 之间，沿街地块面积多在 100 ~ 300m^2 之间；另外有一些不规则的商住小地块，面积在 10 ~ 40m^2 之间。传统大进深商住建筑的典型布局是单、双排组织结构。传统商住建筑小地块长边相连，短边临街，形成“琴键式”排列组合方式。这种排列方式充分利用了街区间的腹地，在总面积一定的情况下可以划分出最多的临街地块。“长街式商住街区”与“规整式商住街区”形态单元中这种地块组合方式十分明显。“自由式大街区”形态单元中街巷系统一般沿周边主要商业街道自由向内延伸，街坊组织比较混杂，但单双排的基本组合模式还是存在的。

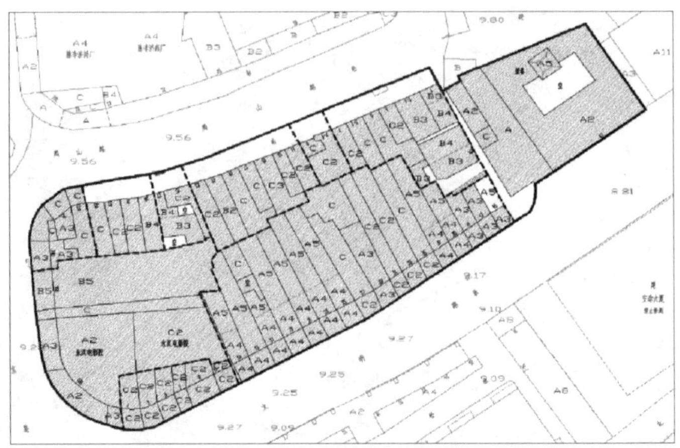

图 2-22　北京路 Ic-23 平面类型单元：大进深地块的双排组合

资料来源：1954 年 1 : 2000 地形图

建筑特征方面，标准竹筒屋是单间建筑，开间 4 ~ 5m，进深短者 7m 左右，长者达 20 多 m，呈长方形；多开间宅院是由竹筒屋扩大开间演化出的双开间明字屋与三间两廊式的院落式大屋；商业骑楼建筑是将西方古典建筑中的券廊等形式与广州传统竹筒屋的形式相结合，演变而成的特有建筑。骑楼在楼房前半部跨人行道而建，在马路边相互联接而形成自由步行的长廊，长可达几百米乃至一两千米以上。大进深传统商住建筑都是低层高密度。在划定的私人产权边界内，建筑基本满铺，产权边界内的建筑覆盖率接近 100%，三间两廊式院落式住宅的建筑覆盖率也超过 90%。

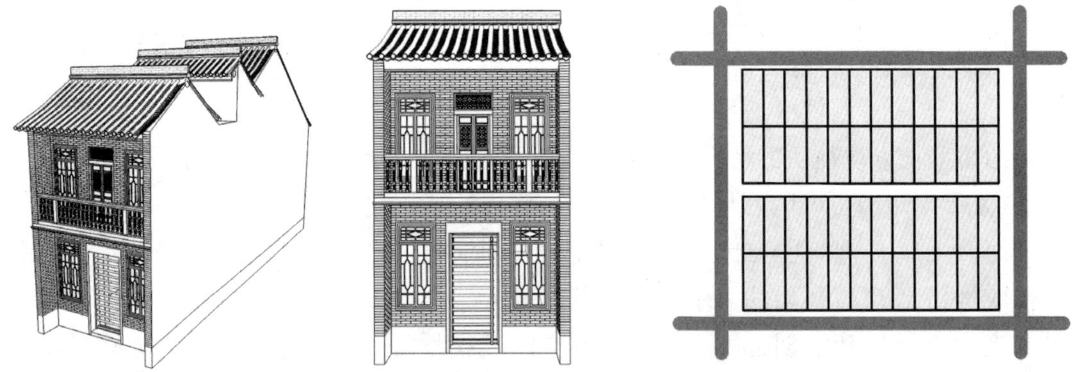

图 2-23　竹筒屋建筑示意与产权地块组织

资料来源：《荔湾区规划地块内的建筑分类说明》，华南理工大学 2008 年编制

（二）“近代新式住宅区（Ib）”内的形态单元

20 世纪初广州华侨开始在广州老城区的东郊龟岗一带建设花园式洋房。由于这里地势高爽，自然环境较好，成为华侨投资兴建住宅的首选之地。其后众多华侨又陆续

图 2-24 “近代新式住宅区”形态单元分布

投资经营了东山新河浦一带住宅开发，使东山地区发展成为繁华的高档住宅区。1926 年广州市国民政府计划以英国的田园都市为新式住宅的模范，制定了模范住宅区建设计划，陆续建设了马棚岗、松岗、竹丝岗、农林上、东皋大道等几个模范住宅区[1]。这些住宅区都按照西方国家战后改良住宅的做法，以独立式花园别墅与西式洋楼为主。许多军阀官僚、富商巨贾都在此有宫邸豪宅，其中比较有名的有陈济棠公馆、白崇禧公馆、“五大侨园”等。新式住宅区建筑基本以花园式别墅与洋房为主，其街道系统、地块组织与建筑平面组织方式基本一致，因此只划定一种形态单元。由于各住宅区面积大小不一，较大的新河浦地区占地面积达 40 万 m^2，而较小的松岗住宅区占地面积只有 6 万 m^2，因此主要采用以道路围合的街区的尺度划定形态单元，共划定 25 个形态单元。

（1）街巷系统

东山新式住宅区是按照西式住宅区特别是田园城市建设，多数路网是采用正交格网状结构。如合群一马路街区呈典型的规整方格路网，道路正交形成四个规整的街坊。道路宽度 7 ~ 8m，南北间距约 50m，东西间距约 200m，可横向布置两排占地面积较大的独立式别墅。也有根据地形采用自由式路网组织的住区，如 1928 年开始建设的竹丝岗模范住宅区，根据低丘特点在竹丝岗与马榴岗规划了两个圆形住宅组团，内部道路也都比较灵活自由。

（2）地块组织

近代新式住宅区的地块可分为大、中、小三类。大型地块一般为豪绅大吏的官邸豪宅，占地面积 400m^2 以上，住宅均有较大的前院与后院。标准地块面宽大多为 14 ~ 20m，进深通常在 20 ~ 25m，地块面积在 260m^2 以上。

地块普遍采用单排与双排组织方式，这与西关大屋的排列方式是类似的。地块根据业主的经济实力也出现了许多拆并组合的现象。另外一个值得注意的现象是，在背靠背的两排住宅地块中，朝南地块面积与进深往往要比朝北大，这可能是因为南向住宅价值更高而吸引了更富裕的业主。

[1] 孙翔 . 广州民国时期住宅建设 [D]. 广州：华南理工大学，2010：71.

（3）建筑类型与组织

东山花园别墅洋房是中西合璧的产物，一般建筑高度多为2～3层，少量为4层。大多数采用红砖清水外墙，中间入口设柱式门廊，柚木门窗等建筑形式。早期华侨自建的单栋花园别墅建筑基地占地块的覆盖率一般在60%～80%，布置相对比较紧凑。大部分住宅背面紧贴地块或道路边界，仅留出前庭院作为绿化，建筑后退围墙各不相同。后期的模范住宅区建筑基地的覆盖率相对较低，一般为50%～70%，拥有更充裕的庭院空间，建筑正立面退缩围墙边线一般为4～6m。

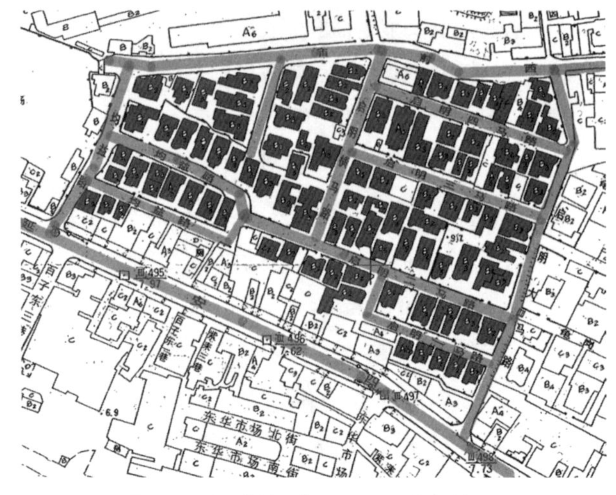

图 2-25　新河浦 Ib1-15 形态单元

资料来源：1954 年 1∶2000 地形图

图 2-26　逵园

图 2-27　隅园

（三）“近代金融商业区（Ic）”内的形态单元

广州近代以来在海珠大桥以西的沿江部分形成以领馆、洋行、贸易、大型商埠等为主的金融商业区。根据形态单元三要素分析，本书识别出两种类型。“规整式金融商业区（Ic1）”形态单元主要分布在沙面与长堤，其基本特点是采用规整的街坊式布局。“混合式金融商业区（Ic2）”形态单元主要分布在西堤，其基本特点是在与珠江垂直的街巷内南北条状布局，沿街部分形成主要金融商业街。

（1）街巷系统

“规整式金融商业区”形态单元按照西方近代城市规划理论，采用小方格网道路以保证每块用地都有临街面，以便于拍卖给分散的建房者。以沙面为例，全岛长约870m，宽约290m。规划采用棋盘式小方格网路网，一条环岛路、一条东西向中央大

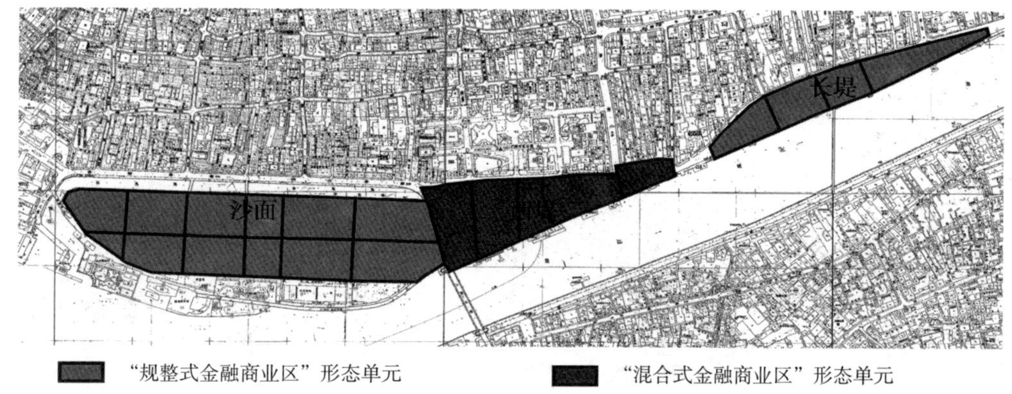

图 2-28 "近代金融商业区"（Ic）内的形态单元分布

绿带与五条南北向纵街将沙面分割为形状基本规整的 12 个街坊。道路宽度基本都是 15m，纵向道路东西间距 60 ~ 160m，横向道路南北间距约 80m。当时沙面岛主要通过北侧的西桥与六二三路联系，东侧的东桥与人民桥联系。新中国成立后至改革开放前都未对沙面地区的道路系统进行调整。

"混合式金融商业区"形态单元是近代商行、百货、商业娱乐建筑，以南北向街道系统为主，建筑混合布置，主要分布在长堤、东堤地区。主要是受近代十三行与沙面地区影响而形成的中西混合风貌的商业区。清中叶外国商人在当时的珠江北岸建设夷馆，填江占地，形成重要的口岸商贸与金融区。经历两次鸦片战争的风雨，历史上的十三行虽不再存在，但仍留下深深的街巷肌理痕迹。

（2）地块组织

标准的"规整式金融商业区"形态单元进深约 40m，面宽约 25m，长宽比约为 1.6∶1。街坊内地块一般采用双排并列式布局。由于建筑性质不同，地块占地面积不一，也会产生对原地块兼并重组的现象，如沙面原英领事馆区所在街坊采用多个地块围合成院落的方式。

"混合式金融商业区"形态单元的建筑类型比较混杂，沿街主要以中小型商业地块和骑楼商业建筑为主，地块大小不一。一般来说占据街角位置的商业建筑面积较大，

图 2-29　沙面地区街道系统

资料来源：《沙面历史文化街区保护规划》，广州市城市规划勘测设计研究院 2002 年编制

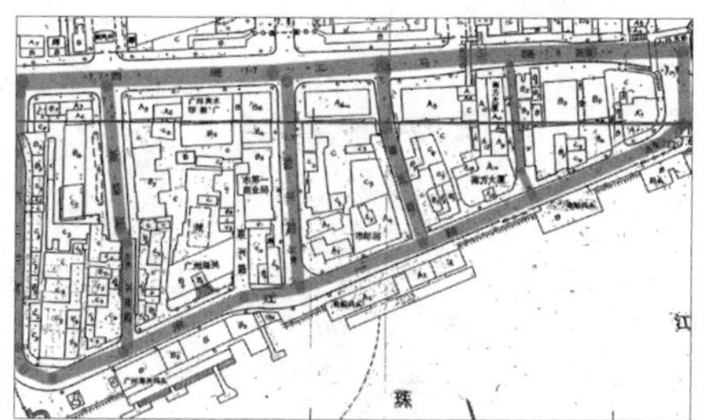

图 2-30　西堤地区街道系统

资料来源：1954 年 1∶2000 地形图

如南方大厦、市邮局地块占地面积都达 700m² 以上。在南北长街街道系统基础上，街坊内多采用围合排列式组织布局。

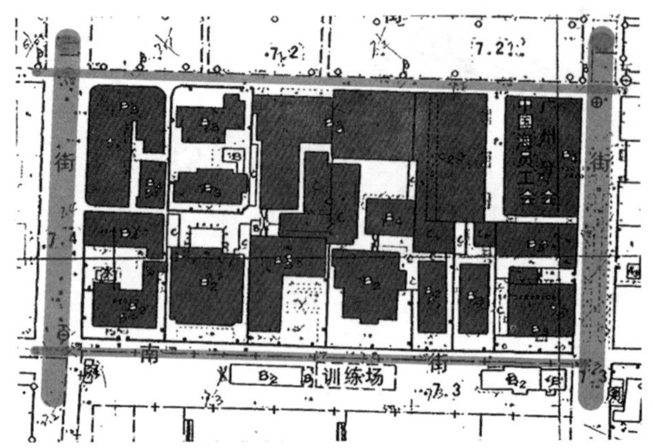

图 2-31　沙面“规整式金融商业区”规划单元地块组织：双层排列与部分地块兼并

资料来源：根据 1954 年 1：2000 地形图绘制

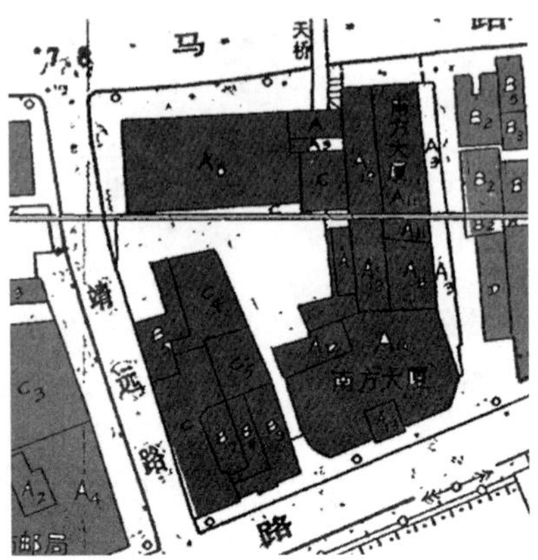

图 2-32　西堤“长街式金融商业区”规划单元地块组织：围合排列式

资料来源：根据 1954 年 1：2000 地形图绘制

（3）建筑类型与组织

广州的“近代金融商业区”内分布有大量近代有价值的历史建筑。沙面岛上共有近代建筑 150 多座，其中有 42 座具有突出的新巴洛克式、仿哥特式、券廊式、新古典式及中西合璧风格的建筑。主要采取了独立式、并列式与围合式三种组织方式。由于地块划分不大，基地占地块的覆盖率一般在 60% ~ 80%。一些较大的公共建筑拥有更大的庭院空间。新中国成立后广州市人民政府接管了沙面，许多省市政府机构进驻，大量原来的领馆、洋行等改为政府行政办公及职工宿舍功能。至改革开放前沙面地区新增各类建筑 20 多座，其中一些为简易的临时性建筑❶。

图 2-33　沙面历史建筑

图 2-34　长堤南方大厦

❶ 资料引自《沙面历史文化保护规划》，2002 年由广州市城市规划勘测设计研究院编制。

综上所述，根据 1949 年广州建成区形态分区情况，可以看到其基本形态格局特征：

第一，从形态单元层面看，大部分形态单元可以根据城市街区划定，单元面积一般在 2 ~ 5hm^2 之间，边界比较规整。以竹筒屋大进深建筑构成的形态单元占据了旧城大部分，其中又以基于树状坊里街巷形成的“自由式商住街区”类型形态单元为主。与水系紧密相关的“长街式商住街区”形态单元主要分布在珠江北岸与东、西濠两侧。具有历史保护价值的“西式花园洋房住宅区”与“规整式商住街区”（西关大屋的主要街区）主要分布在城区东西两侧。在形态单元内部，大量竹筒屋类型住宅建筑把街区划分为开间 4 ~ 5m、进深 7 ~ 20m 的标准产权地块，形成了旧城高密度、低强度、均质化的形态基底。

第二，从形态区域层面看，由于同类型形态单元比较集中，形成了边界比较清晰的三级形态区域板块，其中“近代传统商住区”是主要的形态区域类型。

2.3.3 1949 ~ 1978 年广州旧城的形态格局演变

本书基于 1978 年 1 : 2000 地形图进行了城镇平面分析工作，并与 1954 年地形图进行对比以划定新建成区域。根据对比分析，至 1978 年广州历史城区（1949 年建成区）内的建设活动较少，更新地块比较零散。而历史城区外围则通过行政划拨的方式批出了大量单位、工厂与公有房住宅用地。为有效反映整体形态结构特征，本书将 1949 ~ 1978 年的建设用地进行了平面分析，拟定符合以下两种情况之一的划定为形态单元：第一，由城市道路围合而构成的城市街区；第二，历史城区外大于 5hm^2、历史城区内大于 3hm^2 的独立产权地块。根据这两个原则共划定 1978 年由 14 类形态单元，并构成 3 级形态区域。

1978 年广州旧城形态单元与形态区域情况　　表 2-6

<table>
<tr><th>一级形态区域</th><th>二级形态区域</th><th>三级形态区域</th><th>形态单元数量</th></tr>
<tr><td rowspan="6">1949 年前建成区（I）</td><td rowspan="3">近代传统商住区（Ia）</td><td>“长街”式商住街区（Ia1）</td><td>56</td></tr>
<tr><td>自由式大街区（Ia2）</td><td>92</td></tr>
<tr><td>规整式街区（Ia3）</td><td>13</td></tr>
<tr><td>近代新式住宅区（Ib）</td><td>近代花园洋房式街区（Ib1）</td><td>25</td></tr>
<tr><td rowspan="2">近代金融商业区（Ic）</td><td>规整式金融商业区（Ic1）</td><td>16</td></tr>
<tr><td>混合式金融商业区（Ic2）</td><td>5</td></tr>
<tr><td rowspan="4">1949 ~ 1978 年建成区（II）</td><td rowspan="2">工业集聚区（IIa）</td><td>工业仓储街区（IIa1）</td><td>41</td></tr>
<tr><td>小型工业点（IIa2）</td><td>31</td></tr>
<tr><td rowspan="2">单位大院区（IIb）</td><td>单位街区（IIb1）</td><td>28</td></tr>
<tr><td>单个单位大院区（IIb2）</td><td>65</td></tr>
</table>

续表

一级形态区域	二级形态区域	三级形态区域	形态单元数量
1949 ~ 1978 年建成区（II）	公有房住宅区（IIc）	公有房街区（IIc1）	15
		单个公有房住区（IIc2）	28
	城市公共中心区（IId）	大型酒店会展区（IId1）	6
		中小型商务中心区（IId2）	2
其他	城市开敞空间（IIe）	城市公园广场	9
	自然村庄（IIf）	自然村庄聚落	26

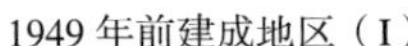

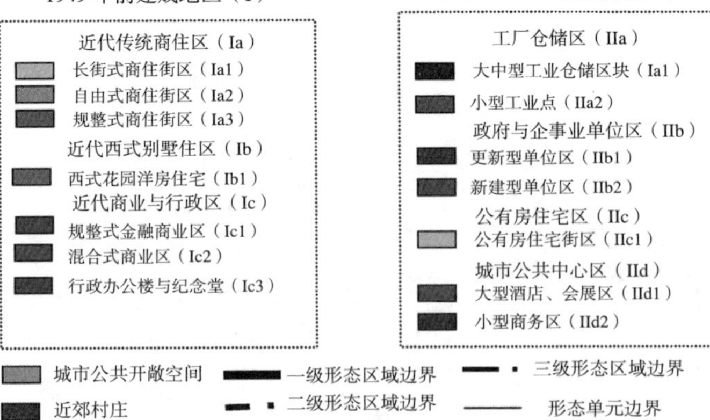

图 2-35　1978 年广州旧城形态区域与形态单元

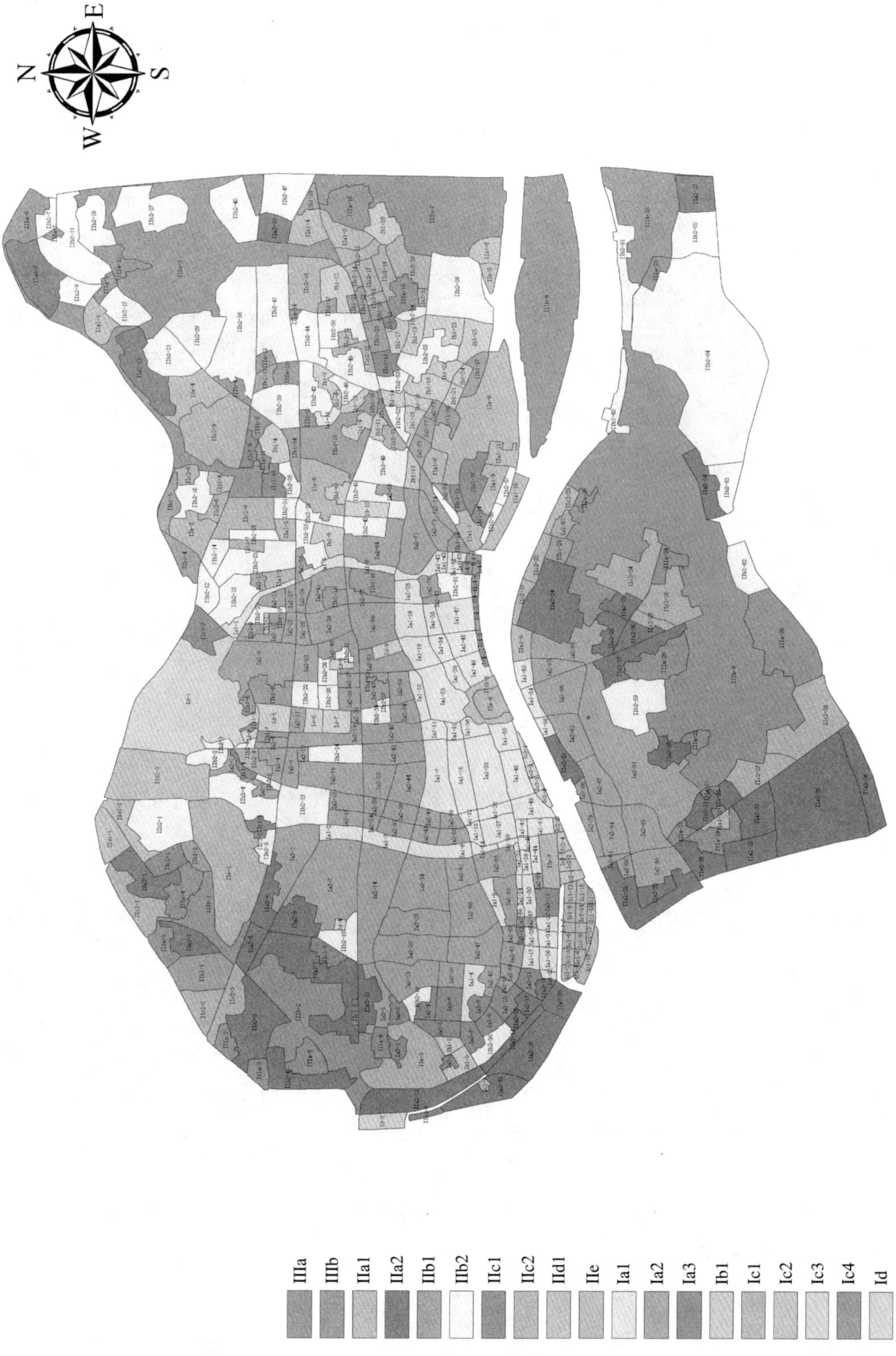

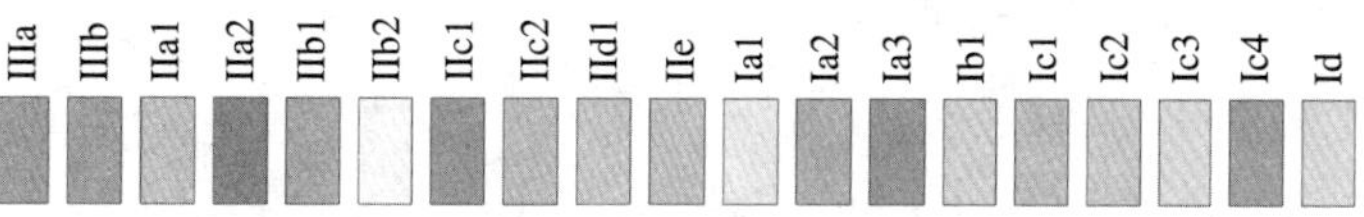

图 2-36　1978 年广州旧城形态单元索引图

1949～1978年期间，在1949年建成区内由于建设活动较少，主要是以木屋改建的个体建筑更新，因此在原“形态基底”上形成的“形态更新地块”较少。图2-36显示的Ia2-48形态单元是该区域形态演变的基本特征。一些“四小工厂”和小型单位用地形成的形态更新地块植入了形态基底之中。由于大部分更新地块面积较小（小于3hm^{2}而没有形成独立的形态单元），对形态基底的影响较少，所以形态单元的类型仍然保持不变。

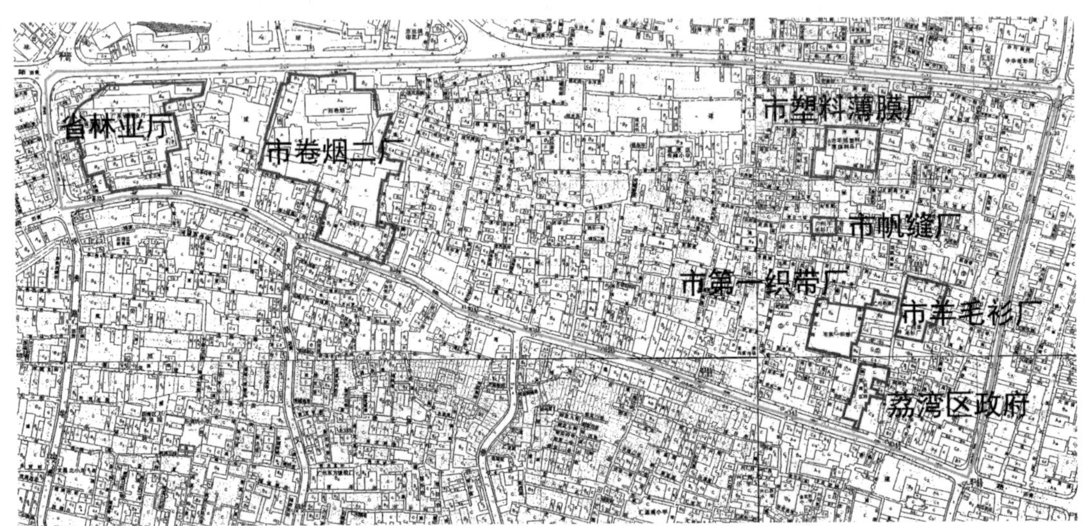

图2-37　1978年在均质性形态基底上植入的少量形态更新地块

下面重点对1949～1978年新形成的形态单元类型进行研究。

（一）“工业仓储区”（IIa）形态单元

广州旧城内用地性质为工业仓储的形态单元。根据形态要素可识别出两类：第一类为“工业仓储街区”形态单元（IIa1），即由多个工业企业共同聚集而被城市道路围合成的街区，或产权地块面积大于5hm^{2}的个体工厂，共计有形态单元41个，主要分布在历史城区外；第二类为“小型工业点”形态单元（IIa2），即规模较小且与居住区混合布置，面积大于3hm^{2}的工厂点，共计有单元31个，主要分布在历

图2-38　广州旧城工业仓储区内规划单元分布

史城区内（1949 年建成区）。

（1）街巷系统

工业用地划拨的随意性造成了形态单元内街道系统的混乱。如工业大道 IIa1-35 形态单元（图 2-39）内部聚集了广州重型机械厂、广州气体厂等十个重化型工厂，但除东侧的工业大道外，内部没有一条贯通的道路，各工厂都通过尽端路组织。这样的内部街道系统既不利于当时的工业生产，也对将来的城市更新改造带来困难。

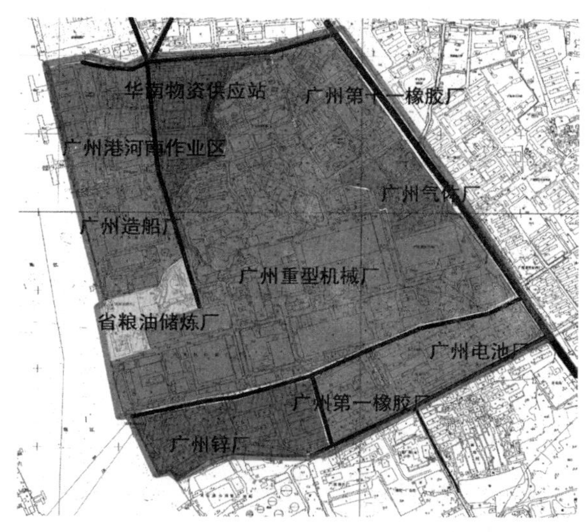

图 2-39　工业大道 IIa1-35 形态单元街道系统与地块组织

（2）地块组织

历史城区（1949 年建成区）内的单个工厂地块面积一般在 3hm^2 以下；历史城区外（1949 ~ 1978 年建成区）的单个工厂地块面积一般在 5hm^2 以上。

（3）建筑类型与组织

该时期工厂建筑特征主要为单层或多层厂房。早期为木构或砖木混合结构厂房，1960 年代广州出现钢结构和钢筋混凝土结构厂房，五层以下厂房建筑逐步出现。主要有框架、无梁楼盖和混合结构三种形式❶。图 2-40 显示了位于纸行路两个“小型工业点”形态单元的建筑组织情况。在原有大进深传统住宅的基础上，政府通过拆除整合部分旧屋的方式建设了几个小型工厂，厂房建筑以一层为主，地块内部建筑覆盖率接近 100%。图 2-41 是位于东风西路的“大中型工业街区”形态单元，是在整片拆除破旧房屋后建设的独立厂区（市第一电器厂），整个形态

图 2-40　纸行路“小型工业点”IIa2-23、24 规划单元建筑平面组织

❶ 华揽洪．重建中国城市规划三十年 1949-1979[M]．北京：三联书店，2006：73.

单元按照现代工业区的建设方式组织，厂房以 1 ~ 3 层为主，内部有道路系统与小型院落组织，单元的建筑覆盖率 60% ~ 70%。

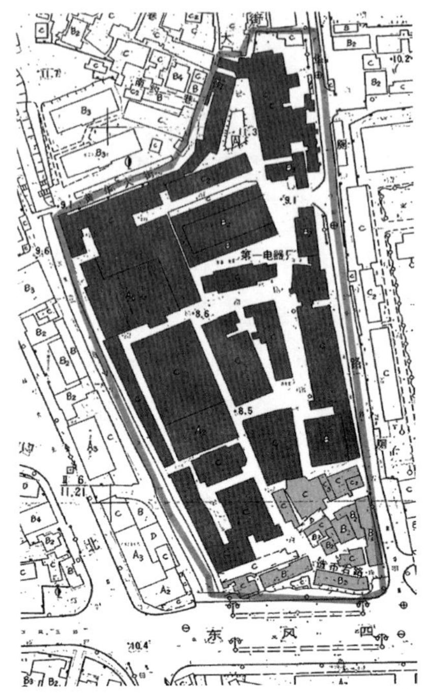

图 2-41　东风西路“大中型工业街区” IIa1-18 规划单元建筑平面组织

（二）“单位用地区（IIb）”形态单元

指广州旧城内用地性质为单位办公为主的形态单元。本书在的“单位用地区（IIb）”内共识别出“更新型单位区”与“新建型单位区”两类形态单元。“更新型单位区”形态单元是指在历史城区内通过旧城更新而建设的单位用地。“新建型单位区”是指分布在历史城区外新建的单位用地区。本书将符合以下两类情况的划定为形态单元：第一，由城市道路围合以单位用地为主的街区；第二，历史城区外产权地块面积大于 5hm^2 或历史城区内产权地块面积大于 3hm^2 的独立单位用地地块。

（1）街巷系统

由于单位用地内部实行封闭式管理，内部道路与城市道路缺乏连通，因而降低了形态单元的开放性。以历史城区内市规划局所在的越华路形态单元 IIb1-11 为例，在 3.8hm^2 的街坊内聚集了 11 个单位办公用地，基本为向城市道路直接开口，少量内部单位依靠自由内生街巷解决出行。由于历史城区内的形态单元面积不大，周边城市道路密集，总体来说这种封闭性的影响相对较小。但是历史城区外的单位用地由于形态单元面积大，条块式分隔严重，对城市交通的正常组织干扰很大。省国土厅所在的形态单元 IIb2-44 是由几个面积较大的封闭式大院组成，在东西长 1km 的大街区内，没有南北连通的城市道路，对南北两侧东风路与环市路的交通组织造成很大干扰。

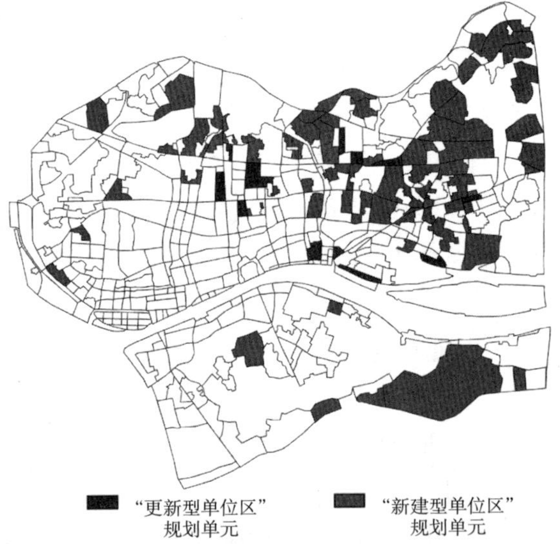

图 2-42　“单位用地区”（IIb）内的形态单元分布

（2）地块组织

位于历史城区（1949 年建成区）内的单位地块占地面积较小，一般为 1 ~ 2 万 m^2。位于历史城区外围的地块面积较大，一般在 3 万 m^2 以上。旧城内单位占地的面积与位置与部门在中国行政架构中的地位有一定关系。一般来说广州军区、铁路局、国家部署大学院校及研究机构等属于部队或国家部委管理的单位，其用地面积往往较大且占据较好地理位置；省、市政府的核心部门的占地面积不大但集中布置在城市核心地区；省、市的各居委办则一般零散布局。所以说单位用地的空间特征一定程度上反映了当时政府行政架构的位序关系。

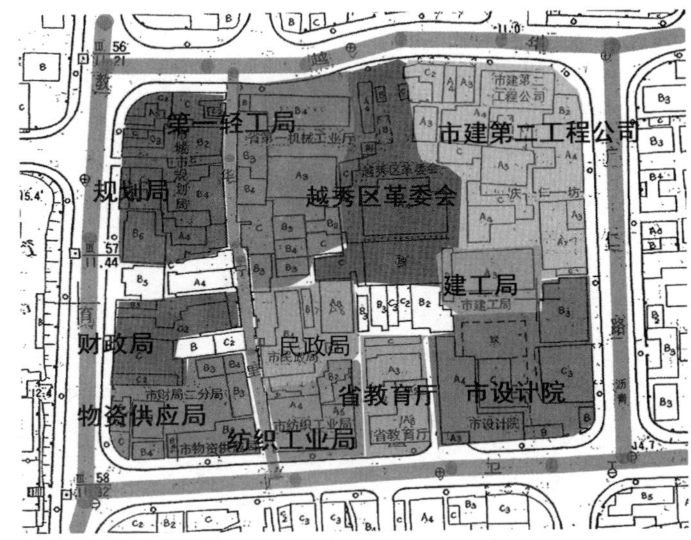

图 2-43　越华路 IIb-1 形态单元街道系统与地块组织

资料来源：根据 1978 年 1 : 2000 地形图绘制

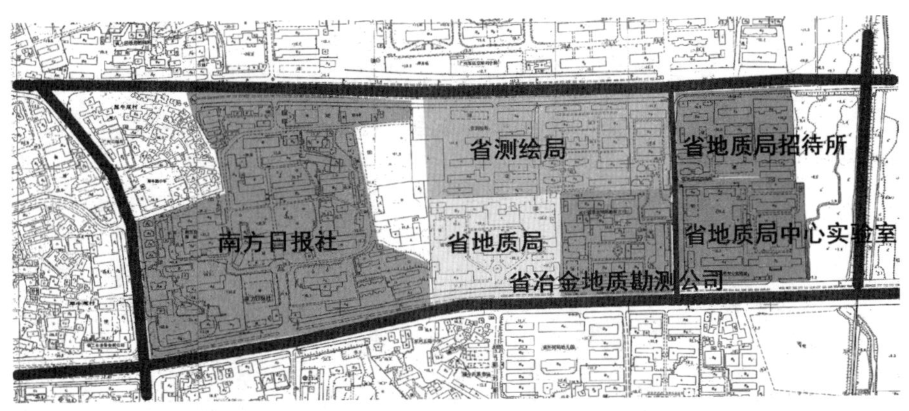

图 2-44　东风路 IIb2-44 形态单元地块组织

资料来源：根据 1978 年 1 : 2000 地形图绘制

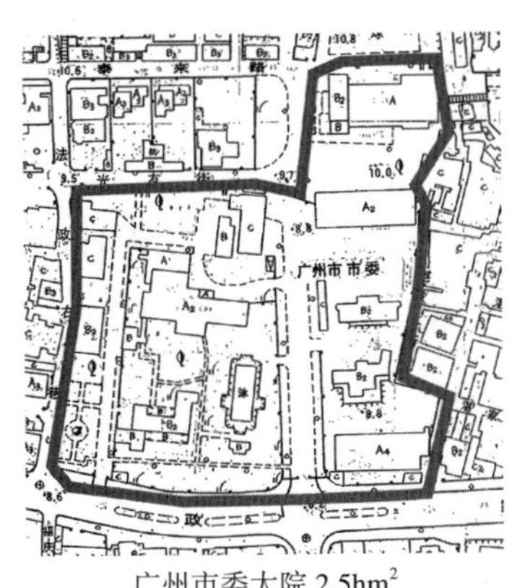

广州市委大院 2.5hm²

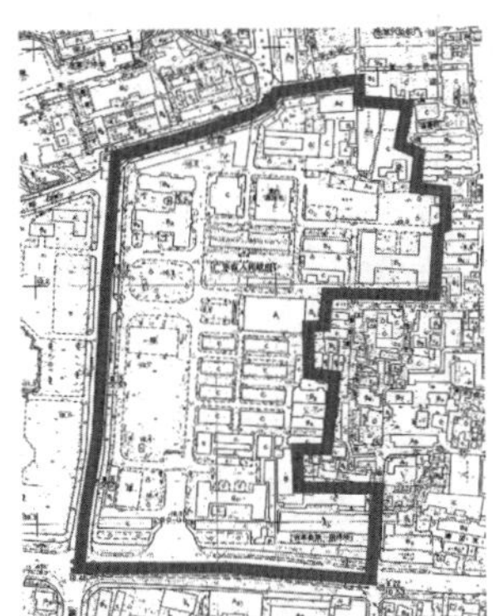

广州省政府大院 8.2hm²

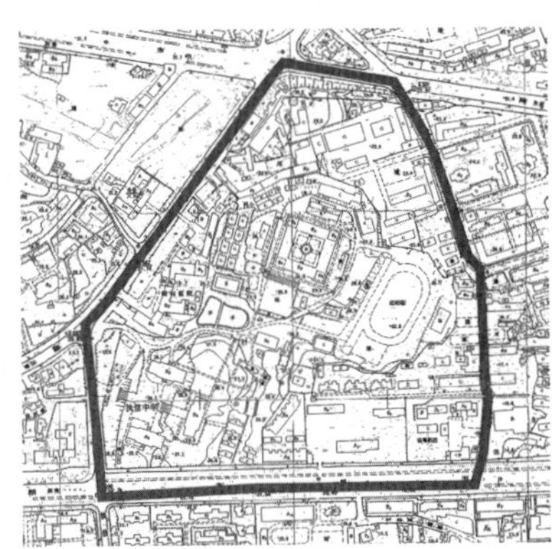

中山医科大学 15.0hm²

图 2-45　广州旧城单元用地地块面积示意

资料来源：1978 年 1 : 2000 地形图

(3)建筑类型与组织

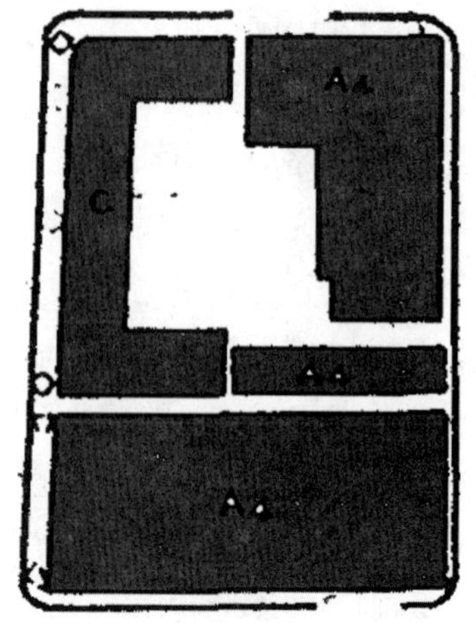

图 2-46 市财局建筑平面组织

资料来源:1978 年 1∶2000 地形图

改革开放前建设的单位办公建筑,多以多层单、双廊板式建筑为主,造型规整,立面装饰简单,屋顶采用平屋面。分布在历史城区内的小型单位地块,建筑布局一般采用围合院落式空间形态。在正对主干道方位建设主办公楼,后面建设副楼、辅助用房等并形成后院。这种地块的建筑覆盖率较高,布局比较紧凑,一般建筑密度达到 70% 以上。在面积较大的单位大院内,建筑功能一般包括办公与宿舍配套。建筑组织方式一般为正对城市干道形成入口轴线,正对轴线布置主办公楼,两侧布置副办公楼;后面布置宿舍、食堂等生活设施,一般采用行列式布局;地块内部通过环形道路组织联系,车辆通行比较顺畅。这种布局模式绿化覆盖率较高,环境质量较好,建筑密度一般在 30% ~ 40%。

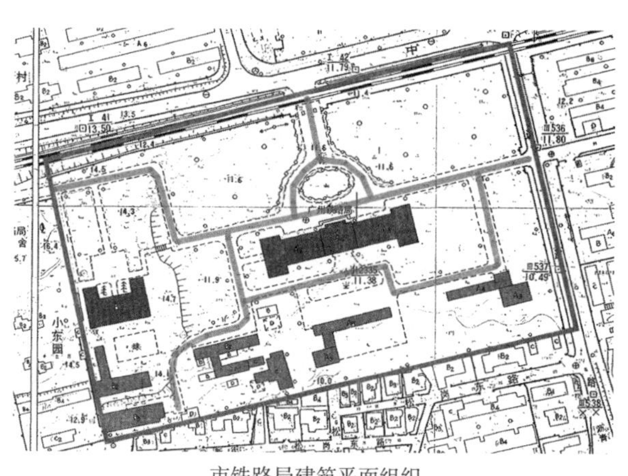

市铁路局建筑平面组织

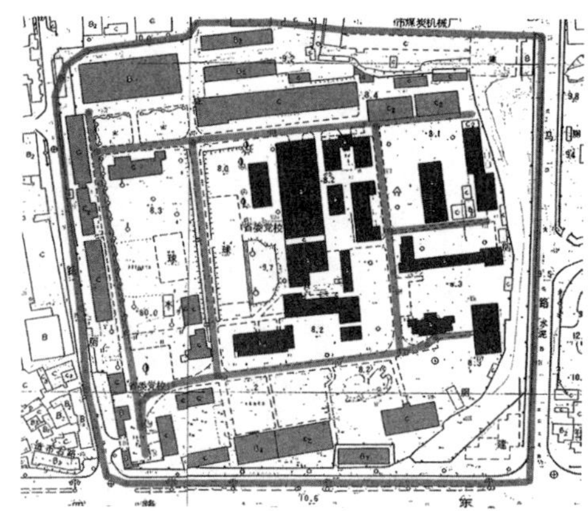

省党校建筑平面组织

图 2-47 单位大院典型建筑布局模式

(三)"公有房住宅区(Ⅱc)"形态单元

公有房住宅区是指新中国成立后建设的工人新村、职工住宿区与知识分子住宅区,主要分布在当时的城市边缘外❶。本书将符合以下两类情况的划定为形态单元:第一,由城市道路围合的街区,街区内部以公有房住宅区为主;第二,产权地块面积大于 3hm^2 的独立公有房住宅区。根据以上原则共识别出形态单元 42 个。

❶ 刘华刚 . 1949-1990 年广州住宅发展 [D]. 广州:华南理工大学,2000:12.

图 2-48 广州旧城公有房住区形态单元分布

（1）街巷系统

公有房住宅区形态单元一般为条式住宅行列式布局，采用二级正交路网体系。以建设新村为例，六条南北纵向道路（建设一至建设六马路）与东西两条横向道路把新村分为12个住宅组团（即街坊），每个组团有3～12幢住宅，组团内又形成东西向内巷。由于当时内部街道主要满足内部人员的自行车与步行需求，道路宽度一般只有4～7m，

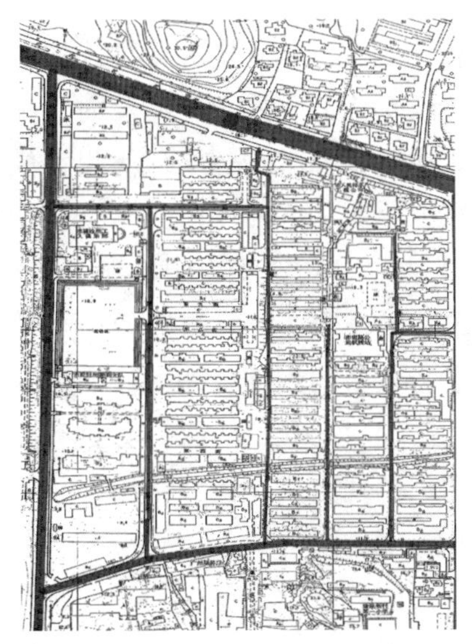

图 2-49 建设新村：规整式街道系统

资料来源：1978年1:2000地形图

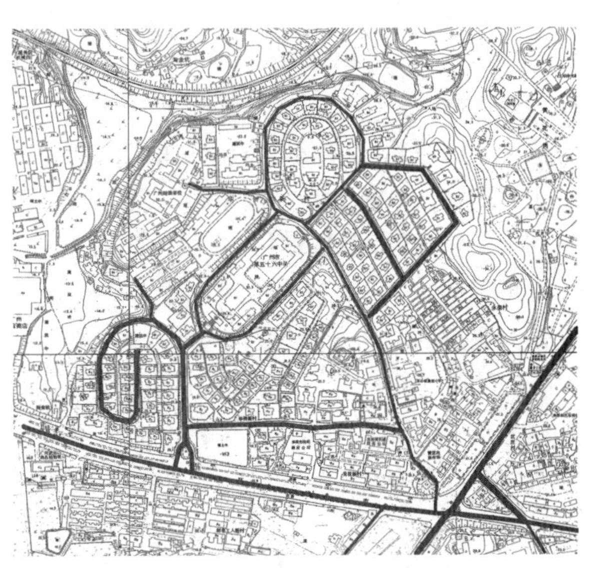

图 2-50 华侨新村：自由式街道系统

资料来源：1978年1:2000地形图

路幅较窄。一些布置有部分独立式住宅的知识分子与华侨住宅区结合地形而部分采用了自由式路网，如华侨新村等。

（2）地块组织

“一五”时期末我国开始引入苏联的完整居住小区的规划思想，按照苏联街坊的规划理论，建成住宅区一般按照两级或三级结构进行规划组织，即“居住小区—居住组团”与“居住区—居住小区—居住组团”两种类型[1]。按照小区规划原理，住宅小区的大小很大程度上取决于小学的理想规模和小学相对于住户的位置。一个标准小区居住人口约为1.5万人。根据当时每个居民占地约14m^2，则一个标准小区的面积约为20万m^2。但从广州旧城范围的36个公有房住宅区看，住宅区规模普遍较小，平均每个住区占地面积为6.7万m^2，57%的住区面积是小于5hm^{2}的。所以大部分公建房住宅区达不到一个标准住宅小区的规模，必然会出现多个住宅区共建或共享小区级配套设施的情况。本书将36个公有房小区的配套小学进行按600m服务半径缓冲区划分，可以划分出18个小区级服务区。除了华侨新村等少量大型住宅区有单独配套小学外，大多数公建房小区都是与其他住宅区一起共享小学配套。这也说明在广州旧城研究范围，住区二级结构并不明显。

图2-51　1978年广州旧城公有房住区服务半径分析

（3）建筑类型与组织

1949～1978年建成的公有房住宅主要包括廊式住宅、梯间式住宅、天井式住宅集中形式。廊式住宅是以走廊连接多个住宅单元，包括内廊住宅和外廊住宅及内外廊结合三种，因广州气候炎热故以外廊式住宅为主。廊式住宅是20世纪60年代职工住宅的主要形式。其优点是平面紧凑，便于通风采光，施工便捷。这种住宅群体组合均为行列式，体现计划经济时代公平均好的原则。梯间式住宅以楼梯间为中心布置住户，每层可以布置2～4户。梯间式住宅一般也采用条式布局手法，每层布置的最大户数受采光要求的限制最多达到4户。天井式住宅是为了有效节约用地，加大住宅进深而对传统的院落式住宅形式的探索发展[2]。除华侨新村等少数案例以外，大部分公有房住宅区的建筑平面布局基本都采用中低层条式住宅行列式排列方式。这种布局方式下的地块开发容积率相对较低，大部分住宅区的容积率都在1.5以下。

[1] 苏保义.建国35年以来广州城市住宅建设的发展[J].广州住宅建设，1975（4）：18.

[2] 胡冬冬.广州1949—1978年住宅规划发展研究[D].广州：华南理工大学，2010：23.

图 2-52 行列式布局：滨江新村建筑组织

资料引自：胡冬冬．广州1949-1978年住宅规划发展研究[D]．广州：华南理工大学，2010.

（四）"城市公共中心地区（IId）"的形态单元

1949～1978年广州旧城建成的公共中心地区集中在广州火车站地区、海珠广场、沙面与环市东地区。本书共识别出两类形态单元。第一类为"大型酒店会展区"形态单元（IId1），是指以大型涉外酒店、会展场馆构成的集中对外公共服务区，主要分布在火车站地区、文化公园、白云宾馆与沙面白天鹅宾馆地区。第二类为"中小型商务区"形态单元（IId2），是指以中小型涉外商务建筑构成的公共中心区，主要分布在海珠广场地区。划定的标准为城市街区或面积大于2hm²的独立产权地块。

（1）街巷系统

"大型酒店会展区"形态单元由于是改革开放前政府重点规划建设的城市地区，周边道路系统一般经过规划。如广州火车站地区在1958年编制了《广州铁路客运总站广场规划》，车站周边地区规划建设深受苏联规划理论影响，三条主干道路交汇于站前广场，形成放射系统，站前一东西长110m南北宽40m的椭圆形交通绿岛组织交通。这种以车站大楼与广场为中心的放射性组织方式集中凸显城市的现代化面貌，但也为未来的交通组织带来隐患[1]。"中小型商务区"形态单元占地面积较小，根据各种涉外建筑的要求也形成了一定密度的路网。如海珠广场周边围绕中心绿地布置环形道路，周边公建地块后侧还有服务疏解道路，整体交通组织比较顺畅。

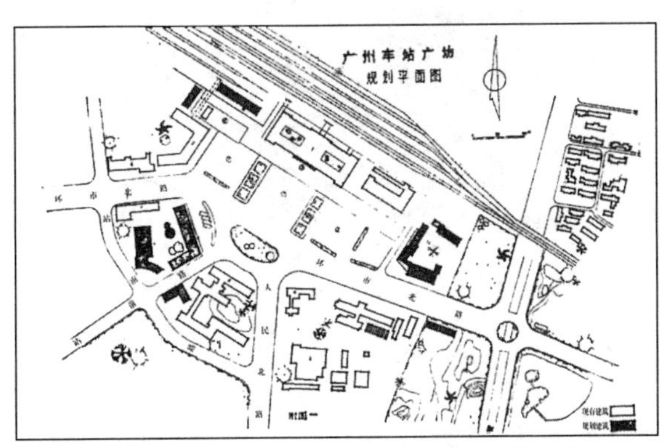

图 2-53 广州火车站地区规划

资料来源：吴月娥．广州火车站的规划与建设[J].《广州城市规划发展回顾（1949-2005）》上卷

（2）地块组织

"大型酒店会展区"形态单元的面积相对较大，一般面积都在3万m²以上。"中小型商务区"形态单元面积较小，一般在1万m²左右。"大型酒店会展区"一般将各类

[1] 吴月娥．广州火车站的规划与建设[M]// 广州城市规划发展回顾编纂委员会．广州城市规划发展回顾（1949-2005）．广州：广东科技出版社，2006：97.

市级公共设施混合集中布置。

如图 2-54 所示的环市西路地区 IId1-4 形态单元中集中了广州交易会馆、市体育馆、友谊剧院等公共设施。图 2-55 所示的海珠广场 IId2-1 形态单元集中了广州宾馆、省展览馆等公共设施。在计划经济体制下，集中重要公共建筑主要为了展示城市现代化面貌，没有过多考虑土地经济的问题。如在广州交易会馆附件就没有为商贸展销配套预留足够的发展空间。改革开放后随着广州商贸批发业的恢复与蓬勃发展，大量的服装批发交易市场只能在交易会址东侧狭小的空间自发发展，造成交通、环境、城市景观等一系列问题，土地资源配置十分不合理。

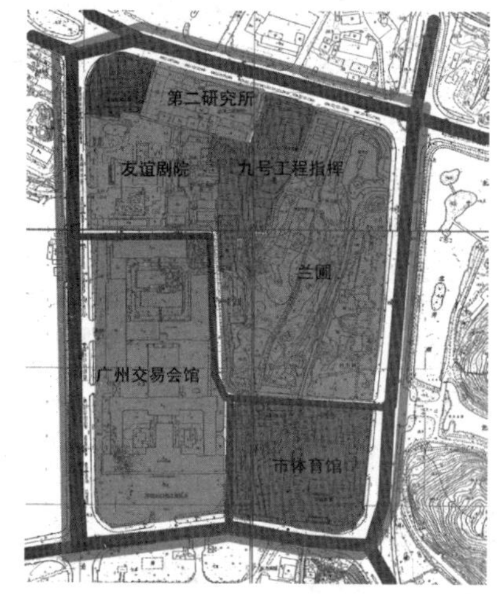

图 2-54 环市西路“大型酒店会展区” IId1-4 规划单元街道系统与地块组织

图 2-55 海珠广场“中小型商务区” IId2-1 规划单元街道系统与地块组织

（3）建筑类型与组织

改革开放前的城市公共中心地区一般都经过了详细的设计，涌现了一批优秀岭南现代建筑，岭南文化宫、广州友谊剧院、东方宾馆、广州宾馆、白云宾馆等都成为时

图 2-56 广州友谊剧院与广州火车站

资料来源：广州市档案馆 . 广州历史地图精粹 [M]. 北京：中国大百科全书出版社，2003.

代突出的建筑作品。一般性的商业建筑以 4 ~ 6 层的多层为主，多采用混合结构。建筑平面呈规整矩形、L 形或局部半围合形。立面装饰简单，开窗大小和位置规律，屋顶采用平屋面。如在广州火车站站前广场周边的邮政大楼、流花宾馆、新乐旅馆等建筑，为保证与站前广场的协调，均采用了面向站前广场的条形或“L”型布置，增加了立面水平线条效果。

（五）其他形态单元类型

在 1949 ~ 1978 年建成区内分布有不少已经成为城中村或城边村的自然村庄聚落。文书将其作为一类形态单元，共计有该类单元 26 个。村落内部街道混杂凌乱，多为利用宅前小路组织的步行通道。由于土地仍属于集体所有，以宅基地为基础的地块组织很不规整。村落中部分建筑为新中国成立前所建的传统竹筒屋，部分为后期建设的框架式住房。

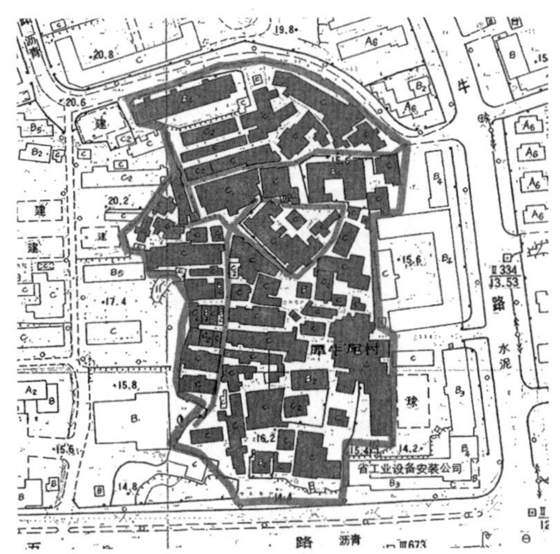

图 2-57 犀牛尾村 IIe-18 形态单元

1978 年广州旧城各形态单元的形态要素一览表 表 2-7

形态单元		用地性质	街巷系统	地块组织	建筑类型与组织
1949 年前建成形态单元	“长街”式商住街区（Ia1）	商住	东西或南北向长街巷	依托街巷的并列式组织	竹筒屋、西关大屋、骑楼街等近代传统大进深建筑，建筑覆盖率大于 80%
	自由式大街区（Ia2）	商住	自由树状街巷	依托街巷的并列式组织	竹筒屋、西关大屋、骑楼街等近代传统大进深建筑，建筑覆盖率大于 80%
	规整式街区（Ia3）	商住	正交规整街巷	依托街巷的并列式组织	竹筒屋、西关大屋、骑楼街等近代传统大进深建筑，建筑覆盖率大于 80%
	近代花园洋房式街区（Ib1）	商住	正交规整街巷	依托街巷并列式组织	西式花园别墅，一、二层楼的砖（石）木结构为主，建筑覆盖率 60% ~ 80%
	规整式金融商业街区（Ic1）	商住	正交规整街道	依托街巷并列式组织	近代银行、领馆、邮政、交通建筑，多采用古典式、折衷式、民族式建筑形式，建筑覆盖率 40% ~ 60%
	混合式商业街区（Ic2）	商住	南北向长街巷为主	依托街巷并列式组织	近代百货公司、大型饭店、影剧院、俱乐部、游乐场等。不少是多层、高层或大空间、大跨度、高标准的高楼大厦。建筑覆盖率 40% ~ 60%
1949 ~ 1978 年建成形态单元	工业仓储街区（IIa1）	工业	尽端式街道	无街巷系统散乱组织	早期为木构或砖木混合结构厂房，1960 年代出现钢结构和钢筋混凝土结构厂房，五层以下厂房建筑逐步出现。主要有框架、无梁楼盖和混合结构三种形式。建筑覆盖率较低
	小型工业点（IIa2）	工业	-	-	多为结合周边民房建设的砖木结构小型厂房。建筑覆盖率高

续表

形态单元		用地性质	街巷系统	地块组织	建筑类型与组织
1949 ~ 1978年建成形态单元	单位街区（IIb1）	单位办公为主	尽端式街巷	无街巷系统散乱组织	以多层单、双廊板式建筑为主，造型规整，立面装饰简单，屋顶采用平屋面。建筑覆盖率较高
	单个单位大院区（IIb2）	单位办公为主	尽端式街巷	-	以多层单、双廊板式建筑为主，造型规整，立面装饰简单，屋顶采用平屋面。建筑覆盖率较低
	公有房街区（IIc1）	居住	按居住区结构的正交或自由式街巷	依托居住区街巷组织	6层以下的廊式、梯间式、天井式板式住宅。立面风格简洁，外墙多采用斩假石、水刷石、灰砂、马赛克等材质，力求节约。建筑覆盖率30% ~ 50%
	单个公有房住区（IIc2）	居住	-	-	6层以下的廊式、梯间式、天井式板式住宅。立面风格简洁，外墙多采用斩假石、水刷石、灰砂、马赛克等材质，力求节约。建筑覆盖率30% ~ 40%
	大型酒店会展区（IId1）	商业	周边环绕式街道	并列式组织为主	大型酒店、展览建筑。相对宽松的环境下涌现出一批优秀岭南现代建筑，成为时代突出的建筑作品。建筑覆盖率40% ~ 60%
	中小型商务中心区（IId2）	商业	-	并列式组织为主	4 ~ 6层多层板式商业建筑为主，多采用混合结构。建筑平面呈规整矩形、L形或局部半围合形。立面装饰简单，外墙多采用斩假石、水刷石、灰砂等材质，开窗大小和位置规律，屋顶采用平屋面。建筑覆盖率60% ~ 80%
其他类型	村庄聚落	居住	自由式街巷	依托街巷并列式组织	以传统竹筒屋与独立式住宅混合为主。多为砖木结构，2 ~ 3层。建筑覆盖率大于80%

综上所述，根据形态分区的结果可以看到1949 ~ 1978年的广州旧城形态格局演变的基本特征：

（1）1949年建成区内除增加了少量单位与工业用地外，大部分传统商住区采取了“自建公助”的个体式建筑改造方式，大量传统木屋被改造成砖瓦与混合结构楼房。在这种改造模式下，除增加了少量单位与工业用地形态单元外，大部分形态单元由于“形态更新地块”面积和数量都比较少，形态单元的类型还保留了“形态基底”的特征。因此1949年历史旧城的形态根据比较稳定，“高密度、低强度、均质化”的总体形态特征仍然存在。

（2）1949年建城区外是城市新建成地区，在这个时期政府以行政划拨的方式布置了大量单位、公有房住宅与工业用地。这些用地往往面积较大，实施封闭式管理，造成了城市空间的条块分割，原有的空间肌理被打乱。划拨用地中单位用地主要集中在城区的东部，工业用地主要布置在城区西部。公有房住宅区因为就近配套的需要，零散分布在城区的各个方位。

2.4　本章小结

本章从城市功能布局与形态格局两个层面解析了 1949 ~ 1978 年广州旧城的空间演化特征。

功能布局方面，广州中心城区在 1949 年建成区基础上不断向外拓展，城市用地呈圈层式向外扩张。1949 年建成区内，商务服务业呈现从白鹅潭、北京路地区向海珠广场、流花湖与环市东路东移的趋势；传统商业在计划安排下逐步形成了三级商业中心体系；居住以自主改造为主，同时改造与新建了一批小型工厂作坊。1949 年建成区外，在用地划拨制度下产生了一大批单位用地、公有房住宅区与大型工厂用地。

形态格局方面，本书制定了适于中国旧城分析研究的形态分区理论框架。以“近代传统商住区（Ia）”、“近代花园式住区（Ib）”与“近代商业与行政办公区（Ic）”为主的形态单元构成了 1949 年广州旧城的均质性、高密度形态基底。1949 ~ 1978 年随着外围划拨用地的大量出现，产生了许多以大产权地块为对象的形态单元。这一现象造成了广州旧城从“单核”向“圈层式”形态格局的转变，并直接影响了改革开放后广州旧城的城市更新格局，造就了广州旧城复杂多元的城市空间形态。

第3章 1978年以来广州旧城的形态演变特征

3.1 发展背景

根据广州城市发展与旧城更新情况，本书将1978年以来广州旧城发展分为以下四个阶段。

3.1.1 更新改造初期（1978～1986年）

1978年中共中央召开第十一届三中全会，把全党全国工作重点转移到社会主义现代化建设上来。1979年7月，中央批准广东、福建两省实行对外开放的“特殊政策和灵活措施”。作为华南中心城市的广州，选择流通领域作为城市改革的突破口，采取一系列放开价格、搞活流通的措施，拉开了广州中心城市改革发展的帷幕。1984年《中共中央关于经济体制改革的决定》颁布，同年7月广东省政府决定在广州等4个城市进行经济体制改革试点。10月国务院同意广州恢复计划单列，并赋予其相当于省一级经济管理权限，随后又把广州列入沿海开放城市行列[1]。通过改革开放初期一系列优惠政策颁布与放开思想的调整，广州经济迅速进入上升通道，至1986年城市GDP达139亿，位居全国第五[2]。

伴随着整个城市社会经济的快速发展，广州城市建设也开始加速。一是政府开始在城市边缘逐步开辟和拓展城市新区，以满足日益增长的人口与建设用地需求。二是开始对城市旧区进行局部修补并提出城市更新改造的目标。1984年国务院批准了广州市城市总体规划，制定了三大组团的空间布局。其中第一组团的旧城（面积54.43km^2）是城市的中心区，“应结合旧城改造，对分散在旧城区内的工业逐步加以调整，经济进行技术改造和设备更新”[3]。这个时期旧城的建设活动主要包括以下方面。

第一，个人住宅改造。1980年代初，广州市政府为了解决群众居住困难，特别是历史老城区内大量新中国成立前的住房已危破老旧，采取房屋就地翻新或重建的方式，

❶ 傅崇兰，杨重光，刘维新，史为乐．广州城市发展与建设[M]. 北京：中国社会科学出版社，1994：185.

❷ 广州市统计局．《广州统计年鉴1987》

❸ 周作恒．广州城市总体规划编制工作的回顾[M]// 广州城市规划发展回顾编纂委员会．广州城市规划发展回顾（1949-2005）. 广州：广东科技出版社，2006：122.

对单幢房子进行“见缝插针”式改造。当时为了让群众能够多盖一点房子，提出要“学福州”，“见缝插针，简化手续”，把建设审批权下放到区。普遍采用了“公私合建”的方法，私人需要改造房子的时候，国家出一部分钱补助。这种方式虽然帮助了许多群众解决居住问题，但是本来私人的钱力可以盖三四层的房子，有了国家补助后就可以盖到六七层，造成了许多不符合规划技术指标的房子，大大增加了老城区建筑密度、人口密度和交通压力[1]。

第二，街区改造的前期工作。广州市政府在1982年就开始着手编制旧城区旧街区改造规划，1987年全部完成旧城区74条街的改造规划编制工作[2]。市政府先后分三批审核批准了旧城区的改造规划，并分期下达。

3.1.2　快速更新发展期（1986～1997年）

随着改革开放的深化发展，广州逐步成为华南地区最富活力的中心城市，经济保持高速发展态势，1986～1997年国民生产总值绝对值年均增长21.8%，全市总人口由700万人增至905万人，GDP达1678亿，居全国第三[3]。作为改革开放的前沿，广州在1980年代末先后颁布了《广州市城市国有土地使用权有偿出让实行办法》，开始逐步建立土地市场化制度。1987年后旧城改造开始逐步引入外资。1988年广州花地湾住宅区用地招标，是国内土地市场第一次土地出让，也是广州现代房地产业的起始点。1992年向6家香港开发商出让东风中路6块土地，面积4万多m^2，开创了以道路改造带动城市更新的开发模式[4]。1992年广州市土地开发中心成立，1995年市政府征地办公室挂牌，统一实施土地开发及征地，这标志着在市场化下进行城市土地运营与旧城更新改造机制的初步建立。

这一时期广州旧城的建设活动主要包括以下几个方面。

（1）街区改造的推进

根据1980年代初期制定的街区改造计划，政府按照改造的具体实施难易程度，主要采用两种改造方式继续推进街区改造。

第一，成片综合改造。1986年广州开始试点进行成片综合开发改造，主要选择的是破旧房屋较多、市政设施较差的街区，东风街小区是市政府首先确定的综合开发试点小区。规划改造用地面积16.8万m^2，原有建筑30.6万m^2，拆除旧建筑面积15.5万m^2，需要搬迁4500户共15200人。新建房屋面积为45.4万m^2，建61栋楼宇。东

---

[1] 施红平．城市建设建筑报建制度改革的新尝试[M]//广州城市规划发展回顾编纂委员会．广州城市规划发展回顾（1949-2005）．广州：广东科技出版社，2006：117.

[2] 徐晓梅．街区规划编制工作的回顾[M]//广州城市规划发展回顾编纂委员会．广州城市规划发展回顾（1949-2005）．广州：广东科技出版社，2006：152.

[3] 广州市统计局．《广州统计年鉴1988》、《广州统计年鉴1998》

[4] 傅崇兰，杨重光，刘维新，史为乐．广州城市发展与建设[M]．北京：中国社会科学出版社，1994：243.

风街小区综合开发改造首次采用招标形式进行，其改造资金是以土地有偿出让形式解决的，是广州较早采用市场模式进行旧城改造的范例。改造工作从 1986 年至 1992 年，共建成各类建筑房屋 61 栋，竣工面积达 23.7 万 m^2[❶]。

第二，小块组团式改造。即以组团形式一小块一小块对旧居住区进行改造。1986 年开始海珠区南华西街、越秀区解放北街、中山五路改造等均采用这种改造方式。据统计 1984 ~ 1990 年东山区采用这种模式拆除破旧房屋 655 栋，动迁 1139 户[❷]。

（2）新式商住区的开发

1986 年广州全面实行综合开发建设“六统一”（规划、征地、设计、施工、配套、管理），改变了过去“见缝插针”零星分散的做法。广州旧城内以外资的形式引入了一批新式商住小区，如东湖新村、五羊新城、江南新城等。这些商住小区主要学习了香港的技术经验，多采用 T 字形、工字形、Y 字形、风车形、井字形、碟形等户型形式，建筑空间组织灵活[❸]。在沿街地区一般采用多栋楼宇与大面积的裙楼结合，同时使用立体化交通组织，以平台方式划分商业与居住活动。小区配套、绿化庭院、市政设施等都有统一规划，比旧街坊有更好的生活居住质量。

（3）高层商业楼宇建设

1980 年代末随着高层建筑技术的引入，广州旧城范围内开始大量出现高层商业楼宇。一是集写字楼、商业购物于一体的综合大楼，如 1987 年开始建设的“广东国际大厦”（1991 年竣工）、世界贸易中心（1992 年竣工）、沿江西路的广州建设银行等。二是星级酒店。随着商贸批发业的迅速发展，大量客商云集广州，对酒店有旺盛需求。1985 年广州只有 25 家涉外宾馆，到 1990 年已增加到 106 家[❹]。1988 年开始建设的广信江湾大酒店，富丽华大酒店等都是当时现代高层酒店的典型。

1986 ~ 1997 年是房地产开发全面进入中国城市的第一个十年，也是改革开放以来广州旧城面貌变化最大的十年。在最初的几年中，由于对新生事物认识不足，调控政策不健全，导致了 1988 ~ 1993 年的全国房地产热。受这股热潮影响，广州房地产开发也迅速膨胀，在全市迅速批租了大量土地，城市中心区通过市场化改造方式也拆除了大量旧街坊，建设了大量高层办公楼与住宅。由于各类销售建筑供应量过大，供需关系失衡，使得 1993 年全国泡沫破裂后广州房价连续 8 年下跌，市场长期不景气，并在城区内留下了许多“烂尾楼”。这种波动带来的影响是深远的。一方面，随着人口、物资、设施不断向旧城集聚，给旧城带来巨大压力；另一方面，受利益导向的市场化更新开发并不考虑疏解旧城的问题，高容积率加小规模渐进式改造加剧了交通与环境

❶ 李红卫．旧城改建与城市更新 [M]// 广州城市规划发展回顾编纂委员会．广州城市规划发展回顾（1949-2005）．广州：广东科技出版社，2006：341.

❷ 傅崇兰，杨重光，刘维新，史为乐．广州城市发展与建设 [M]. 北京：中国社会科学出版社，1994：273.

❸ 刘华刚．广州住宅建筑发展演变 [D]. 广州：华南理工大学，2000：35.

❹ 广州市统计局．《广州年鉴 1986》、《广州年鉴 1991》

问题。1990年代的广州城市面貌因“脏乱差”,而被誉为“中国最大的镇”❶。混杂的城市形象影响了广州城市综合竞争力。

3.1.3 调整控制期（1998～2005年）

1998年广州针对城市发展思路不明确、城市环境面貌差的问题，在城市建设方面重点采取了以下应对措施：第一，持续加大投入城市基础设施，实施城市美化工程；第二，优化区域资源配置，扩大城市发展空间，将花都、番禺撤市设区；第三，谨慎对待旧城改造，控制旧城大批量更新改造。2000年在行政区划调整基础上，广州制定了“东进、南拓、北优、西联”的八字方针空间战略，着力拉开城市骨架，打造区域一体化大都会区❷。城市建设的重点转移到外围城市新区，旧城进入调整控制期。这一时期广州旧城比较重要的调控措施包括：

（1）禁止开发商介入旧城改造

尽管市场化运作在城市开发过程中逐步占据了主导地位，但由于在1986～1996年间大量拆迁重建造成了旧城一系列问题，政府开始对这一模式进行反思，并于1998年底规定禁止开发商介入旧城改造项目。2003年广州市再次召开城市总体发展战略规划实施总结研讨会，在谈到中山三路、中山四路的改造复建为何没有完成时，时任广州市委书记的林树森同志再次强调了对老城区建设的慎重和对开发商的戒备，“这个工程方案做了两三年，为什么这么慎重，主要是为了保留原有的文化沉淀。与内地一些城市不同，我们改造老城区，绝对不靠房地产商来搞，根据我们的实际情况集中人财物力一步步推进。房地产公司是不可能帮我们的❸。”

（2）以政府为主导的危改工程与城市美化运动

在以政府主导旧城更新的思路下，以政府投资为主的危改工程与城市美化运动成为旧城更新的主要活动。1998年广东省委、省政府对广州城市建设和管理提出“一年一小变，三年一中变，到2010年一大变”的要求，以城市环境综合整治与城市市政道路建设为近期建设的重点。至2005年广州旧城共查明有约100万m^2的危破房，且按照每年一查的房屋安全普查统计，每年都会有上万平方米危房增加❹。对于这些危破房，政府主要采用市区共建的方式，以政府财政投入为主进行拆除、修缮和改造。

总体来说，由于社会资金进入旧城改造少，城市公共财政投入有限，使得广州旧城更新进入了一个相对缓慢的状态。虽然“小变”与“中变”至2003年基本实现，但多数工作是停留在城市景观整治的层面，注重重点地段道路沿线“一层皮”的粉饰，旧区内部环境依然没有得到改变，旧城的核心问题依然没有得到解决。

---

❶ 引自《对2000年广州城市总体发展战略的回顾、总结与展望》,广州市城市规划勘测设计研究院2003年编制。

❷ 《广州城市总体发展战略规划纲要》，广州市城市规划勘测设计研究院2002年编制。

❸ 引自《旧城改造之路》南方都市报2010-11-24。

❹ 引自《荔湾区危旧破房改造规划现状调研报告》，广州市城市规划勘测设计研究院与中山大学2007年编制。

3.1.4 重新启动期（2006年至今）

随着土地与房地产相关政策的完善，城市开发的市场化运作手段逐步进入正常轨道。北京、上海等城市旧城更新效果明显，而广州2004年已申亚成功，城市建设需要大量资金投入。在这样背景下政府又重新考虑借助社会资金进行旧城更新改造。2006年广州在原“东进、南拓、北优、西联”八字方针基础上增加“中调”战略，进一步强调复兴老城区，发展服务业，这标志着旧城更新工作重新被作为政府工作的重点[1]。2007年，在中共广州市第九次代表大会上，时任广州市市长的张广宁同志提出：“如果开发商提出的改造方案很好，甚至非常符合岭南文化的特色，达到‘修旧如故’的效果，我们为什么不选择呢？[2]”2008年下半年广州开始组织实施迎亚运人居环境综合整治工程，迫切需要对旧城重点危房地区进行改造。在旧改政策调整与亚运整治双重条件下，广州旧城中原本许多搁置的旧城地块又重新纳入改造议程。时值2008年底，广东省委、省政府和国土资源部以省部合作方式在广东开展节约集约用地试点示范省工作，广州市政府立刻在《印发广东省建设节约集约用地试点示范省工作方案的通知》（粤府明电[2009]16号）基础上颁布了《关于推进“三旧”改造促进节约集约用地的若干意见》（粤府[2009]78号）和《关于加快推进“三旧”改造工作的意见》（穗府[2009]56号）两个重要文件（以下简称78号文与56号文），拉开了广州市“三旧”改造的帷幕。2010年广州陆续颁布了《广州市旧城更新改造规划纲要》（征求意见稿）和“三旧”工作流程（征求意见稿），明确了旧城更新改造的总体思路与三旧改造的具体工作流程。在相关配套政策支持下，大量旧城地块重新引起市场的兴趣，至此借助市场资金进入的更新模式又被重启。

总体来说，广州旧城一直是广州重要的经济载体，2010年广州旧城地区生产总值约1600亿元[3]。广州旧城以全市4.7%左右的建设用地，容纳了全市20%左右的人口，创造了全市22.7%的经济总量（其中第三产业增加值占GDP 70%以上）。随着整个城市功能布局的调整，广州旧城的功能也不断进行调节，并成为城市形态演变的基本驱动力。

3.2 1978年以来广州旧城的功能布局演变

3.2.1 用地扩张与土地利用结构调整

1978年前广州旧城范围主要的未开发地区为海珠地区、荔湾西部地区、先烈路地区与广州大道西侧地区。改革开放后，这些原来的城市边缘地区被快速填充，至1990

[1] 2006年12月广州市第九次党代会将“中调”列入城市发展战略。时任广州市委书记朱小丹在参加第一代表团第一组讨论时将“中调”具体化为“调优、调高、调强”三方面。

[2] 引自《旧城改造之路》. 南方都市报 . 2010-11-24。

[3] 根据《广州市统计年鉴2011》数据整理而得。

年代初期珠江以北地区已基本开发完毕。1988 年海印桥开通后极大促进了海珠地区的发展，2000 年滨江东地区陆续开发，至 2010 年广州旧城范围已全部建成，无完整连片的空置地。

图 3-1 2010 年广州旧城土地利用情况

资料来源:《广州市旧城更新纲要》，广州市城市规划勘测设计研究院 2010 年编制

从城市用地结构演变看，改革开放后随着城市中心服务功能的增强，城市用地结构也相应发生了调整。至 2010 年旧城范围总建设用地 45.67km^2，其中居住用地比例为 44.1%，较 1978 年的 53.1% 下降了 9.0 个百分点；公共服务设施用地比例为 26.5%，较 1978 年的 18.6% 上升了 7.9 个百分点；工业用地比例为 2.8%，较 1978 年的 14.7% 下降了 11.9 个百分点。此外道路、绿地等用地比例均有较大幅度的上升。用地比例的变化反映了城市功能的调整特征，即城市服务业的逐步发展、居住与工业生产功能的逐步下降，以及城市基础配套设施与游憩设施的逐步完善。广州旧城人均居住用地面积由 1978 年的 9.9m^2 下降为 2010 年的 9.7m^2，但人均居住建筑面积却由 1978 年的约 8m^2 上升为 2010 年的 40m^2。说明了旧城居住用地比例逐步减少的同时，居住建筑总量却迅速上升。通过更高建设容积率的方式，大大提升了居民的居住生活质量。

广州旧城 1978 ~ 2010 年用地情况对比 表 3-1

土地用地性质		1978 年		2010 年	
		用地面积（hm²）	比例（%）	用地面积（hm²）	比例（%）
居住用地		1794.85	53.14	2013.7	44.1
公共服务设施用地		627.03	18.56	1212.3	26.5
其中	行政办公用地	71.09	2.1	217.2	4.8
	商业金融用地	137.14	4.06	446.8	9.8
	文化娱乐用地	80.5	2.38	69	1.5
	体育用地	40.37	1.2	39.7	0.9
	医疗卫生用地	43.9	1.3	105.3	2.3
	教育科研用地	210.83	6.24	287.6	6.3
	宗教用地	38.33	1.13	44.9	1
	其他公共设施用地	4.87	0.14	2	0
工业用地		495.18	14.66	130	2.8
仓储用地		3.81	0.11	20.1	0.4
对外交通用地		68.53	2.03	96	2.1
道路广场用地		220.52	6.53	567.1	12.4
市政设施用地		65.6	1.94	39.5	0.9
绿地		87.72	2.6	382.7	8.4
特殊用地		14.66	0.43	105.1	2.3
城市建设用地合计		3377.9	100	4566.5	100

注：笔者统计

3.2.2 传统商业空间布局演变

改革开放后广州传统商业城市的面貌逐步恢复。1980 年 10 月市政府批准高第街成为广州第一个也是全国第一个以经营服装为主的个体户集贸街后，开启了广州传统商业街复兴的篇章。之后北京路、上下九等一大批传统商业街和专业街得到恢复并逐步兴旺。经过 30 多年的发展，至 2010 年广州旧城内商业网点数已达约 32 万个，比 1978 年增长了 50 倍。平均每千人拥有零售网点 22.21 个、拥有商业从业人员 137 人。商业在现代经济中地位迅速提高[1]。

广州旧城范围商业网点的发展 表 3-2

	商业网点数	从业人员数	网点数比 1978 年增长
1978 年	6478	32420	-
1989 年	117037	576378	18.05 倍

[1] 引自《广州市商业网点布局规划》，中山大学与三维地产咨询有限公司于 2002 年编制。

续表

	商业网点数	从业人员数	网点数比 1978 年增长
1999 年	195174	769389	31.77 倍
2010 年	324505	1622525	50.09 倍

资料来源：根据广州商业网点布局规划进行统计

（一）商业中心体系演变

1980 年代广州旧城商业得到迅速发展，至 1989 年旧城商业网点数已达 11.7 万个，并基本形成了二级商业服务中心体系。一级中心包括人民南—长堤、海珠广场、火车站—流花路地区三个改革开放前的商业中心与新恢复的上下九—第十甫路、北京路商业中心。二级中心包括环市东路和五羊新城。1980 年代旧城范围内新建商业服务建筑主要集中在站前路、流花湖地区、五羊新城地区，北京路与上下九路沿线有少量建筑更新。

1990 年代广州旧城商业中心逐步向东转移，并逐步演化形成三级商业中心。一级商业中心为中山五路—北京路、环市东路、第十甫—上下九。这三个商业中心是广州作为华南商业中心的标志，面向全国的商业服务中心，其规模大，商店多，功能较齐全，经营商品种类以高、中档为主。二级商业中心为火车站广场—流花地区、人民南路—长堤、农林下路、海珠广场、江南大道、中山四路—五路。二级商业服务中心以高档宾馆酒店或大型百货商场、展销大楼为主体，并有一定数量的中型商店，商业功能低于市级商业服务中心。受城市向东发展、城市高架路等多因素影响，人民南路—长堤、海珠广场下降为二级商业中心，火车站—流花地区也逐步演变为以服装批发为主的商业中心。三级商业服务中心是为所在区域提供商业服务的区级商业中心，包括洪德路—同福西路、康王路、小北路、大沙头—东堤、文德路—万福路、中山七路、龙津东路、长寿路、惠福路—解放路、前进路、新港西—怡乐路、五羊新城等。

2000 年后，广州旧城商业服务进入相对稳定时期，以局部的更新改造为主，建筑形式上多为以裙楼配合塔楼的综合体形式。2000 年代建设的商业服务建筑布局比较分散，多分布于主干道沿线或干道交叉口旁。

总体来说，改革开放以来广州旧城的商业服务重心有自西向东转移的趋势，但历史空间格局仍具继承性。广州现代商业网点的空间格局脱胎于历史的形迹，尽管城市商业重心随着城区向东发展而开始东移，但历史留下的商业繁华区仍是现代广州核心的商业区。北京路、上下九作为广州的旧商业中心，仍然承担着重要的商品流通功能。长堤—南方大厦地区虽然由于高架道路等影响而呈现功能衰落趋势，但深厚的历史文化底蕴仍赋予其很大的发展潜力。所以今天的商业网点布局能延续着过去的空间形态，很大原因是其区域背景具备了历史形成的人文环境、人口环境和市场环境等综合条件。

图 3-2　1979 ~ 2010 广州旧城范围商业服务业建筑建成情况

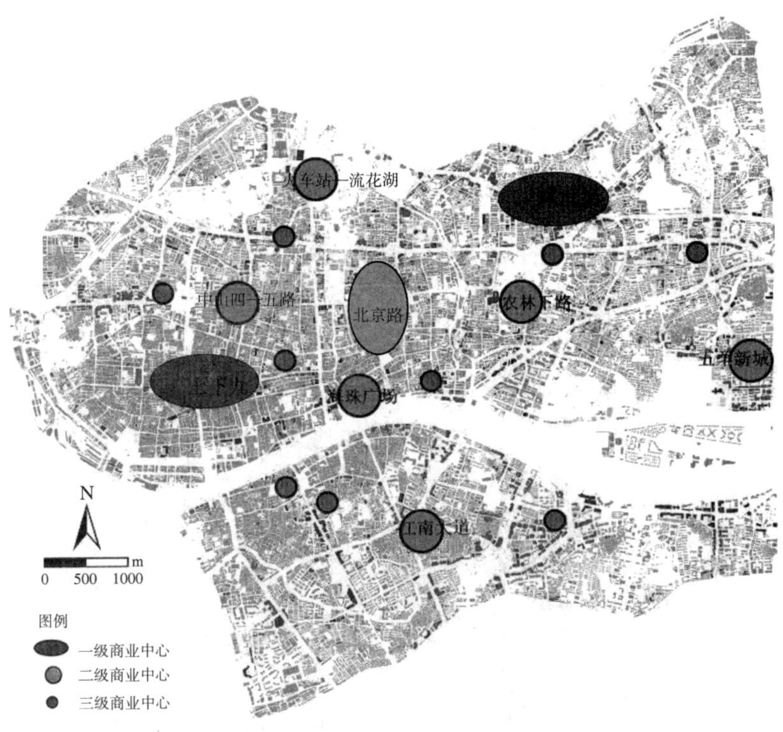

图 3-3　广州旧城 2010 年三级商业服务中心结构情况

（二）商业业态空间演变

改革开放后，广州旧城逐步形成了以传统商业街、专业街、百货店、大型购物中心等多种业态并举的格局。在延续沿街商业布局模式的同时，各种新型业态不断冲击，使广州旧城商业业态也进入了一个变革转型的历史时期。

（1）专业街与批发市场

专业街是广州旧城商业最重要的业态形式。1980年代随着流通领域的放开，广州大批服装鞋帽、轻纺布匹批发市场应运而生，集中在老城区以及主要城市干道、火车站等交通枢纽附近。1990年代珠三角地区制造业的快速发展产生了汽车摩托车及配件、五金交电、机械、建材等生产资料市场，围绕着广州旧城边缘与环城高速聚集了大量的批发市场，与老城内部的专业街形成内、中两个圈层结构。2000年后，随着信息与网络技术的进步，专业市场的商流与物流可以逐步实现分离，城市倡导内圈层即老城区逐步剥离现货交易，中圈层即城市边缘重点建设大型批发市场园区，外圈层批发市场布局与产业和对外交通设施相结合。

广州旧城内至今仍分布有1980年代兴起的大量传统专业街与专业市场。从功能布局上看主要有两类。一类是受历史导向的专业街。主要分布在西关地区与北京路周边地区，很多专业街都有悠久的发展历史。许多这种类型的专业街分布于人口密集的老城内，住区外围形成沿街铺面，街区内部住宅普遍承担仓、住混合功能，造成人货合流、交通拥堵问题，也影响街区卫生环境。另一类是受交通导向的专业市场区。依托交通枢纽、进出城市的主干道路在旧城边缘形成了部分专业市场区。比较典型的有流花服装批发市场区，其近邻广州火车站、广东省汽车站等重要交通枢纽，自1980年代末期开始陆续建成了康乐时装世界、白马大厦、流花服装批发市场等大型服装批发城，目前已经成为全国服装批发的重要枢纽地。

图3-4 老城内的专业街：前店后仓，住居混杂

资料来源：《广州荔湾旧城更新改造规划策略研究》，广州市城市规划勘测设计研究院2010年编制

广州旧城专业街、专业市场不断积聚与扩大规模，极大促进了广州商品流通与经济发展。据本书统计，2010年旧城范围批发市场对社会消费品零售总额的平均贡献率

为 37.2%，对 GDP 的平均贡献率为 6.5%。而以大型零售商场为代表的零售业对社会消费品零售总额的平均贡献率为 28.3%，对 GDP 的平均贡献率为 2.6%，较传统批发业略低❶。可见广州旧城传统批发商贸业对经济的发展贡献仍占据重要地位。

（2）大型零售中心

随着商业业态的进化演变，以百货店、大型超市、专业店和购物中心等为主体的大型零售中心开始成为广州旧城主要的现代商业业态形式。改革开放前全市只有南方大厦等少数几个百货商场，发展至 2010 年全市已建成营业的大型零售商业网点（按建筑面积大于 5000m^2 统计）195 个，建筑面积 612.4 万 m^2，人均建筑面积 0.5m^{2}❷。广州市零售业及大型零售商业网点取得了飞速发展。

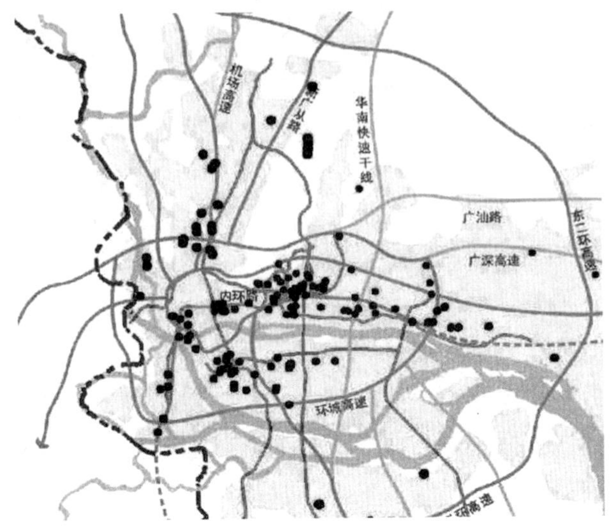

图 3-5　广州中心城区大型零售中心发布

资料来源：《广州市大型零售商业网点规划 2011-2020》，广州市城市规划勘测设计研究院 2012 年编制

广州旧城是全市最重要的大型零售商业中心集聚区。据统计至 2010 年旧城范围内共建成和在建各类大型零售商业中心 63 个，占全市的 26%。建筑面积约 222.8 万 m^2，占全市的 36%。人均大型商业网点建筑面积指标为 1.1m^2/ 人，大大高于全市的 0.48m^2/ 人❸。从正在建设与拟建设的项目看，其商业建筑规模都有更加大型化、规模化的趋势。大型零售商业点正逐步成为现代化广州城市商业发展的主导方向。

2010 年广州旧城已建、在建大型零售商业点情况　　表 3-3

区域	购物中心	百货店	大型超市	专业店	商业城	家居建材商店	仓储会员店	合计	建筑面积（万 m^2）
越秀旧城	5	10	3	1	4	0	0	23	70.6
荔湾旧城	5	4	2	4	2	0	0	17	71.5
海珠旧城	2	1	7	6	3	0	0	19	80.7
全市合计	38	28	63	23	31	12	0	195	612.4

资料来源：《广州市大型零售商业网点规划 2011-2020》，广州市城市规划勘测设计研究院 2012 年编制。

从空间布局上看，广州旧城内的大型零售商业点主要依托城市一、二级商业中心，

❶ 根据《广州市统计年鉴 2011》统计。
❷ 引自《广州市大型零售商业网点规划（2011-2020）》，广州市城市规划勘测设计研究院 2010 年编制完成。
❸ 根据《广州市大型零售商业网点规划（2011-2020）》数据整理统计而得。

并有和传统商业街复合发展的趋势。在规模效应强、人流集聚大的大型零售中心带动下，广州旧城商业中心的核心地区商业业态逐步发生调整，原有传统沿街商业将逐步置换到周边的专业街中。

2010 年广州旧城主要商业中心内大型零售商业点情况　　表 3-4

商业区名称	大型零售网点数（个）	营业面积（万 m^2）	大型购物商店
北京路商业区	12	23	广州百货大厦、新大新百货公司、五月花广场、光明广场、名盛广场
环市东商业区	8	12	友谊商店、丽柏广场、世贸中心
中华广场商业区	8	12	中华广场、流行前线、地王广场、陵园西通信市场及数码动力城
农林下路商业区	6	6	王府井百货大厦、东山百货大楼、新裕大厦、东山锦轩

资料来源：《广州市大型零售商业网点规划 2011-2020》，广州市城市规划勘测设计研究院 2012 年编制

3.2.3　现代商务服务业空间布局演变

现代商务服务业是指专门解决企业在生产、组织和管理活动中的各种问题和各项任务的一系列活动，包括法律和技术服务、管理服务、市场服务、金融服务等（Drejer，2002）。改革开放前，广州旧城的商务中心已逐步从沙面、长堤、北京路一带东移到了海珠广场、流花湖、环市东一带。改革开放后，随着现代商务职能的出现，商务办公设施在空间上产生流动、集聚，最终形成较稳定的空间布局。

（一）广州商务办公中心体系演变

整体来说广州旧城商务空间伴随着全市商务中心体系演变而发展，可分为以下 4 个阶段。

（1）起步期（1985 ~ 1990 年）。1980 年代初开始，广州金融保险等服务业迅速发展，带动了广州商务办公需求。1981 年，全球著名会计师事务所普华永道进驻广州，由于没有合适的办公写字楼，只能在越秀区的东方宾馆租房办公。一直到 20 世纪 90 年代初，越秀区的写字楼陆续建成之前，广州租用酒店办公是一种趋势。其间受旧交易会区影响，东方宾馆、中国大酒店、花园酒店等地都是商务办公的重要场所。

（2）高速发展期（1990 ~ 1998 年）。1990 年代广州驻穗外商机构越来越多。环市东世界贸易中心的落成，标志广州拥有商品化甲级办公楼的诞生，其高额的投资回报带动了环市路一带商务办公楼的快速发展，广州商务办公楼也如雨后春笋般大量地出现。1994 ~ 1998 年广州商务办公楼市场累计供应量达 300 万 m^2，其中主要集中在天河新区，仅天河中心区就批出商务办公用地 $202hm^2$[❶]。

（3）调整回落期（1998 ~ 2005 年）。广州商务办公楼市场供应量在 1998 年达到了

❶　李红卫 . 城市土地使用与管理—以广州为例的研究 [M]. 广州：广东人民出版社，2013：124.

高峰，其后亚洲金融危机爆发，银行纷纷紧缩银根，广州商务办公空间需求开始急剧下降，导致商务办公空间的供应量锐减至1999年的11.30万m^2，2001全年供应量仅为8.43万m^2，广州商务办公空间开发与发展进入中期调整期❶。该时期随着珠江新城规划的出台以及随后的规划检讨，形成了广州21世纪中央商务区的基本格局，广州商务办公空间向东扩展的趋势得到进一步的确认。环市东、东风路、流花路等旧城地区的商务办公空间无论是规模还是质量也得到了进一步的提高。同时在广州大道南、琶洲岛一带也开始出现小规模商务办公空间的集聚。

（4）重新启动期（2006年至今）。2006年广州提出“中调”战略后，实施强中心政策，强化第三产业的发展。以金融保险、社会服务为代表的办公业发展迅速，商务办公业得到持续快速增长，总部经济初具规模，商务办公空间的需求量急剧增长。2006～2010年间，广州商务办公楼竣工面积近200万m^2，年施工量保持在300万m^2以上，是1990年代的5倍❷。环市东、天河北、珠江新城和琶洲地区成为广州几个重要的商务办公空间集聚区，商务办公空间发展进入多元化时期。

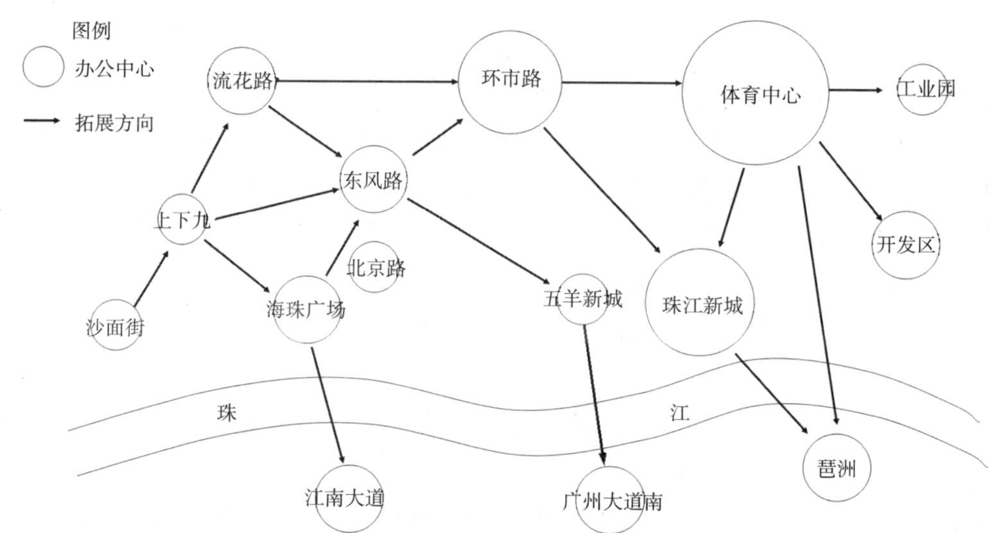

图3-6 广州商务空间演化示意

资料来源：许学强，温华锋．基于分形理论的特大城市新型产业空间发展演变研究——以广州商务办公空间为例[J].城市发展研究，2010（5）.

总体来说，广州旧城是广州近代商务中心与现代商务中心最早的诞生地。随着整个城区向东拓展，商务功能不断东移。但是由于环市路、东风路等大量成熟商务设施的存在，使其在全市中仍具有重要的现代商务办公功能。

❶《珠江新城规划检讨》，广州市城市规划勘测设计研究院2003年编制完成。

❷ 许学强，温华锋．基于分形理论的特大城市新型产业空间发展演变研究——以广州商务办公空间为例[J].城市发展研究，2010（5）：36.

中华人民共和国成立以来广州商务中心历史变迁　　表 3-5

极化次序	年代	办公中心区	典型事件
第一次	1949 年前	沙面、十八甫路	租界、十三行
第二次	1950 年代	南方大厦、文化公园和人民南商务区	南方大厦
第三次	1960 年代	海珠广场的旧交易会、广州宾馆和华侨大厦区域	交易会迁址海珠广场
第四次	1970 年代	流花路	交易会再次迁址
第五次	1980 年代	流花路—环市东路	白云宾馆
第六次	1990 年代	环市东路—天河北	体育中心、中信广场
第七次	21 世纪以来	广州珠江新城 CBD、琶洲商务办公区	珠江新城规划、琶洲开发

资料来源：许学强，温华锋 . 基于分形理论的特大城市新型产业空间发展演变研究——以广州商务办公空间为例 [J]. 城市发展研究，2010（5）.

（二）广州旧城商务办公空间演变特征

本书根据 1979 ~ 1989 年、1990 ~ 1999 年、2000 ~ 2010 年三个时期建成的 10 层以上的商务办公建筑而绘制成图 3-7，总结广州旧城商务办公空间布局演变具有以下特征：

（1）沿街线性布局为主，空间集聚度相对不高

广州旧城范围内的商业办公楼具有沿主要街道一层皮式布局的高度线性特征。图 3-8 显示了环市东路地区的这一分布情况，在 4km 长的距离内布置了约 35 栋高层办公楼宇，均沿环市路单层布置。这种

图 3-7　1978 ~ 2010 年广州旧城 10 层以上商务办公楼分布情况

图 3-8　广州环市东路商务办公楼分布图

布局方式是城市自发形成的结果。环市东地区在改革开放前就已建成了多个公有房住宅，沿路已很少有完整的用地。1980年后期现代商务办公需求高涨，但天河地区还未发展起来，所以只能在以花园酒店、白云宾馆为核心的周边地区利用零星地块自发的形成商务办公区。多数商务地块布局分散，建筑彼此独立，没有互通的空中连廊与共享的开敞空间。

为进一步量化广州旧城范围商务办公楼的线性分布特征，本书选取主要几条道路计算其单位长度内的建筑面积，计算公式：

$$X_i = S_i / L_i$$

X_i 为单位长度内沿线50米范围平均商务建筑面积（m^2/m）。S_i 为该条道路沿线的商务建筑面积（m^2），L_i 为该条道路的长度（m）。计算结果如下表：

广州旧城范围主要道路沿线平均商务建筑面积统计 表3-6

道路名称	道路长度（m）	单位长度内商务建筑面积（m^2/m）
环市东路	3985	328
东风中路—东风东路	6344	215
解放路	3042	125
中山路	8617	98
沿江中路	3188	186
江南大道	2523	32
东湖路—东晓路	3755	45
工业大道	2753	18

数据证明了广州旧城内商务办公楼的线性分布特征。环市东路、东风中路—东风东路、沿江中路是广州旧城内商务办公楼线性分布最多的地方。线性分布特征使得旧城的商务办公楼没有在某一个区域内集中，造成了整体集聚度不高，因此还不能算作真正意义上的CBD商务办公中心。

（2）不同服务业类型在广州旧城的分布特征

根据2008年广州市经济普查年鉴的数据整理，截至2008年广州旧城范围内注册的商务服务机构约5095家，占全市的57%，这一数据比例充分说明了旧城是广州商务服务机构的主要载体[1]。从结构类型看，广州商务服务业主要以企业管理、咨询与调查、广告业为主，三者已占商务服务业的69.14%。其中旧城范围占全市比例最高的依次为法律服务 > 咨询与调查 > 知识产权服务 > 其他商务服务 > 企业管理服务 > 广告业。这也反映了不同商务服务业对城市中心区位的依赖程度。

从旧城内部的空间分布看，越秀区是商务最集中的区域，集中了旧城全部商务机

[1] 数据引自《广州市第二次全国经济普查资料》。

构的 67.4%，商务服务业单位密集程度与人口就业密度也居全市之首，反映了广州商务办公空间极化的现象。

广州旧城范围商务服务机构分布情况 **表 3-7**

	全市	广州旧城范围				旧城范围占全市比例
		荔湾区	越秀区	海珠区	小计	
合计	8943	660	3432	1003	5095	57.0%
企业管理服务	1703	100	416	282	798	46.9%
法律服务	292	17	143	19	179	61.3%
咨询与调查	2819	211	1195	271	1677	59.5%
广告业	1661	63	145	546	754	45.4%
知识产权服务	120	3	3	64	70	58.3%
职业中介服务	244	14	17	50	81	33.2%
市场管理	711	137	114	37	288	40.5%
旅行社	186	7	7	20	34	18.3%
其他商务服务	1207	108	145	334	587	48.6%

资料来源：广州第二次全国经济普查资料

2004 年广州市商务服务业单位密集程度与人口就业密度 **表 3-8**

	市区	广州旧城范围		
		荔湾区	越秀区	海珠区
单位密集度（个 /km^2）	2.372	11.17	101.5	11.095
就业人口密度（人 / 万人）	0.016	0.01	0.056	0.0095

资料来源：广州第二次全国经济普查资料

3.2.4 居住功能空间演变

居住是广州旧城承担的主要功能。改革开放后随着服务业职能的强化，旧城居住用地有所下降，但住宅建设仍处于一个飞速发展的阶段。据本书统计，1979 ~ 2010 年期间广州旧城范围内共建成住宅建筑量约 4085 万 m^2，占期间总建成建筑面积的 54.7%，住宅建设仍构成了旧城建设活动的主要内容。

（一）居住人口的空间变迁特征

改革开放初期，随着大量上山下乡人口回流，广州旧城人口有部分增长。但至 1984 年后，旧城居住人口总体呈现稳定并局部减少的趋势。根据第四次人口普查统计，1990 年旧城范围共有常住人口 207.2 万人，平均人口密度 3.8 万人 /km^2。其中越秀区 1990 年人口比 1982 年减少 69200 人，人口增长率为 –14.4%；荔湾区 1990 年人口比 1982 年减少 15810 人，人口增长率为 –0.03%[1]。

[1] 根据广州第四次人口普查数据整理。

1990年代后，随着老城区大规模改造，特别是地铁、内环路等大型市政工程的拆迁，房地产成片拆迁，老城区人口逐步向新城区扩散，导致旧城人口进一步下降。据第五次人口普查统计，至2000年广州旧城范围人口约199.1万人。其中原东山区(55.6万人)增加2.1%，原荔湾区（47.5万人）减少14.4%，原越秀区（34.1万人）减少22.6%。由于原越秀区人口减少幅度较大，人口密度从第一位退居第二位（38362人/km²），荔湾区则从第二位跃上第一位❶。

2000年后随着城市对旧城开发的控制，旧城居住人口总量基本保持稳定。据第六次人口普查统计，至2010年常住人口达到202万人。其中荔湾旧城人口仍然密度最高，达5.8万人/km²。海珠旧城的人口密度则超过了越秀区（由于行政区划调整，现越秀区包括原东山区与原越秀区）❷。

广州旧城常住人口情况表（2010年） 表3-9

	常住人口（万人）	人口密度（万人/km²）
荔湾区	72.8	1.23
其中旧城范围	57.5	5.8
越秀	102.6	3.04
其中旧城范围	85.6	3.3
海珠	132.16	1.46
其中旧城范围	58.6	3.9
旧城总计	201.7	3.7

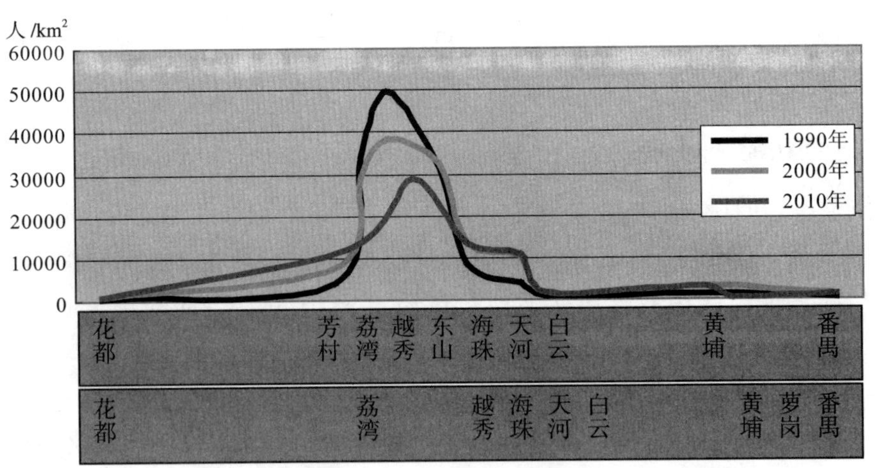

图3-9 广州各区人口密度情况

资料来源：各区统计年鉴

❶ 根据广州第五次人口普查数据整理。

❷ 根据广州第六次人口普查数据整理。

为进一步分析旧城人口内部空间变迁特征，本书对 1990 年、2000 年、2010 年三个年份旧城范围各街道人口进行研究。可以看到 1990 年人口密度峰值区集中在以宝华、宝林、文昌等街道为核心的荔湾历史老城区至以纸行、光塔、解放南街道为核心的越秀历史老城区一带，人口密度均超过 10 万人 /km^2，其余街道人口密度呈圈层式向外递减。2000 年人口密度的极值中心逐渐转变到中山路附近的龙津街、诗书街、光塔街一带，转移的原因主要是荔湾老城区因地铁、高架桥建设拆迁而造成的人口外移。2010 年这一峰值区域基本没有改变，但其他街道人口密度差距有所减小，圈层式向外递减趋势有所降低。

图 3-10 1990 年旧城范围街道人口密度

资料来源：依据当年行政区划绘制

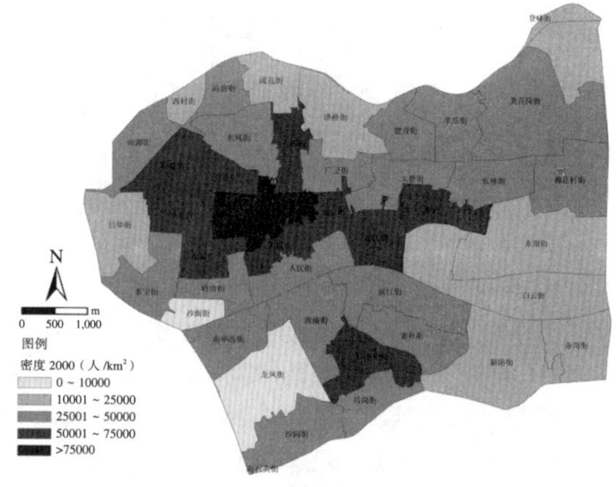

图 3-11 2000 年旧城范围街道人口密度

资料来源：依据当年行政区划绘制

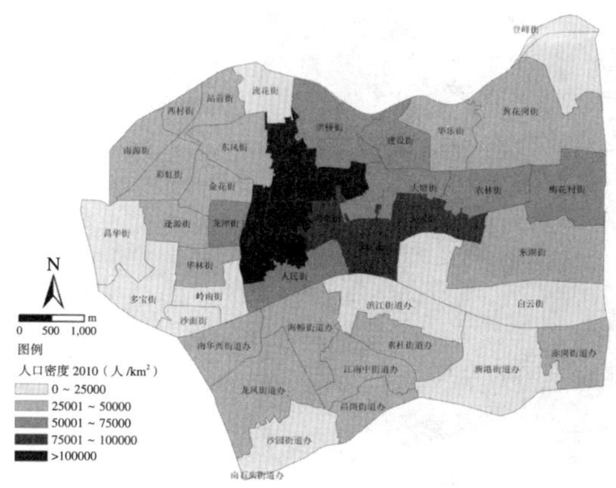

图 3-12 2010 年旧城范围街道人口密度

资料来源：依据当年行政区划绘制

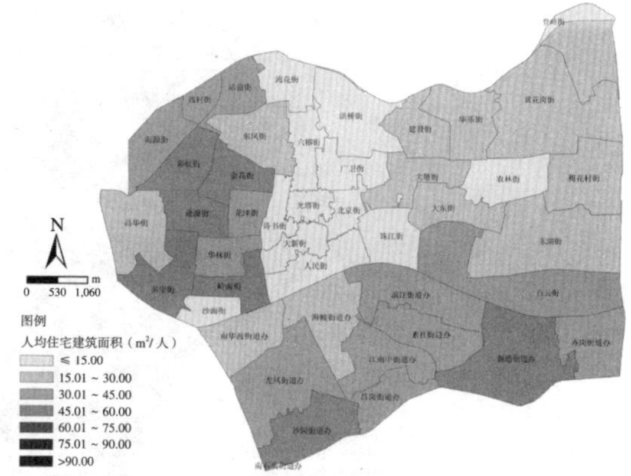

图 3-13 2010 年旧城范围街道人均住宅面积

资料来源：依据当年行政区划绘制

为研究旧城内人口空间增长特征，本书以各街道 1990 与 2010 年人口数据进行人口空间增长分析。由于 2000 年后广州街道行政区划发生较大调整，为使空间数据具有连贯性，本书按 2010 年的街道行政范围对 1990 年街道人口数据进行了整理，以满足统一空间范围的统计需要。根据各街道人口分布变动情况，把各街道分为以下5种类型：

1990～2010年街道人口变动情况　　表3-10

增长类型	增长率	街道名称
快增长型	40%～90%	农林街、大新街、龙凤街、诗书街、东湖街、六榕街、洪桥街、光塔街、东风街、梅花村街、大东街、广卫街
慢增长型	10%～40%	白云街、赤岗街、黄花岗街、人民街、珠江街、素社街、建设街、华乐街
基本稳定型	–10%～10%	海潼街、北京街、大塘街、昌华街
慢减少型	–40%～10%	昌岗街、新港街、彩虹街、江南中街、滨江街
快减少型	–90%～40%	站前街、金花街、南华西街、沙面街、沙园街、南源街、逢源街、龙津街、华林街、流花街、多宝街、西村街、岭南街

注：2008年街道行政范围——龙津街（原龙津、文安街），逢源街（原龙逢源、文昌），大东街（原龙大东、芳草、大塘街道），诗书街（原龙诗书、纸行），六榕街（原龙六榕、部分解放北街），广卫街（原龙广卫、越华），光塔街（原龙光塔、解放中街），大新街（原龙大新街、解放南街），人民街（原龙人民街、一德街），北京街（原龙北京街，大南街），珠江街（原龙永汉南、珠光、德政南），南华西街（原龙洪德、南华西街），金花街（原龙金花街、兴龙街），岭南街（原龙光阳、清平、岭南街），华林街（原龙华林、宝华、秀丽街），多宝街（原龙多宝、黄沙、部分昌华街），洪桥街（原龙洪桥街、部分解放北街），大东街（原龙东华东、东华西、大东街部分）、海潼街（原龙海潼、宝岗街），滨江街（原龙滨江、纺织街），素社街（原素社、基地街）。部分街道边界在原街道边界基础上发生少量调整，故部分街道1990年街道人口数据整理可能存在少量误差，但总体可以反映变迁趋势。

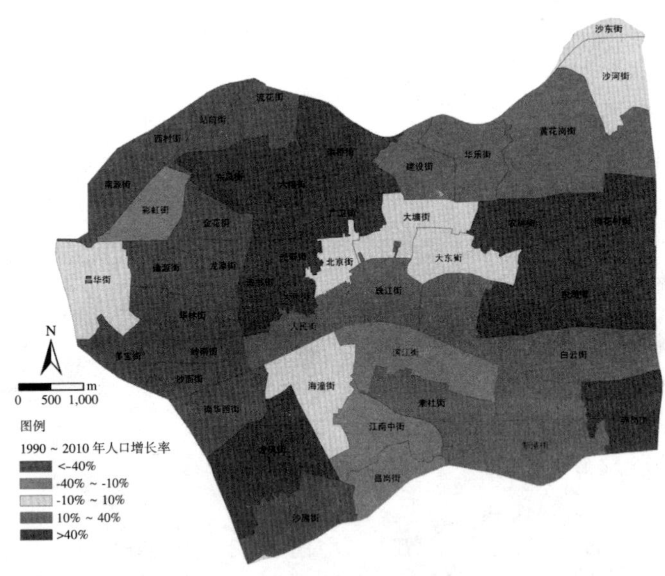

图3-14　1990～2010年广州各街道人口增长情况

资料来源：根据2010年行政区划进行数据整理绘制

从以上统计分析可以看到：①广州旧城中的荔湾旧城是人口持续减少最快的地区。②越秀老城核心区（光塔街、广卫街、六榕街等）、环市东—五羊新城地区（农林街、东湖街、梅花村街等）、滨江东地区（赤岗街）、工业大道（龙凤街）几个区域成为旧城内人口增长的主要地区。③ 总体来说随着城区逐步向东拓展，广州旧城人口重心也有逐步向东转移的趋势。

（二）住宅空间布局演变特征

1980 年代是房地产开发的萌芽时期，广州旧城建成住宅主要以 7 ~ 9 层为主，既有引入外资建设的“新村”式商住小区，也有部分公有房性质的单位住宅区，该时期旧城内住宅建成量约 927 万 m^2，占总建成量的 22.69%。1990 年代随着土地有偿使用制度的健全，房地产开发占据了住房建设的主导，1995 年后高层电梯楼开始成为住宅开发的主流。1990 年代旧城内共新建成住宅约 2001 万 m^2，占建成量的 48.98%，是住宅建设最快的一个时期。2000 年以后随着旧城调控力度的加大，住宅建成量有所减少，住宅形式也以超高层住宅为主，该时期住宅建成量约 1158 万 m^2，占住宅总建成量的 100%。

广州旧城住宅建筑统计表　　表 3-11

年代	新建住宅建筑量（万 km^2）	占总住宅建成量比例
1979 ~ 1989	927	22.69%
1990 ~ 1999	2001	48.98%
2000 ~ 2010	1158	28.35%
合计	4085	100%

图 3-15　1979 ~ 2010 年广州旧城新建成住宅建筑情况

3.2.5 制造业空间演变

图 3-16 2010 年广州旧城范围工业用地现状
资料来源：根据 2010 年 1：2000 地形图绘制

改革开放前，广州旧城是城市重要的工业生产基地。在历史老城区范围外形成了西村、工业大道、滨江东、江南大道、天河路等几个工业板块。在历史老城区内也分布有大量小型工业点与作坊。改革开放后，随着广州郊县工业园区与村镇工业点逐步发展，旧城范围内的工业逐步外迁，至 1989 年历史老城区范围的原 71 个工业点已减少到 48 个，原滨江东纺织工业园等也因为整体工业布局调整而进行了搬迁。但由于当时房地产市场还未健全，工业用地建设量并不高。进入 1990 年代后，随着房地产市场的蓬勃发展，旧城范围内的大量工厂企业进行用地置换，原址进行房地产开发，较著名的案例有广州铜材厂、硫酸厂、机床厂等。发展至 2010 年，旧城范围内仅存有工业用地约 $33hm^2$。除海珠旧城仍有工业大道部分工厂、荔湾旧城仍有部分沿江仓储及与商贸紧密联系的手工作坊外，改革开放前的几个工业板块都已置换改造。

综上所述，广州旧城内的各项功能经过改革开放后的 30 多年的发展演变，已经形成相对稳定的布局特征。这种特征也表现出较强的空间延续性。越秀旧城历史上是行政、商业中心，是旧城的核心区域。改革开放发展中一直在强化商业、行政办公的功能，目前集中了全市大部分的大型商业网点，形成以大型零售与商务为主的核心功能。荔湾旧城历史上商住结合特色明显，改革开放后仍以商贸批发业态为核心功能，涉及珠宝玉器、古玩工艺、中药及医疗器材、服装辅料、布匹鞋类、电子电器等几十个行业，共约 240 个专业批发市场。海珠旧城历史上是郊区住宅和工厂区，新中国成立后大量发展工业。改革开放后大力发展房地产，成为中心区重要的居住区块。城市功能的空间演变是城市多元化作用机制的结果，也对城市形态格局的演变产生了根本的作用。

3.3 1978 年以来广州旧城的形态格局演变

3.3.1 旧城更新量的总体评估

本书以 2010 年广州旧城范围 1：2000 地形图 GIS 数据为基础，通过 1978 年与

1989 年、1999 年 1 : 2000 地形图的叠加对比，选取出各年代建成建筑。通过 ARCGIS 数据分析，扣除 1978 年前未开发用地范围内的建筑量，初步得出 1979 ~ 1989、1990 ~ 1999、2000 ~ 2010 三个时期广州旧城范围建筑更新量情况。根据测定，至 2010 年广州旧城范围内共有建筑总量约 9013 万 m^2，其中 1978 年前建成的保留约有 1545 万 m^2，占总建筑量的 17.1%；1978 年后新建建筑约 7468 万 m^2，占总建筑量的 82.9%。这说明，1978 年以来广州旧城内的更新程度已经很高。从各时期更新量看，1990 年代更新量最大，建成 3887 万 m^2，占总建成量的 52%，1980 年代与 2000 年代更新量基本持平；从建成建筑属性看，1979 ~ 2010 住宅建成量为 4085 万 m^2，占建成总量的 54%，说明住宅建设仍是建设活动的主要构成。三个时期商业与居住建成量的比例分别为 1 : 3.6、1 : 2.5、1 : 4.2，数据表明 1990 ~ 1999 时期广州旧城范围商业建设量曾大幅增加，这与该时期大量商业用地供应情况是一致的。

图 3-17 广州旧城建筑建成年代情况

改革开放以来广州旧城新建建筑情况（单位：万 m^2） **表 3-12**

年代	新建商业建筑量	新建住宅建筑量	新建其他建筑量	总计
1979 ~ 1989	257	927	604	1788
1990 ~ 1999	803	2001	1084	3888
2000 ~ 2010	275	1158	361	1794
合计	1335	4086	2049	7470

据统计，2010年广州旧城范围内因建筑、消防安全以及内部居住环境问题需要拆除改造的建筑面积约970万m^2。按照建筑质量评估，可将2010年旧城建筑分为ABCD 4类。其中A为钢筋混凝土结构，B为砖混结构，C为砖木结构，D为临建。从建筑质量分布来看，越秀旧城C、D类建筑仅占2.6%，整体建筑质量较好；荔湾旧城C、D类建筑占8.14%，达156万m^2，总体质量最差[1]。建筑质量分布的巨大差异是各区更新情况不同的结果。越秀多数地区在1980年代之后已经重建过，建筑质量较好；荔湾则较为完整地保留了历史格局，但危破旧房最集中，居住环境最恶劣；海珠在1990年代末期开始大规模工业用地改造为居住用地，除核心旧城外，其余地区建筑质量都较好。

图 3-18　广州旧城建筑质量示意图

资料来源：根据2010年1：2000地形图绘制

广州旧城2010年建筑质量情况　　表 3-13

		越秀区	海珠区	荔湾区	合计
建筑面积（万m^2）	A	4066.8	2079.4	1449.4	7595.6
	B	450.0	257.8	317.7	1025.5
	C	107.4	101.2	151.0	359.6
	D	13.4	13.0	5.6	32.0
	合计	4637.6	2451.4	1923.6	9012.7

❶ 数据引自《广州旧城更新改造规划纲要》，广州市城市规划勘测设计研究院2008年编制完成。

续表

	越秀区	海珠区	荔湾区	合计
建筑基底面积（万 m^2）	793.6	472.6	434.0	1700.2
用地面积（hm^2）	2677.2	1508.9	1214.6	5400.7
毛容积率	1.74	1.63	1.56	1.67
建筑毛密度（%）	30	31	36	31

广州旧城 2010 年各区建筑类型比重 **表 3-14**

	A 类比重	B 类比重	C 类比重	D 类比重
海珠区	87.69%	9.70%	2.31%	0.29%
荔湾区	84.82%	10.52%	4.13%	0.53%
越秀区	75.34%	16.51%	7.85%	0.29%

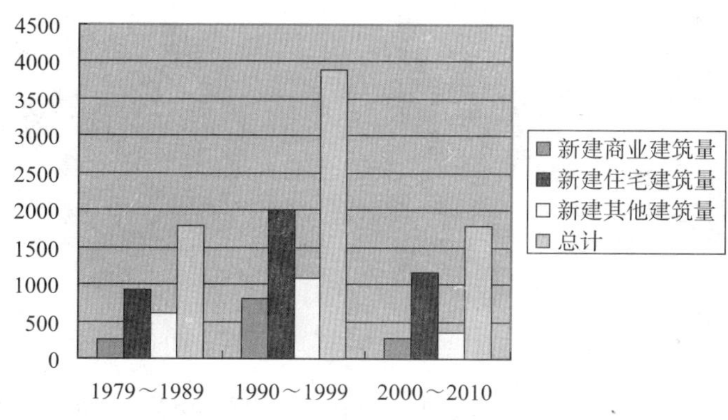

图 3-19 1979 ~ 2010 年广州旧城建设量情况（单位：万 km^2）

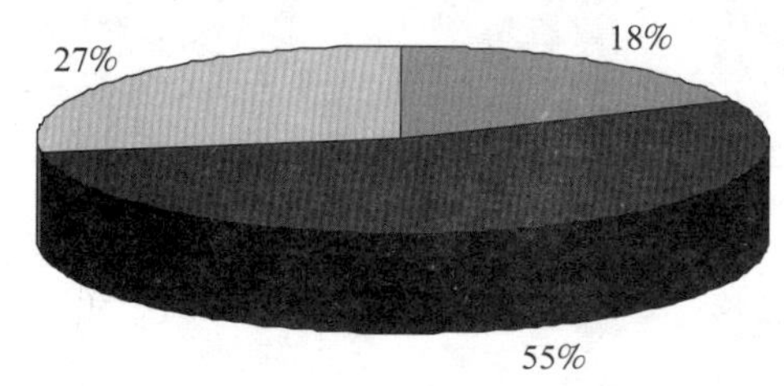

图 3-20 1979 ~ 2010 年建成各类型建筑面积占比情况

3.3.2 1978 年形态单元的演变情况

3.3.2.1 形态单元的整体更新评估

根据本书第二章所述对形态单元的属性界定，当“形态基底”中的“形态更新”地块达到一定程度时，形态单元就会从一种类型转变为另一种类型。为科学评估 1978 年划定的形态单元演化情况，本书设计了形态单元的“更新率”指标（更新率 = 该时期形态单元内建成建筑基底面积 / 该时期形态单元内总建筑基地面积）。为便于对形态单元进行统计分类，本书按照 1978 ~ 2010 年的总时间段计算各 1978 年形态单元的更新率，将其分为整体更新（更新率 >70%）、大量更新（50%< 更新率 <70%）、局部更新（30%< 更新率 <50%）、少量更新（更新率 <30%）4 种类型。在此基础上对各形态单元的演变与更新状态进行分类分析。

图 3-21 1978 ~ 2010 年形态单元更新率

图 3-22 1978 ~ 1990 年形态单元更新率

图 3-23 1990 ~ 1999 年形态单元更新率

图 3-24 2000 ~ 2010 年形态单元更新率

从不同年代的发展情况来看，1980 年代无论历史城区内外，多数形态单元更新率较小。1990 年代各形态单元更新率大幅增加，特别是位于历史城区内部的越秀旧城、历史城区外的环市东地区、先烈路地区、江南大道地区形态单元更新最快。进入 2000 年代后，城市更新速度迅速下降，历史城区外部的大部分形态单元基本稳定。这一发展过程也反映了不同时代广州旧城更新的空间特征。

改革开放以来广州旧城原形态单元（1978 年划定）的演变情况　　表 3-15

1978 年三级形态区域 / 形体单元数量	更新程度	形态单元数量	演变情况
近代传统商住区（Ia）形态单元：161	整体更新	31	1980 年代末街区改造推动金花街、东风街等少量街区一次性整体更新，其余大部分为小规模渐进式改造。更新率 >70%
	大量更新	22	旧城核心地区进行的大量建筑更新，以小规模渐进式更新为主。50%< 更新率 <70%
	局部更新	23	道路改建带动沿线开发与小规模渐进式改造带动的局部更新。30%< 更新率 <50%
	少量更新	85	少量建筑更新，基本维持原形态格局，主要分布在荔湾旧城与海珠旧城。更新率 <30%
近代花园式住宅区（Ib）形态单元：23	整体更新	6	花园式住宅拆除量大，主要分布在梅花村地区。更新率 >70%
	大量更新	-	
	局部更新	7	花园式住宅部分保留，主要分布在东皋大街、东平大马路地区。30%< 更新率 <50%
	少量更新	10	花园式住宅大部分保留，主要分布在新河浦地区。更新率 <30%
近代金融商业区（Ic）形态单元：34	整体更新	4	主要分布在长堤与东堤地区。更新率 >70%
	大量更新	2	主要分布在长堤与东堤地区。50%< 更新率 <70%
	局部更新	3	少量街区分布。30%< 更新率 <50%
	少量更新型	25	主要分布在沙面与西堤地区。更新率 <30%
工业集聚区（IIa）形态单元：49	局部更新（自主更新）	16	工厂性质保留，在原厂房基础上通过改建与局部拆建方式进行自我更新。30%< 更新率 <70%
	功能转换型	33	原厂址置换为商住功能。更新率 >70%
单位用地区（IIb）形态单元：93	局部更新（自主更新）	73	在单位产权边界内对原建筑进行拆改建。30%< 更新率 <70%
	功能转换型	20	原单位用地进行了搬迁置换。更新率 >70%
公有房住宅区（IIc）形态单元：43	局部更新（自主更新）	33	在原住宅基础上通过改建与局部拆建方式进行自我更新。30%< 更新率 <70%
	功能转换型	10	整体拆除重建。更新率 >70%

3.3.2.2　1949 年建成区内形态单元演变

（一）近代传统商住区形态单元演变

1978 年前，近代传统商住区占据了广州历史老城区的大部分范围，主要包括长街式街区、自由式大街区与规整式街区三种形态类型，共计形态单元 161 个。1978 年后，随着快速的城市更新，近代传统商住区形态单元迅速发生变化。至 2010 年，旧城范围内只在西关地区保留较连片完整形态区域，其他地区只有零星街区分布。

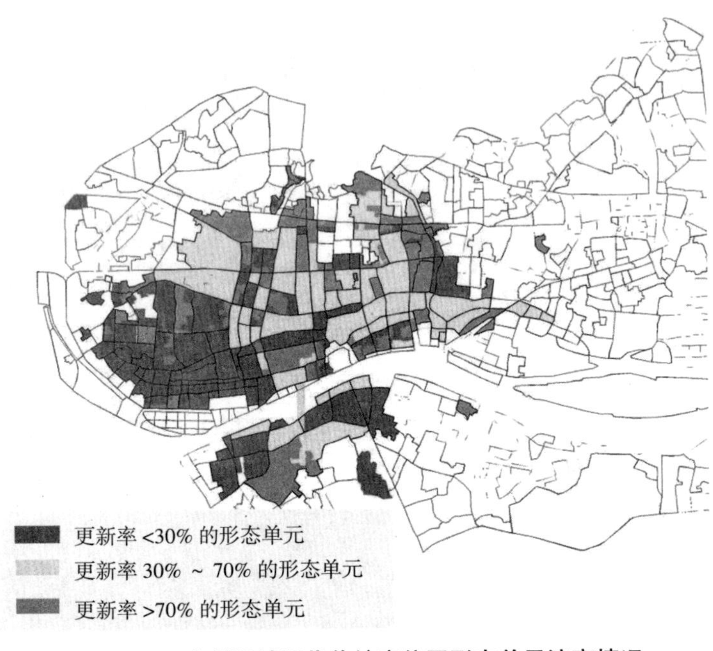

图 3-25　广州旧城近代传统商住区形态单元演变情况

（1）整体更新型（更新率 >70%）

整体更新型形态单元共计 31 个。又可以细分为两种更新模式。

第一种为完整拆建更新。即以东风街改造区所在的 Ia2-3 形态单元为例。该单元 1978 年位于东风西路南侧为近代自由式街区，以散乱的巷道系统组织竹筒屋式住宅。1980 ~ 1990 年代陆续建成了 9 层住宅区与高层商住楼与酒店写字楼，2000 年代沿东风西路建成高层商住小区嘉和苑。目前该形态单元范围内旧住宅已基本拆迁完毕。由于住宅区是统一建设，因此建筑布局相对比较规整，建筑模式比较统一。

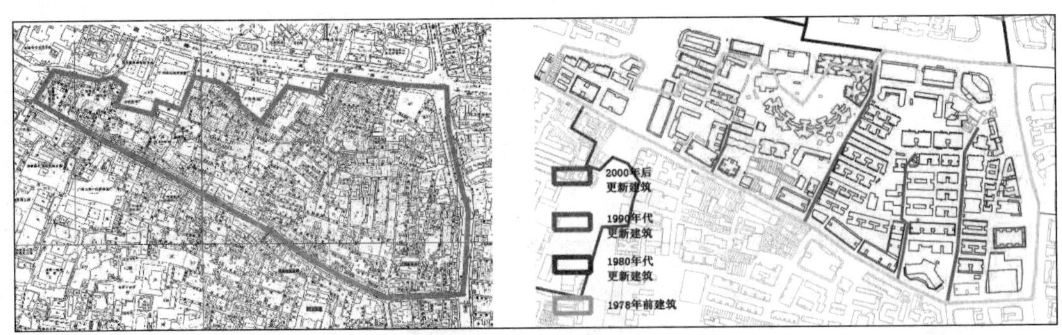

图 3-26　东风街 Ia2-3 形态单元：整体更新型

第二种为小规模渐进式改造模式。以位于仓边路东侧的 Ia2-39 形态单元为例，1978 年该形态单元为典型的自由式街区形态。1990 年代初在现有几条主要巷道基础上，以十几栋传统住宅的拆除重建的方式逐步建成了一批 7 ~ 9 层的中高层住宅。由于每次建成的规模很小，导致更新后的建筑布局比较凌乱，建筑形式十分不统一，造就了多样化的街区形态。

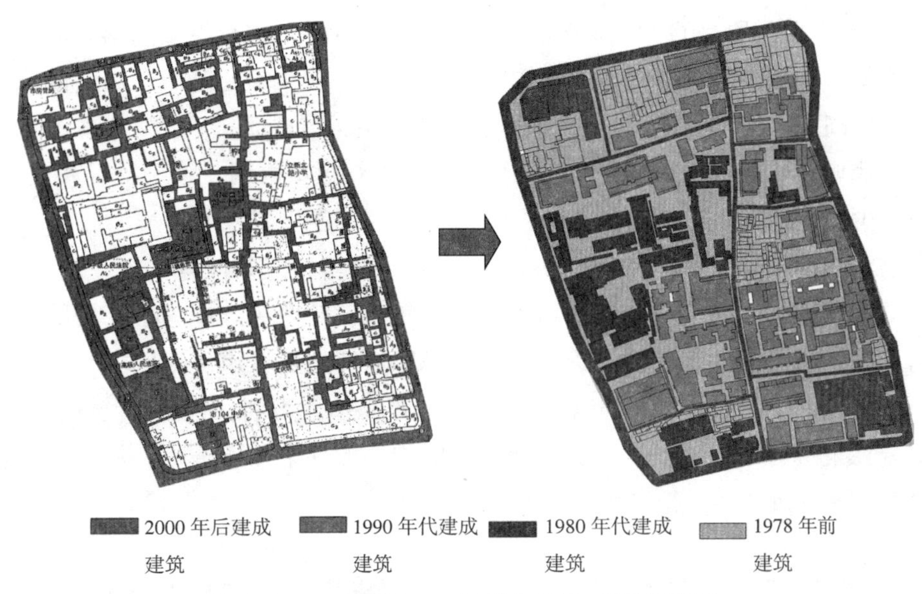

图 3-27　仓边路 Ia2-36 形态单元：整体更新型

（2）大量更新型（更新率 50% ~ 70%）与局部更新型（更新率 30% ~ 50%）

更新率介于 30% ~ 70% 的形态单元共计 45 个。其中大量更新型 22 个（更新率 50% ~ 70%），局部更新型 23 个（30% ~ 50%）。经过城镇平面分析发现，该两类形态单元大部分采用的是小规模渐进式更新过程。以原玉带濠所在的“Ia1-16”长街式街

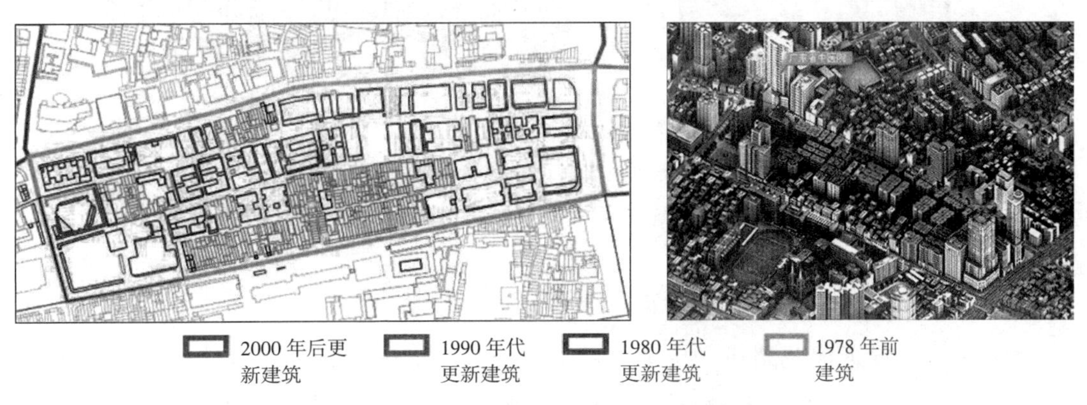

图 3-28　Ia1-16 形态单元演变：局部更新型

区为例，1990 年代初沿东西向的街巷系统，逐步拆除旧民房而建设了一批 7 ~ 9 层住宅，2000 年又在主要路口旁建成一批高层酒店与商务楼。目前仍保留有大新路北侧等地的旧竹筒屋民房没有拆除。原三条东西向的“长街”仍然成为串联街区内部的通行道路，各时代建筑风格存在较大差异。

据统计，旧城范围 76 个整体更新型与局部更新型形态单元中，采用小规模渐进式更新的有 63 个，是最主要的更新方式。在这种方式下，形态单元的演变具有以下特征：第一，形态单元原有的街巷系统能保留下来，成为地块内可继承的形态肌理；第二，1978 年后的“形态更新地块”呈小面积分散性出现，与“形态基底”高度混合，形态单元内部的高度多样化特征。第三，“形态更新地块”与“形态基底”中的建筑特征差异性大，造成各时期建筑高度混杂的局面，建筑景观很不协调。

（3）少量更新型（更新率 <30%）

本书将更新率小于 30% 的形态单元作为局部更新型，共计有 85 个。主要位于荔湾旧城的西关地区。其现状建筑仍以大进深的竹筒屋与西关大屋为主，局部少量有拆除更新。由于单元内建筑年代久远，该类形态区域往往是城市危房的主要所在地，也是各历史文化街区的所在区域。以多宝路 Ia3-6 形态单元为例，在近代传统街区基础上，对少部分住宅进行了加建或拆除，新建了少量中高层住宅与商务楼。建筑与街巷肌理整体没有改变，近代传统街区风貌仍然得以保留。

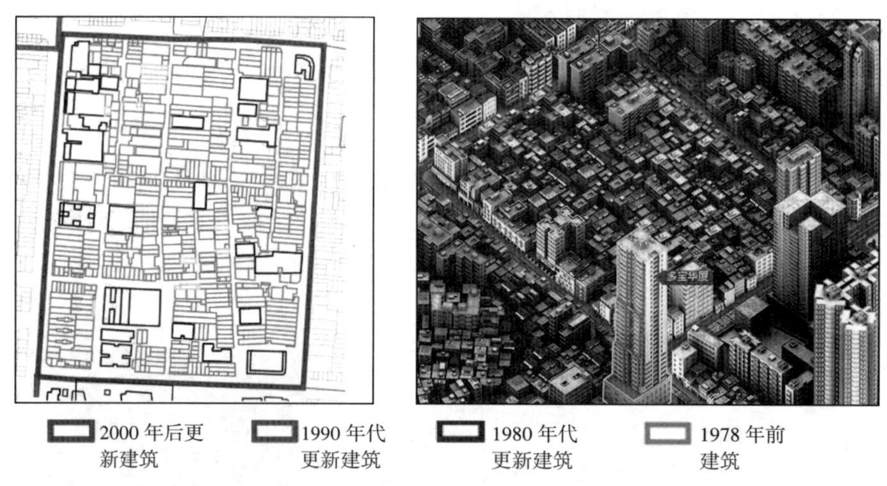

图 3-29　多宝路 Ia3-6 形态单元演变：少量更新型

资料来源：右图引自万维网

（二）近代新式住宅区形态变化

1978 年，以近代花园式洋房为主的近代新式住宅区形态单元共计 23 个，主要分布在东山龟岗、新河浦、马棚岗、松岗、竹丝岗、农林上、东皋大道等地区。改革开放后，随着城市更新发展，许多近代花园式洋房住区发生了变化。据统计，至 2010 年能较好保留下来的少量更新型形态单元（更新率 <30%）有 10 个，局部更新型的有 7 个（30%< 更新率 <50%），整体更新型的有 6 个（更新率 >70%）。

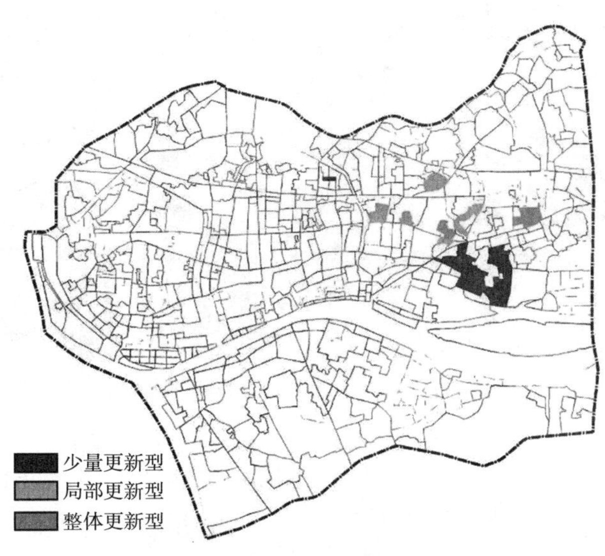

图 3-30　近代花园式洋房住区形态单元更新情况

整体更新型主要分布在梅花村地区。以梅花村 Ib1-12 形态单元（1978）为例，该区是 1920 年代由陈济棠主持兴建的洋楼区，曾有 20 多位国民党军政要员在这里兴建西洋式别墅。其中陈济棠、陈维周、孙科、余汉谋在这里都建有洋楼。新中国成立后梅花村归属广州军区司令部，住有多位广州军区的首长。从 1978 年地形图判读看，该

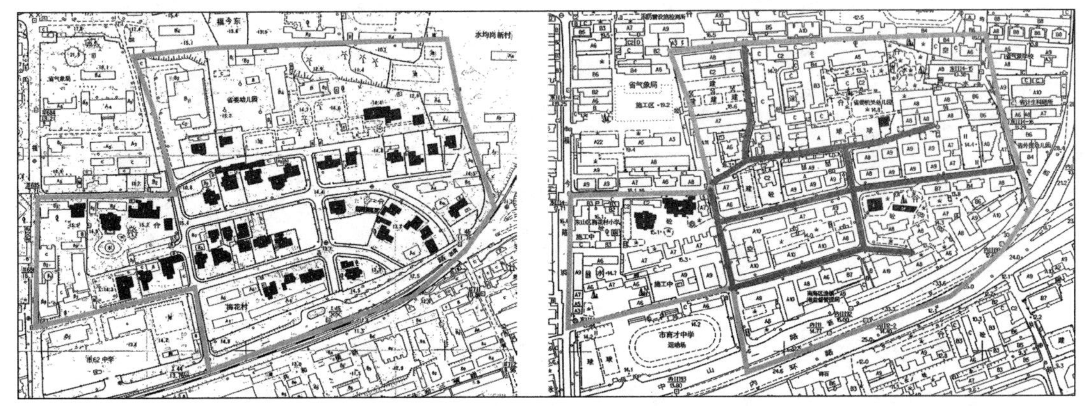

图 3-31　近代花园式洋房住区梅花村 Ib1-12 形态单元（1978）演化：整体更新型

（左图为 1978 年，右图为 2010 年，蓝色建筑为近代花园式洋房）

区内保留有别墅洋楼 40 多座，除在东风路北侧建设部分低层商住楼外，内部整体环境保持较好。改革开放后，在原有路网基础上，许多洋楼被拆除，代之以 7 ~ 8 层住宅。至 2010 年保留下来的红砖洋楼共计 9 处，旧时的风貌已完全不在。

图 3-32　梅花村形态单元现状保存下来的小洋楼

局部更新型的形态单元以位于烈士陵园周边的东皋大街（Ib1-5）与东平大马路（Ib1-6）为典型代表。东皋大道形态单元位于中山路北侧陵园西闹市区，辛亥革命前后，一些华侨官员于此兴建 2 ~ 3 层混凝土结构的楼房，至 1978 年前仍保留有 30 多座花园洋房，并有广东省农民协会旧址、皋园、增园、澄庐、达庐等一批重点历史遗存文物。1980 ~ 1990 年代，在旧住宅区中间见缝插针式的建成了一批 7 ~ 9 层住宅和高层商住楼。至 2010 年，形态单元内仍保留有 20 多座花园洋房，但整体风貌已受到较大影响。东平大马路形态单元（Ib1-6）演变规律大致相同，但保留下来的洋房更少，更新率更高。

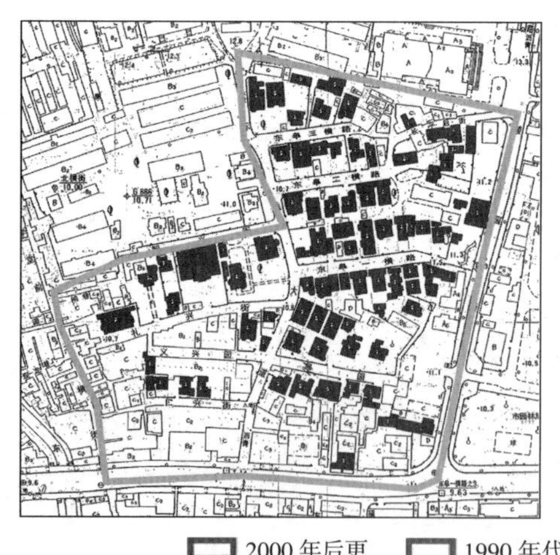

2000 年后更新建筑　1990 年代更新建筑　1980 年代更新建筑　1978 年前建筑

图 3-33　东皋大街 Ib1-5 形态单元对比：局部更新型

（左图为 1978 年，右图为 2010 年，蓝色建筑为近代花园式洋房）

少量更新型形态单元主要分布在新河浦地区，共计有形态单元 10 个。经历了改革开放后的 30 多年发展，新河浦地区环境仍基本保持 19 世纪上半叶的风貌，区内大部分近代建筑保留良好，是广州现存规模最大的中西结合的低层院落式近代住宅群，于 2006 年被广州市政府列入首批历史文化保护区。新河浦地区基本遵循小规模渐进式更新。以位于培正路的 Ib1-22 形态单元为例。改革开放后，见缝插针式拆除几栋近代洋房而重新建设了 4 ~ 6 层独栋式住宅。这些住宅建筑多建于 1980 年代，由于该时期未注重对原有建筑风格的延续，导致部分形态肌理与风貌缺失。2008 年广州市政府组织编制了《新河浦地区历史文化区保护规划》，对各类建筑、景观、道路等做出了保护性控制要求，目标就是保存这一重要的历史风貌区。

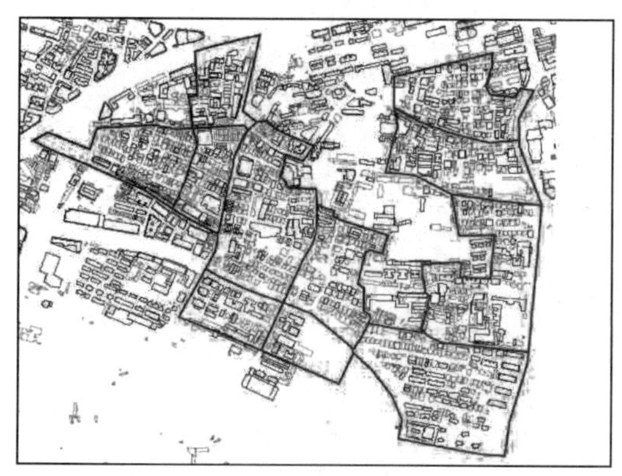

图 3-34 新河浦地区少量更新型形态单元

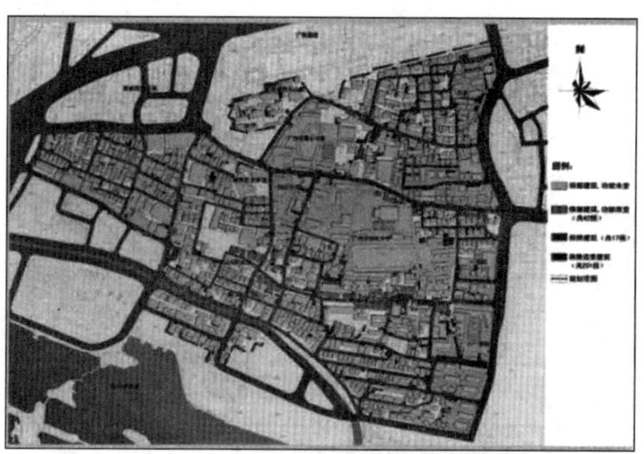

图 3-35 新河浦历史街区保护规划

资料来源：《新河浦历史街区保护规划》广州市规划局 2002 年组织编制

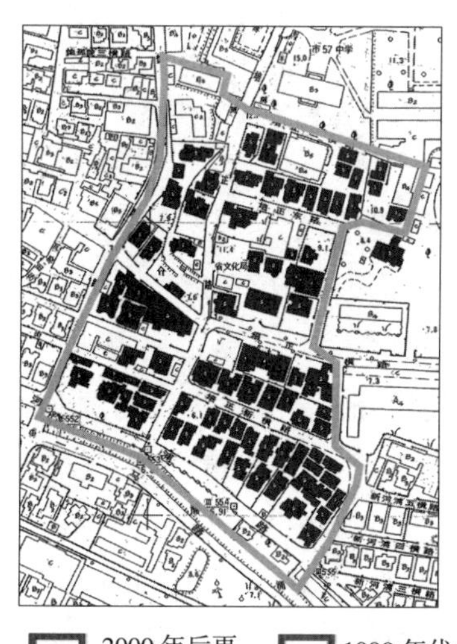

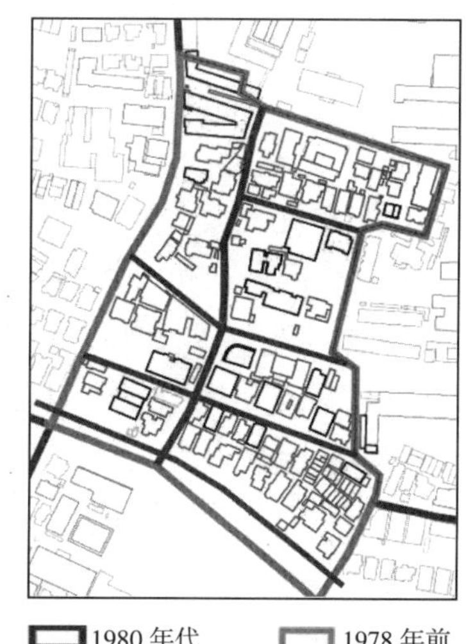

2000 年后更新建筑　1990 年代更新建筑　1980 年代更新建筑　1978 年前建筑

图 3-36 近代花园式洋房住区培正路形态单元 Ib1-22 演变分析：少量更新型

（左图为 1978 年，右图为 2010 年）

（三）近代金融商业区形态演变

近代金融商业区是广州近代形成的以洋行、办公楼、商业设施为主的公共中心区，是广州近代化的标志。主要分布在珠江北岸，可分为沙面租界区、长堤金融商业区、西堤综合商业区、东堤综合商住区 4 种类型。1978 年前广州近代金融商业区共有形态单元 34 个，基本保持新中国成立前的形态特征。改革开放后，随着珠江两岸的更新开发，滨水商业价值的提升，这些地区也发生了较大变化。据统计，至 2010 年能较好保留下来的少量更新型形态单元（更新率 <30%）有 25 个，局部更新型的有 3 个（30%< 更新率 <50%），大量更新型的有两个（50%< 更新率 <70%），整体更新型的有 4 个（更新率 >70%）。

图 3-37　近代金融商业区形态单元更新演变情况

少量更新的形态单元主要分布在沙面与西堤地区。图 3-38 显示了改革开放以后沙面地区建筑更新的情况。改革开放前沙面地区基本没有新建建筑。1980 年代以后，随着经济体制改革和对外开放，沙面逐渐出现了一批金融商务机构、酒店旅馆和餐饮建筑。这一时期沙面岛上增添了 50 多栋永久性新建筑。其中部分是原址更新的建筑，如沙面小学、广州海关总署业务大楼；部分是全部新建建筑，如白天鹅宾馆。许多更新与新建建筑体量较大、外观简陋，对沙面近代历史景观风貌造成了一定破坏。如广州海关总署业务大楼的原址为一座 3 层楼的洋楼院落，后被拆除重建为一栋 8 层高基地占地面积约 $2000m^2$ 的大体量建筑，严重破坏了原有街区肌理。而正望珠江白鹅潭的白天鹅宾馆，尽管是中国大陆第一家五星级大酒店，广州现代化的标志，文保部门内部认定的“登记文物”，但在这充分浓郁欧陆风情的历史文化街区里建设这样的板式高层建筑，引起了广泛的争论。而近邻沙面的广州西堤地区，除修内环路而拆除了西侧地块的部分建筑外，大部分建筑仍保留下来，保持了这一区域的形态特征与风貌。

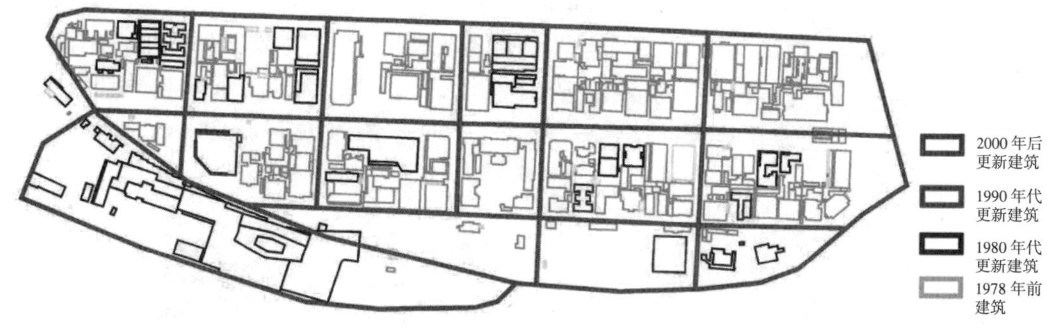

图 3-38　沙面地区建筑更新情况

图 3-39　广州西堤地区现状

资料来源：广州市档案馆 . 广州历史地图精粹 [M]. 北京：中国大百科全书出版社，2003.

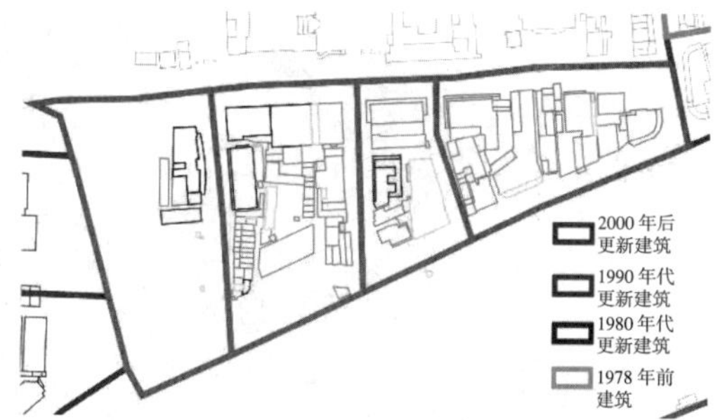

图 3-40　广州西堤地区建筑更新情况

形态单元变化较大的主要分布在长堤与东堤地区。改革开放后该区域逐步成为高层商住楼与办公楼的集聚地，原有建筑被迅速拆除重建。

3.3.2.3　1949 ~ 1978 年建成区内的形态单元演变

1949 ~ 1978 年建成区主要分布在历史老城区外围，包括了工业集聚区、单位大院区、公有房住宅区、城市公共中心区 4 种形态单元类型，共计有形态单元 200 多个。改革开放后随着城市快速更新，1949 ~ 1978 年建成区也逐步发生变化，至 2010 年广州旧城范围内原形态保留较完整的形态单元（更新率小于 30%）

图 3-41　1949 ~ 1978 年建成区形态单元分布情况（1978 年）

的只有84个。

（一）单位大院区的自我更新

1978年广州旧城范围内共有包括各类政府部门、企事业单位、科研院校的单位大院区形态单元93个，主要布置在历史老城区外。改革开放后，市场经济的推行使单位体制开始发生重大变化。从“政企分家”、“政事分家”到住宅分配制度，再到社会福利制度的转变，单位大院形态的演变产生了较大影响。本书对1978年划定的93个形态单元进行分析，发现其基本可以分为自我更新型与功能转换型两种类型。

图3-42 单位大院区形态单元（1978年）更新情况

（1）自我更新型的单位大院区

自我更型的单位大院区是指在原单位用地基础上，以自我调整完善为主并仍保持有原单位相应功能的地区。据统计，广州旧城范围共有这类形态单元73个。更新的主要方式是运用现代建筑工程技术，对原建筑进行拆除重建或改建。以市政府东侧的IIb2-26形态单元为例，该单元包括了市规划局等11个单位，1978年主要以办公楼与职工宿舍为主。改革开放后，各单位多以其产权边界基础对所有建筑进行重建或加改建，越秀区政府拆除了北侧原市建第二工厂公司的部分用地建设了工厂。至2010年，除保留中部的一些旧办公楼与宿舍区外，其余全部更新。由于采用的是不同年代单体建筑的逐步更新，因此原有大院的院落关系与建筑肌理仍有所保存。

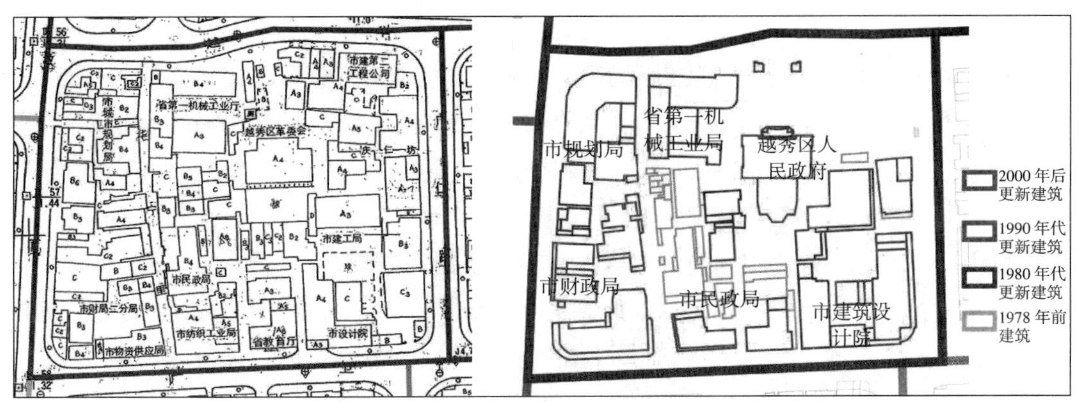

图 3-43　单位大院区 IIb2-26 形态单元演变：自我更新型

（左图为 1978 年，右图为 2010 年）

单位大院原有地块的产权在建设初期是比较明确的，但随着市场经济发展，地价开始发生变化，一些地块尤其是靠近街道区位相对较好的地块的性质和产权逐渐变得混杂，原本对内的建筑及设施转而面向街道和城市，多从事盈利性质的商业活动。地块内使用权属之所以变得复杂，是因为单位有时将整个建筑转让出去，而有时只将建筑的一、二层出售或者出租，再加上还有一些用地是单位发展的一些附属企业用地，产权的归属不明，与单位内部分配制度等许多因素相关。

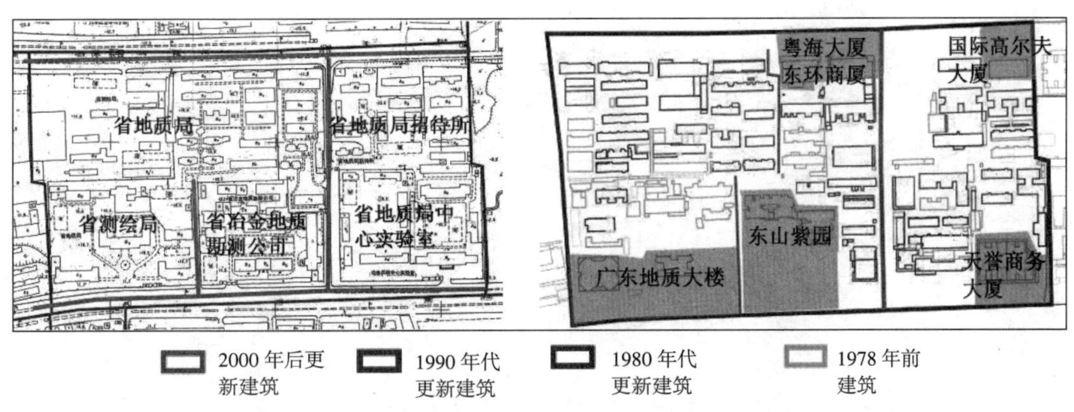

图 3-44　东风东路 IIb2-41 形态单元演变：局部转换型

（左图为 1978 年，右图为 2010 年）

位于东风东路北侧的 IIb2-41 形态单元就是这种情况的典型。该形态单元在 1978 年布置了省地质局、测绘局及相关所属共 6 个单位。随着东风东路与环市东路沿线地区开发，土地价值大大提升，沿线一些地块就按照市场运作的方式进行了高层商务与住宅楼宇的开发，陆续建成了粤海大厦、广东地质大楼等一批高层商务建筑。这些楼宇有的与原单位有着千丝万缕的关系，如地质大楼是省国土厅所有的办公楼，粤海大厦是省属国有资产授权经营公司粤海集团财产，与其所占地业主省冶金地质勘测公司均为省属企业。在单位用地内建设商务办公楼，既创造经济效益，也可解决原业主部分办公场地问题。部分用地通过市场化的方式进行了房地产开发，如省冶金地质勘测公司所属土地通过招拍挂形式交由广州君茗投资有限公司开发了高层居住与商务楼项目——东山紫园。这种演变特征说明了在土地与房地产市场放开后，单位大院用地受利益驱动而产生对其土地用途与开发方式发生变更的需求。

（2）功能整体转换的单位大院区形态单元

功能整体转换型的单位大院区是指在改革开放过程中原单位功能已不存在，完全转变为另一种使用功能的区域。这类形态单元有共计约 12 个。主要有两种情况：一是原为单位或部队行政办公及职工宿舍混合区，后办公功能逐步剥离或减弱，单位围墙拆除而成为一个开放的住宅区。如先烈路沿线的一些形态单元。这种情况是基于原住宅的更新，因此原建筑肌理基本保存，建筑也以多层为主。二是通过市场化经营手段而整体转化为商住开发用地，如滨江东一带的形态单元。这种情况下由于是完全市场运作下的开发，往往采用完全拆除的方式建设高层楼宇。

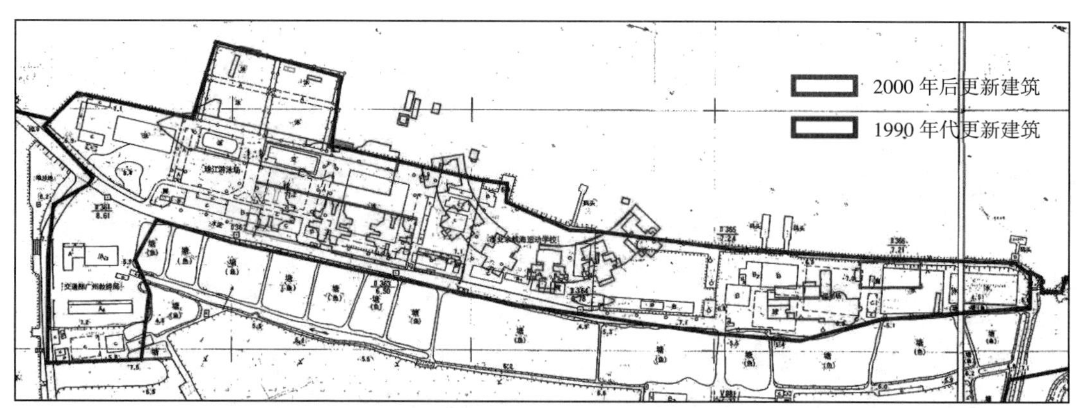

图 3-45　单位大院区滨江东 IIb2-60 形态单元演变：功能转化型

（原为市业余航运学校，后开发为海珠半岛高层商住楼）

总体来说随着市场经济的发展，原有封闭独立的单位用地无论在土地利用还是空间形态上都将发生改变。单位大院用地占广州旧城的比例很大，直接影响与造就了广州旧城目前的空间形态特征。因此总结好这种演变规律，并进一步探讨其改造模式，对于理顺与优化广州旧城空间形态至关重要。

（二）公有房住宅区形态演变

新村式住宅区是指 1949 ~ 1978 年间建成的集中公有房，其类型主要包括工人新村、单位职工住宅区、水上居民住宅区、知识分子住宅区、华侨住宅区等。1949 ~ 1978 年间建成的公有房住宅区共有 36 个，形态单元共计 43 个。其住宅多以 6 层以下的条式住宅建筑为主，采用苏联街坊式布局方式。改革开放后，随着建筑工程技术的提升，大部分新村式住宅以原建筑为基础进行了自我更新，少部分随着土地价值的提升而进行了功能转换和再开发。

（1）自我更新模式

主要采用的是加改建的更新方式。1980 年后广州采用了“公私合建”的方法，单位与个人共同出资改造房子，使得许多原来三四层的房子加盖到了六七层，原有建筑之间也被见缝插针式的加入了不少建筑。这种方式虽然在较少的投入下容纳了很多的居住人口，但导致房屋间距普遍不够，建筑密度过大，极大影响了居住质量与城市风貌。下图显示了 1978 ~ 2010 年建设新村某地块的建筑变更情况。除一栋楼房加建一层外，又在原住宅楼间拆除低矮棚屋而建设了 6 栋住宅，且多为 7 ~ 8 层。1978 年原 6 层住宅间距约 30m，南北向间距水平达到 1.67m。改建后间距缩小为 8m 左右，南北向间距水平只有 0.33m，严重违反了广州日照间距的要求。这样的加改建案例比比皆是，基本上大部分旧住宅区都经历了这样的过程。对于下一步旧城改造而言，其直接影响就是使得广州旧城容积率过高，大大增加了旧改成本。

图 3-46　公有房住宅区形态单元更新演变

图 3-47　建设新村鸟瞰：加改建后的公有房住宅区间距小而密度高

（2）拆除重建模式

指对一定规模的住宅区进行连片拆除后而新建成的区域。一些早期建设的新村式住宅，由于建筑质量较差，改革开放后陆续被拆除重建，其功能与空间形态都完全改变，进而转变为新的形态区域与形态单元。以建设六马路西侧的建设新村区域为例（图 3-49），在 1980 年代开始就陆续拆除了北部区域，建成了一批 7 ~ 9 层职工住宅楼；2000 年后又建成了一批高层商务办公楼，其剩余的原住宅也有逐步被蚕食重建的趋势。位于大沙头地区的花园新村等住宅区也是被全部拆除而完全重建的典型案例。

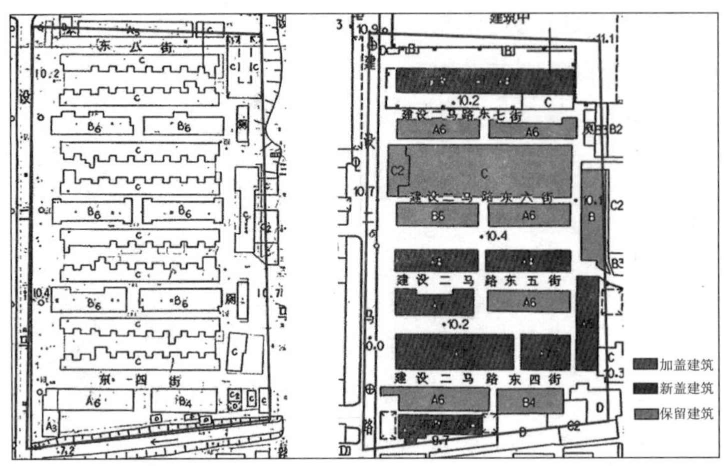

图 3-48　建设新村地块建筑更新对比：加盖新盖后的楼间距不符合日照要求

（左图为 1978 年，右图为 2010 年）

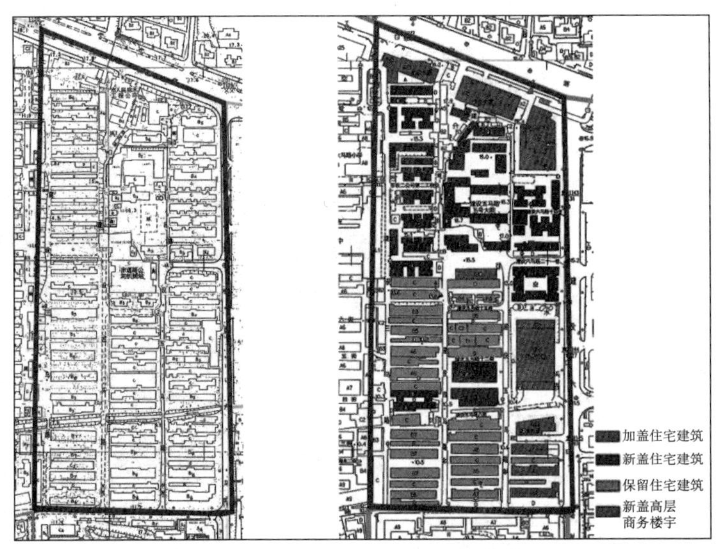

图 3-49　单位大院区建设六马路 IIc2-8 形态单元演变更新：部分拆除重建

（左图为 1978 年，右图为 2010 年）

图 3-50　单位大院区大沙北住宅区形态演变更新：整体拆除重建

（左图为 1978 年，右图为 2010 年）

总体来说，广州旧城范围 1949 ~ 1978 年建成的公有房住宅区以自我更新完善为主，连片拆除重建为辅。目前，6 层以下且区位较好的早期旧住宅区是主要的拆除更新对象。未来，随着城市更新力度加强，部分 7 ~ 9 层住宅将可能纳入更新的范畴。

（三）工业集聚区形态变化

城市中心区内的传统制造业逐步外迁是现代都市发展的必然趋势。据本书统计，1978 年广州旧城范围共有工业集聚区形态单元 49 个，至 2010 年已减少为 16 个。除广州铁路南站周边与工业大道沿线还有相对完整的工业仓储区块外，其他大部分都被置换为商住用地。

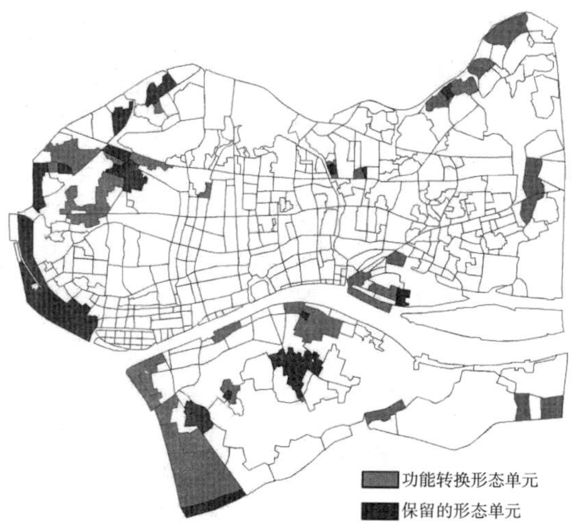

图 3-51 工业集聚区形态单元（1978）变更情况

3.3.3 2010 年形态单元与形态区域的划定

根据前文分析，1978 年划定的形态单元在改革开放后的近 30 年中发生了很大变化。以广州旧城范围 2010 年 1 : 2000 地形图为基础，根据历年地形图对比与实地探勘，本书重新划定了 2010 年的各级形态区域与形态单元如表 3-16。为准确界定，本书将原 1949 年前建成区（I）与 1949 ~ 1978 年建成区（II）内更新率 <30% 的形态单元仍作为原形态区域，其余则纳入 1978 ~ 2010 年建成区（III）形态区域中。最终划定 1978 ~ 2010 年广州旧城新增的形态单元类型。

2010 年广州旧城划定形态区域与形态单元 表 3-16

一级形态区域	二级形态区域	形态单元名称	备注
1949 年前建成区（I）	近代传统商住区（Ia）	长街式商住街区（Ia1）	更新率小于 30% 的原形态单元
		自由式商住街区（Ia2）	更新率小于 30% 的原形态单元
		规整式商住街区（Ia3）	更新率小于 30% 的原形态单元
	近代新式住宅区（Ib）	近代花园洋房式街区（Ib1）	更新率小于 30% 的原形态单元
	近代金融商业区（Ic）	规整式金融商业区（Ic1）	更新率小于 30% 的原形态单元
		长街式金融商业区（Ic2）	更新率小于 30% 的原形态单元
1949 ~ 1978 年建成区（II）	工业集聚区（IIa）	大中型工业街区（IIa1）	更新率小于 30% 的原形态单元
		小型工业点（IIa2）	更新率小于 30% 的原形态单元
	单位用地区（IIb）	多单位街区（IIb1）	更新率小于 30% 的原形态单元
		单个单位大院区（IIb2）	更新率小于 30% 的原形态单元

续表

一级形态区域	二级形态区域	形态单元名称	备注
1949 ~ 1978 年建成区（II）	公有房住宅区（IIc）	公有房街区（IIc1）	更新率小于 30% 的原形态单元
		单个公有房住区（IIc2）	更新率小于 30% 的原形态单元
	城市公共中心区（IId）	大型酒店会展区（IId1）	更新率小于 30% 的原形态单元
		中小型商务中心区（IId2）	更新率小于 30% 的原形态单元
1978 ~ 2010 年建成区（III）	单位用地区（IIIb）	多单位街区（IIIb1）	更新率大于 30% 的原形态单元
		单个单位大院区（IIIb2）	更新率大于 30% 的原形态单元
	现代城市商业区（IIId）	嵌入式商业商务地块（IIId1）	面积大于 $2hm^2$ 的地块作为独立形态单元
		商业商务街区（IIId2）	商业商务设施集中形成的街区
	现代城市住宅区（IIIe）	7 ~ 9 层中高层商住小区（IIIe2）	1980 年代末至 1990 年代初建设的小区，面积大于 $2hm^2$ 的地块作为独立形态单元；1990 年代后期开始建设的高层商住小区，面积大于 $2hm^2$ 的地块作为独立形态单元
		10 层以上高层商住小区（IIIe3）	
	混合更新型商住区（IIIf）	整体更新的混合商住区（IIIf1）	小规模渐进模式下形成的混合街区，主要由更新率 >30% 的 Ia 形态单元转换而来；小规模渐进模式下形成的混合街区，部分由 30%< 更新率 <70% 的 Ia 形态单元转换而来
		局部更新的混合商住区（IIIf2）	

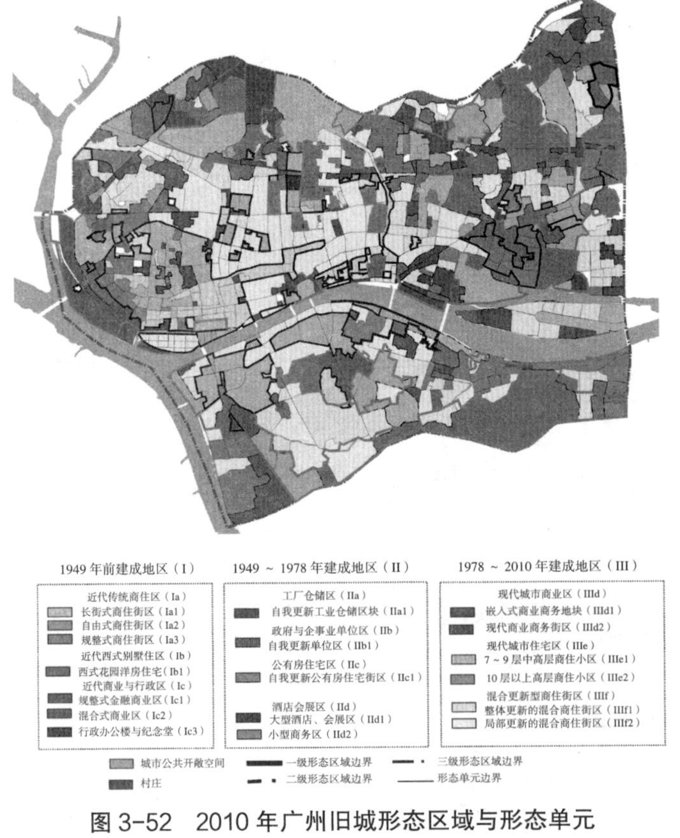

图 3-52　2010 年广州旧城形态区域与形态单元

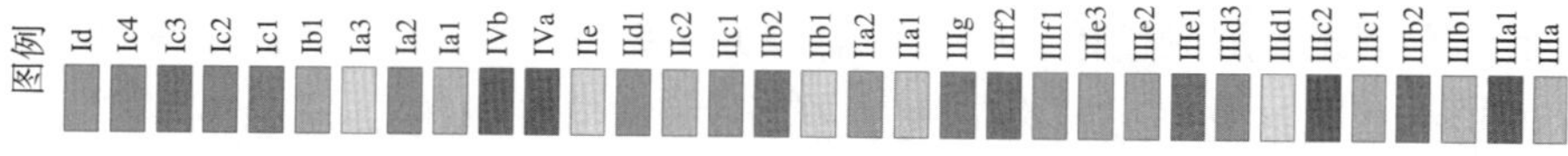

图3-53 2010年广州旧城形态单元划定图

1978～2010 年建成新增形态单元的形态要素构成　　表 3-17

形态单元类型	街道系统	用地性质	地块组织	形态基底	形态更新地块	建筑类型
嵌入式商业商务地块	环绕式街道系统	商业	嵌入式独立布局	Ia	IIId1-X（N1-Nj）	高层办公楼、酒店、购物中心
商业商务街区	正格网街道系统为主	商业	并列式布局	Ia	IIId2-X（N1-Nj）	高层办公楼、酒店、购物中心
7～9 层中高层商住小区	小区路网体系	商住	-	Ia 或 IIa	-	中高层单元式住宅，一般无电梯
10 层以上高层商住小区	小区路网体系	商住	-	Ia 或 IIa	-	高层电梯塔楼为主，少量板式高层楼
整体更新的混合商住街区	继承原有长街式或自由式街巷体系	商住	继承原有的沿街巷地块组织方式	Ia、Ib、Ic 或 IIa	IIIe1-X（N1-Nj）	多层、中高层与部分高层商住楼混合
局部更新的混合商住街区	继承原有长街式或自由式街巷体系	商住	继承原有的沿街巷地块组织方式	Ia、Ib、Ic 或 IIa	IIIe2-X（N1-Nj）	多层、中高层与部分高层商住楼混合

注：形态基底是指被更新区原属形态区域；形态更新地块 IIId1-X（N1-Nj）是指在 IIId1-X 形态单元内存在 N1-Nj 个形态更新地块。

3.3.3.1　现代商业商务区（IIId）形态单元

（一）形态单元特征

"现代商业商务区"（IIId）是指 1978 年后建成的形态较为完整的商务与纯商业地区。根据广州旧城的实际情况，本书将以下两种情况划定为该类形态单元：第一，面积大于 $2hm^2$ 的商业商务地块；第二，此类型"形态更新地块"的更新率达到 70% 以上的"形态原型"街区。根据形态单元要素特征，本书识别出"嵌入型商业商务区"（IIId-1）与"街区型商业商务区"（IIId-2）两种形态单元类型。

图 3-54　现代商务商业区（IIId）形态单元分布

（1）嵌入型商业商务区（IIId-1）是指面积大于 $2hm^2$ 的小型商业商务地块。是"现代商业商务区"（IIId）的主要构成类型，共计有形态单元 94 个。图 3-55 显示了东风中路北侧国际银行中心与广东国际金融大厦所在区域的 IIId1-12、IIId1-13 两个形态单元的形成过程。两个形态单元 1978 年原址为广州医学院与旧民宅用地，1990 年初在东风路改造过程中征用了原业主单位部分用地，至 2010 年逐步形成了两个小型的商务单元。由于开发业主不同，两块用地中间仍被广州医学院分隔，其北侧仍为未改造的旧住宅区，因此仍是一层皮式的开发模式。

（2）商业商务区街区（IIId-2）是指在“形态基底”中，商业商务类型的“形态更新地块”更新率达到 70% 以上，使得整个街区呈现相对完整商业商务属性的形态单元。广州旧城范围内共有该类形态单元 18 个，数量相对较少。以东风中路粤财大厦附近的街区为例，原址 1978 年为近代传统商住区中的“自由式大街区”形态单元，全部为旧民宅。1990 年代随着东风路的改造，其北侧逐步全部改造为商务办公楼，形成了两个“街区型商业商务”形态单元。其南侧旧民宅被逐步更新，目前形成了两个“嵌入型商业商务区”形态单元。未来随着城市更新的进一步发展，南侧有望逐步演变成“街区型商业商务”形态单元。

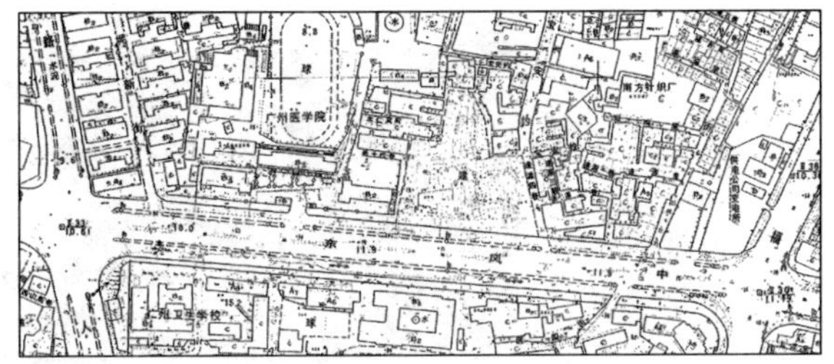

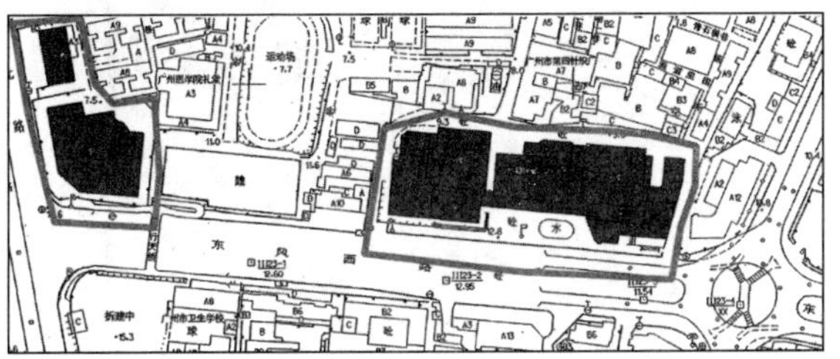

图 3-55 嵌入式商业商务区 IIId1-12，IIId1-13 形态单元形成过程

（上图为 1978 年，下图为 2010 年）

（二）街巷系统

“嵌入式商业商务区”由于是在旧区中逐步衍生而来，一般位于城市主要干道旁且两条道路交汇处，但其背面往往没有服务道路。高层商务楼由于建筑容积率高，停车量大，但车辆出入口只能设置在主干道或道路交叉口附近，地块内部依靠自我组织，导致对周边城市交通组织造成较大干扰。

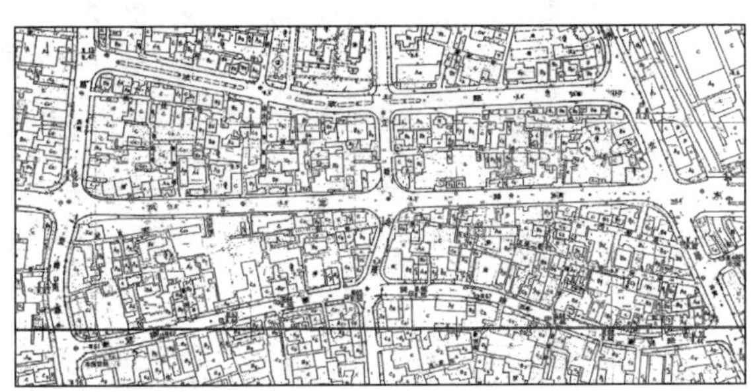

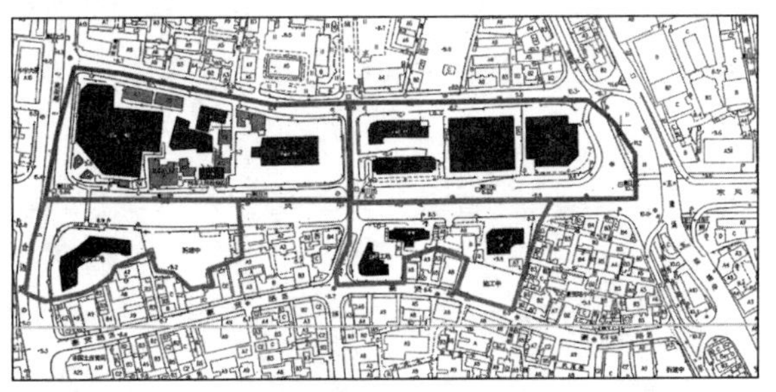

图 3-56 “商业商务街区”与“嵌入式商业商务区”形态单元形成过程

（上图为 1978 年，下图为 2010 年）

“街区式商业商务区”由于四周都具有市政道路，车辆出入口一般设于背面或侧面的支路上，周边道路可视情况进行单循环交通组织，这对周边交通的组织提供了良好的条件。值得注意的是，“街区式商业商务区”形态单元所依赖的周边式路网并非在更新过程中新建，而是历史上就有的道路。这可以视为传统小街坊在尺度上对现代商务区的一种适应。

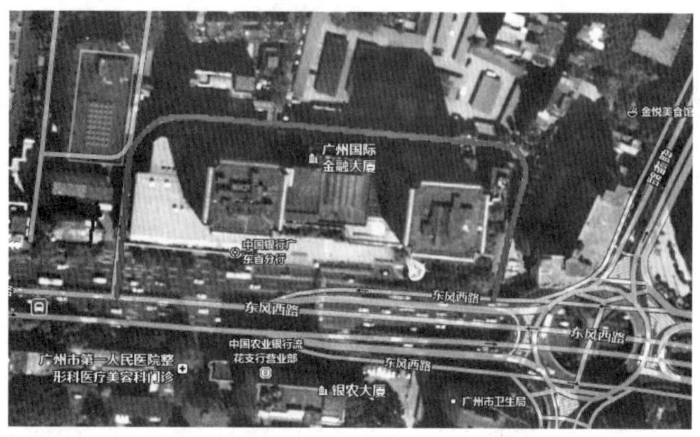

图 3-57 “嵌入式商业商务区”（IIId-1）形态单元交通组织

图 3-58 “街区式商业商务区”（IIId-2）形态单元交通组织

（三）地块组织

广州旧城内的“街区式商业商务区”形态单元以长边沿主干道布置的长条形街坊为主。根据多个地区的形态单元测算，发现长边为一般为 200 ~ 250m，短边单排建筑一般为 50 ~ 70m，双排或多排建筑为 70 ~ 130m。一个街坊的面积一般为 1.5 ~ 3hm^2。这样的街坊尺度与组合方式比较符合现代商务区划分的适宜尺度。

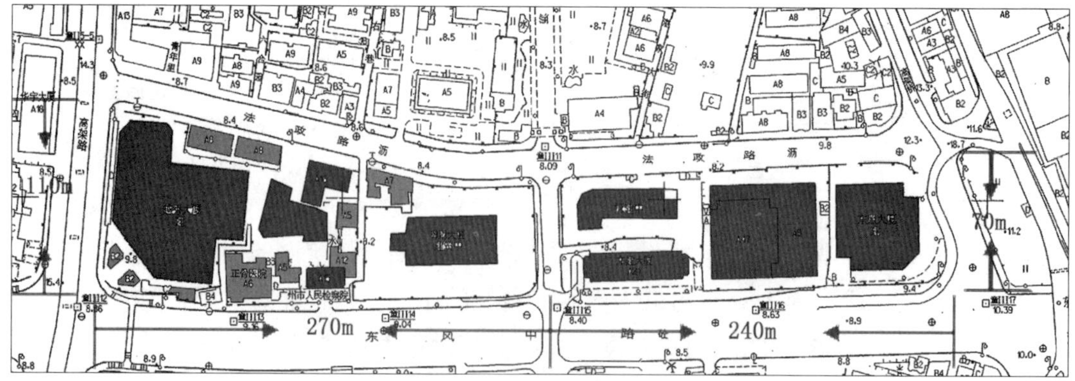

图 3-59 东风中路粤财大厦地区形态单元街廓尺度
（长边式街廓，单排或双排地块组合）

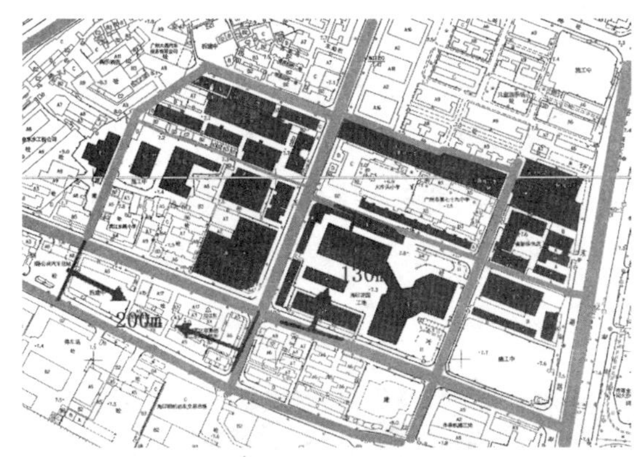

图3-60 大沙头海印电器城地区形态单元尺度

（长边式街廓，多排地块组合）

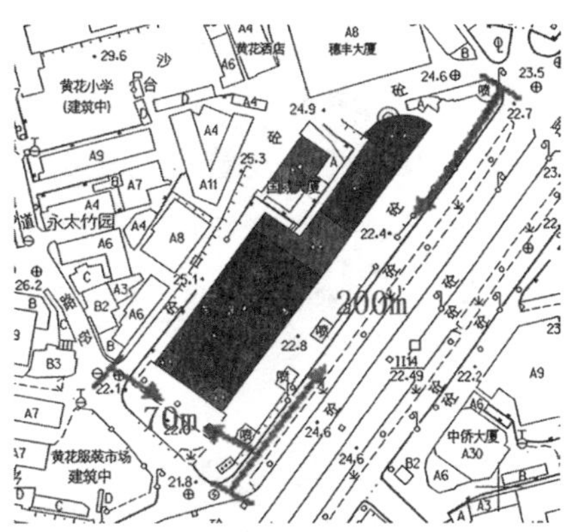

图3-61 先烈中路东山广场形态单元尺度

（长边式街廓，单排地块组合）

图3-62显示了东风中路粤财大厦地区形态单元内部的商业产权地块分割情况。占地面积较大的①、③商业地块产权面积为7000～9000m²，中型产权地块占地面积3000～5000m²，而较小的几个地块面积只有1000～2000m²。产权地块组合方式一般为沿长边的单排或双排排列。从这些产权地块大小不一的面积与形状特点来看，整个渐进式更新过程是没有经过详细设计与严格控制的。地块划分的随意性将直接影响整个街区的空间环境塑造。

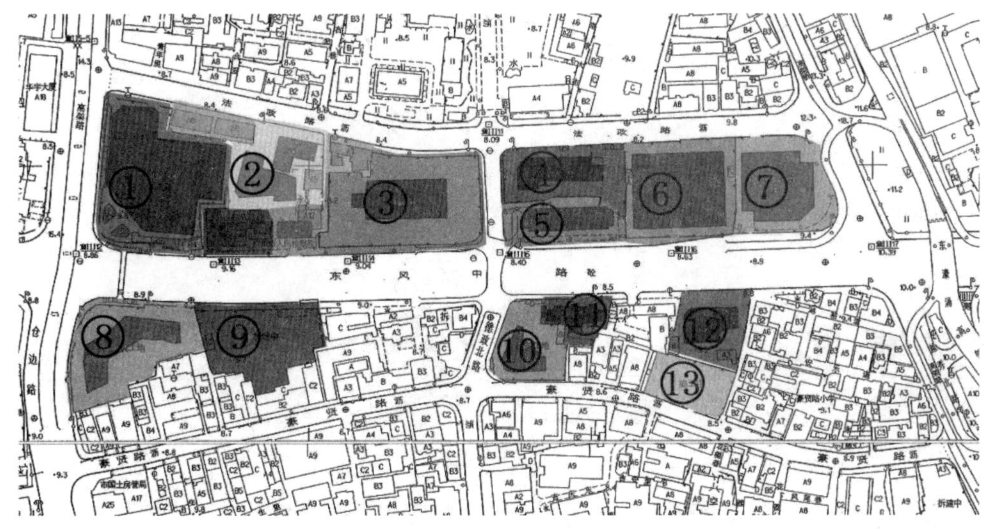

图3-62 东风中路地区产权地块情况

（渐进式更新过程中商业产权地块的面积与形态差异大）

（四）建筑类型与组织

改革开放以来广州旧城的现代商业商务建筑及布局形态大致可以分为两种。

第一种是以中高层商业建筑围合而成的商业街区，以1980年代建设的宾馆饭店、专业市场为主，建筑层数一般为 9 层以下。以位于火车站西侧的白马商城形态单元为例（图 3-63），受广州火车站放射形路网的影响，在环市西路与站前路侧都建有 7 ~ 9 层条式商业建筑进行围合式街区布局。6 层的白马服装商场采用内院式布局方式与原有建筑组合，内部进行停车与交通组织。这种条、块相结合的围合式建筑布局方式可以充分利用场地空间，构成了 1980 年代广州旧城该类形态单元的主要建筑布局模式。

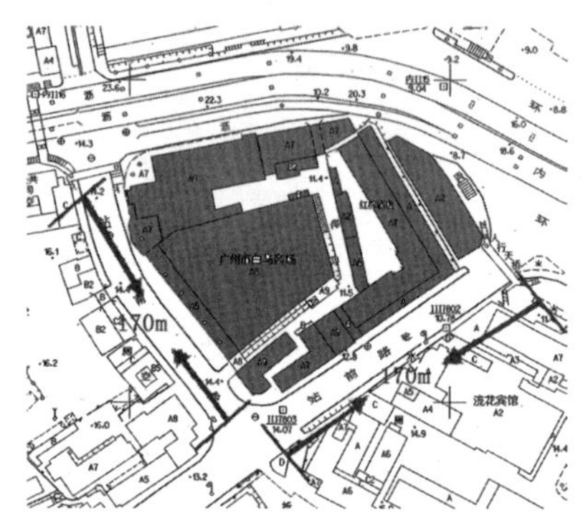

图 3-63　火车站白马商场地区建筑布局模式：围合式布局，条块结合

资料来源：右图引自三维网

第二种是以高层商务楼、商业 Mall 等组合形成的综合体形态。1980 年代，国家各大城市的旅馆建设步入高潮，各大中城市的新中心区的宾馆、饭店、招待所的数量猛增。这个时期的商业用地开发容积率普遍不高，建筑都比较方整，体型简单，立面朴素，以板式布局为主。1990 年代在学习香港经验的基础上，开始建设以高层塔楼与商业裙楼组合的商务综合体。商务办公建筑多采用单中心核心筒设计的塔形形态，设计手法逐渐丰富。根据本书对旧城范围内 12 个典型商务综合体的统计（图 3-64），发

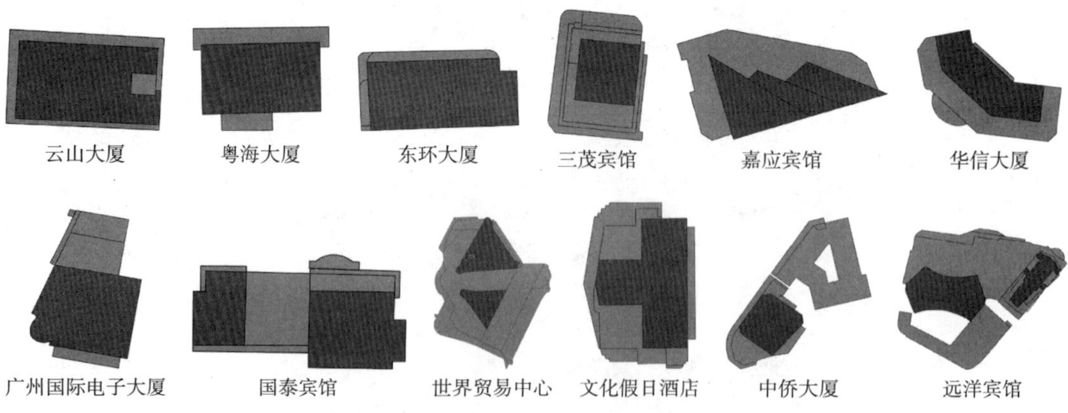

图 3-64　广州旧城典型商务综合体建筑平面示意

现高层塔楼平均建筑标准层面积为 $1800m^2$，平均高度为 42 层。总体来说，由于建设年代相对较早，旧城地区的商务办公楼标准层面积比天河地区小（天河财富广场标准层面积达 $3840m^2$，维多利中心标准层面积达 $2700m^2$），但塔楼分布密度较高。另一方面，商业裙楼面积普遍较小，一般为 1 万 m^2 以内。塔楼占裙楼基地面积比例较大，平均在 70% 以上。

3.3.3.2　现代城市住宅区（IIIe）形态单元

（一）形态单元特征

现代城市住宅区（IIIe）形态单元是指 1978 年后新建成的住宅区块。根据广州旧城的实际情况，本书将以下两种情况划定为该类形态单元：第一，面积大于 $3hm^2$ 的完整地块；第二，此类"形态更新地块"更新率大于 70% 的"形态原型"街区。根据形态单元的要素特征，本书识别出"7 ~ 9 层中高层住宅小区（IIIe-2）"和"10 层以上高层住宅小区（IIIe-3）"这两种形态单元类型。

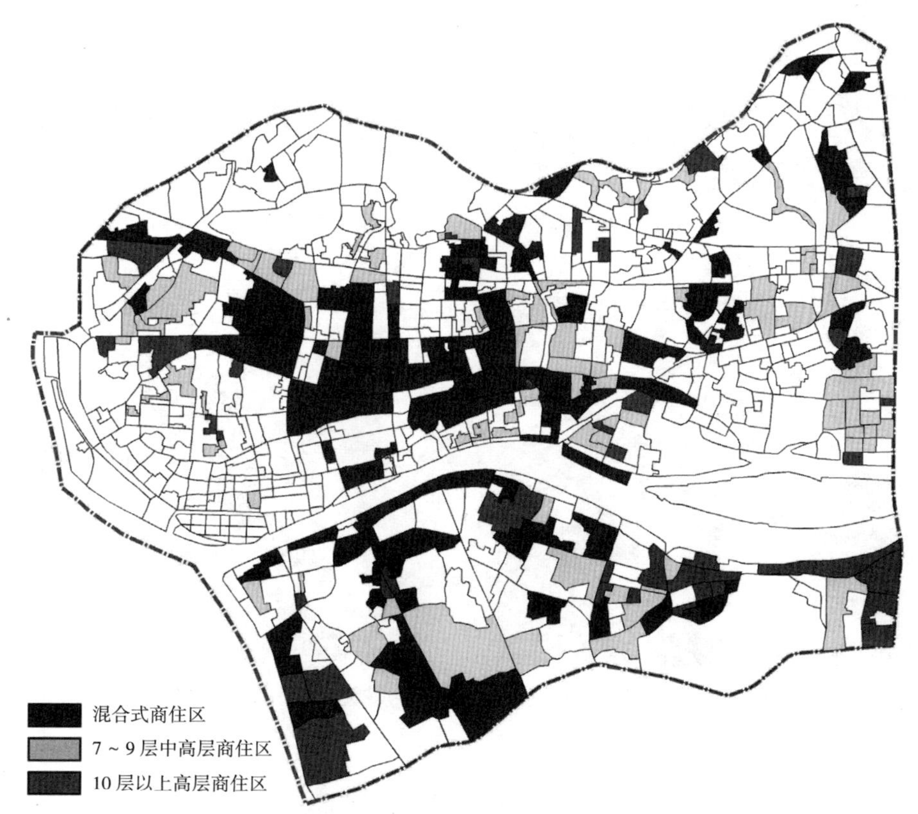

图 3-65　现代城市住宅区（IIIe）形态区域与形态单元分布

（1）"7 ~ 9 层中高层住宅区"（IIIe-2）主要是指 1980 年代至 1990 年代中期建成的住宅区，共计有形态单元 82 个。这些住宅普遍未使用电梯。具有代表性的形态单元有东湖新村、五羊新城、周门新村等。

（2）“10层以上高层住宅区”（IIIe-3）主要是指1990年代后期开始建设的高层电梯商住区地块。本书将面积大于2hm^{2}的地块划定为形态单元，共计有49个。从空间分布上看，形态单元分布比较零散，用地规模普遍较小。规模较大的主要分布在海珠旧城的滨江东与工业大道地区。这一分布特征说明，尽管1990年代后期高层住宅开始在广州旧城地区普及，但小规模渐进更新改造模式下产生了大量住宅单体楼，它们与旧建筑混杂在一起，还不能形成一个完整高层住宅区形态单元。

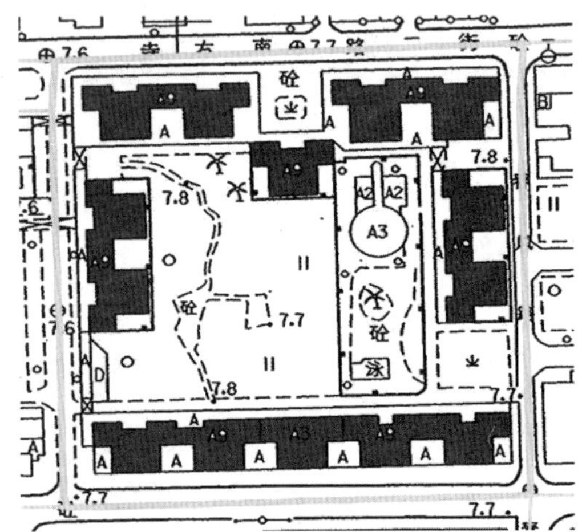

图3-66　7～9层中高层商住区：五羊新城IIIe2-90形态单元

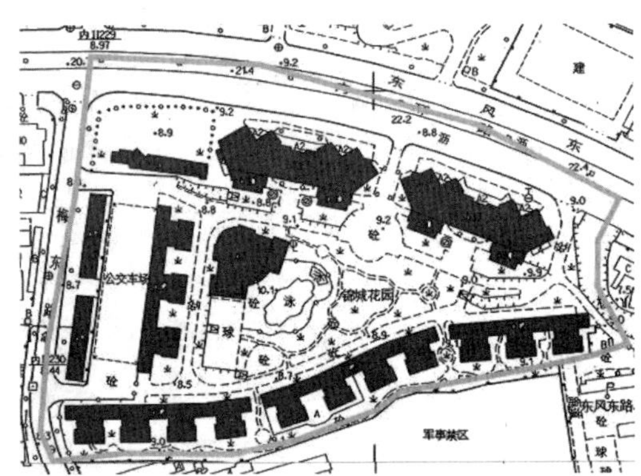

图3-67　10层以上高层住宅区：锦城花园IIIe3-82形态单元

（二）街巷系统

“7～9层中高层住宅形态区”（IIIe-2）在规划思想上仍然沿用了居住小区—组团二级结构，但由于旧城内住宅区面积普遍不大，这种结构并不明晰。住区内部道路基本分为小区道路与宅前道路两类，只有在东湖新村等少数几个地区出现了人车分流形式。

“10层以上高层住宅形态区”（IIIe-3）普遍开挖了地下停车场，这使得原有居住小区二级道路体系发生了变化。设置在住区出入口的地下车场入口直接把道路引入地下，地面道路则释放为纯人行空间。这种人车分流的方式大大提升了住区内部的环境品质。

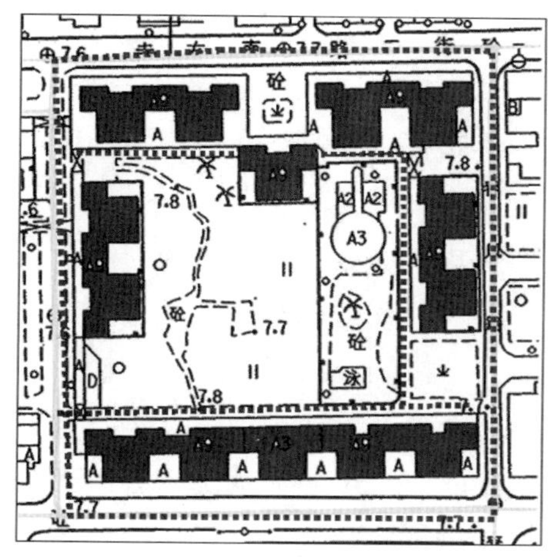

图 3-68 7 ~ 9 层中高层住宅街道系统

（二级道路结构与地面停车组织）

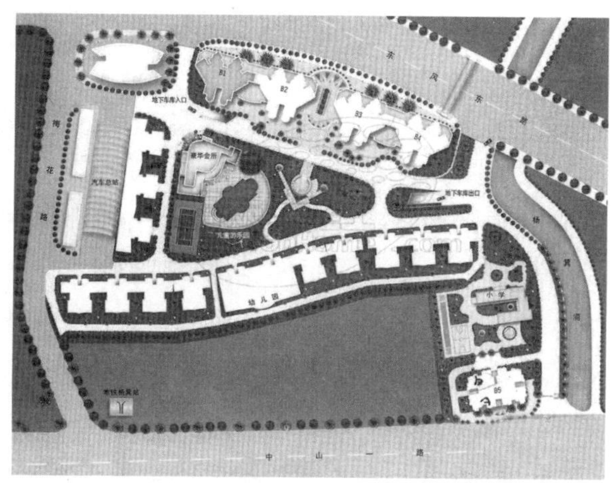

图 3-69 超高层住宅区街道系统

（人车分流与地下停车）

资料来源：锦城花园规划介绍资料

（三）地块组织

“7 ~ 9 层中高层住宅区”（IIIe-2）与“10 层以上高层住宅区”（IIIe-3）的产权地块一般根据开发企业或划拨单位获得的红线确定。根据本书统计，广州旧城范围内“7 ~ 9 层中高层住宅区”（IIIe-2）形态单元平均面积约为 3hm^2 。下图显示了江南新村和五羊新村两个新建 7 ~ 9 层商住区典型街廓的尺度，在“100 ~ 150m × 100 ~ 150m”的街坊内，可较好的布置住宅与配套建筑，且可以在主要的商业街道通过裙楼的方式保证良好商业街面，街坊地块容积率一般为 1.8 ~ 2.0。旧城范围内多数 7 ~ 9 层商住区都遵循这种街廓尺度。

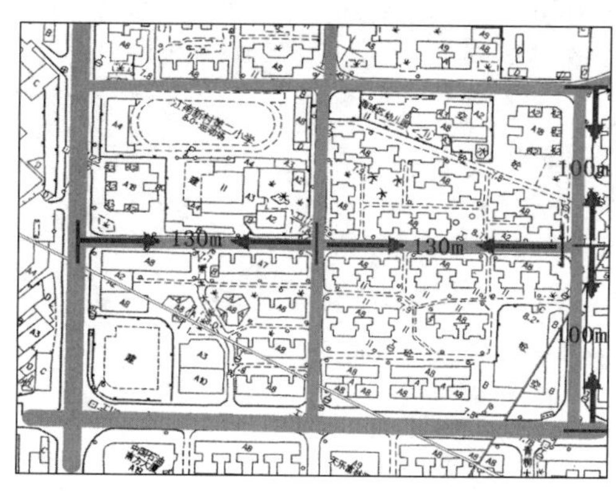

图 3-70 江南新村街廓尺度

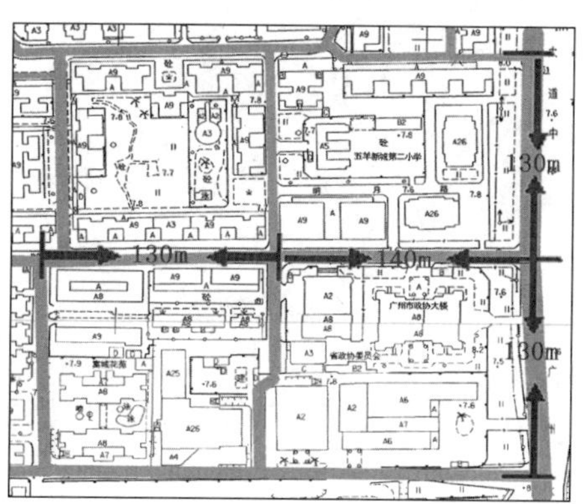

图 3-71 五羊新城街廓尺度

旧城内“10层以上高层住宅形态区”（IIIe-3）形态单元平均面积为 $2.6hm^2$，说明高层商住区地块面积普遍较小。由于高层住宅布局灵活，在旧城内没有形成较稳定的街廓尺度。较大的该类形态单元主要分布在滨江东等新开发地区，如珠江广场、海珠半岛等楼盘占地面积都在 3 万 m^2 以上。

（四）建筑类型与组织

“7～9层中高层住宅形态区”（IIIe-2）是改革开放后建成的有一定规模的中高层住宅区。建筑类型上引入了 T 字形、工字形、Y 字形、风车形、井字形、碟形等多种形式的中高层住宅，布局形式上大致可分为行列式、散点式、周边式与综合式几个类型。由于建筑布局灵活，可以根据场地条件因地制宜进行布置，既改变了通风采光条件，又塑造出活泼而有新意的空间形态。在商住混合区多采用多栋楼宇与大面积的裙楼结合。提高了土地使用效益与商业发展需要，照顾了街道景观。同时配合裙楼使用立体化空间结构组织，以平台方式划分商业与居住活动。以五羊新城为例，1984 年广州市为扩展城区、满足人口迅速增长的需要，按照卫星城模式在当时的东郊开始建设五羊新城。五羊新城占地 31.4 万 m^2，按照卫星城规划理念，以街心喷泉花园为中心，布置了一个东西宽 214m，南北长 260m 的生活服务和活动中心。中心区学习香港社区中心设计理念，设置了一个既有商业功能又作为行人天桥的三层过街楼，底层是南北单行廊，二层为天桥配以商场，三层则全为食品街，方便行人购买物品和饮食。

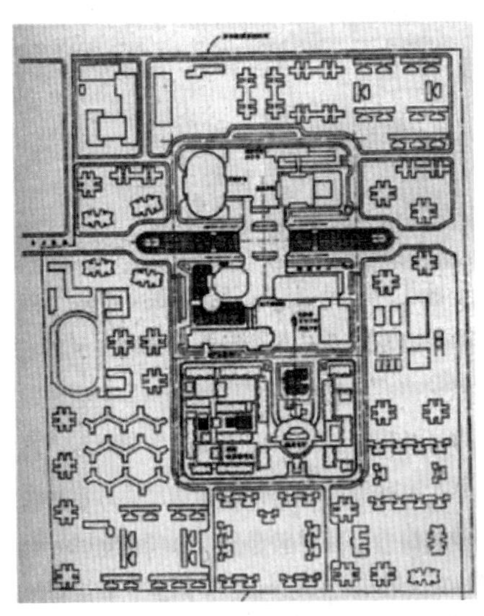

图 3-72　五羊新城 7～9 层住宅建筑与布局

资料来源：左图引自：刘华钢 . 当代广州住宅建设与发展的研究 [D]. 广州：华南理工大学，2000.

“10层以上高层住宅形态区”（IIIe-3）建筑类型上可大致分为高层塔式住区、高层板式住区和高层集约式住区。在空间布局上学习了香港高层低密度模式，使住区内部获得更多的空间布置绿化景观，住宅间距也更加宽敞，视界较为开阔。住宅主楼一般结合商业裙房布置，并多用裙房顶部设置屋顶花园，住宅建筑的排布主要采用周边式布局，以便中心留出开敞空间设置集中绿化，有很强的向心性。比较典型的有滨江东路海珠半岛形态单元、东风东路锦城花园形态单元等。

图 3-73　广州旧城高层住宅建筑示意

（左图为东风广场，右图为海珠半岛花园）

3.3.3.3　混合更新型商住区（IIIf）形态单元

（一）形态单元特征

“混合更新型商住区”形态单元是指在“近代传统商住街区”形态原型基础上，经过小规模渐进式改造为主的更新方式而演化而成的新形态单元类型。按照“形态更新地块”的特征及其对“形态基底”的填充方式，本书划定“高度混合更新”（IIIf-1）与“局部混合更新”（IIIf-2）两类形态单元类型。前者是指更新率大于 70% 但“形态更新地块”类型比较复杂而没有形成主导属性的形态单元，共计有 36 个 [若“形态更新地块”类型比较单一则按主导属性划入“现代城市住宅区”（IIIe）内]；后者是指更新率在 30% ~ 70% 之间，形态基底尚在被填充过程中的形态单元，共计有 80 个。

（二）街巷系统

“混合更新型商住区”内的形态单元大部分采用小规模渐进式更新模式，使得形态原型中的街巷系统大部分被保留下来。图 3-74 显示了位于玉带濠周边的 IIIf-32 形态单元的演变过程。该形态单元根据古水系（玉带濠与清水濠）而形成了东西向的街巷路网体系，改革开放后形态单元内部分建筑进行了更新改造，更新率达 43%。虽然原有以竹筒屋为主的形态基底被不断填充，但形态单元内部的街巷系统仍被完整保留。这是广州旧城内这种形态单元类型普遍存在的现象。

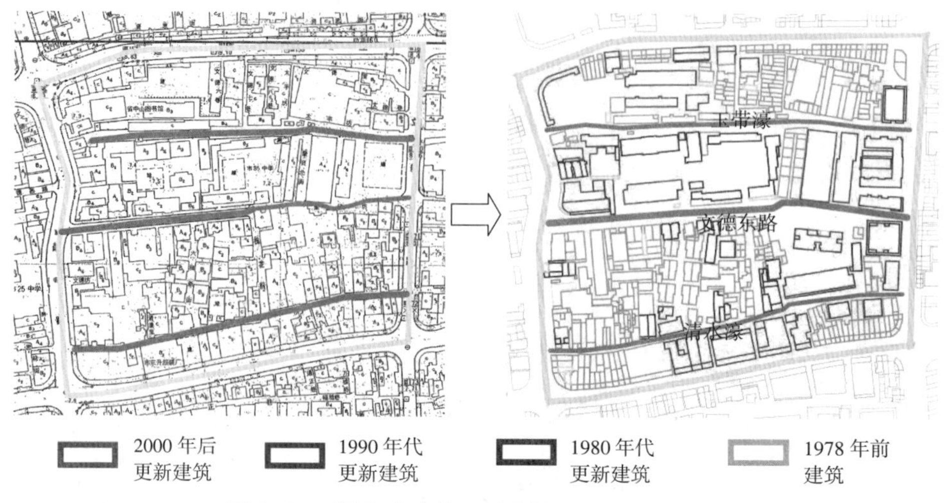

图 3-74 混合式商住区形态单元 IIIf2-32 演变

（左图为 1978 年，右图为 2010 年）

（三）地块组织

“混合更新型商住区”形态单元中主要存在 3 种类型的产权地块：一是基于土地私有制转换而来的近代传统住宅建筑，其土地使用权归属个体住宅；二是计划经济时期划拨的单位或职工新村用地，市场经济改革之前使用原属于单位所有，市场经济改革之后经过公房改革而归属个人或个体住宅；三是土地有偿使用制度下经过招拍挂而开发的经营性地块，在地面建筑出售之前土地使用权属于开发商所有，出售后归购买业主共有。

图 3-75 华林寺 IIIe1-18 形态单元产权情况

资料来源：《荔湾区华林寺及周边地区更新规划》，广州市城市规划勘测设计研究院 2010 年编制

小规模渐进式更新改造使得“混合更新型商住区”往往具有比较复杂的产权地块关系。以华林寺所在的 IIIf2-18 形态单元为例，在 10.4hm^2 的地块内有分属 7 个业主的产业地块。既有 1990 年代房地产商通过旧改获得的开发用地，又有 2000 年代市土地开发中心通过收储开发的用地。此外在大量私宅用地上，政府拟继续征用收储部分用作旧城改造，但还没有最终批准落实。从这个形态单元的演变过程中可以看到，在小规模渐进式更新主导下产权地块的划分是比较零碎的。在产权的重新分配中也并未充分考虑相关支路的加密与配套，这对未来的城市形态优化发展是不利的。

华林寺 IIIe1-18 形态单元产权地块情况一览 表 3-18

序号	权属单位	许可证号	用地性质	面积（m²）	现状建设情况
1	广州江山实业总公司	穗规北地字 [1993] 第 668 号	商品住宅用地	3119	商品住宅用地
2	广州市荔湾城市建设开发有限公司、广州市骏业房地产有限公司	穗规地换字 [1998] 第 21 号	商业用地、商品住宅用地	5571	商业用地、商品住宅用地
3	广州市荔湾区教育局	穗规地证字 [2000] 第 250 号	小学用地	10923	小学用地
4	广州市土地开发中心	穗规地证 [2003] 274 号	商业、办公用地	4289	商业、办公用地
5	广州市道路扩建工程办公室	穗规地证字 [2001] 第 8 号	文物古迹用地	1693	文物古迹用地
6	广州市土地开发中心	穗规地证 [2003] 275 号	商业、办公用地	2227	商业、办公用地
7	广州市佛教协会	穗规地证字 [1996] 第 626 号	文物古迹用地	795	文物古迹用地

（四）建筑类型与组织

“混合更新型商住区”形态单元包括了各个时代的建筑类型：1949 年前的大进深近代传统住宅；1948 ~ 1978 年期间的多层廊式住宅、梯间式住宅；1980 ~ 1990 年代的 7 ~ 9 层单元式住宅；1990 年代后的高层电梯式住宅。按照小规模渐进式更新方式，一般先沿主干道路两侧进行更新，逐步沿街巷向里推进。

图 3-76 混合式商住区形态单元 IIIf1-17：由外至内的建筑更新特征

资料来源：右图引自三维网

3.3.4 1978 ~ 2010 年形态格局的演变特征

根据 1978 ~ 2010 年的形态单元与形态区域的演变分析，可以看到改革开放以来广州旧城形态格局演变的主要特征。

第一，在小规模渐进式更新模式下，1949年建成区内原以“近代传统商住区”为主的形态区域大部分转化为“混合更新型商住区”。新建成的“现代城市商业区”、“现代城市住宅区”形态单元数量与面积都相对较小。因此，高度混合成为旧城核心地区的主要形态特征，原有“均质化”形态格局被打破。

第二，1949～1978年建成区内的大量行政划拨用地形成了相对稳定的自我更新框架。这个框架无异于一个“紧箍”，遏制了城市肌理的向外延伸，也某种程度上阻碍了旧城的自我更新发展。

总体来说，改革开放以来广州旧城形态格局一方面朝向更加混杂、更加多元化方向发展，一方面又深受改革开放前旧城形态格局影响，留下了很深的历史印迹。由于以小规模自主更新为主，大量形态单元散落分布，没有能够聚集而形成一定规模的形态亚区，导致了旧城形态格局的进一步碎化。这一方面反映出城市的多样性特征，一方面又表现出城市空间的无序。现在人们一般认为广州是一个充满活力而又建设混杂的“平民城市”，很大原因上因为这样的空间形态演化过程。

3.4 1978年以来广州旧城历史形态格局演变特征

广州是历史悠久的文化名城。形态单元的演变分析为研究广州旧城历史形态要素的演变创造了条件。本书应用城镇平面分析方法并结合形态单元的演变特征，重点对明清古城形态格局、历史街区演变、建筑高度演变与古城标示、骑楼街等历史要素进行形态演变研究。

3.4.1 明清古城形态格局演变

明清古城指1914年拆除的古城墙范围内的旧城地区，这是广州历史文化名城保护的核心地区[1]。根据2010年形态单元的划定，广州明清古城范围内共有形态单元98个，总体更新率达68%。形态单元的分布情况说明了总体形态格局演变呈现以下特征：

（1）古城内有“混合更新型商住区（IIIe）”形态单元37个，占全区面积48%，是其最主要的形态构成类型。说明古城内部小规模渐进式改造是主要的更新方式。由于古城主要位于越秀旧城内，改革开放以来的更新程度较高，造成了大量形态单元的迅速更新演化。

（2）古城内有“政府与企事业单位区（IIb）”形态单元28个，占全区面积28%，是数量居第二的形态单元。说明古城内受传统行政功能影响，政府单位用地聚集还比较多。

（3）古城内有“现代商业商务区（IIId）”形态单元22个，虽然数量较多，但只占

[1] 《广州历史文化名城保护规划》明确明清古城墙范围内为广州历史文化名城核心地区。

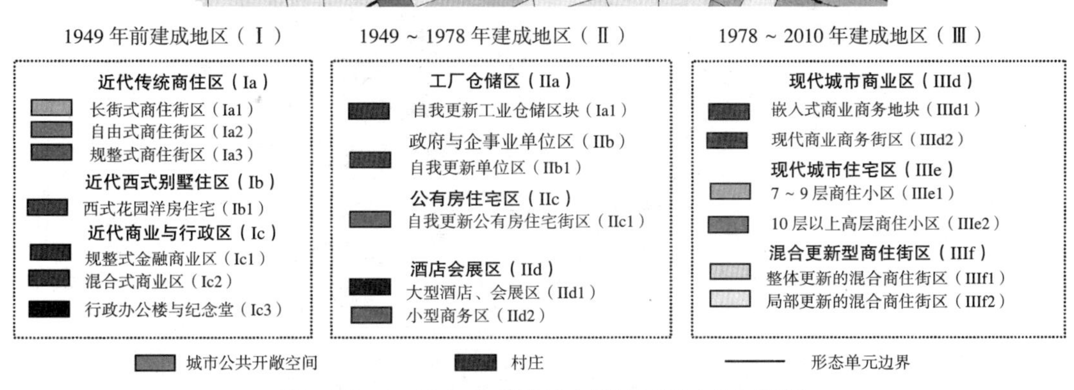

图 3-77　2010 年广州明清古城地区形态单元情况

全区面积的 7%。形态单元面积普遍较小，以干道布置的“嵌入式商业商务区（IIId1）”形态单元类型为主，完整的商业商务街区较少。此外“现代城市住宅区（IIIe）”类型的形态单元也很少。

（4）古城内有更新率小于 30% 的“形态原型”单元 20 个。其分布比较分散，位于南濠、玉带濠区域的“形态原型”单元相对集中。

综合以上特征，广州明清古城目前总体建筑更新程度很高，现实的面貌已经发生很大改变。以“混合更新型商住区”形态单元为主的形态区域构成了古城主要的形态基底。它们在演化中保留了大部分历史街巷系统，并形成了高度混杂的形态格局。小规模渐进式更新改造使商业商务区没有形成集中的规模，沿路分散布局是其主要分布特征。此外，虽然在古城内目前分布有大量高层住宅楼，但由于大部分是独立布置的单体楼而没有形成集聚特征，因此没有形成完整的形态单元。

在古城快速城市更新的同时，古城的边界轮廓也日益模糊。1978 年前由于旧城范围建筑高度不高，城市规模不大，沿明清古城墙旧址而设的道路基本可以找到古城轮廓。且通过镇海楼的标识统领，旧城空间轮廓意向还比较强烈。改革开放后，随着旧城快速的城市更新，高层建筑与高架道路建设，身处其中的市民已难以感知古城轮廓。沿原西濠涌的人民路设置了人民高架，沿东濠涌设置了东濠涌高架，开敞空间消失，沿线景观大受影响。《广州历史名城保护规划》中提出要保护古城轮廓，包括严格保护并标识现存城廓遗址；结合交通、绿地与公共空间规划设计，保护古城城廓的历史空间格局，逐步恢复古城轮廓。从目前沿线建设情况来看，要实现这一目标面临的困难还是很大的。首先是恢复古城水系问题。由于当时未对盖板后的河涌两侧进行充分控制，导致现在沿河涌埋设截污管与拆迁都面临很大阻力。荔枝湾复涌工程首期仅 800m 拆迁即耗资 10 多亿元，若要实现东濠、西濠甚至南濠的恢复，城市财政与社会压力都会很大。第二是沿线建筑街道街面的控制问题。由于 1949 年以来未有对古城轮廓沿线街道进行景观控制，目前要有意识地恢复难度和成本都很高。

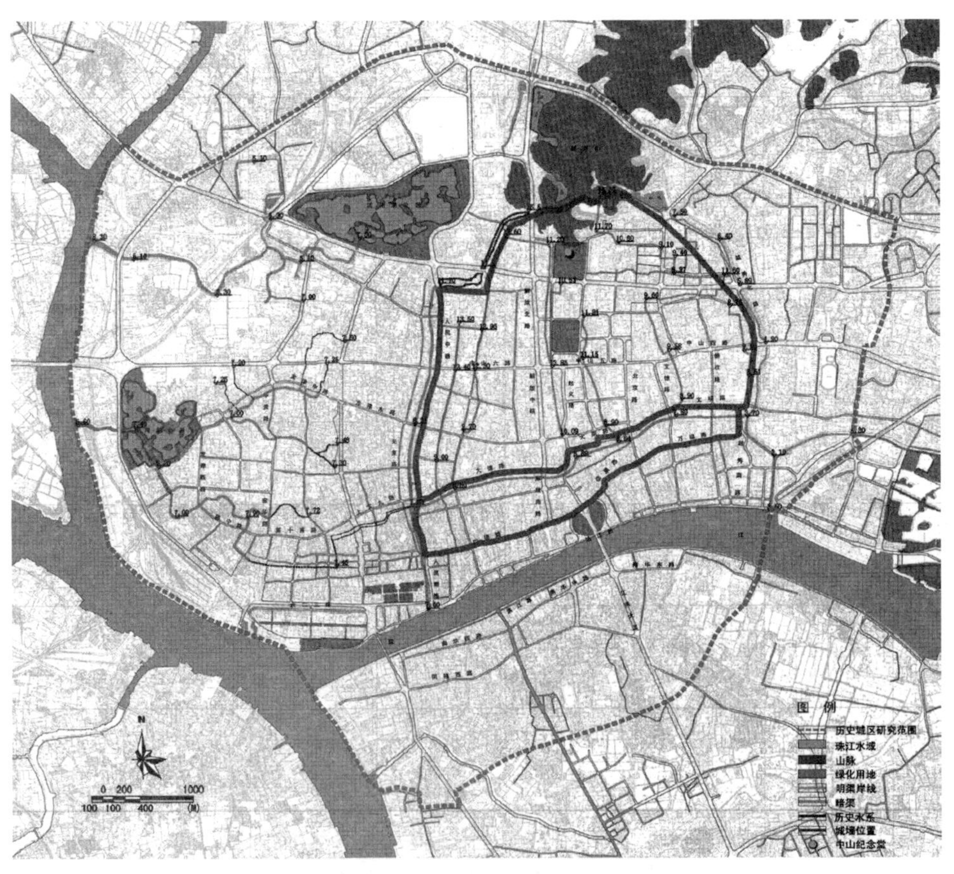

图 3-78 广州明清古城保护格局

资料来源：《广州市历史文化名城保护规划》，广东省城乡规划院、清华大学 2009 年编制

3.4.2 历史街区演变

1949 年前的广州旧城以大面积均质化的竹筒屋、西关大屋与骑楼街为主，形成了许多风貌完整、建筑具有鲜明特色的传统街区。但是在快速城市更新中这些街区被逐渐蚕食而逐步消失。2010 年广州为保护残留的传统街区，共划定历史文化街区 28 片，其中包括已公布的历史文化街区 16 片和新划定的历史文化街区 12 片[1]。为分析这些传统街区在 1949 年以来的演变特征，本书把 2010 年划定的 28 个历史文化街区的绝对保护范围、建设控制地带涉及的形态单元进行更新率统计分析，发现以下特征：

（1）历史街区周边城市更新程度大

统计发现，28 个历史街区的建设控制地带内 1978 ~ 2010 年总建成建筑面积达 121 万 m^2，平均更新率达 42.1%，即近一半的建筑已经进行了更新重建。从空间分布上看，高更新型形态单元主要分布在商业繁华的核心地带，以越秀旧城为主。由于区位价值高，促使城市快速更新。低更新地区主要分布在荔湾旧城内，由于区位商业价值相对偏低，建筑更新相对较小。

广州旧城历史文化街区建设控制地带内建筑更新率统计情况　　表 3-19

序号	街区名称	1978 年之后的建筑基底总面积（m^2）	建筑基底总面积（m^2）	更新率	类型
1	传统中轴线中段	104070	148113	70.3%	高更新型
2	农林上路	30775	45278	68.0%	高更新型
3	海珠中	78438	135120	58.1%	高更新型
4	五仙观—怀圣寺—六榕寺	99370	186786	53.2%	高更新型
5	传统中轴线北段	42214	80348	52.5%	高更新型
6	北京路	50649	99577	50.9%	高更新型
7	东皋大道	18997	37478	50.7%	高更新型
8	新河浦	119234	237894	50.1%	高更新型
9	上下九—第十甫	52470	115316	45.5%	中更新型
10	海珠南—长堤	44749	106449	42.0%	中更新型
11	文德南	42607	102205	41.7%	中更新型
12	沙面	48867	118537	41.2%	中更新型
13	荔湾湖—逢源大街	55617	139019	40.0%	中更新型
14	和平中	22551	56585	39.9%	中更新型
15	传统中轴线南段	102517	257709	39.8%	中更新型
16	宝华路	20632	53146	38.8%	中更新型

[1] 《广州历史文化名城保护规划》2010 年划定 16 片历史文化街区，后广州市规划局又公布 12 片历史文化街区。

续表

序号	街区名称	1978 年之后的建筑基底总面积（m^2）	建筑基底总面积（m^2）	更新率	类型
17	华侨新村保护区	32120	83855	38.3%	中更新型
18	多宝路	25195	76588	32.9%	中更新型
19	人民南路	58892	182210	32.3%	中更新型
20	龙骧大街	2064	6431	32.1%	中更新型
21	昌华大街	11816	36947	32.0%	中更新型
22	南华西街	49435	165609	29.9%	低更新型
23	光复南	34375	119716	28.7%	低更新型
24	光复中	15205	59889	25.4%	低更新型
25	耀华大街	13912	57213	24.3%	低更新型
26	华林寺	12130	52528	23.1%	低更新型
27	宝源路	14948	65971	22.7%	低更新型
28	洪德巷	7813	52050	15.0%	低更新型
合计		1211663	2878567	42.1%	

图 3-79 广州 28 个历史街区建设控制地带内建筑年代情况

图 3-80　广州 28 个历史文化街区建设控制地带更新分类图

（2）历史街区范围有不断缩小趋势

本书以海珠中历史街区所在的 IIIe2-29 形态单元为例分析其演变趋势。1949 年该形态单元为完整的近代传统商住区，1949 ~ 1978 年间形态单元内部建设了新华通风设备厂、广州钟表零件厂等 4 个“五小工厂”，分隔了原本连为一体的历史街区。1978 年后以小规模渐进式更新的方式建成了许多建筑，其中乐安坊等民居更被整体拆除重建，使得传统街区面积不断缩小。2010 年该形态单元内只能划出两个独立分开的小面积绝对保护范围。

（3）历史街区周边新建现代建筑对区内历史风貌破坏较大

历史城区内部分文物古迹周边已建成较多高层或多层现代建筑，如圣心大教堂、光孝寺等周边地区，严重破坏了文物周边历史环境。在历史建筑较集中的地区，只有少数街区内的历史建筑和现代建筑占地面积相当，多数地区建筑高度保持在 4 层以下，且以历史建筑为主。部分历史街区内高层建筑对区内历史风貌破坏较大，如上下九路历史文化街区内的 32 层现代建筑荔湾广场。部分历史街道的连续性和尺度遭到破坏，

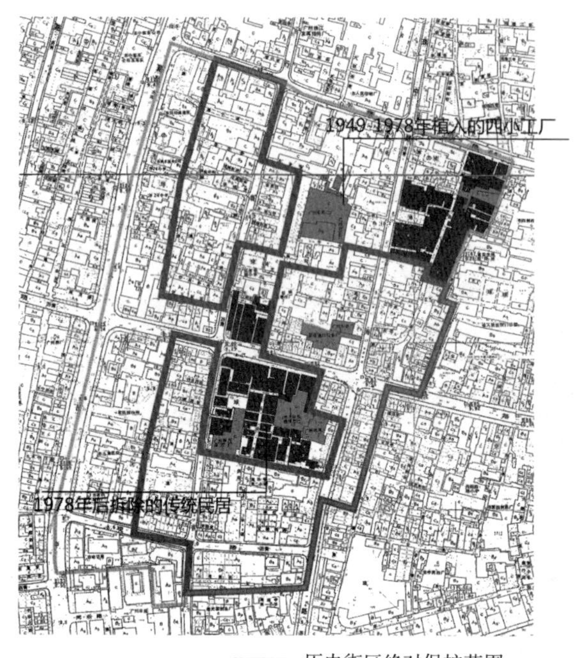

历史街区绝对保护范围　　建设控制地带

图 3-81　1978 ~ 2010 年海珠中历史街区形态单元的变迁情况
（左图为 1978 年，右图为 2010 年）

如北京路（广卫路至中山路段）等。

3.4.3　建筑高度演变与古城标示分析

1949 年前，广州旧城内大部分建筑低于 6 层，原广州古城内最高点镇海楼高度（含越秀山高度）约 80m，各古塔（如赤岗塔、琶洲塔等）高度一般为 35 ~ 45m。因此这些古城标识还能够明显的被感知。古城墙虽然被拆除，但取而代之的道路两侧建筑物还比较低，开敞空间仍然存在。改革开放后，广州旧城内高层建筑大量出现。本书根据 2010 年 1 : 2000GIS 地形图信息整理旧城内建筑高度如图 3-82，可以看到旧城内建筑高度的分布特征：

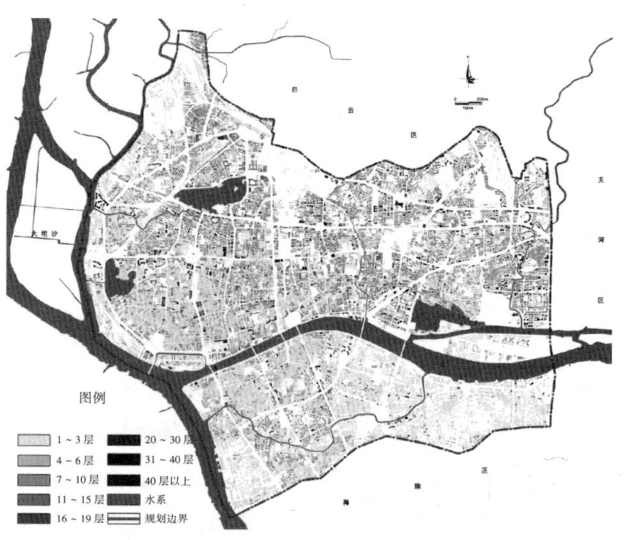

图 3-82　广州 2010 年旧城建筑高度示意图
资料来源：根据 2010 年 1 : 2000GIS 地形图绘制

第一，历史旧城内的荔湾与海珠历史旧城仍以 1 ~ 3 层低层与

4 ~ 6 层多层建筑为主，许多改革开放前甚至 1949 年前建设的房屋已成为危破房。越秀旧城由于改革开放后更新率比较高，建筑以 7 层以上为主。历史旧城外的地区多为改革开放前的单位用地、公有房住宅区与工厂企业，建筑以 4 ~ 6 层多层与 7 ~ 9 层中高层为主。其中东部地区由于更新程度高，平均建筑高度高于中部与西部。

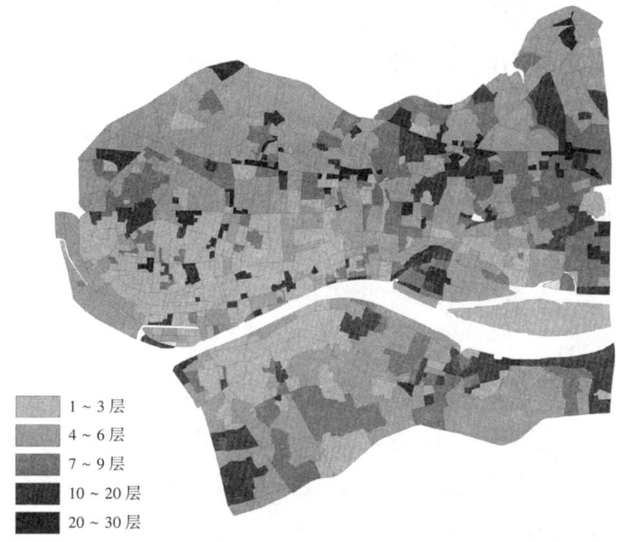

图 3-83　广州旧城 2010 年按平面类型单元统计的平均建筑层数情况

资料来源：根据 2010 年 1：2000GIS 地形图绘制

第二，高层建筑主要分布在主要干道两侧，集中在东风路、环市路、滨江东路等地段。据本书统计，2010 年旧城范围内已有超过 100m 的超高层建筑约 630 栋。由于缺乏统一的超高层建筑规划控制，其分布比较混乱，没有形成较好的高层建筑空间序列。

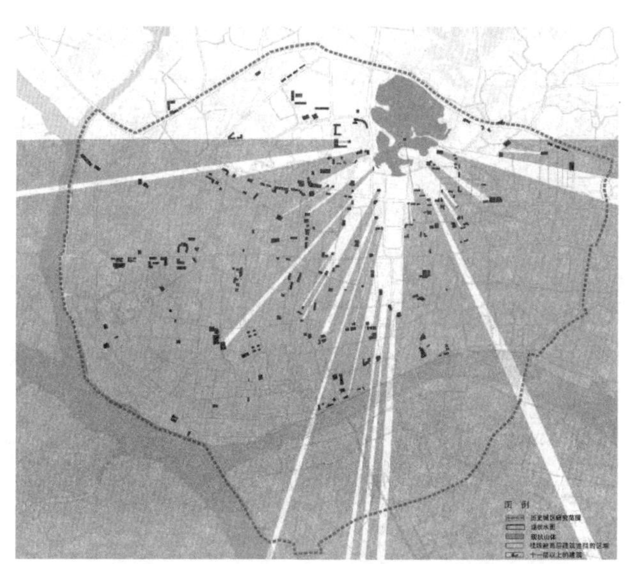

图 3-84　广州历史城区视线通廊分析

资料来源：《广州市历史文化名城保护规划》，广东省城乡规划院、清华大学 2009 年编制

大量高层建筑的出现打破了广州古城水平开阔的空间形态。以镇海楼为中心进行的视线分析可以看到，大量高层建筑的设置并未考虑古城视线通廊，原有古城制高点已不再成为现代城市的空间标识。而在传统历史街区、文物建筑周边，也出现了大量多、高层建筑，如光塔、圣心大教堂等重要的文物建筑被体量巨大的现代建筑所包围，丧失了原有的历史风貌。高层建筑的出现掩盖了顺应地形而生的空间层次，切断了城市与周边山水环境之间的视觉联系。古城建筑高度的失控直接破坏了广州旧城的整体历史格局与风貌，而且短时间内也难以得到全面地改善。

综上所述，广州旧城的各项历史形态要素伴随着快速的城市更新而迅速消减。明清古城的形态格局日益模糊、历史街区不断缩小、高层建筑林立造成古城空间标示消失，这些都使得广州旧城的历史文化底蕴逐渐削弱。世界上的国际化大都市大多具有充满文化魅力的旧城地区。广州要想迈步国际化、现代化都市，就首先要对其历史形态格局进行保护与发展。

3.5 本章小结

本章从城市功能布局与形态格局两个层面解析了 1978 年以来广州旧城的空间演化特征。

功能布局方面，旧城 $54km^2$ 范围内的未开发用地被迅速填充，至 2000 年代全部填充完毕。伴随着土地利用的扩张，城市用地功能结构也发生变化，表现为居住与工业用地比例的下降与公服、绿地、道路等用地的大幅上升。从传统商业中心布局看，在 1978 年基础上逐步演变形成了三级商业中心体系，并呈现明显的东移趋势，一些传统的大型商业中心如人民南路—长堤、海珠广场等地位逐步下降。从商务中心布局看，1978 年前广州旧城的商务中心已逐步从沙面、长堤、北京路一带东移到了海珠广场、流花湖、环市东一带，1978 年后进一步沿主干道路发展，形成了环市东、东风路等大量成熟商务设施区，并呈现高度线性分布特征。从居住功能布局看，1990 年代以来广州旧城人口基本稳定在 200 万人左右。2000 年代之前人口分布呈现以荔湾老城与越秀老城为核心的圈层式递减特征，2000 年代之后随着人口重心向东迁移，圈层递减特征有所减弱。从制造业功能布局看，历史旧城内的大量小型工业点被置换更新，历史城区外的许多工业区也被逐步置换开发。

形态格局方面，本书通过城镇平面分析的方法识别出旧城内各个时期的建成建筑。应用 Arcgis 技术对 1978 年形态单元的“更新率”进行定量评估。以此为基础，分别对 1949 年内建成区与 1949 ~ 1978 年建成区内的形态单元演变特征进行逐一分析。研究发现，1949 年建成区内的形态单元在小规模渐进式更新改造模式主导下，可分为少量更新（更新率 <30%）、局部更新（更新率 30% ~ 50%）、大量更新（更新率 50% ~ 70%）、整体更新（更新率 >70%）4 种类型。1949 ~ 1978 年建成区内的形态单元在自主更新改造与功能置换模式主导下，在原有产权边界内进行逐步更新。在此基础上，本书重新划定了 2010 年形态单元与形态区域，并以此揭示了广州旧城圈层式形态格局演化特征。

利用形态分区的方法，本书还对广州旧城的历史形态格局进行了研究。通过对明清古城、历史街区、基于形态单元的建筑高度分析等研究，揭示了广州旧城历史形态格局在快速城市化过程中所面临的危机。

04 第4章 1949年以来广州旧城形态演变的总体规律

4.1 整体形态格局的演变规律

根据前文分析，1949年以来广州旧城呈现了圈层式形态格局的演变特征。这一特征与康泽恩定义的城市边缘带（Fringe Belts）概念有一定的符合性。本书以这一概念解析广州旧城的形态格局演变过程。

按照土地用途的不同，西方国家的城市存在着两种截然不同的城市形态，即以商业用途为主的城市中心商业区（CBD）和低居住密度的住宅区（Suburb）。康泽恩认为除此之外存在着另外一种重要的形态，即城市边缘带，其主要的特征就是比其他两种城市形态有着更高的开敞性和更低的建设密度。他认为城市边缘带是在发展暂停或者非常缓慢的城镇边缘形成的，是由最初选址在（城市）外部位置、有明显混合用途特征的土地单元组成的带形区域；这一区域的土地使用者大部分是对大地块用地有高需求的机构，如学校、医院、政府，还有资金实力雄厚的开发商等[1]。城市边缘带的位置是相对变化的。在城市扩展的过程中，早期的城市边缘带就有可能

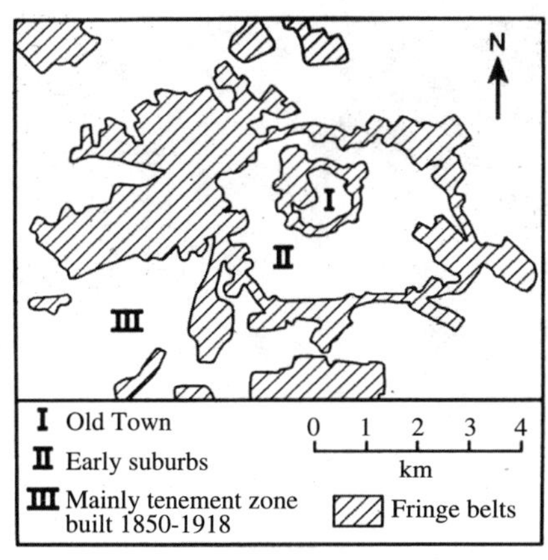

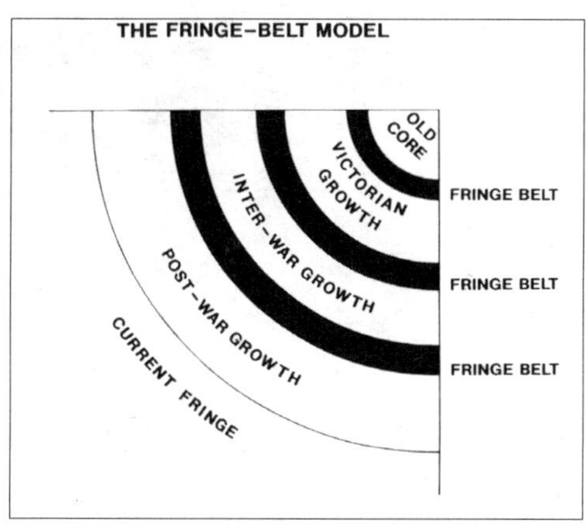

图4-1 康泽恩城市边缘带的概念与研究

[1] Conzen M P. How Cities Internalize Their Former Urban Fringes: A Cross-Cultural Comparison[J]. UrbanMorphology, 2009, (13): 29-54.

被后来的城市扩张所吞没，或者城市扩张跳过城市边缘带，在城市边缘带以外区域继续进行。这构成了对城市边缘带变化重建过程研究的重要基础。不同时期的城市边缘带形态呈现出套环状，以城市为中心向外发展。城市边缘带的形态特征在康泽恩对 Alnwick、Newcastleupon Tyne，怀特汉德（Whitehand）对英国 Tyne 河沿岸的大都市圈研究中都得到验证。怀特汉德以 Newcastle 为中心，形成了内、中、外三层 FB，且呈环状。这一现象被 M.P.Conzen 具体化为“与特定历史时期相关联的套环状结构”。

城市边缘带概念从城市形态角度解释了单中心城市圈层式形态结构存在的状况。从宏观形态空间看，城市边缘带主要的用地类型包括教育、医学、军事、中央或地方政府、研究、游憩（包括俱乐部和公共开敞空间）、宗教（包括丧葬用地）和一些大型的住宅区，其整体形态具有更高的开敞性和更低的建设密度。从微观形态看，城市边缘带具有三个细化的形态要素：地平面、建筑形态、建筑与土地使用，即在这三个形态要素方面城市边缘带具有与核心建成区显然不同的差别。根据这些形态特征，结合前文对广州旧城形态演变分析，可以看到广州旧城在形态扩张过程中存在两个城市边缘带。

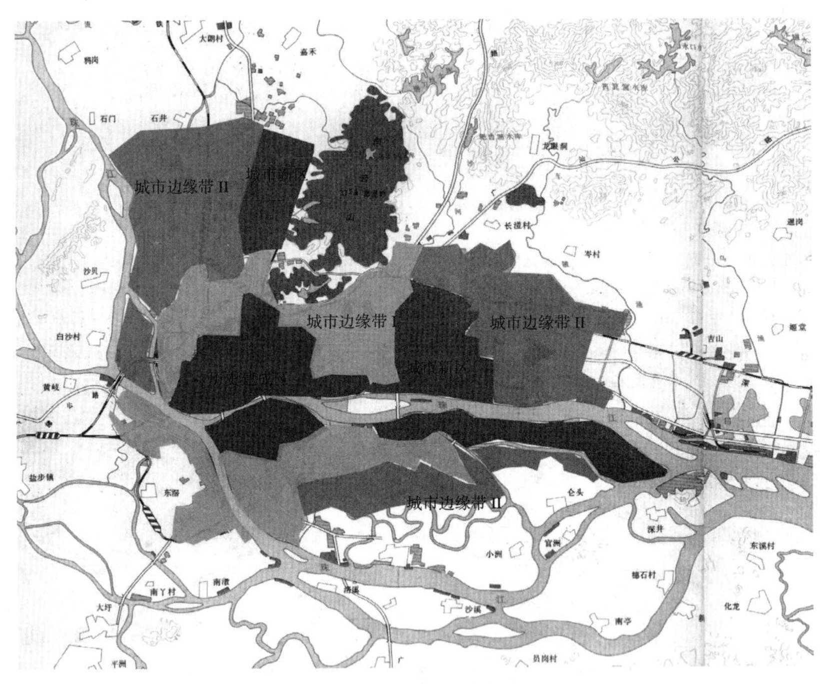

图 4-2　广州中心城区城市边缘带的形成特征

（1）城市边缘带 I

城市边缘带 I 是 1949 ~ 1978 年围绕 1949 年历史建成区而形成的圈层式城市形态地带。1949 年前，土地私有制度与近代以竹筒屋类型的商住建筑共同促成了广州旧城核心的“形态基底”。城区被较规整的道路划分为面积不大的街区，街区内以竹筒屋为主的传统建筑产生了开间 4 ~ 5m、进深 7 ~ 20 多 m 的产权地块。这种组织方式造成了当时广州旧城高密度、低强度、均质化的形态特征。1949 ~ 1978 年，以各类单位用地、工厂用地与公有房住宅用地为主体划拨用地围绕 1949 年历史城区而形成新的圈层。从用地功能上，城市边缘带 I 与康泽恩定义的城市边缘带比较相符，即以用地面积较大的公建设施与政府办公设施为主。据统计，至 1978 年城市边缘带 I 内共含有这些类型用地约 $11.2km^2$，其中单位用地、工业用地与公有房住宅区的平均用地面积分别为 $15hm^2$、$12hm^2$ 和 $7hm^2$。这些大面积产权地块形成了许多面积 $10hm^2$ 以上的大型形态单元。大产权地块分割了城区原有形态肌理，并使这个地带具有更高的开敞性和更低的建设密度。其商业界面系统连续程度不高，城市街巷系统更为不完整，建筑肌理布置也存在很大差异。

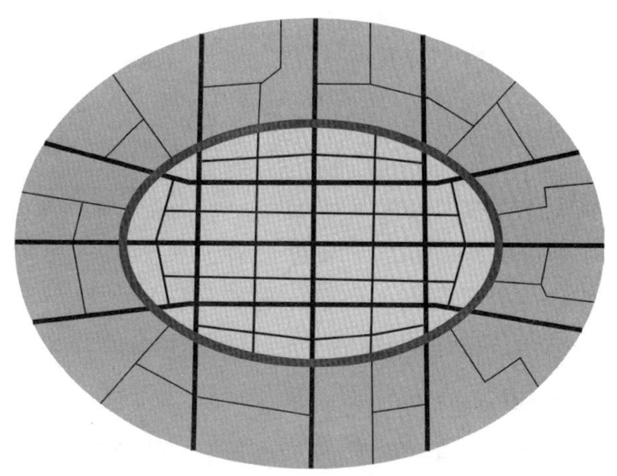

图 4-3　历史城区与城市边缘带 I 形态单元关系示意

图 4-4 显示了按照 2010 年形态单元边界统计的容积率值情况。图中可以看到 1949 年建成区内部的容积率相对较高，而 1949 ~ 1978 年建成区的容积率相对较低。这一状况印证了城市边缘带更为开敞与更低强度的形态特征。

图 4-4　广州旧城按 2010 年形态单元统计的容积率（FAR）情况

（2）城市边缘带 II

1980 年代末广州中心城区向东发展，逐步开发了天河新区、珠江新城、滨江东地区与白云新城地区，在 1949 年历史建成区的东部形成了一个经过严密规划的新城建设地区。新区路网规整、强调秩序，与历史建成区及城市边缘带 I 形态又有很大差异。城市边缘带 I 在以自主更新为主的模式中，逐步成为联系两个形态核心地区的过渡区域。

在城市建设新区的同时，其周边地区由于未纳入统一收储建设，同时又受到新区建设的带动辐射，呈现以村集体用地的工厂与村庄等为主体的形态斑块，因而又形成了新一轮城市边缘带特征。城市边缘带 II 主要包括东部的东圃地区、南部的新滘路至仑头地区、北部的白云区华南快速干线以南地区等。这些地区以自下而上的自然生长发展为主，呈现由街道向内部逐步填充的无序扩展模式。大量的村庄聚落与厂房、商业设施混杂交织，形成城乡高度混杂的形态格局。

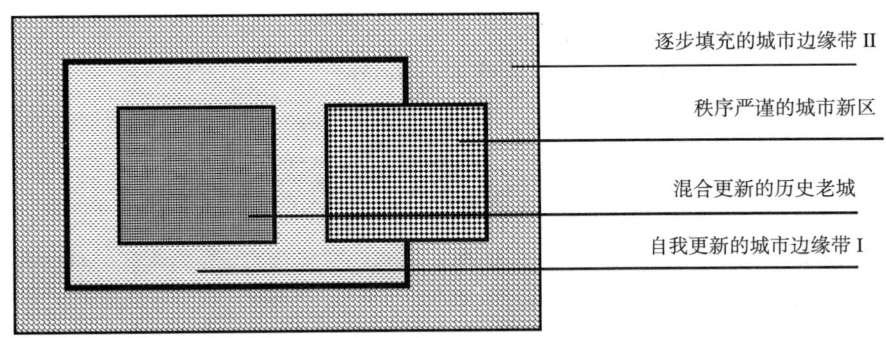

图 4-5　城市边缘带视角下广州旧城的形态演化格局

综上所述，广州旧城形态扩张过程中出现的两个城市边缘带，一个以计划时期的政府划拨用地为主导，一个以村庄建设用地为主导。它们共同围合住一个以混合更新的历史老城与一个秩序严谨的城市新区构成的城市形态内核。随着城市发展，城市边缘带 I 在自我更新为主导的模式下逐步更新演变，而城市边缘带 II 在城乡二元体制下快速填充。整个广州中心城区正是在形态内核与城市边缘带这样的圈层形态格局下进行不断演变，呈现块状跳跃式拓展与圈层式扩张相结合的形态特质。

4.2　形态单元的演变规律

4.2.1　形态单元的继承、演替与分裂过程

继承、演替与分裂是广州旧城形态单元演变的基本规律，揭示了其由量变而产生质变的自我发展过程。

（1）继承

“继承”是指在形态演变过程中对原有形态要素特征的保留。

形态演变的继承性首先体现在形态单元边界的继承性。从这一层面看，目前无论是 1949 年建成区内以街区为主构成的形态单元，还是 1949 ~ 1978 年建成区内以划拨用地地块为主构成的形态单元，都呈现出相对的稳定性。

其次是体现在形态单元内部的形态要素继承。在 1949 年建成区内，在小规模渐进式更新主导的形态演变过程中，旧城形态演变留下了深刻的历史印记。通过前文对广州旧城大量形态单元演变分析可以看到，形态单元所具有的基本形态要素中，“街道系统”与“用地性质”是最容易被保留的形态要素。无论是在更新程度较低的荔湾旧城，还是在更新程度较高的越秀旧城，在小规模渐进式更新演变模式作用下，大量历史街巷系统仍然被保留下来。而大量历史老城内的形态单元也保留了其原有的土地使用性质。“地块组织”是继承性相对较高的形态要素，虽然在更新过程中许多传统商住地块被重新组织，但在历史街巷系统被保留的情况下，基于道路的基本组织方式并没有改变。图 4-6 所示的 Ia1-16 形态单元案例是广州旧城典型的演变过程，在原有竹筒屋建筑地块被重新分割重组的过程中，地块的并列式组织方式并没有改变。“建筑类型”是继承性最少的形态要素。随着建筑技术的快速发展，中国城市各种类型建筑不断涌现。由于对旧城建筑风貌缺少有效管控，导致形态单元内部的建筑类型高度混杂。在广州旧城，甲级写字楼、高层商住楼、多层公有制住宅楼与城中村可以出现在一个形态单元内。因此，如果是从城镇平面分析角度看旧城形态单元呈现较强继承性的话，“建筑类型”要素的快速演变则造成了形态单元三维形态特征的剧烈演变，并给人的感知带来巨大影响。而在 1949 ~ 1978 年建成区内，在产权边界维系下的自主更新形态单元中，除“建筑类型”以外的形态要素都基本得以继承。

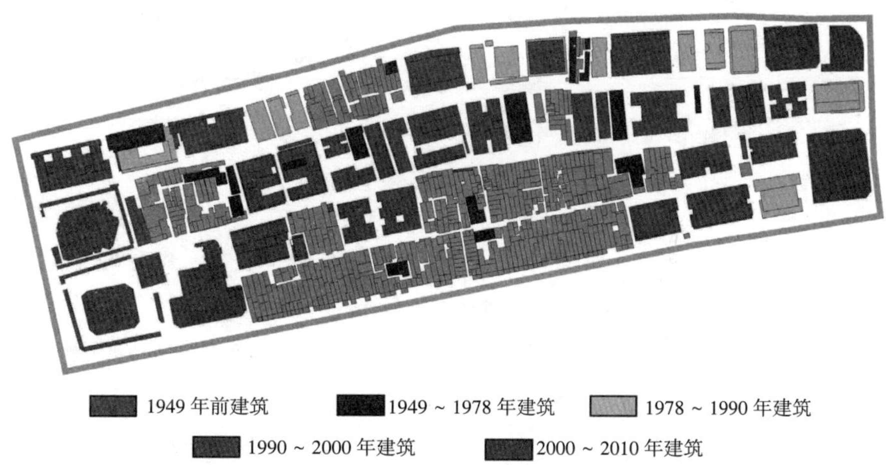

图 4-6　“长街式”近代传统商住区形态单元 Ia1-16 演变：并列式地块组织方式的继承

（2）演替

生物学对“演替（succession）”定义为“随着时间的推移，生物群落中一些物种侵入，另一些物种消失，群落组成和环境向一定方向产生有顺序的发展变化”。其主要标志为群落在物种组成上发生了变化；或者是在一定区域内一个群落被另一个群落逐步替代的过程。城市形态研究中的演替是指一种新的形态体逐步侵入旧的形态体，逐步由量变而产生质变的过程。

形态单元中“形态基底”与“形态更新地块”反映的正是侵入与演替的关系。在前文大量的研究分析中，我们可以看到在小规模渐进式更新过程中（如图 4-6），形态单元内部产生两种侵入与演替方式：第一，沿某一街道整排向内部的更新演替，主要发生在“近代传统商住区”形态区域中的“长街式商住街区”形态单元。在历史的长街巷被继承后，街区按照前后的顺序整排逐步向内推进；第二，沿四周道路周边向街区内部的渗透填充，主要发生在“近代传统商住区”形态区域中的“自由式商住街区”形态单元。在历史的自由式街巷被继承后，街区采取由区位价值较高的沿街地段向街巷内部深入的方式进行更新演替。

城市形态的演替说明了内生动力在演变过程中的主导作用。从系统发展的角度出发，城市形态的演替将遵循由低级向高级的不断演进过程。

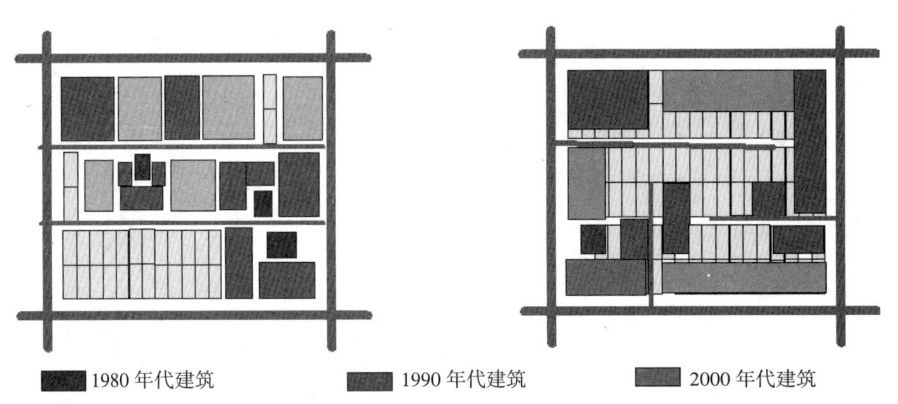

图 4-7 广州旧城“自前而后”与“自外而内”的两种演替模式

（3）分裂

分裂是演替的必然结果，在演替过程中，同类质体不断发生聚合而必然产生新的形态基本单元。运用城市生态学原理，我们可以把形态单元看为一个细胞，形态更新地块就如同其内部的染色体。在更新过程中，不同染色体的组合决定了细胞的类型。在一定环境下，同质染色体发生聚合，逐渐形成了一个新细胞所需要的染色体要素，那么原细胞就将产生分裂。随着城市的不断更新演变，城市形态单元也将经历内部“染色体”组合与部分细胞分裂的过程。因此，形态单元的演替与分裂实际是城市自我建立秩序的过程。

图 4-8 显示了一个形态单元分裂的典型过程。阶段一形态单元内产生了少量更新地块；阶段二更新地块增加但规模较小与类型分散，不足以形成新的形态单元；阶段三随着同类更新地块（D 区块）的集聚，形成了一定面积的同质形态区块，从而分裂出新的形态单元。从广州旧城目前的形态演变情况来看，阶段 I 主要发生在荔湾与海珠旧城，阶段 II 主要发生在越秀旧城的大部分地区，阶段 III 主要发生在一些商务商业区，如环市东地区等。总体来说，广州旧城内“分裂”而产生的形态单元还并不多，一方面是形态更新地块自发分布，过于分散；另一方面是在多数形态单元内部街巷系统被继承的情况下，形态更新地块没有可以依托的框架而形成一定面积的同质聚合地块。

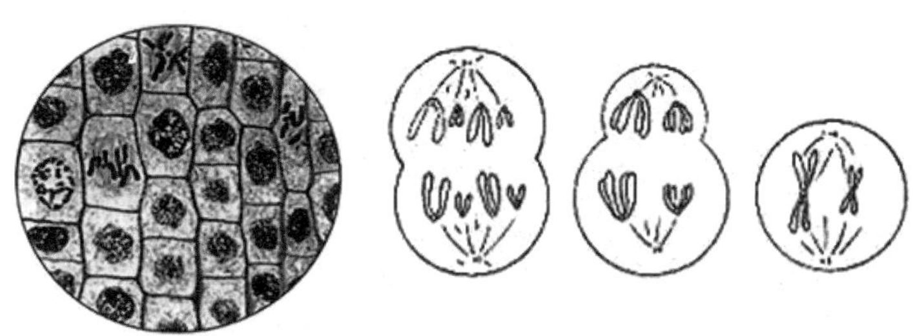

图 4-8　生物细胞的二分裂过程示意

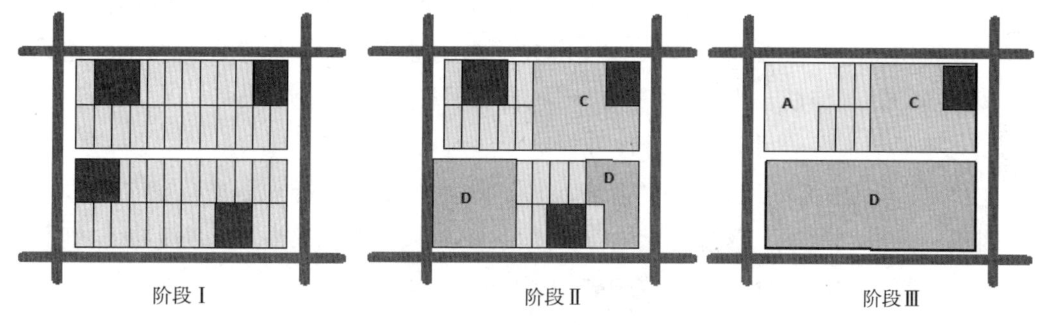

图 4-9　形态单元的分裂过程

4.2.2　形态单元的多样性趋势

多样性是城市的天性，是城市生机之所在。形态构成的多样性是城市生活现实的反映，它体现着城市生活的真实秩序。广州作为传统商业城市，多元文化带来的多样性一直是城市发展的本质特征之一，也促成了城市的无尽活力。根据前文分析，1949 年以来广州旧城的空间发展趋于复杂与多元化，其空间形态的多样性也呈现一定的特征趋势。

现代形态学认为，物质形态空间的多样性主要来自于地块细分及其建筑肌理带来的差异性。西方国家中，地块细分是规定私人财产并最终限制建筑大小与组织的前提因素，建筑的组织及其功能混合程度是城市多样性的直观表现。基于形态分区理念的形态分析，可以从形态单元、地块、建筑视角研究形态的多样性特征。

（1）基于形态单元尺度的多样性分析

形态单元是构成空间形态的基本因子，形态单元的面积规律可以反映空间形态基本的多样性构成空间。萨林加罗斯曾针对研究城市的大街区、中街区和小街区测算空间分布特征与帕累托分布的相对距离，以反映城市街区的多样性特征与合理性。本书设计了根据形态单元面积测定的多样性指标，以此测定广州旧城多样性特征。

$$p^2=\frac{1}{n}\sum_{i=1}^{n}\left[\frac{s_i-s_{\mathrm{ave}}}{s_{\mathrm{ave}}}\right]^2$$

其中，p 为形态单元多样性指数，S_i 为第 i 的形态单元的面积，S_{ave} 为全部形态单元的算术平均值。S_i 值越大，说明形态单元的差异性越大，当所有形态单元面积一致时，p 值为 0。本文对 1949 年、1978 年、2010 年三个年份的形态单元进行测定，发现 p 值分别为 0.54、0.86 和 0.97。

测定数据表明，1949 年以来广州旧城的形态单元面积差异性逐步增加，即形态单元层面呈现多样化趋势。1949 年形态单元因为大部分以街区划定，街区面积相对接近，距离平均值的波动相对较小；1978 年 p 值迅速增加的原因是大量行政划拨产生的大面积产权地块，使距离平均值的波动幅度迅速提升；至 2010 年 p 值继续增加的原因是在旧城内分裂出部分小面积形态单元，使得波动幅度继续增加。形态单元面积的差异影响了其内部的形态构成，也促成了广州旧城现状多样化形态格局。

（2）基于地块细分尺度的多样性分析

地块是限定建筑大小与布局的基本单位，地块的细分状况也是造成城市多样性的重要因素。一般情况下，形态单元内部产生的细分地块越多，形态多样性特征越明显。本书设计了基于地块细分的 L 指数来进行多样性评估。

$$L=\frac{1}{n}\sum_{i=1}^{n}\left[1-\frac{s_\mathrm{i}}{s_{\mathrm{obj}}}\right]^2$$

其中，L 为基于地块细分的多样性指数，S_i 为选定区域的细分地块数量，S_{obj} 为选定区域面积。L 值越趋近 0，则所选区域多样性越高；越趋近 1，则所选区域多样性越低。

本书以一个街区为例计算其演变过程中的多样性指数变化。如图 4-10 所示，1949 年一个由竹筒屋构成的典型街区中，共有 48 个竹筒屋，每个占地 28m^2（3.5×8），街区面积 1800m^2。计算其 L 值为 0.019。阶段 2 部分更新后，地块减少为 34 个，L 值上升为 0.028。阶段 3 地块减少为 8 个，L 值上升为 0.12。

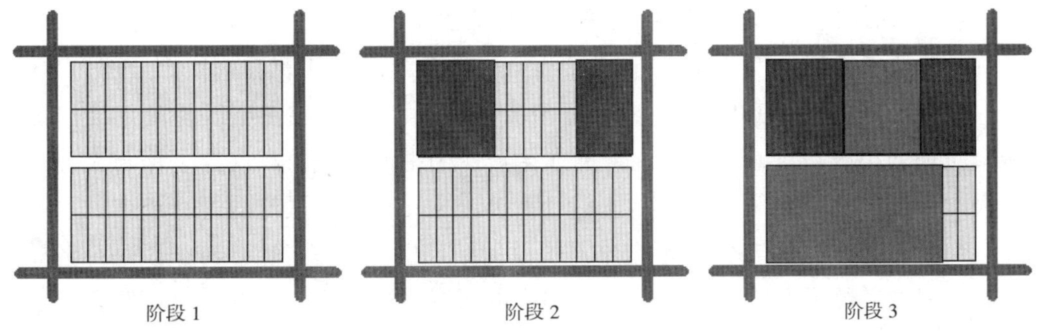

图 4-10　典型街区细分地块演变与 L 值测算

从以上分析可以看出，1949 年广州旧城小地块均质化形态格局内拥有最高的多样性。在小产权地块限定内，土地拥有者可以根据个人情况建设有差异的建筑，因而街区内部空间比较丰富。1949 ~ 1978 年的划拨用地形态单元拥有最低的多样性，大面积地块使 L 值趋近于 1。1978 年以来的小规模渐进式更新使形态单元的 L 值有所上升，但由于地块较小，总体能保持应有的多样性特征。

（3）基于建筑尺度的多样性评估

建筑是城市多样性感知的直接物质空间实体。建筑尺度层面的多样性表现在建筑功能、建筑肌理与建筑风貌的混合。良好的城市形态可以在建筑多样性与美学中获得平衡，即在多元混合中获得真实的城市美感。Serge Salat 认为，拥有建筑大小逆幂定律的建筑类型分布是合适的建筑多样性，即少数作为地标的超大型建筑，更多中等规模建筑与大量构成城市肌理的小型建筑（Serge Salat，1998）。同时建筑大小的多样性与功能的多样性同比例提高，即大型建筑往往具有更高的功能复合型。

1949 年广州旧城以竹筒屋构成的传统街区由于建筑类型与尺寸的单一，使得其建筑风貌比较单一，多样性并不高。建筑功能以住宅为主，在有骑楼街的部分实现了商住功能的混合。1949 年后随着城市快速更新，各类型建筑被植入原有的城市形态后，建筑的多样性大大增加。图 4-11 显示了环市路某形态单元的建筑多样性特征，单元类主要建筑类型包括传统竹筒屋、7 ~ 9 层住宅区、7 ~ 9 层商住楼、高层住宅塔楼、商业裙楼与

图 4-11　环市路某形态单元建筑构成

大型商场、高层商务办公楼、公共建筑（主要是学校与单位用地）7 种类型。运用 GIS 软件统计，该形态单元内总建筑量约 52 万 m^2，6 类建筑的建筑面积比例分别为 20%、31%、4%、20%、9%、13%、3%。若将传统竹筒屋、7 ~ 9 层住宅区与商住楼作为构成城市肌理的小型建筑，高层塔楼与商业裙楼作为中型建筑、高层办公楼与大型商场作为大型建筑，三者比例约为 3.4：1.8：1，接近 Serge Salat 认定的逆幂规律。本书对另外 9 个更新率 30% ~ 70% 的形态单元统计的结果也基本符合这一特征。这种情况显示，广州旧城多数形态单元在小规模渐进式更新下建筑功能配比总体呈现符合逆幂定律即接近帕累托分布的状态。

综上三个层面的分析，1949 年以来广州旧城形态单元的面积与建筑尺度总体呈现更为多样化的趋势。形态单元内部的细分地块虽然由于划拨用地与地块重组削弱了多样性的可能，但小规模渐进式更新整体保持了多样性的基本特征。多样性是城市内生动力发展的重要体现，形态单元内部建筑功能配比呈现的逆幂定律实际是城市系统自相似分形的结果（第五章详述）。未来如何通过以上三个层面的调控引导城市形态发展，保证多样性与空间秩序达到平衡，是城市规划调控的重要方向。

4.2.3 形态单元的周期性演进

西方城市形态学普遍认为城市形态存在周期演变规律。目前以租地权周期为核心的租地权分析已经发展成为国际上公认的一种城市形态学研究方法，同时也衍生出相应的微干预规划设计方法。康泽恩研究了个体住宅产权地块内的建筑填充方式，提出

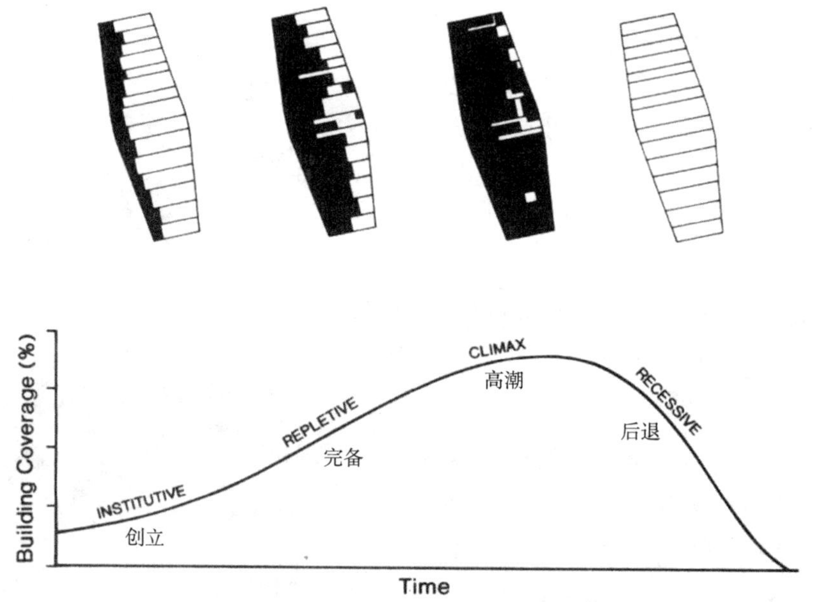

图 4-12 康泽恩基于产权地块填充的租地权周期研究

资料来源：M. R. G. Conzen . Alnwick，Northumberland：a study in 2town plan analysis，Institute of British Geographers Publication（1960），No.27.

完整的租地权周期涵盖从中世纪的创始阶段到现代贫民区或者中心区重新开发清除的终止阶段这一全过程，它由创始阶段（institutivephase）、填充阶段（repletive phase）、高潮阶段（climax phase）和衰退阶段（recessive phase）组成，最终演化成城市闲置地（urban fallow），并为下一周期作准备，租地权在这 4 个阶段呈现出彼此截然不同的形态学特征 ❶。

广州旧城的更新活动客观呈现出一定的周期波动特征。1949 ~ 1978 年间，广州 1949 年建成区内建设活动较少，只有少量的单位、工厂更新地块，可以看作是“形态原型”的初期渐变；1980 年代，随着市场经济的初步建立，旧城更新的速度逐步加速；1990 年代，在土地经济热涨与政府干预较少的情况下，旧城更新进入高速阶段，城市形态产生激烈变革；2000 年代，在政府控制引导下，旧城更新速度放缓，并引来新一轮的改造周期。本书根据历年广州旧城的更新建筑量，绘制了 1949 年以来旧城更新与城市形态演变的波动周期示意图（图 4-13）。图中显示，第一周期起于 1949 年，在 1998 年达到了峰值区，2005 年左右又回落到峰底而结束，2010 年则进入了下一个周期的前期。在经历了第一个周期的渐变与突变过程后，广州旧城形态格局已经进入了下一个周期状态。整个旧城正是在一个传承与变化不断叠加累积中实现周期发展的动态过程。

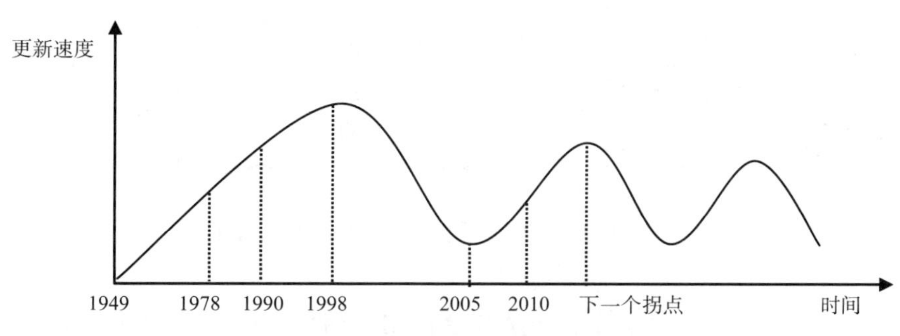

图 4-13　广州旧城形态演进周期示意

由于土地制度的差异，中国的旧城地区不适合在个体产权地块内进行建筑填充的周期性研究。但是对于一个边界稳定的形态单元，其更新周期规律是客观存在的。在对广州旧城大量形态单元进行城镇平面分析基础上，本书提出其演变主要遵循了形态原型、初期填充、加速阶段、高潮阶段、衰退阶段 5 个过程。下面以图 4-5 所示的“长街式”近代传统商住区 Ia1-28 形态单元的演变周期过程进行案例分析。

（1）形态原型阶段。Ia1-28 形态单元位于一德路地区，原有古玉带濠与南濠通过，所以形成了东西向的长街式路网。1949 年前该形态单元内主要以竹筒屋为主，内有三条东西向内街，呈现高建筑密度、低容积率的均质性特征。

❶ 段进，邱国潮 . 租地权周期与微干预规划设计 [J]. 城市规划，2010（08）：32-35.

（2）初期填充阶段。1954～1978年期间形态单元内部进行了零星的更新，在自住改造模式下少量建筑进行改造，少量地块进行兼并，形成稍大的住宅建筑。

（3）加速阶段。1978～1990年期间，随着一德路地区传统商贸业的恢复，沿主干道路周边逐步出现了多个“形态更新地块”，主要是7～9层的商住建筑，一般一层设商铺而上面为住宅。

（4）高潮阶段。1990～2000年期间，受北侧与东侧商业街带动，北侧与东侧的建筑进行了大量更新，“形态更新地块”基本充满原形态原型地区，南侧街巷保留相对完整。

（5）衰退阶段。2000～2010年期间，城市更新活动明显减少，主要在东西两侧路口区位建设了大型综合体与办公楼，内部传统建筑改造较少。

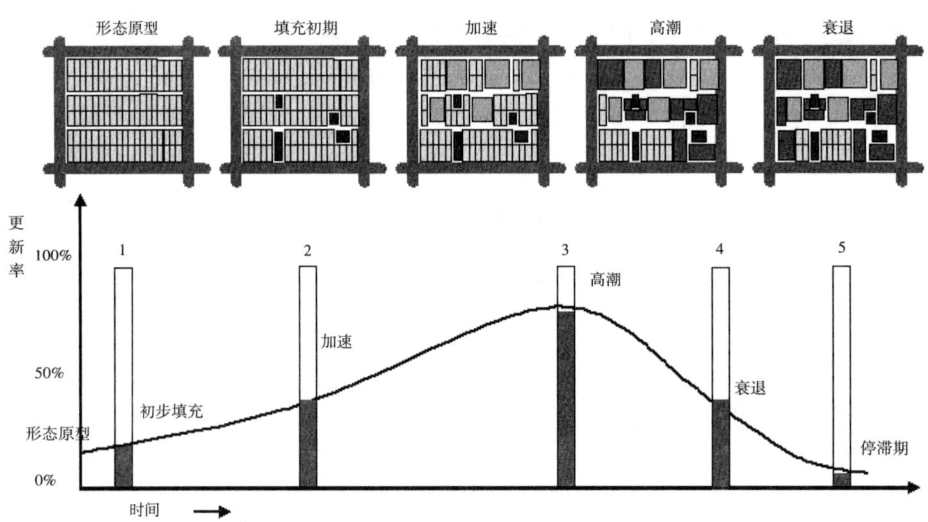

图4-14　广州旧城形态单元更新周期示意图

广州旧城形态单元的周期性规律是综合作用的结果。市场力驱动下城市更新活动不断增加，但拆迁补偿、政府控制等方面带来的社会阻力也使改造难度与日俱增。在演变初期可以通过7～9层商住楼实现更新，但中后期则需要依靠高层住宅与商业综合体等更高竞租能力的物业实现更新。随着区位较好、地值最高的地段最先更新完毕，剩余区位较差的地区改造难度越来越大，因此更新速度经历了波峰阶段后将逐步下降并趋于停滞。当物业的预期竞租水平达到更新改造的临界值后，新一轮的更新周期可能又将开始，更新的对象将是保留下来区位价值相对不高的1978年前的旧住宅和1980年代建设的区位较好的7～9层商住楼。随着历史的演进，这样的自组织更新循环将不断进行。

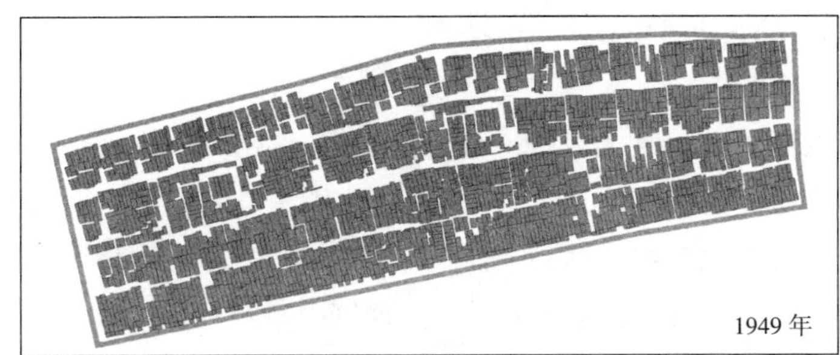

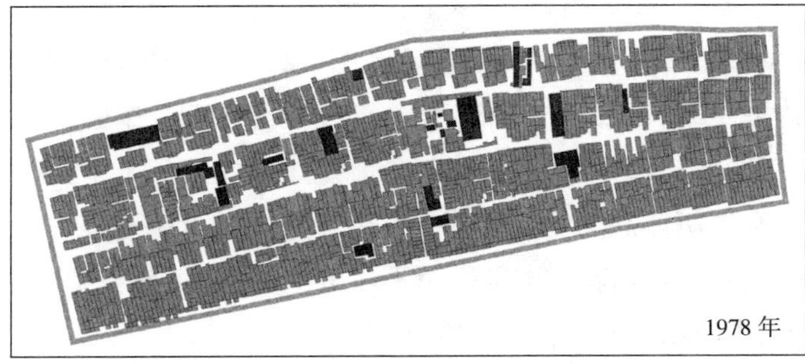

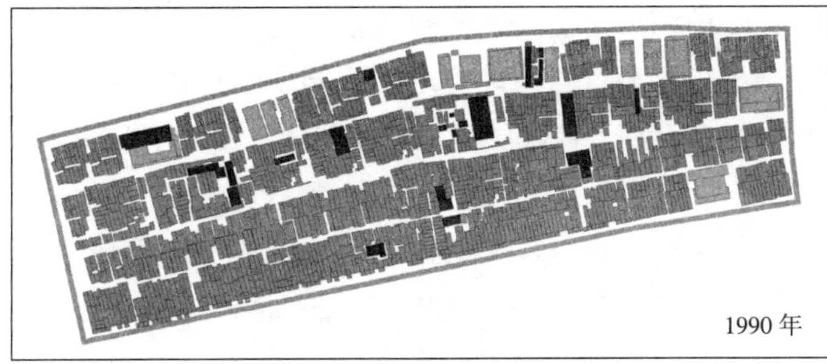

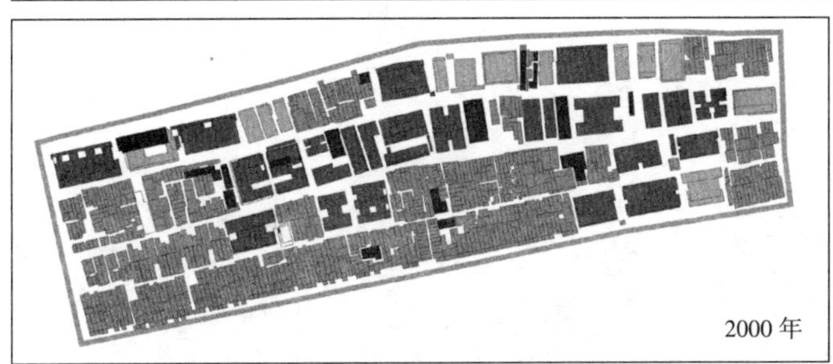

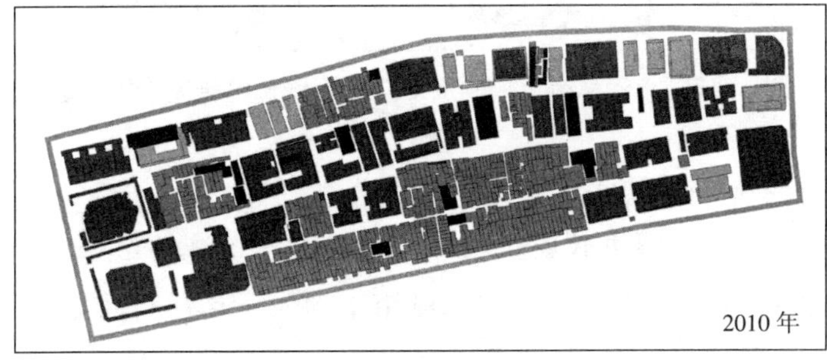

1949 年前建筑　1949 ~ 1978 年建筑　1978 ~ 1990 年建筑　1990 ~ 2000 年建筑　2000 ~ 2010 年建筑

图 4-15　“长街式”近代传统商住区形态单元 Ia1-28 演变周期示意

4.3 产权地块的演变规律

康泽恩认为以地块（plot）及其内部建筑是城市形态的基本构成单位[1]。长期以来西方现代城市形态学研究关注两个方面：第一是地块组织及其构成的街廓（block）尺度与模数关系；第二是地块内部的建筑填充。在西方形态学研究中，地块（plot）边界一般按照土地产权界定。土地产权是关于土地财产的使用、过渡和获取收益的权利。产权经济学大师阿尔钦认为："产权是一个社会所强制实施的选择一种经济物品的使用的权利"[2]，这揭示了产权的本质是社会关系。土地产权制度在西方国家作为历史渐进演变的结果，长期以来处于较为稳定的状态，并对城市形态产生深远影响。中国自西周建立井田制以来，经历了土地私有制、公有制计划经济与公有制市场经济三个主要时期，产权制度的变化深刻反映了社会经济体制的内在变革。在中国快速城市化进程中，土地产权边界并非一个稳定要素。它往往伴随着城市发展而不断重组变更，并深刻影响了城市空间形态。

（1）土地私有制下的均质性小地块划分

中国自西周直至新中国成立前一致实行土地私有制度，私人和政府可以拥有土地并进行自由买卖，土地市场高度自由。土地私有制度与近代以竹筒屋类型的商住建筑共同促成了广州旧城1949年的"形态原型"。竹筒屋建筑产生了开间4 ~ 5m、进深7 ~ 20多m的小型产权地块。产权地块之间存在兼并、整合等情况，但都是基于个体地块的局部调整。因此，土地私有产权制度下的产权地块造成了广州高密度、低强度、均质化的形态基底。产权地块的标准化布局使得街廓形态肌理富有规律。

规整式街区

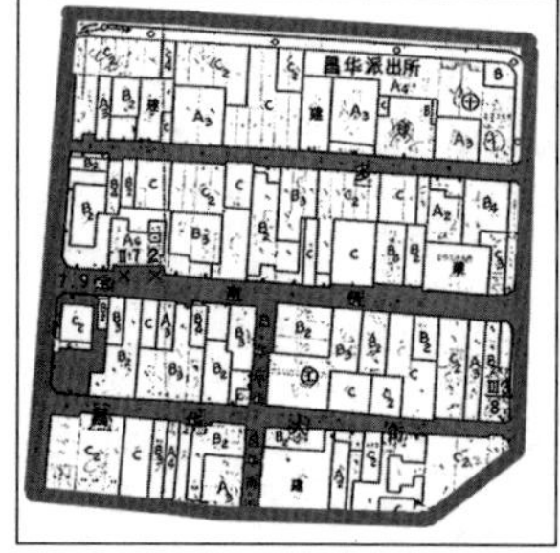

自由式街区

长街式街区

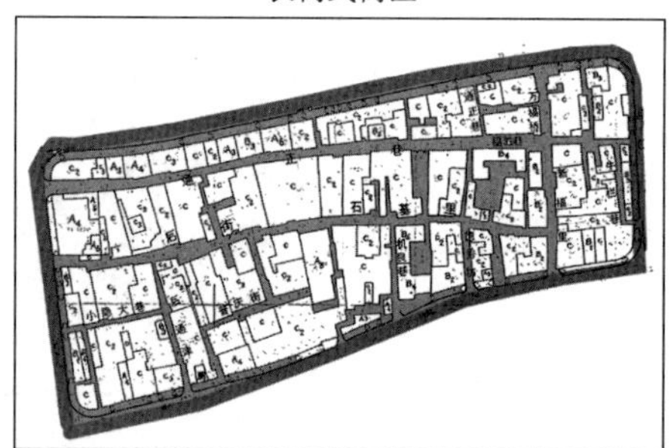

图 4-16　土地私有产权制度下广州旧城三种传统街区形态

（2）计划经济体制下条块式大产权地块划分

1949年新中国成立后中央政府进行了社会主义土地改革，建立了农村与城市土地二元制度。在整个计划经济时代，中国城市土地实行单一行政划拨制度，按照行政

❶ 谷凯．城市形态的理论与方法：探索全面与理性的研究框架[J]. 国外规划研究，2001，25（12）.

❷ 陈鹏．中国土地制度下的城市空间演变[M]. 北京：中国建筑工业出版社，2009：96-97.

资源计划式配置土地。广州城区在这个时期以行政划拨方式划出了各类用地共计约 11.2km^2，主要分布在当时的城区周边，形成了一个围绕私有产权制度下形成的历史城区的划拨用地圈层。土地划拨制度彻底否认土地的商品属性，因此按照行政组织配给的多数用地面积都偏大。按 1978 年广州城区内产权地块统计，单位用地、工业用地与公有房住宅区的平均用地面积分别为 15hm^2、12hm^2 和 7hm^2。这些大面积产权地块都施行封闭式管理，条块式布置，形成了许多面积可达 40 ~ 50hm^2 的大型形态单元。这种大产权地块下的城市形态演变严重割裂了城区原有形态肌理。由于不受土地经济价值制约，划拨用地往往存在低效使用问题。如广州城区内工业用地的平均容积率不到 0.6%。在产权地块内要组织办公、宿舍、食堂、运动场地等多项综合功能，势必影响地块的紧凑开发与集约利用。改革开放后，由于对划拨用地产权属性界定的不清晰，使得大部分划拨用地仍在原产权地块边界内进行自我更新，使得城市的空间形态肌理没有能够恢复，旧城形态存在明显的空间固化特征。

（3）市场经济体制下产权地块的重组

改革开放后广州土地市场经济制度逐步建立，土地招拍挂制度与收储制度日益完善，为土地产权的重组奠定了基础。在经历了 1980 年代的街区成片综合改造、1990 年代的以路改建带动改造、危房小组团改造后，广州逐步形成了一套以小规模地块逐步滚动改造的模式。如图 4-16 所示的中山路街区，1978 年该街区除有省林业厅、荔湾区政府与 4 个小型工厂产权地块外，仍是一个以竹筒屋类型建筑为主的传统街区。1990 年代初随着中山路改造，政府开始对沿线土地进行分割与出让，首先进行了沿路一层皮式的更新开发。由于街区内部住宅密集，区位价值相对较低，为促进其更新改造开发，政府将待改造的地区划分出十多个 5000 ~ 20000m^2 的小型地块，逐块征地拆迁与出让改造。至 2010 年该街区沿主要道路的地块基本更新完毕，但街区内部仍有拟更新地块未能实施。

小规模产权地块重组改造是市场、制度与社会力作用下多元平衡的结果。广州在 1980 年代推行街区成片综合改造过程中发现，一次性划定过大面积的征地改造区域会面临诸多问题，如前期投入资金过高，拆迁户过多，临时安置成本过高等。金花街改造就因此而中途停滞。小规模地块改造使滚动开发成为可能，具有更强的可操作性，因而成为最主要的更新方式。然而，小规模产权地块重组正是导致广州旧城目前高密度、高强度、高度混杂城市形态的主要原因。其在城市形态演变方面的主要问题是：第一，在产权地块内开发商为地尽其用，往往采用裙楼商业加高层住宅的高容积率复合型开发模式，这导致了街区总体开发强度过高；第二，政府在产权地块分割时多依靠原有街巷系统，没有建立内部微循环支路系统，导致高强度开发下交通疏解的巨大压力；第三，街区更新缺乏针对产权地块的控制引导，导致各地块建筑形态不协调、公共交往空间不足、环境压抑；第四，开发时序往往先易后难，导致改造时间过长，内部街区更新难度大。

图 4-17 显示了不同产权地块处理模式下的形态单元特征，可以看到“小规模产权

地块重组主导下的更新”与“产权地块维系下的更新”成为广州旧城内影响形态单元的最主要方式。因此，这两种产权处理方式的调整也将直接影响形态单元的演变发展方向。

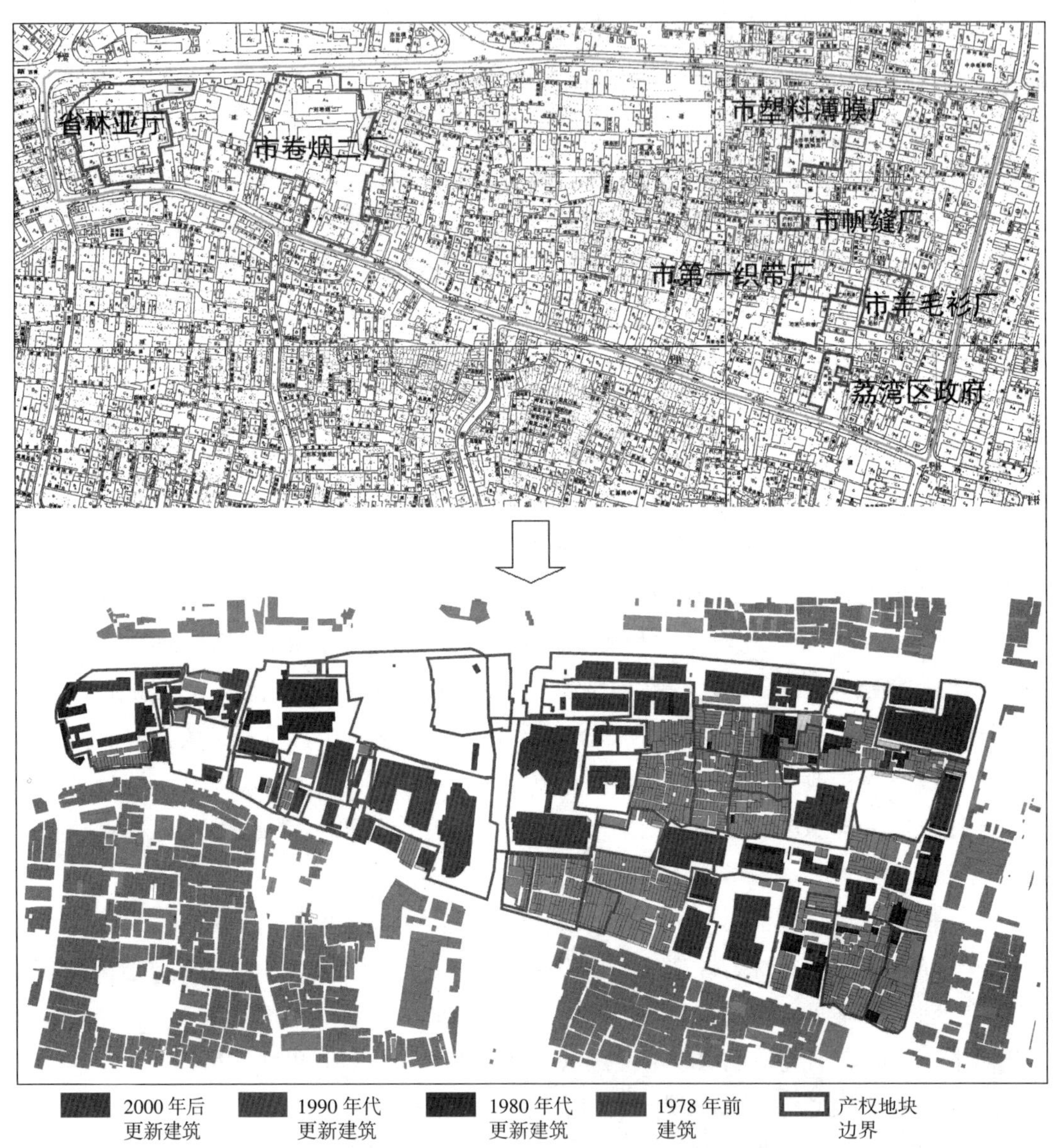

图 4-17　中山路 IIIf2-15/16、IIIf1-55 形态单元的产权地块分割与形态演变

（上图为 1978 年，下图为 2010 年）

资料来源：根据 1978、2010 年 1：2000 地形图与产权信息绘制

综上所述，广州旧城在不同土地产权制度下进行的土地产权地块划分与组织，深刻影响了城市形态的演变发展。在土地市场化制度下，对原有均质性的小产权地块进行重组整合是必然的趋势。“产权地块、街廓、街道系统”已经成为西方网络式城市形

图 4-18　2010 年广州旧城不同产权地块调整模式下的形态单元

态的基本研究要素，中国城市的产权地块正处于重组的不稳定期，因而对产权地块的规划控制必然是影响城市形态演变的重要手段。

4.4　城市形态演变中的形态框架特征

“形态框架”（morphological frame）是康泽恩提出的重要概念。康泽恩认为在城市形态构成要素体系中，有一些能够延续并影响制约后续形态发展的要素。通过城镇平面分析，康泽恩认为“地块边界”和“道路系统”是相对稳定从而能构成形态框架的要素，即便城市环境产生了变化，“地块边界”和“道路系统”仍可在新的形态中找到痕迹[1]（康泽恩指的“道路系统”是指平面类型单元外部的城市道路系统）。

那么广州旧城的形态演变中是否也存在形态稳定存在的形态框架要素呢？通过前文的演变分析，可以看到“地块边界”对于广州旧城来说也并非一个稳定的要素，因为土地制度的变迁造成了产权地块的大量重组。因而只有道路系统（主要指形态单元外部的城市路网系统）是相对稳定存在的，它也构成了形态单元的主要划定依据。

[1] M.R.G.Conzen. Alnwick，Northumberland：A Study in Town-Plan Analysis[J]. Transaltions and Papers（Institute of British Geographers），1960.

4.4.1 历史道路系统的继承

尽管1949年以来广州旧城经历了快速的城市更新，但整体继承与延续了1949年以前的历史道路系统。根据不同时期的路网形态特征，可以分为以下几种类型。

（1）明清时期城墙范围内的路网。其路网主次分明、结构完整，是典型的清代府城的街道格局。其主干道路采用了“十字—丁字形”布局结构，从各主要城门延伸入城，构成广州古城的主要街道结构。这些历史街道主要分布在现越秀区内，其中东西向主干街道有连接大东门与正西门的惠爱路（今中山路）；南北向主干街道有自大北门经归德门直至五仙门的拱辰坊—小东街（今解放路），自小北门至惠爱路的小北直街（今小北路）、仓边街（今仓边路），自永清门经大南门直至惠爱路的双门底街—大南门直街（今北京路），自定海门经小南门直至惠爱路的番禺直街—定海街（今德政路）。

（2）民国时期拆墙建路形成的路网。广州的清代城墙分为内城与外廓，其走势顺应北侧越秀山、东侧的东濠以及南侧的珠江而呈现出较为自然的形态。民国初年开始，广州市政府陆续拆除了明清时期形成的城墙，利用城基修建新式马路以改善交通。民国期间利用内城西段城基修建成的马路有盘福路—人民北路—人民中路，利用东段城基修建成的马路有越秀北路—越秀中路，利用南段城基修建成的马路有大德路—大南路—文明路。民国期间利用外廓西段城基修建成的马路是人民南路，利用东段城基修建成的马路是越秀南路，利用南段城基修建成的马路有一德路—泰康路—万福路。这些道路主要分布在现越秀区内，它们是民国时期广州的主要城市街道，也反映了清代广州古城城廓的形制特征，是广州历史街道结构的重要组成部分。

（3）近代形成的方格网路网。多是1930年代经过统一规划后建成的，主要分布在西关与沙面两个地区，其中西关地区主要有文昌路、宝源路、多宝路等，沙面地区有沙面大街。

（4）与历史水系相关的路网。受历史水系形态与演变的影响，一些历史街道呈现出独特的结构形态，这部分路网主要由以下三类街道组成。首先是随着珠江岸线不断南移而形成的东西向沿江长街，如唐代形成的大市街（现惠福西路）、沿江路等。其次是清末为利于码头货物运输而垂直珠江方向发展起来的南北向道路，它们主要分布在珠江北岸，如桨栏街、十八甫南路、堂鱼路等。最后是原濠涌淤积后形成的道路，如由玉带濠淤塞后形成的濠畔街、西濠淤塞后形成的后冲街，以及西关涌淤塞后形成的龙津路等。

应该看到，虽然历史街道系统保留为保存旧城历史肌理创造了“框架”基础，但街区内部的微循环缺失、支路网密度严重不足与不畅也引发了巨大的交通压力。据统计，2010年旧城区支路网密度约为4.6km/km^2，低于一般中心区的6～10 km/km^{2}的经验值[1]。加上广州干道均采用连续流的建设模式，导致旧城区内部的连通度较差，大部

[1] 数据引自《广州市综合交通规划2011-2020》（2010年编制）。

分地块之间的交通联系均需绕行，增加了周边支路或立交转换节点的交通压力，引发了周期性的交通拥堵。

旧城区支路网密度统计表　　表 4-1

行政区域	长度（km）	建成区面积（km^2）	道路密度（km/km^2）
荔湾旧城	52.9	11.5	4.6
海珠旧城	18.8	8.5	2.2
越秀旧城	96.4	16.5	5.6
总计	168.1	36.5	4.6

4.4.2 连续高架系统的植入及影响

为解决旧城区面临的巨大交通压力，广州在完善旧城内部道路同时，开始引入连续交通流与高架系统概念疏解交通。1984 年建成了全国第一座 4 层式快慢车分流的立体交叉——区庄立交，1986 年修建了全国第一条高架道路——人民高架，1992 年对东风路进行了快速化改造。2000 年广州内环路开通，建立了以 26km 长的内环为中心、南北与多条放射线连通的旧城高架体系。连续高架系统吸引了大量机动交通，承担了旧城地区重要的交通功能。根据《2008 年广州市交通发展年报》数据，2008 年广州内环路产生的出行量已达 101 万标准车 / 日，而 2006 年内环路全线饱和度为 0.89，2007 年全线饱和度超过 0.9，2008 年高峰期间拥挤明显，全线饱和度达到 1.06，其中饱和度超过 1.0 以上的区段占总路段 48％，同时旧城对外联系和城内组团间联系的交通量也持续增长。试想如果这些交通全部转移到地面道路，广州旧城的交通将全面瘫痪。

旧城区主要干道服务水平一览表　　表 4-2

道路名称	数据年份	交通流量（pcu）	饱和度	服务水平
东风西路	2009	9306	0.77	D
环市路	2008	9384	1．06	F
小北路 - 下塘西路	2009	2881	0.9	E

数据来源：《广州旧城更新改造规划》交通专题，广州市城市规划勘测设计研究院 2010 年

尽快连续高架系统对广州旧城的道路系统与景观风貌造成了较大影响，但由于高架道路多沿现状道路敷设，并未改变道路网形态格局，因而应该辩证地看待其植入对空间形态影响的问题。第一，大量高架系统的建设避免了地面道路的大拆大建，这为多数历史街巷系统的保存创造了条件，为旧城大量形态单元进行小规模渐进式演变创造了基础；第二，高架系统的建设更加强化了旧城地区的中心区位，强化了服务业与

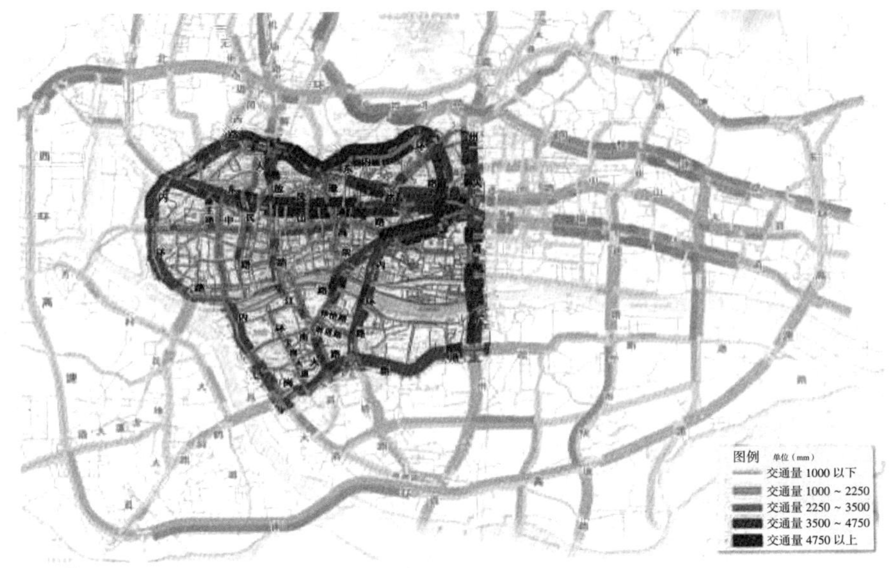

图 4-19 旧城区内主要道路晚高峰交通流量分布

资料来源:《广州旧城更新改造规划》交通专题，广州市城市规划勘测设计研究院 2010 年编制

就业人口的聚集，使得大量设施、产业及交通不断向旧城集聚，交通压力并没有得到根本缓解；第三，强行植入的高架系统对沿线城市肌理进行了割裂，极大影响了沿线城市景观风貌。如人民高架、东濠涌高架都是直接穿越了广州的历史城区，沿线大量“形态原型”区域被破坏。

因此应该从更长远的角度来评估广州连续高架系统的是非功过。通过阶段性的高架系统换取旧城的整体街巷系统能得以保留。当城市多中心结构日益形成、旧城机动车压力下降之后，则可以考虑高架系统的拆除。目前对于人民高架、东濠涌高架的拆除已经引起广泛讨论，拆迁的时机是否适宜仍需讨论。值得注意的是，在历史旧城保护的目标导向下，应该以控制机动车交通量发生与提高交通管理为主要手段，而不应以一味满足机动交通需求为管理依据。根据国外大城市的经验，公共交通在核心区的出行分担率宜为 60% ~ 80%，其中轨道交通约占公共交通 60% ~ 80%；根据《广州市综合交通规划（2011—2020）》，现在广州市轨道交通在公交出行中所占比例仅为 13.8%，这与国际大都市相比还有很大的提升空间。在既有轨道线网与站点的情况下，主要问题来自于公交换乘枢纽建设的滞后。大多数轨道车站与常规公交缺乏良好的换乘服务。因此大力发展以轨道交通为主的公共交通是应对旧城路网建设不足的重要手段。

4.5 本章小结

根据 1949 年以来广州旧城的形态演变特征，本章从整体形态格局、形态单元、产权地块与形态框架 4 个方面总结了形态演变的总体规律。

从整体形态格局看，广州旧城形态格局的圈层式演变特征符合康泽恩定义的城市边缘带（Fringe Belts）演变规律。通过形态分区的研究，可以看到广州旧城形态扩张过程中出现的两个城市边缘带：即以计划时期的政府划拨用地为主导的城市边缘带 I 与市场经济时期以村庄建设用地为主导的城市边缘带 II。城市边缘带 I 在自我更新为主导的模式下逐步更新演变，而城市边缘带 II 在城乡二元体制下快速填充。整个广州中心城区正是在形态内核与城市边缘带这样的圈层形态格局下进行不断演变，呈现块状跳跃式拓展与圈层式扩张相结合的形态特质。

从形态单元看，继承、演替与分裂是其演变的一般过程。继承代表了形态演变过程中既有形态要素的历史延续性；演替代表了形态演变的持续渐进过程；分裂代表了同类型形态区块的自我集聚与繁衍过程。广州旧城的形态单元演变也呈现多样性特征，通过对形态单元尺度、细分地块尺度与建筑尺度三个角度的分析，均证明了形态单元在小规模渐进式更新主导下呈现的多样化趋势，这是其自组织演化机制作用的重要体现。同时通过大量形态单元的演变分析，还发现其存在周期性演进规律，即遵循形态原型、初期填充、加速阶段、高潮阶段、衰退阶段 5 个过程。

从产权地块看，1949 年前土地私有制下产生了均质性小地块划分，计划经济时期划拨用地制度下产生了条块式大产权地块划分，市场经济体制下产生了产权地块的重组。本书提出“小规模产权地块重组改造是市场、制度与社会力作用下多元平衡结果”的结论，并认为对产权地块的规划控制必然是影响城市形态演变的重要手段。

根据康泽恩对“形态框架”的概念理念，本章对广州旧城形态演变中长期稳定存在的形态框架要素——街道系统进行了规律总结。对形态单元内部的街道系统延续性特征进行了总结，并对连续高架系统建设与历史街道系统继承的辩证关系进行了分析。

第 5 章 广州旧城形态演变中的自组织机制

城市是一个开放的复杂系统，人口、物质、能量、资金、信息在空间的流动，城市内部的不均衡发展，通过分化和调整，组织了城市内部的空间秩序。自组织与他组织是牵引城市空间发展的两股力量。其中，自组织代表的是城市内生的经济与社会动力，他组织代表的是人为的规划控制。通过 1949 年以来广州旧城的形态演变特征分析，可以看到其高度的复杂与多样性特征。这种特征之后正是强大的自生动力在操控作用。只有深入剖析这种自组织力量，看到客观现象之后的内生机制，才能够掌握发展规律，有效地组织他组织力量，控制与引导城市形态的合理塑造。

5.1 城市形态演化中的自组织机制

5.1.1 城市形态自组织机制的相关研究

自 1933 年克里斯塔勒提出中心地理论后，人们已经认识到城市自生的动力在不断试图建立遵循一定规律的空间秩序。同心圆理论、扇形理论与多核心理论这三大经典模式从动态变化入手分析城市空间的发展，借助生态学的入侵、竞争、演替等分析方法，解析城市空间结构自组织形态和演化的经典过程。赖利将牛顿万有引力应用于零售商业空间研究提出了“零售引力规律”。这个时期的许多地理学者都试图通过静态城市模型解析理想的城市可精简自组织模式。随着城市化水平的不断提升，城市问题研究焦点的日益显现，大量学者逐步认识到自组织研究对于城市形态研究的重要意义。简·雅各布斯在早期就认识到城市的复杂性，在她的《美国大城市的死与生》中就提出“多样性是城市的天性”，并对现代主义城市规划进行了强烈批判。雅各布斯在后来的研究中将复杂理论引入城市系统的研究，并在城市空间现象的描述中找到了自组织理论的相同之处。1960 ~ 1970 年代耗散结构理论、协同学与突变论等相关自组织理论建立后，人们开始借助计算机技术构建动态城市模型。大量数理模型被运用于城市和社区内部结构的定量分析与数理模拟中。1970 年代基于元胞自动机的 CA 模型开始用于模拟城市的空间增长。

城镇平面分析也通过城市形态演变的实证研究建立了与自组织理论的联系。康泽恩通过对英国传统城镇 Newcastle12 个世纪城市空间发展演化的实证研究，解析了城市形态自组织演化特征：城市社会经济状况的改变，导致新的功能出现，引起功能与结构的不断调适，城市空间不断分化。新的生长点首先产生于局部的集聚行为，进而导致城市整体的扩散。在创新、入侵和继承中，城市形态得到了更新与发展[❶]。

总体而言，城市形态的自组织研究已经成为解析城市形态演变动力机制的重要内容，经济、社会系统运作下的城市形态自生演化是城市形态研究的重点。

5.1.2　城市形态自组织演化研究的关键问题

（1）功能与形态结构的循环适配过程

按照系统科学理论，城市系统发展遵循一个从低级到高级的循环过程，不同循环层次代表一定的发展水平。社会经济的发展和营建者观念影响了城市功能的发展并作用于经济、社会子系统；城市功能调整必然又影响了城市内部空间的结构性要素，如城市用地、交通、产业布局等等；这些要素又反馈于城市街区内部的街巷系统、地块与建筑。一个自上而下的作用机制就这样发生。当城市的空间结构与形态格局不能与新的功能匹配时，空间系统就会出现紧张和困难，需要调整与建立一个新的形态结构。

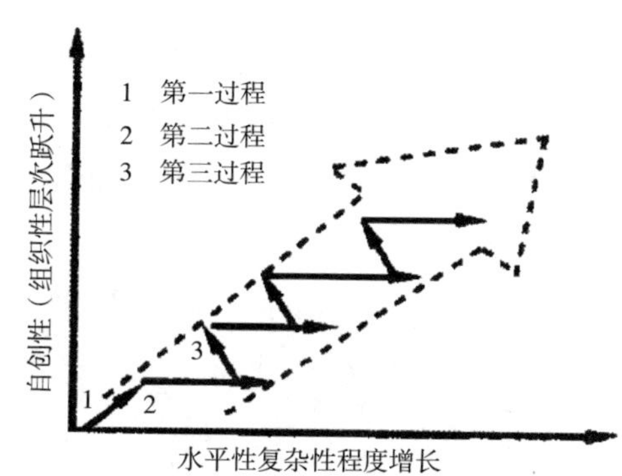

图 5-1　城市形态自组织演变的超循环过程

资料来源：魏宏森．系统论：系统科学哲学 [M]. 北京：世界图书出版社，2009.

我们把功能与形态的匹配视为均衡状态，不匹配视为不均衡状态。城市形态始终处于均衡与非均衡的对立和统一当中，不断通过渐变与突变的方式形成均衡与非均衡的往返过程，从而使整个系统运行的自组织过程能得以循环递进。

（2）自组织演化的动力机制

城市形态自组织演化的动力来自系统的两种相互作用力：竞争与协同。竞争使系统表现为远离平衡状态，从而为系统自组织创造了条件。协同是系统元素或子系统之间相互协调的或同步的集体行为，它是系统整体性、相关性的内在表现[❷]。

在竞争与协同机制作用下，城市内部空间表现出功能集聚与形态演替两种特征。个体初始随机建设的区位优势，不断催化而形成小范围空间集聚，并可能进一步改变其区位条件与强化优势，从而产生更大尺度的集聚效应。这种集聚在循环往复中达到了某种平衡而不再扩大。伴随着优势功能的集聚，城市形态也不断发生演替，

❶ M..R.Conzen. The Plan Analysis of English City Centre[J]. Environment and Planning B，1998，Volume 25.

❷ 于一凡．城市居住形态学 [M]. 南京：东南大学出版社，2010：101-102.

如商业代替居住、居住代替工厂、金融代替市场等等。这也是在竞争协同作用下城市空间关系的演替。在经济杠杆作用下，竞争能力强的功能不断替代竞争能力弱的功能，最终使城市空间自我调节到适于城市功能的状态，实现城市系统的更高效运转。竞争与协同机制是一种非线性作用，并通过系统间的“涨落”得以放大。“涨落”是城市形态演化自组织的诱因。涨落就是城市的某个子系统超越了常规，首先达到新的状态，这种变化得到其他子系统的响应并在整个系统内得以放大，使得城市系统进入了一个新的或更有序的状态。比如在改革开放后的市场经济下，城市土地进入有偿使用，这个“涨落”经过放大就会对这个系统产生影响，最终使城市进入另一状态[1]。

（3）自组织演化过程中的混沌与秩序

混沌与秩序的相对平衡是城市形态自组织演化的目标。20世纪下半叶以来，随着系统自组织理论的建立和发展，混沌理论也逐步成型。城市空间是一个混沌系统，混沌与秩序是两个终极状态。大量个体随机性的建设形成了城市空间混沌的一般状态，城市空间的集聚演替与外界干预又努力使城市空间形成某种秩序。在现实中，完全的混沌或秩序下的城市形态都不能满足城市功能的需求。因此，城市形态自组织演化的方向就是在彼此二者之间获得平衡。

（4）自组织演化的分形结构特征

分形（Fractal）是具有以非整数形式充填空间的形态特征。由于不规则现象在自然界普遍存在，因此分形几何学又被称为描述大自然的几何学[2]。城市系统中充满了支离破碎、没有规则的空间现象与非线性过程，这些过程在空间上、时间上常常表现出自相似性，例如复杂的旧城地区内也存在一定相似性的形态单元。无论是克里斯塔勒的中心地理论还是沙里宁的有机分散理论，都是人们对部分与整体的相似性认识。

分形结构是城市形态在自组织演化的必然产物，它反映了城市空间复杂性中存在的规律性和自组织性，也是竞争协同机制作用的结果。

5.2 广州旧城形态演变中的功能—形态结构循环适配过程

在两千多年的发展历史中，广州作为一个开放的城市系统，其形态演变一直遵循系统论所述的循环渐进机制。周霞在《广州城市形态演进》中通过广州两千多年的发展史，总结出广州11个历史时期的形态特征，归纳出其演变过程中突变和整合过程[3]。突变是指相对于一般的变化而言具有革命性的意义，城市旧有的形态在某

[1] 曾国屏．自组织的自然观[M]. 北京：北京大学出版社，1996：74-75.

[2] 陈彦光．分形城市与城市规划[J]. 城市规划，2005（02）：33.

[3] 周霞．广州城市形态演进[M]. 北京：中国建筑工业出版社，2005：161-165.

种外力的作用下被破坏，在新的城市功能和由此引发的新的功能要素的作用下，成为一种新的形态；突变之后，是一段时期的整合，新的形态秩序在尝试和协调的过程中逐步建立，以致达到它的最终形式。其实这种突变和整合正是系统循环演进的结果。

1949 年以来广州旧城的各个时期都有其主要的功能属性，城市空间结构与形态格局也一直与城市功能产生自组织匹配关系。本书将其总结为表 5-1 所示的 6 个阶段。改革开放前，广州旧城作为城市工业生产基地与主要生活配套区，主要以城区边缘的工业区、公有制住宅、单位用地建设及城区内部的危破住宅改造为主；1980 年代初期广州开始大力发展批发流通业，在旧城内建设形成了大量批发型专业街，甚至连作为近代金融区的十三行地区也被发展成为服装批发街区。1980 年代中后期，广州“三资”企业与“三来一补”发展迅速，外向型制造业的发展进一步扩大了广州对外贸易中心的作用，每年两届在广州举办的“中国出口商品交易会”的成交额已达 50 ~ 60 亿美元。会展经济极大带动了旧城经济发展。在此期间广州旧城建设了大量酒店、宾馆及相关服务设施。1990 年代初随着国际企业办公机构进入广州，现代商务办公楼开始进入市场。1992 年落成的世贸中心大厦获得高额利润，时值政府力推广州成为华南金融中心，大力发展服务业，导致旧城写字楼数量大增，环市东与东风路许多写字楼都是在此期间开始建设。1998 年后，由于广州现代服务业发展缓慢，加上亚洲金融危机，导致写字楼需求有限，造成了大量空置。2002 年后，随着整体经济的高速发展与房地产市场回暖，旧城又开始进行发展调整，原批出的写字楼地块陆续建成，并消化掉了一批烂尾楼。2006 年后全国房价的日益高涨，住宅开发成为暴利产品，广州旧城内又通过旧城改造的方式陆续建成了一批高层住宅楼盘，强化了旧城的居住功能。

1949 年以来广州旧城的“城市功能—空间布局—形态格局”阶段特征　　表 5-1

发展阶段	城市功能	空间布局	形态格局
国民经济恢复和转型时期（1949 年 10 月 ~ 1957 年）	恢复生产，安定生活	城市内部的少量局部更新，维系近代空间结构特征	以近代大进深建筑为主的均质性形态格局，形成 5 种类型的形态单元，形态区域较完整
大规模经济建设调整（1958 ~ 1964 年）	城市以工业生产为主要职能，从轻工业逐步向重工业发展	1. 城区边缘外延扩张，形成 5 个工业集聚区，就近配套工人新村；2. 城区内部少量局部更新，以五小工厂与私房改造为主；3. 城市商业网点计划式安排，形成三级商业网点	1. 在均质性城区外开始形成以划拨用地为主的新城市边缘带；2. 城区内部形态基底完整，存在少量更新地块；3. 形成 8 种类型的形态单元，形态区域较完整
三线建设和“文化大革命”时期（1965 ~ 1978 年）	城市经济受到严重破坏，工业生产停滞	1. 城市建设停滞，城市人口减少；2. 重点建设了流花湖、海珠广场等几个窗口式公共中心区，城市商务功能逐步东移	1. 城区形成内外迥异的圈层式形态格局；2. 形成 8 种类型的形态单元，形态区域较完整

续表

发展阶段	城市功能	空间布局	形态格局
改革开放初期（1979～1986年）	大力发展商业流通业，千年商都的经济功能逐步恢复	1. 专业街恢复，形成大量批发商贸街区。形成5个一级商业中心（人民南、海珠广场、火车站、上下九、北京路）与2个二级商业中心；2. 珠江以北未开发地区逐步填充；珠江以南地区开始开发	1.1949年建成区内以“见缝插针”式的改建加建为主，建筑自我更新，形态单元更新率较低；2. 出现7～9层住宅区等新形态单元类型
快速更新发展期（1986～1997年）	1. “三来一补”工业发展带来商贸业与服务业繁荣；2. 跨国公司进驻带动商务办公发展，但遭遇波折；3. 土地有偿使用催化房地产业迅速发展。	1. 商贸经济带动酒店、餐饮等服务业快速发展，逐步形成3个一级商业中心（北京路、上下九、环市东）与6个二级商业中心；2. 环市东CBD逐步形成；3. 珠江以南地区房地产开发迅速，以居住为主的滨江东地区逐步成型	1. 小规模渐进式改造导致1949年建成区快速更新，大量形态单元发生演变；2. 高层建筑大量出现，共衍生6种新的形态单元类型；3.1949～1978年建成区多在原产权边界内进行自我更新；4. 形态区域出现空间“碎化”趋势
调整控制期（1998～2005年）	1. 商务办公功能逐步恢复并发展迅速；2. 城市商业服务功能继续增强，大型零售中心为代表的现代城市商业中心发展迅速；3. 逐步引导外迁传统批发业；4. 房地产被控制开发	1. 城市零售商业中心继续增强，北京路、上下九、环市东成为面向全国的商业中心。三级商业中心体系逐步完善；2. 城市传统批发中心被引导改造，但中心地位没有根本改变；3. 城市用地不断发生演替，商务服务业功能不断增高；4. 以内环高架与地面道路构成的立体交通体系形成	1. 形态单元的小规模渐进式更新速度虽然下降但仍在进行，小规模更新地块不断蚕食下基底；2.1949～1978年建成区中的工业地块大部分在原产权边界内进行了功能置换，导致改造的形态的割裂；3. 形态区域空间“碎化”趋势明显
重新启动期（2006至今）	1. 商务办公功能空间受限而地位下降；2. 重新启动房地产开发导向的城市改造，房价高涨带来开发量上升，城市居住功能提升；3. 亚运整治带来旧城文化商业功能提升	1. 城市商务功能沿主要干道线性扩张，集聚程度下降；2. 城市综合体开发主导城市用地功能的演替	1. 综合体类型的更新地块主导形态单元更新；2. 部分形态单元被分割重组；3. 少量单位划拨用地进行功能置换，但圈层式形态格局依然明显

以上6个阶段充分反映了广州旧城的城市功能与空间形态之间的互动关系。城市功能反映了城市在一定地域内的经济、社会发展中所发挥的作用和承担的分工，是城市存在的本质。城市功能在调整过程中，原有的部分功能会衰退，一些新的功能又会加入。城市形态常具有充分的弹性，可以在空间结构不变的情况下，通过自发的调整空间组织内容和发挥现有功能的潜能，取得与新功能相互适应的关系。这种调节体现着城市空间发展的有机性和整体性，但其过程较为缓慢，表现为城市空间的渐变发展。而当城市功能的压力增强到一定程度，为适应新的发展需求，城市形态结构的转化就会必然发生，此时结构通过自身的变化对新功能做出适应，

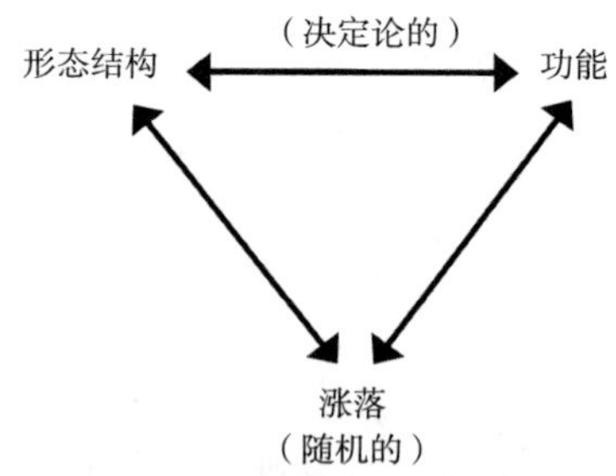

图5-2 结构、功能和涨落的关系

新功能本身也在此过程中做出配合，经过时间的磨合与协调之后，建立起一种新的动态平衡。最终完成一次形态结构完善—调整—新结构完善的过程。

复合功能造成了广州旧城拼贴式城市形态。西方国家多数大城市在经历住宅郊区化和城市空心化后，通过重振旧城逐步实现“绅士化”（Gentrification）过程。而中国的大城市由于服务业一直没有外溢，所以真正的“郊区化”和“城市空心化”一直没有到来，旧城一直焕发着蓬勃生机。多元化的发展造就了广州旧城拼贴式的城市形态基质。从整体形态区分布看，越秀旧城改革开放后随着旧城商业、行政办公职能的强化，逐步发展集聚了全市大部分的大型零售商业点与总部办公楼，因而形成大量代表现代服务业的形态区域与形态单元。荔湾旧城改革开放后依靠历史上的商业街、专业街，大力发展商贸批发业态，涉及珠宝玉器及古玩工艺、中药及医疗器材、服装辅料、文具等几十个行业，拥有 240 个专业批发市场，因而形成了大量商居混合的商住街区形态区域与形态单元。海珠旧城历史上就是城郊住宅区，新中国成立后重点发展工业，改革开放后又大力发展房地产，成为广州旧城重要的居住区块，因而形成了各种住宅区、楼盘为基础的形态区域与形态单元。从各形态区域和形态单元内部看，正是由于旧城功能的高度混合，导致了形态区域和形态单元内部高度混杂的形态特征。在一个地处闹市的街区内，可以路侧是光鲜的甲级写字楼，旁边是 1980 年代前某单位用房，街区内部是多层的 1960 年代住宅楼，而组织它们的是 1949 年前的街巷路网系统。

5.3　广州旧城形态演变中的竞争协同机制

城市空间发展的自组织源于空间竞争而产生的协同动力作用。在城市空间系统演化中，竞争与协同是相互依存和相互矛盾的，通过竞争达到协同，协同又会引发更高一级的新的竞争，两者是对立统一的关系[1]。经济学角度认为土地资源和优势区位在地产市场上的竞争形成了城市空间的竞争协同；社会学角度认为是不同特性人群对土地使用的空间竞争与聚集。总结两者，就是运用某种优势，在有限的资源前提下，通过相互作用，获取生存和发展的优越机会，在时间、空间和功能上选择、劣汰及发展的过程。下面本书就从这三个角度诠释广州旧城形态格局演变中的竞争与协同机制。

5.3.1　经济视角下的竞争协同机制

5.3.1.1　经济领域中竞争协同机制的基本原理

协同学的创始人哈肯曾举过“两个买冰激凌的小贩在海滩上如何做生意”的例子，

[1] 綦伟琦 . 城市设计与自组织的契合 [D]. 上海：上海同济大学，2006：35-37.

人们也许会简单的认为，最好的办法是把海滩分成两半，然后把摊位设在每一部分的中间。但这种状态不会是无条件的稳定的。其中一个小贩可能想多做些生意，就稍向中间移动一点，以便招揽一些原先可能光顾另一个小贩的买主。对此，另一个将做出反应，也向中间移动一点，这种情况反复进行多次，直到两个小贩在中间碰头，抢着做生意为止，他们发现这样能获得更多的效益。这正是经济视角中竞争协同的自组织机制产生规模效应的基本原理（德尔曼·哈肯，1973）。

经济视角下的空间竞争取决于土地价格差异造成的区位竞争。在假设为单中心的城市空间里，土地和建筑的价值大多随着城市中心的距离增加而减少。20 世纪 60 年代美国土地经济学家阿兰索（W. Alonso）引入区位边际均衡和区位边际收益等空间经济学理论而提出竞租理论，并做出了城市租金梯度曲线和同心圆土地利用模式。它把土地用途的转变与机会成本联系在一起。在任何一个地段位置上，总是有一种用途比任何其他用途有更高的地租报酬。从单个经营者的经济立场和微观经济效益的角度来看，这种用途总是土地的最有效利用方式。这种由地租高低而决定土地利用方式的竞争形式称为竞租原理，或称边际转换原理。

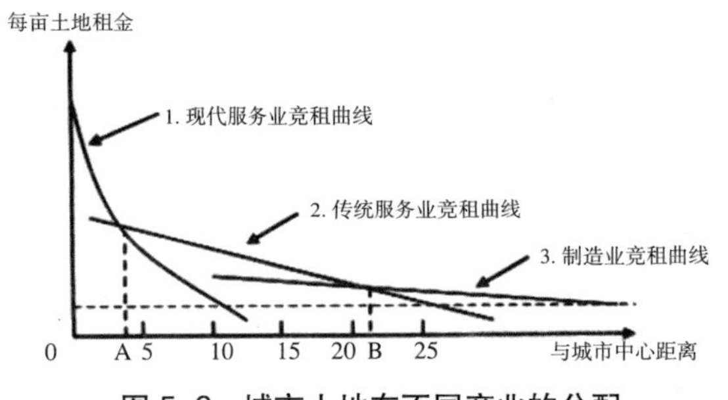

图 5-3 城市土地在不同产业的分配

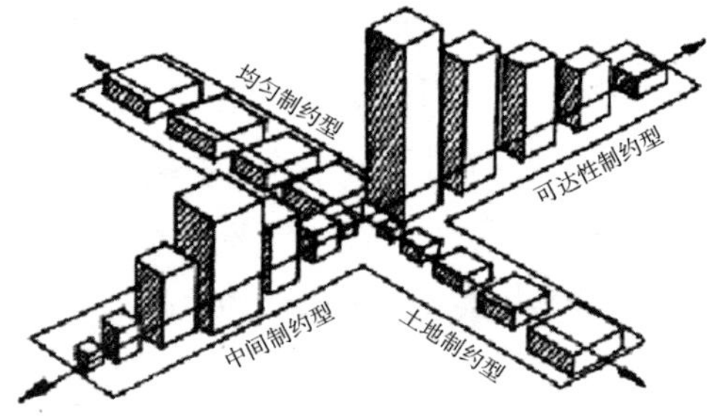

图 5-4 规模效应的城市空间发展图谱

资料来源：段进 . 城市空间发展论 [M]. 南京：江苏科学技术出版社，2006：12.

按照竞租理论，城市服务业具有更高的偿租能力和盈利空间。根据日本相关资料统计，用于第一、第二、第三产业的土地单位面积产值之比为 1∶100∶1000，服务业产出最高，可以支付最高的地租。同样，在服务业中，金融保险、信息服务等现代服务业因具有较高的劳动生产率和利润率，能够支付的租金远高于零售业等传统服务业。假设一个城市只有三种产业：现代服务业、传统服务业和制造业（图 5-3），以金融、信息为代表的现代服务业由于有接近城市中心的强烈需求且能支付较高的单位租金，其竞租曲线斜率较高；以零售业、餐饮业为代表的传统服务业虽然也有接近城市中心的需求，但由于其能支付的单位租金较低，因此其竞租曲线斜率相对较低；制造业需要大片土地，能支付的单位租金最低，其竞租曲线斜率最低。对土地竞价的结果，使得现代服务业、零售业和制造业分别占据了 OA、AB 和 B 以外的三个区域，产业布点与城市中心的距离与其地租支付能力成反比。

王世福（2012）针对城市更新的时机提出 SR 曲线理论。图 5-5 中 B 线代表原建筑的现实用途经济价值，虽然房屋因为折旧，自身建筑价值在下降，但由于土地价值上升而整体价值不断上升。S 线为机会成本线，可以视为若进行其他产品的开发而产生的潜在经济价值。当潜在的机会成本价值大于现实用途的经济价值时，即 S>R 后，建筑就引来更新改造的时机。

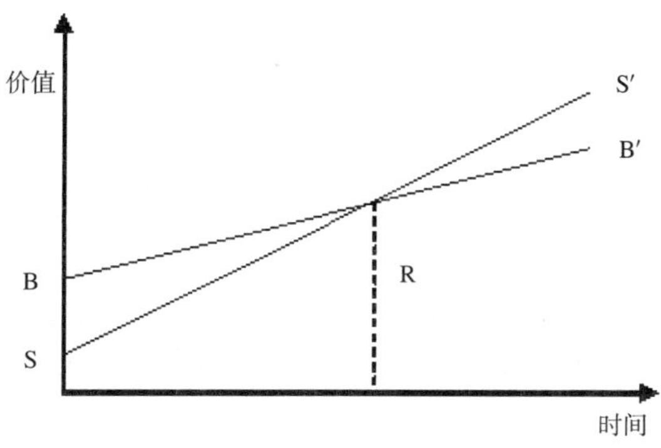

图 5-5　更新改造时机的示意

5.3.1.2　广州旧城不同业态功能的竞租特征

租金水平可以代表某种业态功能的竞租能力。下面本书通过研究广州旧城不同业态功能的租金特征来分析广州旧城形态演变的机制特征。本书根据 2008 年广州市国土资源和房屋管理局采集的广州市区各路段房屋参考租金数据绘制成图❶，广州旧城范围涉及路段共 146 个，其中越秀旧城 105 个，荔湾旧城 35 个，海珠旧城 6 个。据统计，2008 年广州旧城范围内平均租金情况为：写字楼 37 元 / 月 · m^2，首层商铺 146 元 / 月 · m^2，住宅平均 18 元 / 月 · m^2。整体租金水平都比市区高，反映了旧城作为城市核心地区的高区位价值。

从商务办公楼租金的内部空间分布来看，越秀区、荔湾旧城、海珠旧城的平均租金分别为 40 元 / 月 · m^2、29 元 / 月 · m^2 和 34 元 / 月 · m^2。其中租金最高的甲级写字楼主要分布在环市东路、中山六路、先烈中路路段，租金都在 70 元 / 月 · m^2 以上。东风中—东风东沿线尽管有不少写字楼分布，但平均租金在 50 元 / 月 · m^2 左右，较环市东路等地区低。这说明对于商务办公环境而言，除了交通便利外，还需要周边完善的配套设施与良好的交流环境。环市东地区集中了高档酒店、大型购物中心与甲级写字楼，随着各种设施的不断积聚，商务办公环境不断强化。东风路沿线由于快速路影响而无法造就同样的商务环境，因此也无法形成同样的竞租能力。

从商业租金的内部空间分布来看，越秀区、荔湾旧城、海珠旧城的首层铺面平均租金分别为 160 元 / 月 · m^2、142 元 / 月 · m^2 和 116 元 / 月 · m^2。租金最高的地段分别为北京路（1200 元 / 月 · m^2）、下九路（1000 元 / 月 · m^2）、环市西路—站南路（500 元 / 月 · m^2）、中山五路（445 元 / 月 · m^2），其次为一德路、沿江西路、环市东路等，这种分布特征与旧城商圈的等级也是比较符合的。

那么写字楼与商铺竞租能力如何呢？本书以三种业态形式为例进行对比：一栋标准层为 1500m^2，高 35 层的写字楼，按 2008 年价格平均租金 30 元 / 月 · m^2，80%

❶ 广州市国土资源和房屋管理局委托广州大学 2004 年调研测定，2008 年补充测定。

出租率计，则月租金收入约 126 万元；按同样建筑基地面积有 3 层经营面积的裙楼商铺，按 2008 年价格平均租金 150 元 / 月 · m^2，90% 出租率计，月租金收入约为 60 万元；以同样建筑基地面积 8 层楼的专业批发商城计，月租金收入可达 160 万元，超过写字楼收益。这种比较分析说明，理论上在广州旧城内同价值地段的收益水平为：中高层专业批发市场 > 写字楼 > 沿街商铺。目前广州旧城内物业出租收益最高的不是环市东地区的写字楼，而是火车站地区的服装批发市场，正印证了这种测算。在实际的自组织过程中，为实现土地效益的最大化，许多地块进行了多种业态功能的组合。常见的形式有“住宅 + 商场”“商场 + 写字楼”“公寓 + 酒店”等综合体形式，这体现了不同业态在平面与立体空间中的空间竞争能力。

5.3.1.3 竞争协同机制影响下的传统服务业空间形态自组织演变

为研究广州旧城传统服务业形态自组织空间演变过程，本书选取传统服务业比较集中的荔湾旧城进行案例研究❶。荔湾旧城是一个以批发型商业为主导的地区，2010 年荔湾旧城的批发额是零售额的 15.5 倍，占据了绝对的商业主导地位。图 5-6 与表 5-2 显示了各街道的传统服务业销售额与税金水平，图 5-7 显示了荔湾旧城地区各主要路段的平均商业租金水平。可以看到商业租金分布大致呈圈层放射状规律特征：上下九路、第十甫路、宝华路、长寿西路、文昌南路构成了租金最高的核心商圈，

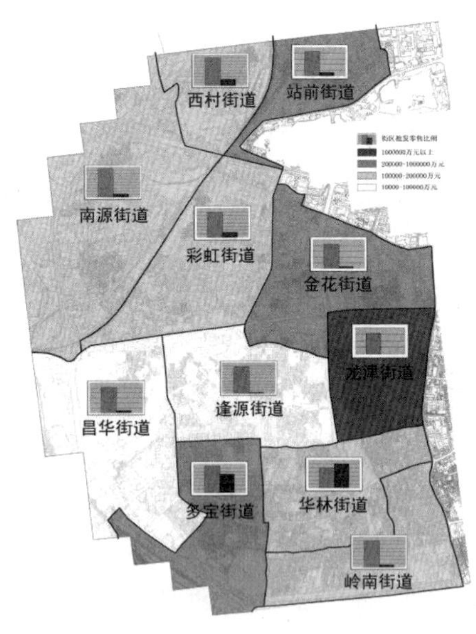

图 5-6 荔湾旧城批发零售销售分布

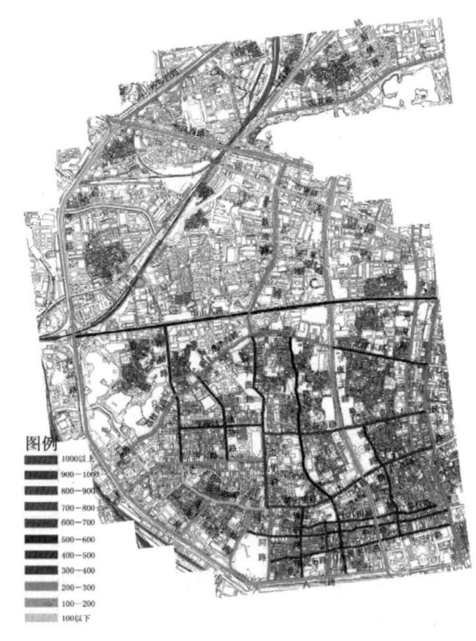

图 5-7 荔湾旧城主要路段租金情况

资料来源：《广州荔湾区更新改造规划现状调研报告》，广州城市规划勘测设计研究院、中山大学 2009 年编制

❶ 以下数据来自《荔湾区更新改造规划策略现状调研报告》，广州市城市规划勘测设计院与中山大学 2008 年编制。

首层租金平均在 600 ~ 1000 元 /m^2；以此为核心向外放射的几条主要商业街租金逐步降低，大致在 300 ~ 500 元 /m^2，主要包括文昌南路、宝华路、宝源路、华贵路、珠玑路、十八甫南路等；沿人民路、龙津路等构成租金的中圈层，沿线首层商业租金平均在 200 ~ 300 元 /m^2；其余地段一般在 100 ~ 200 元 /m^2 以下。中山路由于是城市主干道，沿线租金水平较高，不同路段也存在明显差异，中山八路可达 400 ~ 600 元 /m^2，中山七路只有 200 ~ 300 元 /m^2。

荔湾区各街道经济状况（2009 年）　　表 5-2

街道名称	餐宿营业额（万元）	批发额（万元）	零售额（万元）	房地产销售额（万元）	其他服务业收入（万元）	餐宿主营业务税金及附加（万元）	批发主营业务税金及附加（万元）	零售主营业务税金及附加（万元）	房地产主营业务税金及附加（万元）	其他服务业主营业务税金及附加（万元）
龙津	4209	6241420	6086	2539	14735	229	4675	56	233	818
站前	13283	854755	118183		32737	751	245	41	11	1701
多宝	1101	374617	264845	14419	5127	62	299	150	1009	332
金花	3683	415832	25520	15679	25659	209	447	51	1218	1306
彩虹	2665	135279	25775		9994	167	212	60		
岭南	2500	139249	11379		18088	132	157	30		902
华林	25464	50838	61238	1681	13806	878	53	556	224	1096
西村	1739	90816	20474		5355	106	81	41		274
南源	2539	94203	10649	124728	13736	141	190	39	5825	414
逢源	3866	86420	2114		10247	214	167	17	731	521
昌华	8108	25357	1934	1429	9744	417	62	13	62	513
合计	69157	8508786	548197	160475	159228	3306	6588	1054	9313	7877

在这样的租金分布规律下，我们对比不同类型的业态分布与不同类型的建筑分布，可以看到竞争与协同机制影响下的形态演变特征。

（一）竞争机制下商业业态的空间演替与形态格局演变

从图 5-8 与图 5-9 可以看到，虽然西关地区的整体更新程度不高，但在上下九商圈的核心地区却因建设了荔湾广场、恒宝广场等多个综合体项目而出现较高的更新率。这些综合体多具有零售、住宅兼少量批发的综合功能。在核心商圈向外的放射性路段与周边中圈层地区，随着租金的降低，城市更新程度逐渐减少，而这些地段是专业批发市场最主要的分布地区。租金再次的外围路段则城市更新更少。

以上特征说明了在租金竞争驱动下商业业态的自组织分布过程。在上下九核心商圈，因为自古以来的区位价值都很高，商业利润丰厚。但改革开放前留存的骑楼街形态由于商业经营面积有限，难以体现更高的商业价值。因此在利益驱动下，众多开发企业鼓动政府以商业街改造的名义进行局部地块更新。由于在 1997 年以前政府对市场介入旧城改造把控不严，使得核心商圈有多个大型综合体项目开发建设。而在核心商圈的周边街道，随着区位价值的下降，商业利润空间也随之下降，导致更新动力不足。由于批发行业对商业经营环境要求相对不高，西关旺盛的商业氛围又可以被充分利用，因而在周边街道繁生了大量专业市场街。这些市场街往往可批发可零售，经营灵活，前店后仓，街区内还分布有许多小型的加工作坊，可以形成售—存—加工一条龙式产业链。各种业态形式与形态空间发生了良好的匹配，促成了现状荔湾西关地区的形态特征。

图 5-8　西关地区建筑更新情况

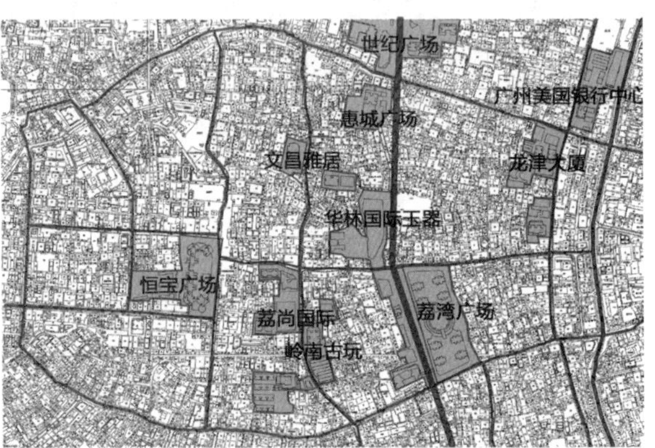

图 5-9　西关核心商圈地区主要的现代商业类型形态单元与形态更新地块

①低租金，旧竹筒楼建筑为主的批发商业街面；②中等租金，多层或中高层建筑形成的商业街；③较高租金，大型商业 Mall；④最高租金：历史商业街

图 5-10　不同租金水平下的商业业态示意

竞租机制影响下的商业业态差异性分布直接影响了旧城的形态格局演变。商业租金水平与城市更新程度之间的强烈相关性使得高商业价值地区的形态单元发生了迅速演变。如在西关的上下九核心商圈地区就出现了多个“现代商业商务”类型形态单元和大量形态更新地块。而其周边地区由于竞租能力下降而保持了“形态原型”街区。放大到整个广州旧城的视野，我们就容量理解为什么越秀旧城的整体更新程度远高于荔湾旧城与海珠旧城。因为更优越的区位价值吸引了更高竞租能力的写字楼、大型 Mall 等商业进入，从而带动了这一地区形态单元的迅速演化。

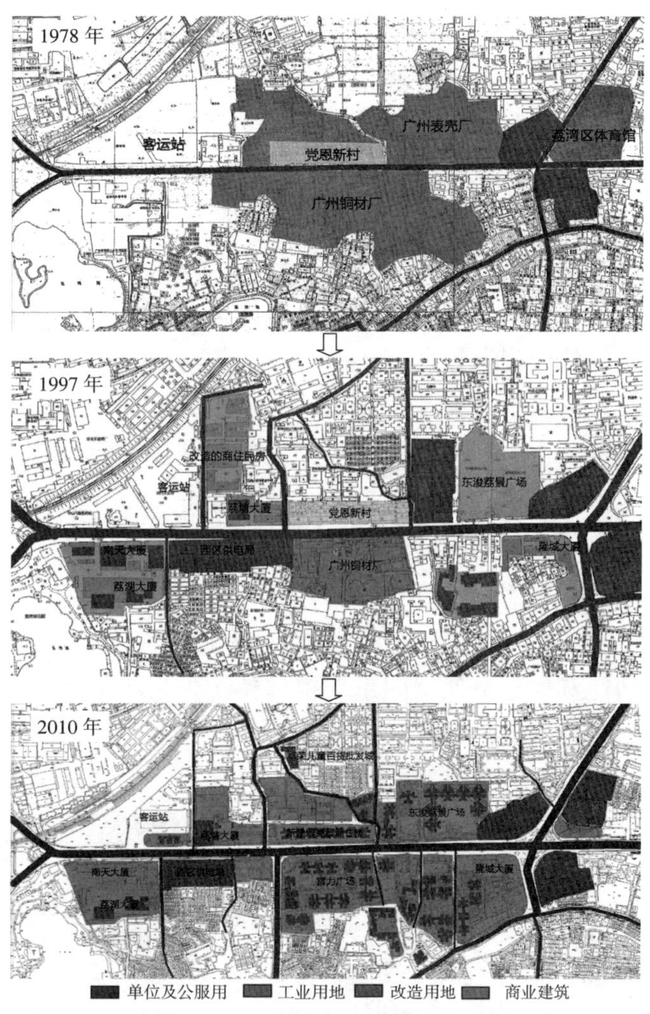

图 5-11　中山八路地区形态格局演化

（二）协同机制下的商业业态空间集聚与形态格局演变

在竞争机制促使商业业态差异性分布的同时，协同机制也会吸引同类竞租能力的商业业态在某一地区大量聚集，从而影响这一地区的形态格局。位于荔湾旧城的中山八路地区就是一个协同机制下进行商业业态集聚与快速形态更新的案例。图 5-11 显示了 1978 ~ 2010 年中山八路地段的业态集聚与形态演变过程。改革开放前这里是城乡接合部，沿中山八路只有广州铜材厂等几个工厂与少量单位用地，在西侧布置有中山八路客运站。1980 年代初期，在客运站对面建设了第一个童装批发商贸城——南天童装商贸城，是中国最早的童装批发市场。选择在这里建设童装批发的原因是因为当时中山八路是广州至佛山的交通要道，大量人流车流从此经过；这里也是童装制造业的腹地，周边工厂运货过来交通比较便利。南天童装商贸城带动了童装批发的逐步集聚，部分周边住宅民房开始进行底层改造并从事童装批发。至 1995 年在其南侧又建成了荔湖大厦中八童装妇婴用品广场，成为当时中国销量最大的童装妇婴用品交易中心。童装批发市场逐渐带动了中山八路的土地价值，1990 年代中期这个地段的租金已和站前路地区持平。从1997年中山八路沿线的形态特征来看，受西侧的童装批发市场带动，东侧的原工厂地区部分已开始准备改造，东浚荔景、富力广场等几个综合体筹备建设。2000年代后这几个大型改造项目陆续建成。至2010年中山七路—八路地区已成为广州最大的童装与母婴批发市场，集中了几十个大大小小的批发商城，并集中了商务办公、居住、酒店、餐饮等多种配套服务功能。

为实现土地效益的最大化，多数更新地块选择了“大型商场+高层住宅”的建设模式，商品类型也日益多样化。既有如富力大厦的外贸童装经营，也有东浚荔景商场的大型零售百货。至2010年中山八路沿线平均地租水平已达400 ~ 600元/m^2。随着沿中山八路一线土地的开发更新完毕，高地租继续驱动批发业沿路内部的二线地区及中山七路地区延伸。但这些地段的租金较道路沿线低很多，商业建筑的规模也比较有限。

综上所述，广州旧城的商业业态正是在竞争协同机制作用下不断产生区位差异与空间集聚，并直接影响了城市格局的演变。空间竞争引起空间梯度的形成，导致了区域不均衡；协同机制使空间系统能够更有效多渠道地利用资源，提高系统的整体功能和效益，使空间系统得以持续发展。最终它们将达到一个相对平衡的状态，这就是竞争平衡原理。

图5-12　中山八路典型的“专业商场+高层住宅”组合模式
资料来源：搜房网

5.3.1.4　竞争协同机制影响下的商务办公业空间形态自组织演化

在工业社会向后工业社会发展过程中，随着制造业向城市外转移，社会需要有相应的第三产业支撑，金融业、专业性服务业应运而生并得到迅速发展。而为其提供服务的商务办公楼就成为城市现代服务业的载体和标志。随着城市商务办公职能在城市中心区内聚集，众多的商务办公机构集聚在一起，逐步形成了地区性、区域性甚至国际性的商务地区。

CBD（中央商务区）空间形态理论起源于 20 世纪 20 年代的美国，由社会学对城市空间结构的分析衍生而来。1923 年美国社会学家 E.W 伯吉斯以芝加哥为研究对象，提出了同心圆理论，其主要内容是城市的社会功能环绕中心呈同心圆结构，其中的核心区叫 CBD。除同心圆圈层结构理论外，美国学者霍依特（Homer. Hoyt）1939 年通过地租分析居住区用地结构及变化，发现土地使用以 CBD 为轴心沿某一轴向发展，形成扇形结构。扇形结构与同心圆理论共同称为单核结构。1945 年哈里斯和乌尔曼(C. D. Harris&E. L. Unman）提出了更具弹性的多核理论，并提出 CBD 结构演化是从单核结构向多核结构发展的过程。其后，对于 CBD 内部功能结构研究又发展衍生出戴维斯（D. H. Davies）的硬核与核缘结构，墨菲、万斯（R. E. Murphy&J.E.vance）和爱泼斯坦（H. M. Epstein）的圈层结构，霍伍德、伯伊斯（E. M. Horwood、R.RBoyce）的内核—外框结构，斯科特（D. H. Scott）与戴维斯（D. H. Davies）的功能簇群理论等。其核心都是根据土地价值特征研究 CBD 内部各项功能业态的空间布局特征。

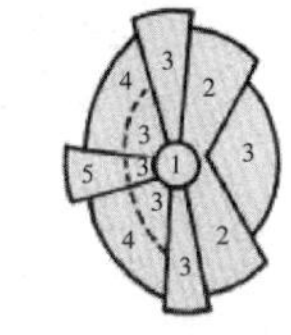

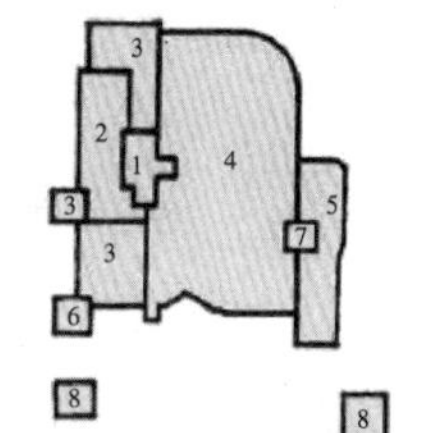

图 5-13　CBD 空间形态的相关结构模式

广州旧城的商务办公楼呈典型的沿路线性布置特征，但随着商务办公强地租能力的带动，周边地区的业态与形态空间也在发生调整演变。本书以广州旧城内商务办公楼最集中的环市东地区为例来研究竞争与协同机制对其自组织演化的作用。图 5-14 显示了 1978 年广州环市东地区的形态格局。在约 6km^2 范围内，主要以单位大院区（IIb）和公有房住宅区（IIc）形态单元为主，商务设施只有白云宾馆一处，呈现出明显的城市边缘特征。在竞争协同机制下，1978 年以来的环市东地区呈现出以下明显的自组织演变特征：

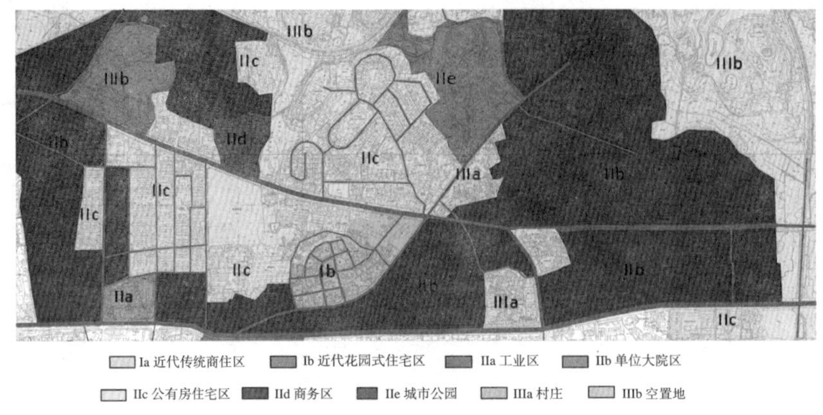

图 5-14　1978 年广州环市东地区形态单元

（一）竞争协同机制下商务办公业态的空间集聚与分异

图 5-15 显示了环市东地区的基本租金情况。在竞租活动的影响下，环市东地区各类业态发生集聚与流动。本书根据租金、业态与空间形态特征，划分出以下三类地区：

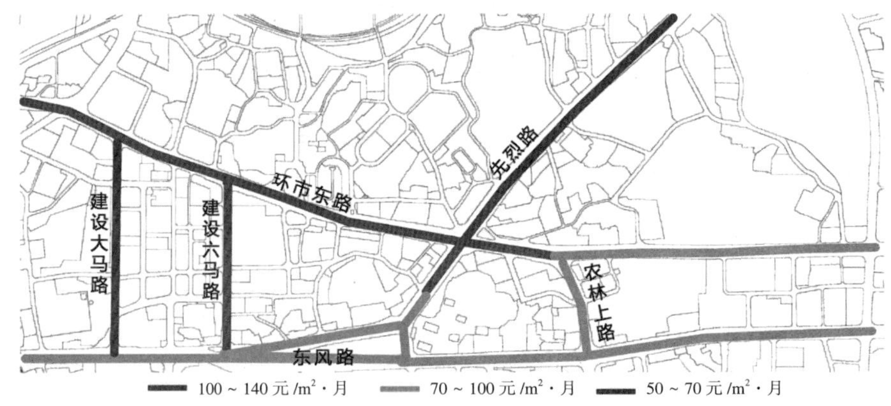

图 5-15　环市东地区商务办公楼分布与租金情况

资料来源：根据 2010 年环市东主要写字楼租金调研数据绘制

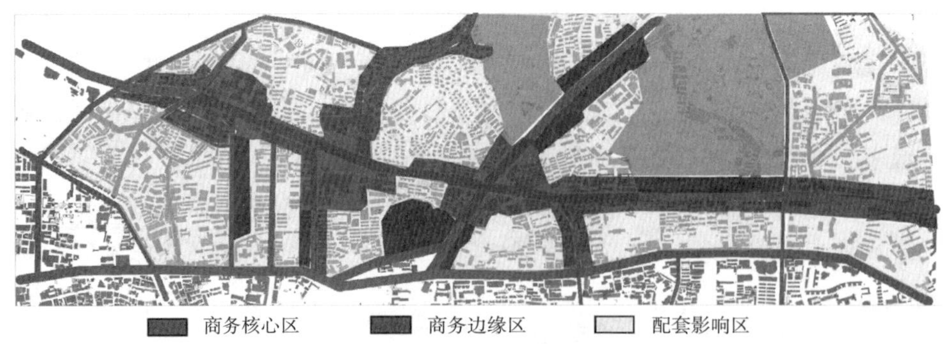

图 5-16　环市东地区空间结构划分

（1）以甲级写字楼、高档零售、金融、酒店为主的商务核心区。CBD 圈层结构理论认为中央商务区的核心会形成竞租能力最强、开发强度最高的“内核”。环市东地区经过各种业态的自组织调整，逐步在沿环市东路的建设大马路至农林下路段形成这样的“内核区”。这个区域总面积约 $55hm^2$，内有 40 多座甲级写字楼及花园酒店、白云宾馆、友谊商店、丽柏商场等高档酒店与商场。根据 2008 年的租金调查，该区段内的写字楼租金水平为 100 ~ 140 元 /m^2・月，是整个环市东地区的峰值区，也是竞争能力最强的区段。在高土地价值驱动下，商务核心区采用了高强度开发，据统计区内平均容积率达 8.3。商务办公面积占区内建筑面积的 80% 以上。世界贸易中心大厦、汇华商贸大厦、宸宇大厦等单个建筑商务办公面积均在 6 万 m^2 以上。

图 5-17　环市东商务核心区鸟瞰

资料来源：三维网

图 5-18　环市东商务边缘区鸟瞰

资料来源：三维网

（2）以乙级写字楼、餐饮服务、高档住宅、一般零售为主的商务边缘区。主要分布在以内核区为中心、向周边延伸的干道旁。包括环市东路东段、农林下路、淘金路、建设六马路南段、建设大马路等。这些区段内的写字楼租金水平为 70 ~ 100 元 /m^2・月，但餐饮与生活服务业的租金较高，是环市东地区的租金次峰值区。根据本书对几个商务边缘区的统计，发现区块内商务建筑比例平均在 34%，住宅建筑比例平均在 43%，商业建筑比例平均在 33%。这说明由于区位租金下降，这些地段采取了综合性开发方式，以在不同业态中平衡开发收益。

（3）以公有房住宅与商品住宅为主的生活配套影响区。主要包括建设街、淘金路、青龙坊、华侨新村、黄华路等几个较大的生活配套板块。这些住

图 5-19　建设六马路利用旧公房改造的酒吧与咖啡屋

宅区受商务内核区带动影响，许多办公及服务业从业人员居住在这里，从而促成了其繁荣。目前在生活区内许多街巷布置了各色酒吧、餐饮、娱乐设施，形成了丰富的生活气息。比较典型的有建设六马路地区，由于毗邻花园酒店与多个大型写字楼，日常有大量外籍游客与白领人士。于是在市场自组织推动下，利用原建设新村的小街坊肌理，形成了充满流行元素、潮流时尚的休闲街区。

除了商务区带动的一般功能以外，环市东地区周边还形成了一些有特色的批发业，如淘金路－华乐路、区庄－农林下路聚集食品饮料批发业、北较场横路聚集的能源、材料和机械电子设备批发、花园酒店后的外贸服装街等。

（二）竞争协同机制下商务办公形态格局的演变

在业态功能演变作用下，改革开放后环市东地区进行了快速的更新发展。从图 5-20 中可以看到，虽然环市东地区整体更新程度较高，但在单位用地与公有房住宅区形态单元限制下，小规模渐进式更新只带来了环市东路沿线一些小型“现代商业商务区”形态单元的分裂与聚集，大部分形态单元在自我更新状态下逐步演变。图 5-21 显示了其建筑更新情况。可以看到，1980 年代环市东地区仍以 7～9 层的中高层商住区建设为主，呈块状更新特征明显。1990 年代后，环市路沿线开始建设大量商务办公楼。由于当时现状已有大量公有房住区与单位用地，商务楼主要采用插花式分散建设方式。2000 年环市东地区已有商务办公楼 60 多座，总面积约 200 万 m^2。2000 年后商务办公楼向建设大马路、建设三马路、建设六马路、淘金路、先烈中路一带发展，外溢作用日渐明显。

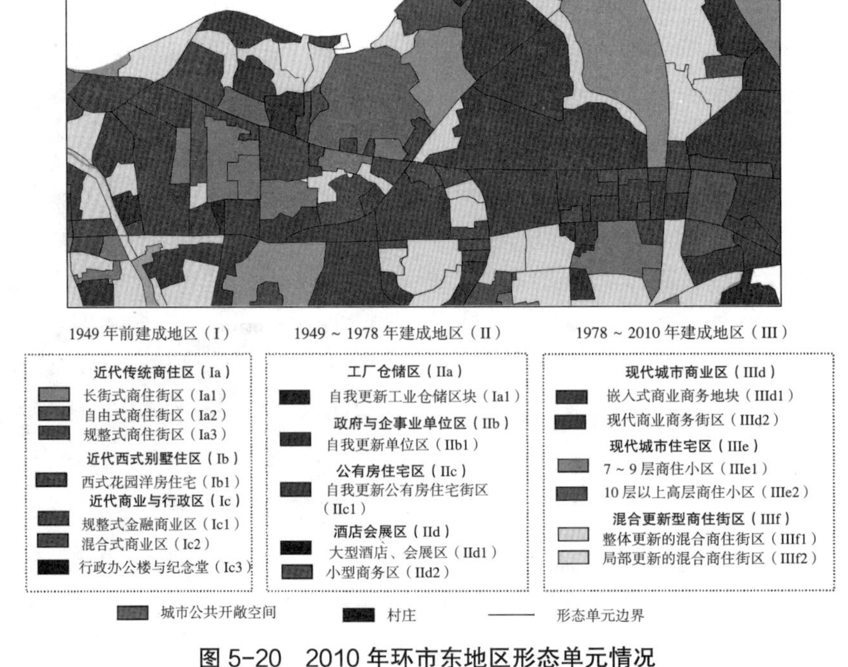

图 5-20　2010 年环市东地区形态单元情况

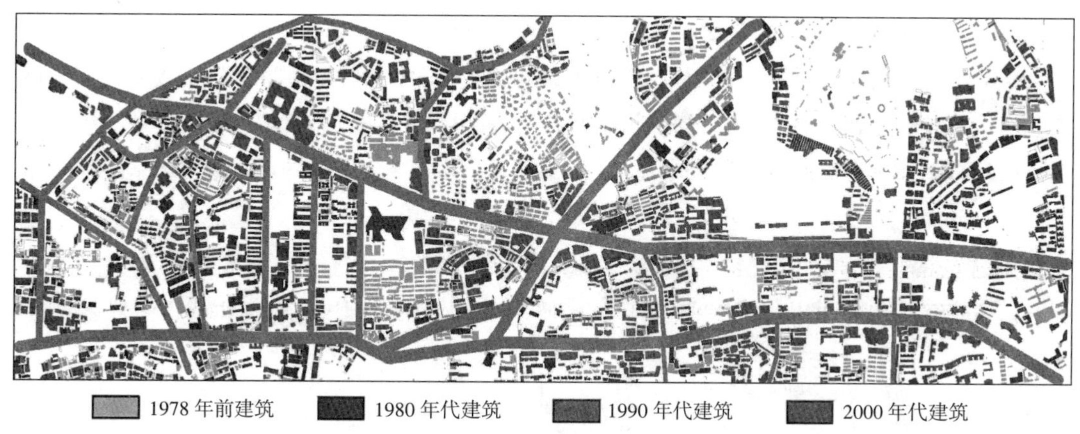

图 5-21　1978 ~ 2010 年环市东地区建筑更新情况

综上所述，在自组织作用机制下，环市东地区形态格局以鱼骨状渗透式演变为主，并没有形成真正意义上的 CBD 圈层式结构特征。从经济角度分析，这也是竞争平衡的结果。为什么环市东地区的建设新村、邮电新村等旧住宅区没有通过功能置换而整体更新为商务区，为什么当时政府没有整体更新改造的意识将环市东地区整体打造为一个完整的 CBD 地区？主要原因就是商务写字楼开发商的开发投入大，通过租金回收资金周期较长。政府若通过整体改造的方式建设 CBD，需要较大的力度统筹收储、拆迁与招商引资问题。相对来说新区开发的成本低得多，1990 年代广州已着力建设天河新区，政府规划的商务中心已向东移。因此环市东商务区可以说完全是在市场自组织作用下竞争平衡的结果。

5.3.1.5　竞争协同机制影响下的居住空间形态自组织演化

居住是广州旧城目前承担的基本功能之一。影响住宅更新与集聚的因素很多，例如邻里因素、区位因素、交通因素等。市场力作用下的竞争协同机制是居住区形态格局自组织演化的重要动力。

（一）不同住宅类型的租金特征

对于住宅，租金水平也代表了其经济价值。据 2008 年调研数据统计，广州旧城的高层住宅租金水平普遍高于多层与中高层住宅。旧城范围高层住宅租金平均为 21 元 / 月 · 平方米，多层（3 ~ 6 层）与中高层住宅（7 ~ 9 层）平均租金为 13 元 / 月 · 平方米。主要原因是旧城范围内多层与中高层住宅大部分为改革开放前及 1990 年代初建设，其建筑与居住环境水平均较 1990 年代中期开始普及的高层电梯楼差。因此经济条件满足的话居民多愿意选择高层住宅居住。从城市更新角度上说，高层住宅由于高容积率、高建筑面积使得更新地区具有较高的拆建比，市场经济效益容易平衡，即有更高的竞租能力，因此目前高层住宅已成为广州旧城范围内住宅的主要建设形式与更新方式。

（二）竞争协同机制下的居住类型分布

为研究竞争系统机制下不同居住类型的空间分布特征，本书将 2010 年居住类型的形态单元与各路段住宅租金数据进行对比，发现以下特征：

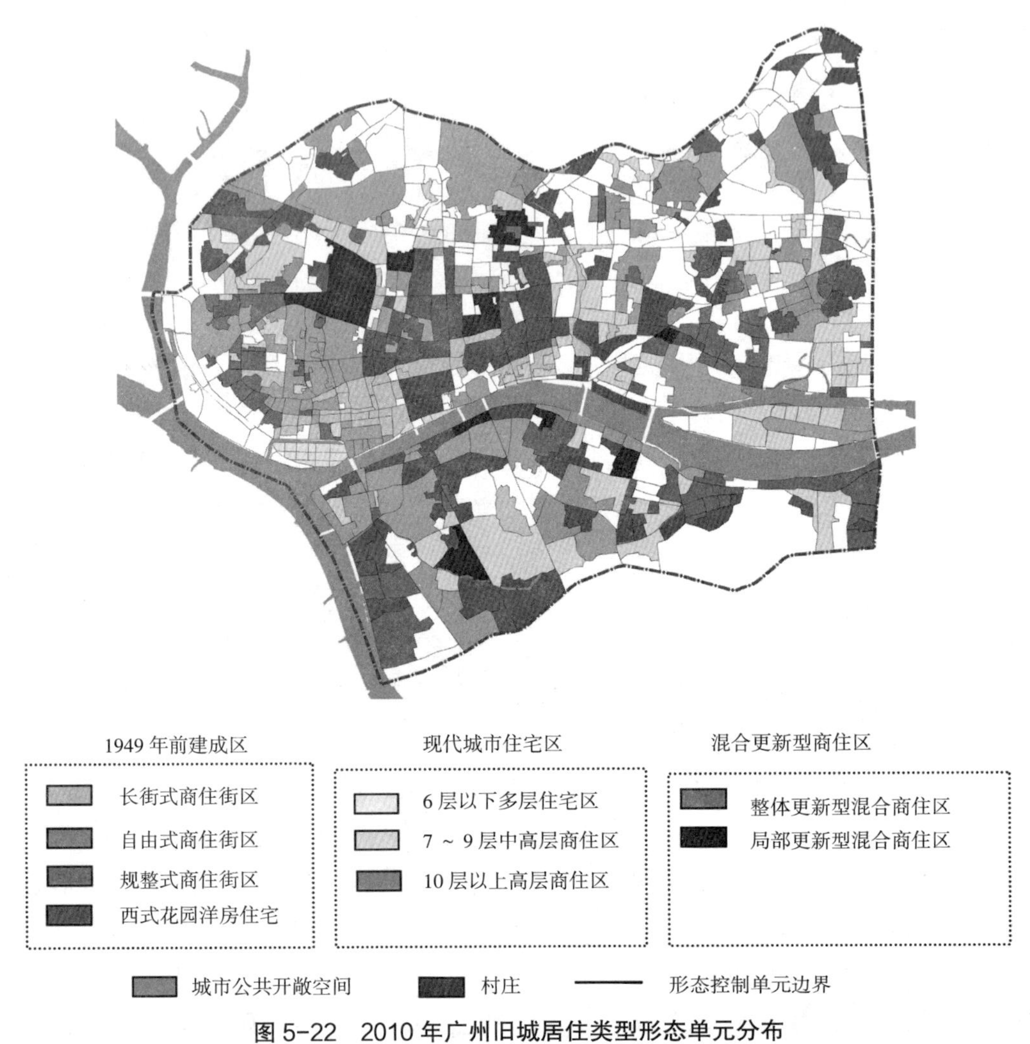

图 5-22　2010 年广州旧城居住类型形态单元分布

第一，形态单元的类型及更新程度与住宅的租金水平呈现较明显的关联性。广州旧城内住宅租金最高的路段主要分布在越秀旧城区与环市东周边地区，而“整体更新型混合商住区”形态单元也主要分布在越秀旧城区，二者高度重合，充分显示了高土地价值与高更新率之间的关系。淘金路与五羊新城地区是广州旧城居住租金的次峰值区，主要分布的是 1990 年代建设的 10 层以上高层商住小区与部分 7 ~ 9 层中高层住宅区，更新程度相对不高。荔湾旧城与海珠旧城的住宅租金水平最低，多为改革开放前建设的低层或多层住宅，其形态单元更新程度最低。住宅租金水平与地区更新程度的相关关系印证了在土地价值驱动下住宅自组织更新的动力机制。

第二，形态单元更新程度及住宅租金水平受商务业态的影响大。本书抽取旧城 30 个路段计算其住宅租金与商务办公楼租金的皮尔逊相关系数平均为 0.93，说明两者之间的充分关联。在环市东、中山六路、东风东等几个商务区附近，高层住宅平均租金都超过了 40 元 / 月 · m^2。这种关联特征反映了白领人士对商务区周边生活环境品质及就近居住的需求。受此影响，广州旧城商务区周边的住宅更新力度比较大。据统计，环市东地区在 2000 年后陆续开建了 30 多个高层住宅楼盘，都是属于旧城更新项目。相反，传统商业中心对住宅带动相对不明显。在一些传统商业中心，住宅租金对商业租金十分不敏感，如北京路地段的多层住宅租金只有 17 元 / 月 · m^2，下九路的高层住宅租金只有 20 元 / 月 · m^2，都没有达到同类物业的平均租金水平。这说明旧城传统商业嘈杂的经营环境反而制约了周边住宅更新与价格水平。

（三）竞争协同机制下的居住形态演化趋势

土地收益是土地市场运作的基础，政府在有限的财力情况下需要借助市场杠杆的力量撬动土地开发，开发企业遵循收益最大化原则开发住宅产品。广州旧城由于街区内部现状建筑密集、建筑量大，在具体改造地块中一般遵循区块内经济平衡的原则。根据本书对多个旧改项目的测算，由于多数原住居民需要回迁，开发商在既要保证社会效应，又要保证经济效益的前提下，拆迁比最低临界值一般在 1∶2.5 ~ 1∶3.0 之间。以龙津路地块改造方案为例，该地块位于荔湾旧城，面积约 22.7hm^2，由于地块内部危旧破房较多，居住条件亟须改善；另龙津东路和光复路传统骑楼街存在缺乏维护或者维护不当的情况，造成建筑特色弱化，街区风貌每况愈下，因此政府希望尽快启动本地块的更新改造工作。根据评估，地块内现状建筑面积约 58.68 万 m^2，现状毛容积率已达 2.59。按照规划方案，拟保留 34.78 万 m^2 建筑，包括已有

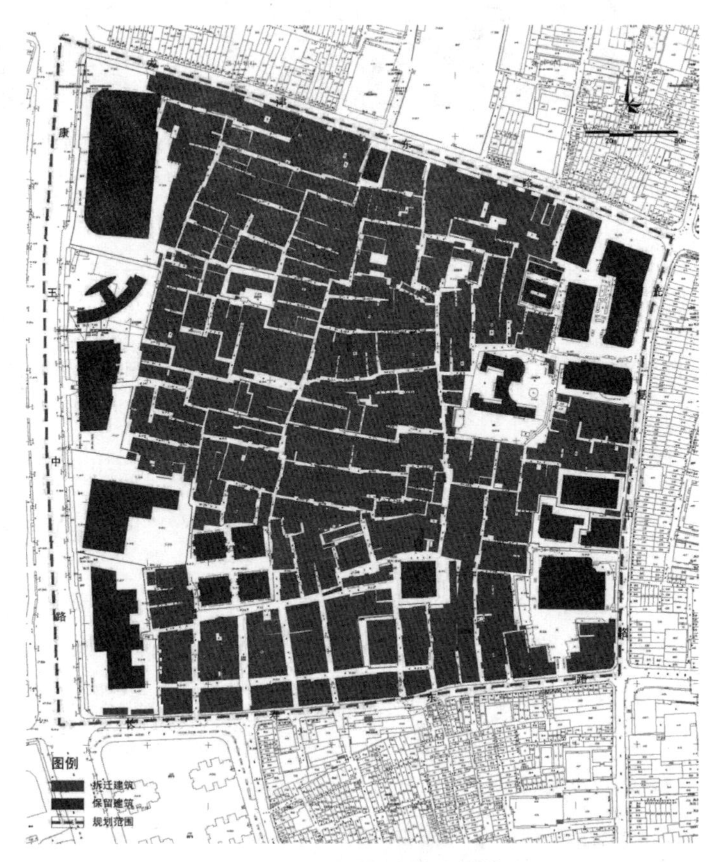

图 5-23　龙津路地块建筑情况

资料来源：《广州龙津路地块更新改造规划》，广州市城市规划勘测设计研究院 2008 年编制

的高层建筑和对龙津路传统骑楼街进行保留修缮；拆除 23.91 万 m^2 旧住宅建筑，并新建十多栋 35 层的高层住宅楼。按照此方案的经济测算，政府获得土地的成本约 24.42 亿元。在采取完全市场运营方式下，即政府整理、出让土地，开发商进行开发建设的方式，在地块毛容积率提高到 3.9，建筑总量增加 36 万 m^2 的情况下，政府可基本实现收支平衡。这个改造案例是在保证地块内部财务平衡进行改造的典型案例，在 2006 年市场化力量重新进入广州旧城改造后，大量的旧城改造都按这种方式进行。比如荔湾南岸路的源西地块、西湾路地块等等。其改造的关键点在于在高容积率改造与旧城景观风貌之间达到良好平衡。

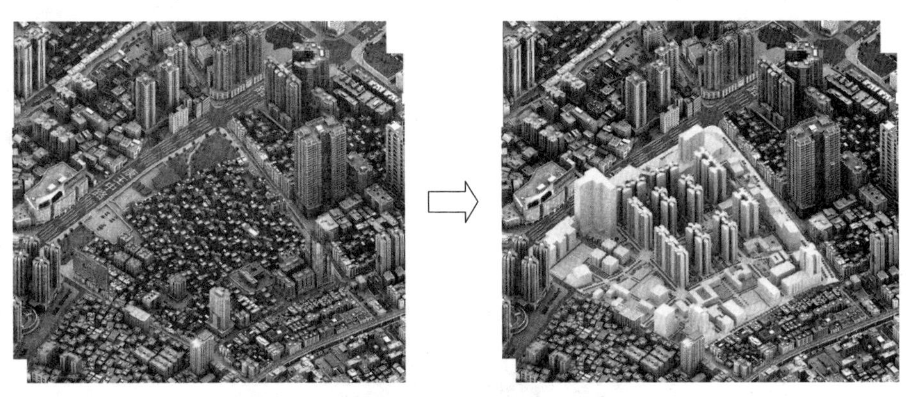

图 5-24　荔湾龙津路地块更新改造方案

资料来源：《广州龙津路地块更新改造规划》，广州市城市规划勘测设计研究院 2008 年编制

2006 年广州重启市场力作用旧城改造后，大量开发企业对旧城地块进行评估测算，试图找到具有经济效益的可改造地块。这实际就是经济竞争协同机制下城市形态的自组织过程。随着旧城土地价值的不断提升与原建筑价值的不断下降，SR 曲线中的 R 值临界点必然有到来的一天。目前广州旧城内已经有部分 1980 年代建设的 7 ~ 9 层住宅因机会成本更高而拆除更新，可以预计在未来的十年内大量这种类型的住宅区都将陆续进入更新状态。

5.3.2　社会视角下的竞争协同机制

社会系统是以人为基本单位构成。19 世纪以来，以科学主义和人文主义构成的西方哲学开始人的主体性问题。创造了理性思维主体性、价值功能主体性、语符交往主体性和社会实践主体性等代表性观点，提出把“人”作为各种活动的主体。城市形态是人的实践活动在城市物质空间产生的具象表征，反映了人从主体需求出发而表现出的不同行为偏好特征。因此，研究社会系统运行下的旧城形态自组织演变，就是从“个体人”或家庭、社区等“群体人”出发，分析其在实践活动中与城市空间之间的互动机制。

城市社会学强调：应该从主观性—意图意向—价值标准—环境情感联系的角度认识城市空间自组织发展的内在动力，其社会动力机制有三：一是人们日常活动系统的分离机制与城市空间的动态分化；二是收入层次、家庭类型及种族、民族的内聚机制；三是人们的住宅选择行为与生活方式的分化机制。这些机制反映不同土地利用者对城市空间的竞争过程，城市空间发展与演化是他们竞争—协商—共识的行动过程。下面本书就从广州旧城的人口需求出发，以人本的视角阐述竞争协同机制对城市形态的作用。

5.3.2.1　广州旧城人口的空间变迁与结构演变

广州旧城的常住人口虽然稳定在 200 万人左右，但人口结构却在不断调整过程中。人口结构主要包括年龄、职业、文化程度和家庭结构等。人口结构的变迁代表了人作为主体对城市功能需求的变化。根据对第四次人口普查、第五次人口普查、第六次人口普查及其他相关数据的分析，可以看到广州旧城的居住人口结构具有以下特征：

（一）人口空间变迁与城市更新

改革开放以来广州旧城的人口基本稳定在 200 万人左右。随着居住用地比例的减少与人均居住面积的增加，旧城的居住建筑总量大幅上升。据统计，2010 年广州旧城内的居住建筑用地面积已达 5000 万 m^2，约为 1978 年的 11.3 倍❶。在旧城的发展演变过程中，城市更新与人口变迁存在相互影响、相互促进的互动关系。

第一，城市更新带动了人口变迁。本书按街道统计 2010 年广州旧城的人口密度与建筑更新率（按 1978 年后的更新建筑），发现两者具有高度重合性（如图 5-25，图 5-26），即都呈现出以越秀旧城为核心的圈层式递减特征。这种情况说明：①受土地经济价值影响，以越秀旧城为中心的强烈城市更新带动了人口向中心的再聚集。城市更新产生的大量高层住宅项目吸引了更多的人口居住，从而使得越秀旧城人口中心地位进一步上升。②城市更新带来大量的商业服务业就业机会，吸引了大量从业人口在周边居住，也强化了内城人口中心的地位。

第二，人口的居住需求同时影响城市更新的进行。西方发达国家城市在第二次世界大战后经过“郊区化”发展历程，城市空间已出现明显的“职居分离”特征，但在中国大城市这一现象并未出现，主要原因就是人口对居住在旧城的需求。与衰败的西方国家大都市内城不同，中国大城市的内城地区在改革开放后经过快速发展大多成为全市的商业、行政与文化中心，拥有大量的服务就业岗位与完善的配套设施。以广州旧城为例，广州全市 28 家三甲医院有 20 家分布在旧城，人均病床数约 7.6，大大超过了全市 5.6 的平均水平；全市 47 家省一级中学有 20 家分布在旧城，优质基础教育资源成为吸引广州市民居住的重要原因；此外还有许多图书馆、体育馆等配套设施❷。人口对于旧城的居住倾向提升了旧城的区位价值，从而促进了其城市更新的进行。

❶ 根据《广州旧城更新改造规划纲要》统计。

❷ 根据《广州市城市总体规划 2010-2020》现状调研资料（2010 年）。

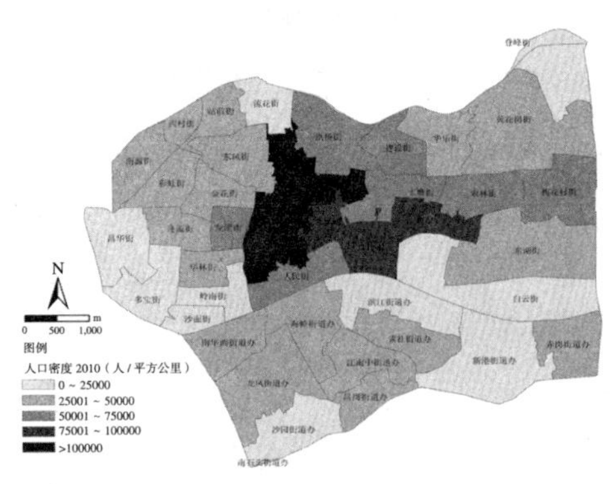

图 5-25　2010 年旧城范围街道人口密度

资料来源：按当年行政区划笔者自绘

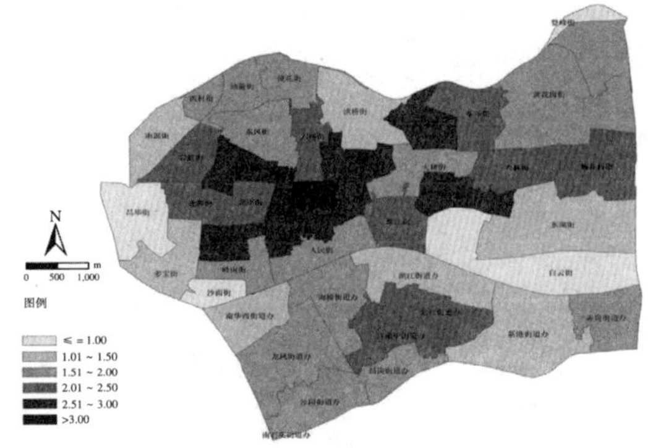

图 5-26　2010 年旧城范围街道更新率

资料来源：按当年行政区划笔者自绘

（二）人口年龄结构演变

我国 1950 ~ 1958 年和 1963 ~ 1974 年发生过两次生育高峰。从图 5-27 表示的 1990 年广州旧城的人口年龄结构看，24 ~ 35 岁人口最多而占据了峰值区，与全国生育高峰人口年龄推进特征相符。同时这两次高峰出生的人口在 1985 ~ 1995 年期间也进入育龄，虽然在 1978 年已推行计划生育政策，但这个时期人口出生的次高峰也将导致人口自然增长的下一轮波动。

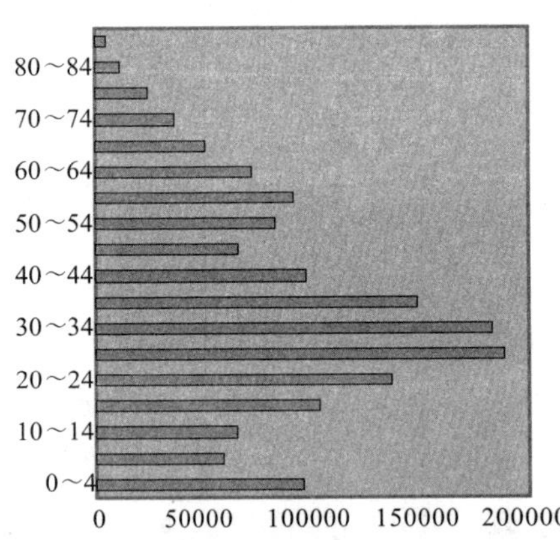

图 5-27　1990 年广州旧城人口年龄结构

数据来源：广州第四次人口普查资料

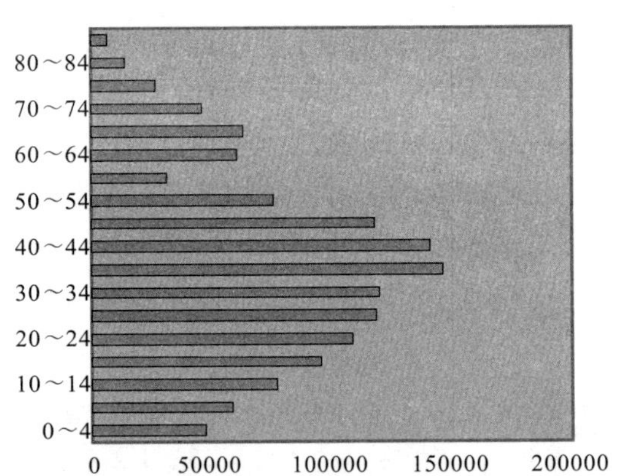

图 5-28　2010 年广州旧城人口年龄结构

数据来源：广州第六次人口普查资料

从图 5-27 显示的 2010 年广州旧城人口年龄结构看，年龄峰值区已逐步推进到 35 ~ 45 岁。这说明虽然旧城人口是一个开放的系统，期间仍然存在一定的迁入与迁出人口，但本地长期居住的人口相对比较稳定，是年龄峰值逐年推进的主要动力。如果纯粹按照这样的演化方式，2020 年前后年龄峰值区将转移到 55 ~ 65 岁，广州旧城将进入十分严重的老龄化阶段。

事实上在人口迁入迁出最少的荔湾旧城，老龄化趋势已经十分明显。根据 2010 年统计数据，荔湾旧城 60 岁以上的老人占户籍人口的 18.6%。老年人主要集中在金花、逢源、多宝、昌华、岭南、华林、站前、彩虹等街道。其中，站前、岭南和华林街的老龄人口都超过 20%，最低的南源街也达到了 14.3%。根据实地访谈调研，目前全区 60 岁以上的老人正以 1.23% 的年均速度在增加，预计 2015 年荔湾老龄人口将超过 20%。老龄化给地区带来了较大社会问题：首先适龄就业人口比例减少，导致人力资本重心下移，区域竞争力下滑，对企业和投资的吸引力下降；其次需要赡养人口的快速扩大，社会保障压力加大，社会和政府需要花费更多的资金来为老年人提供特定的医疗、休闲设施和服务。

2010 年荔湾旧城老龄人口情况　　表 5-3

街道	户籍人口（人）	老龄人口（人）	老年人口比例（%）
金花	53175	9837	18.50
西村	18574	3325	17.90
南源	38495	5505	14.30
逢源	61962	11800	19.04
多宝	41693	8154	19.56
龙津	49382	9504	19.25
昌华	32300	5873	18.18
岭南	43496	8896	20.45
华林	53048	10940	21.00
站前	30552	6173	20.20
彩虹	41238	7127	18.60
合计	468856	87134	18.58

资料来源：荔湾区公安局提供

当然旧城并不是一个封闭的系统，随着产业功能的提升，外来就业人口的不断迁入，旧城居住人口年龄结构的演化也会受到其他因素的影响而产生综合性变化特征。但是无论如何老龄化的趋势是伴随整个中国城市化而进行的。

（三）人口文化结构演变

根据第四次人口普查、第五次人口普查与第六次人口普查统计，1990 广州全市大专以上学历人口只占全市户籍人口的 10.9%，而广州旧城比例为 11.0%；2000 年全市大专以上学历人口占全市户籍人口的 16.8%，而广州旧城比例为 17%。这说明伴随着全市人口文化程度的提高，旧城人口文化程度虽然在提高，但相对全市平均水平这种差距并不大。

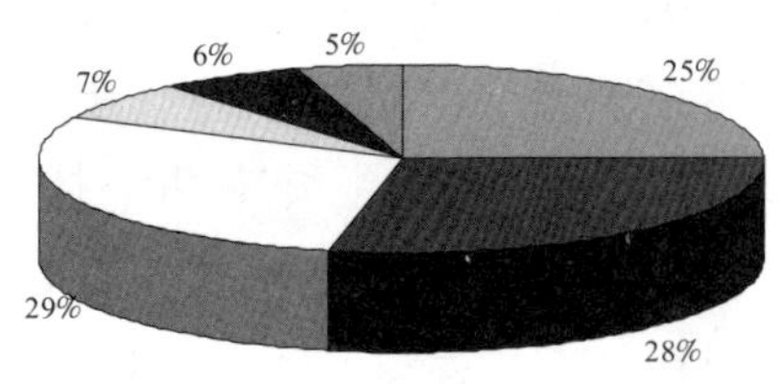

图 5-29　1990 年广州旧城人口文化结构

资料来源：广州第四次人口普查

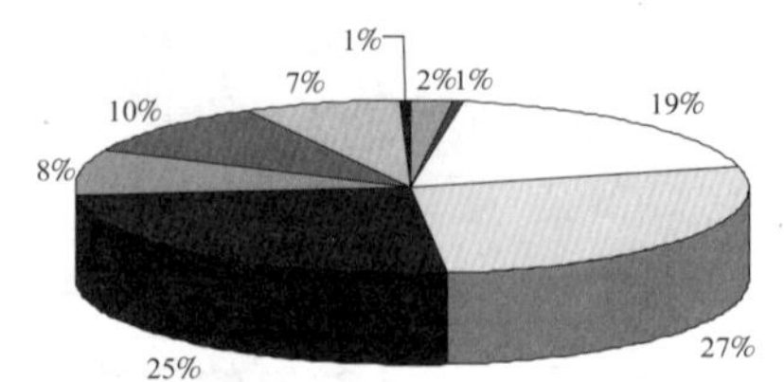

图 5-30　2010 年广州旧城人口文化结构

资料来源：广州第六次人口普查

旧城作为全市经济活动中心，商务商业设施高度集中的地区，理应拥有较全市平均文化程度更高的居民结构，但实际的数据并未印证这一假设，本书分析有以下原因：① 广州旧城居民文化素质比较混合，既有相当比例文化程度相对较低的原住居民，也有部分外迁进来的文化程度较高的新移民，二者综合造成了现状结果。② 大量商务白领、科研与行政管理人员并非旧城常住居民而是通勤人口。因此文化程度结构水平也反映了广州旧城居住人口构成的复杂性。

（四）人口职业结构演变

改革开放以来中国城市的内城区传统工业向郊区外溢，大量劳动密集型国际资本进驻等因素带来城市职业从业者的结构重构。为分析旧城居住人口就业的空间特征，魏立华等曾采用“四普”、“五普”数据，将所有职业类型分为“工业、低端服务业、高端服务业和政府机关职员”4 大类。对所在街道居住人口的职业类型求取区位商，以反映不同地区就业类型的空间差异❶。分析结果表明：①广州旧城区的工业从业者比

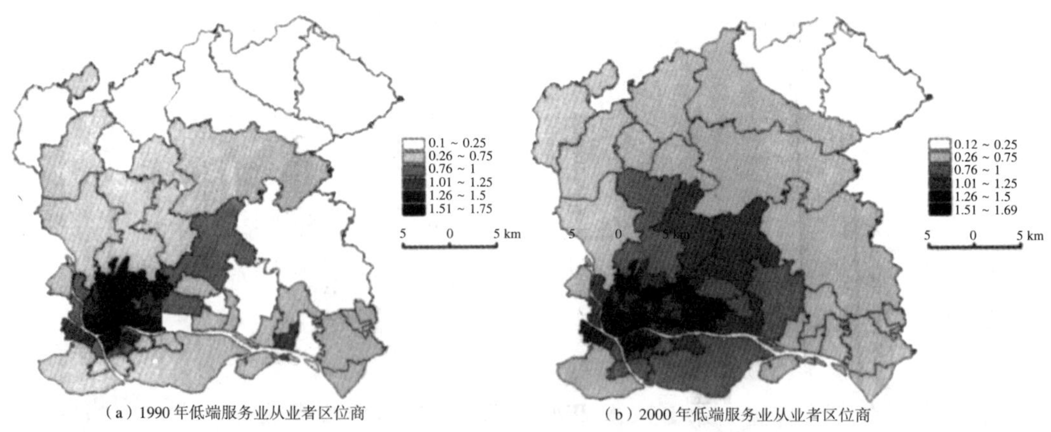

图 5-31　广州服务业人口区位商情况

资料来源：魏立华等 . 20 世纪 90 年代广州市从业人员的社会空间分异 [J]. 地理学报，2007（04）：407-409.

❶ 魏立华，等 . 20 世纪 90 年代广州市从业人员的社会空间分异 [J]. 地理学报，2007（04）：407-409.

例迅速下降，主要原因是旧城区大量老工业区的改造。②低端服务业从业者比例迅速增加。北京路、上下九等传统商圈周边低端服务业者比例大幅增加，带动整个旧城比例增加。③高端服务业从业人员有一定增长，但增长比例较小，主要集中在黄花岗科技园、环市东地区。④政府机关职员缓慢下降，部分办公职能外迁。

该方法以居住人口为对象，虽然不能涵盖所有就业人口，但也反映了本地居住人口就业特征。基础性服务业人口多、高端服务业人口少的状况与旧城居住人口文化结构的特征相一致，说明了旧城居住人口构成的复杂性与多元性。

（五）就业人口演变

广州旧城是城市重要的经济中心，吸引大量就业机会和商务人流，汇聚大量的通勤与流动人口，他们同样享有旧城各类设施，也是影响旧城形态演变的重要因素。根据对旧城调研分析，一般办公类建筑就业为 25m^2/ 职位，零售商业类约 20m^2/ 职位，批发商业类约 4 ~ 5m^2/ 职位。依据 2010 年各区产业推算，荔湾旧城约有 30 万个就业岗位、越秀旧城约有 62 万个就业岗位、海珠旧城约有 20 万个，就业人流加上外来的商务、旅游人流，2010 年旧城范围大致的就业人口也在 200 万人左右，与常住人口相当。按此估算对 1990 年建筑面积进行反推，1990 年广州旧城的就业人口大致在 123 万人，20 年内就业人口增长 62%，充分说明了城市服务业功能的发展带来了大量就业岗位的增加。

广州旧城的就业人口中有相当部分的外来人口。表 5-4 显示了荔湾旧城各街道流动人口与从业人口情况。可以看到中山路以北就业比重较高，对应于该地区属于火车站外围地带，集聚了较多的批发业和外来人口；中山路以南就业比例较低，对应于传统的旧城区和较多的本地人口。因此可以看出老城的就业态势：以外来人员就业为主，本地就业较少。从行业分布上看，荔湾区内从业人员主要集中在批发零售业和制造业，这两个方面加起来将近 50%。

荔湾旧城各街道人口及从业人数（2008 年） 表 5-4

行政街	年平均人数	流动人口	从业人数	就业比重
逢源街	60608	23000	7592	12.53%
南源街	55562	25000	16294	29.33%
华林街	54098	–	10127	18.72%
金花街	54074	1750	16457	30.43%
龙津街	49807	4000	8205	16.47%
岭南街	44200	100000	7794	17.63%
多宝街	42791	2274	5566	13.01%
西村街	41175	–	8481	20.60%
彩虹街	38531	15000	15857	41.15%
昌华街	31943	–	7652	23.96%
站前街	31784	–	10966	34.50%

数据来源：《广州市荔湾区经济社会事业发展年鉴 2008》

5.3.2.2 不同人群的居住倾向与空间竞争

广州旧城人口的流动过程并不是简单的原住居民空间平移，而是人口结构的“空间过滤”过程。“过滤”（Filters）是以高收入家庭迁居为导向的迁居与周转过程。阿摩斯·拉普卜特在《文化特性与建筑设计》中曾使用这个概念来解释社会组织的力量对人口的空间筛选过程。图 5-32 所示的漏斗就形象地显示了这一过程。不同文化、职业与收入结构的人群对同一居住地——旧城形成了空间竞争关系。高收入阶层通过优势的经济实力试图进入旧城，原住居民通过抵制改造或回迁安置尽量留在旧城。最终结果往往是原住居民部分流出和高收入阶层部分流入，既部分维持社会结构的相对稳定，又部分体现旧城的土地价值，两种力量在自组织作用机制下达到动态平衡状态。

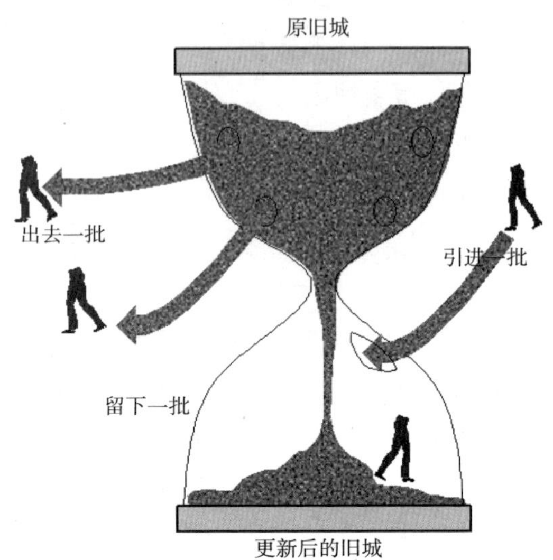

图 5-32 旧城更新中的人口空间过滤

资料来源：《广州旧城更新改造规划策略研究》，广州市城市规划勘测设计研究院 2010 年编制

（一）不同类型居民的居住倾向

广州旧城具有人口结构多元化的特点。根据广州市城市规划勘测设计研究院与中山大学 2008 年合作所做的广州市区潜在购房者问卷调查[1]，可以分析目前广州市民对居住与购房地选择的倾向。

第一，广州调查的潜在购房者占调查人数的 65%。年龄主要集中在 26 − 35 岁，占潜在购房者的 45%。该年龄段人在工作较长一段时间后，地位稳定，有较好的经济能力，也是“成家立业”期，购房需求较高。36 ~ 45 岁年龄段占总数的 28%，大多是在经济条件较好的情况下想进行二次置业。46 ~ 55 岁年龄段只占总数的 16%，该年龄段潜在购房者主要是改变居住环境。

第二，潜在购房者主要由私营企业管理人，个体经营者，机关、国企干部、外资、合资企业管理人员构成，四类人总比例达 72%。而工人、一般职工在潜在购房者中的比重只有 12%。

第三，按照不同年龄层次对居住地的选择统计表明，无论年长与年轻者，多数首选的居住地都为天河和越秀区（含旧东山区），其中年长者比年轻者更倾向选择越秀区。

第四，按照不同文化层次统计，高学历者的首选居住地为天河、越秀，而低学历者的首选居住地为海珠、天河和荔湾。

[1] 2008 年《广州旧城更新纲要》项目组发放问卷 1000 份，回收有效问卷 807 份。

以上调查统计表明，以越秀旧城为主的广州旧城地区对于人口居住的强大吸引力，也显示了高收入、高学历人群对进入旧城居住的强烈意愿。

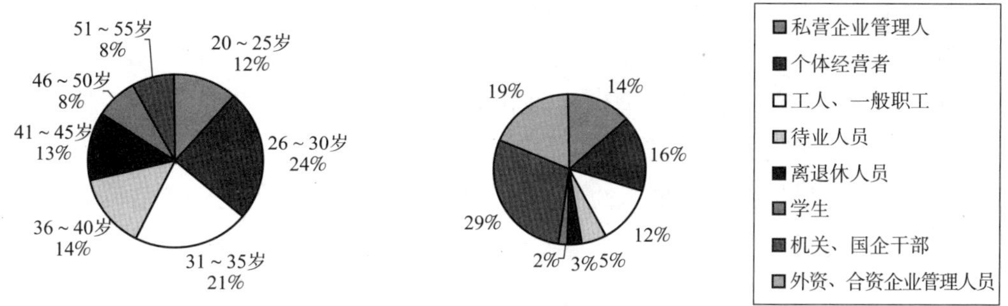

图 5-33　广州市区潜在购房者年龄结构　　图 5-34　广州市区潜在购房者职业特征

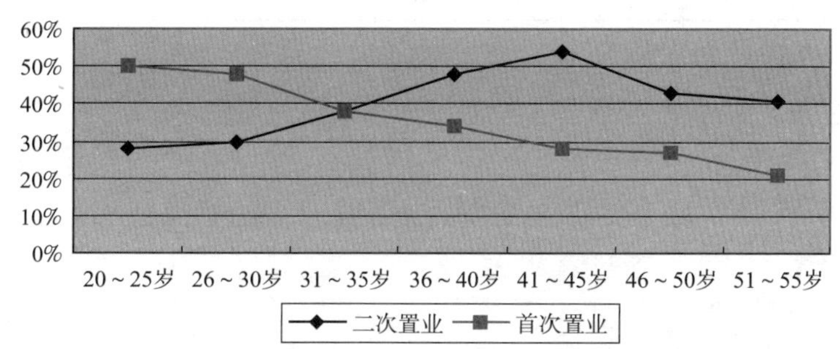

图 5-35　广州市区潜在购房者购房目标差异

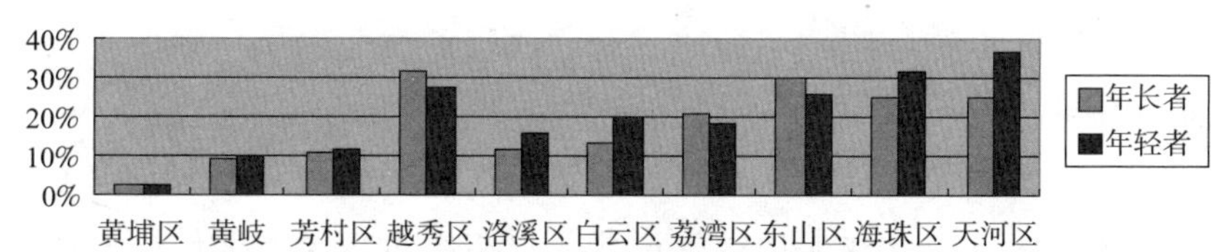

图 5-36　广州市区不同年龄层次居民居住地倾向

注：年长者为 50 岁以上人口，年轻者为 35 岁以下人口。东山区指旧东山区，2006 年已行政区划调整至越秀区。

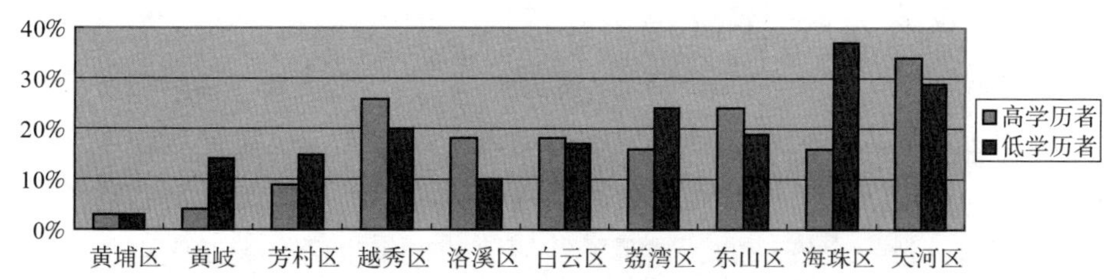

图 5-37　广州市区不同文化程度居民居住地选择倾向

注：高学历者指本科以上学历，低学历者指大专以下学历。

（二）不同类型居民的空间竞争

闫小培曾将广州人口划分为白领、蓝领、灰领、绿领 4 种类型[1]。在后工业化社会，灰领是信息社会主要产品的生产者，是信息社会无形资源的管理者，是技术创新的源泉。灰领阶层在未来社会中的创新、管理和生产等方面的作用和地位是极其重要的。从现实发展看，"灰领"阶层已经成为推动广州旧城更新的重要社会群体，表 5-5 是根据广州 2005 年 1% 人口调查数据整理出来的不同职业类别人口的住房产权来源情况，表中可以反映出广州"灰领"阶层的住房状况。以国家机关及企事业单位负责人、专业技术人员等构成的群体占据了最高的商品房与公房购买比例，他们的居住偏好与集聚将主动影响城市更新。

城市不同职业人群住房的产权来源构成（2005 年）　　表 5-5

职业类别	人均住房建筑面积（m^2/人）	住房价格 30 万元及以上（%）	购买商品房（%）	购买公有住房（%）
国家机关、党群组织、企业事业单位负责人	34.81	16.68	34.45	20.95
专业技术人员	30.32	8.13	28.63	29.44
办事人员和有关人员	30.14	6.92	26.43	33.73
商业、服务业人员	25.66	4.88	18.49	13.54
农、林、牧、渔、水利业生产人员	30.61	0.42	2.29	2.77
生产、运输设备操作及相关人员	25.13	1.63	13.69	18.70
不便分类的其他从业人员	26.2	1.94	13.92	16.21

资料来源：闫小培．改革开放以来广州城市社会结构变化研究 [J]. 中山大学学报（社会科学版），1999，2.

居住于老住宅区里的广州"老街坊"和普通服务就业人员是中低收入者，也是旧城这个多元社会群体的重要组成。他们的存在降低了旧城的生活成本，丰富了旧城的活力，造就了城市的多样性。即使在纽约、巴黎这些国际大都市区，内城也有许多普通收入者居住的街区。因此在人口空间过滤的自组织过程中，他们也不应该被完全排挤出去，政府应该采取干预措施以保持这种动态平衡的存在。现在在旧城居住的"老街坊"居民普遍存在"恋家"情节。如荔湾旧城居住的 50.5 万人口中，本地户籍从业人员只有 11.5 万人，就业比重只有 22.8%。多数年轻人都选择外出居住与就业，只留下长辈与外地人做工。在一些区位较好的街道，居民可以依靠租金和经营小店维持生活，但多数做得比较好的批发商铺都是外地人经营。根据访谈调研，荔湾旧城的居民普遍表示无意搬出去。老人对自己生活了这么久的地方都存在安土重迁的想法，对旧房存有深厚感情。而在新区里，由于生活费用的增加，周围环境的陌生，相比之下旧城服务配套设施完善，过一个安稳的、熟悉的、便捷的老年生活在老城区可能会更加容易

[1] 闫小培．改革开放以来广州城市社会结构变化研究 [J]. 中山大学学报（社会科学版），1999，2：33-34.

实现。2006 年末，龙津西路恩洲大巷还有居民挂出“屋在人在，屋亡人亡”的横幅拒绝搬迁，地产公司最后让步，考虑到该房屋是梁某一家人谋生和经营的场所，$66m^2$ 的住宅获得了 100 万元的赔偿，代替地产公司提供的在罗冲围的住宅。

从 1984 年起直到 1997 年，广州市旧城拆迁改造要求所有被拆迁人回迁，所有的租赁关系在回迁后仍然生效。2006 年重新启动市场化更新改造后，拆迁安置方式强调按照多数原住居民意愿，大部分人仍选择回迁。大量回迁造成了旧城更新项目的巨大压力，同时也可以理解为是社会自组织力量与经济自组织力量的对抗与平衡。

5.3.2.3　社会空间分异特征

大量城市发展历程说明，人口的空间过滤会形成旧城的社会分层（social stratification）特征。广州旧城 1949 年以来经历了大量人口变迁后，社会空间分异的特征如何呢？

为识别这一特征，本书根据住宅类型与居住人群将旧城居住空间分成以下几类：① 豪华住宅区：主要包括城区里风景、地段好的别墅与沿江等地段的高层公寓。② 中高档住宅区：中上阶层住宅，主要由国家机关、党群机关、企业、事业单位负责人和专业技术人员占有，还包括收入较高的一些办事人员及相关人员。一般是 20 世纪 90 年代中后期新建的环境较好的高层商品房。③ 中低档住宅区：由商业工作人员、服务性工作人员、生产工人、运输工人等占有。这类住宅主要建于七八十年代单位房，现在有些房子已显老旧，设备老化，生活配套设施很不齐全。④ 传统街坊住宅区：集中于旧城区的竹筒屋、大屋。住房面积、房屋质量、采光度、卫生条件并不理想。年轻的、有经济实力的人纷纷迁走，留下老年人和经济条件相对较差的人，外来人口在此租住的较多。⑤ 城中村：农民自建的“握手楼”、“接吻楼”是其典型的外部表征，外来低收入人群聚居地。

本书将 2010 年划定的形态单元按上述类型归类，制定了广州旧城的居住空间分异图（图 5-38）。为准确识别“混合更新型商住区”中的居住类型，本书将该类形态单元中大于 $1hm^2$ 的高层商住区更新地块作为“中高档居住区”地块，具有居住功能的单元用地形态单元划入中低档居住区。图中可以反映出社会分层视角下广州旧城居住形态格局特征：①“传统街坊住宅区”主要集中在荔湾旧城与海珠旧城，其他地区只有零星分布；②“中低档住宅区”是广州旧城目前最主要的居住类型，构成了旧城居住空间的主体；③“中高档住宅区”零散分布在“中低档住宅区”中，地块面积小，主要沿城市干道分布；④“高档住宅区”主要分布在二沙岛、滨江东与东山地区（东山近代别墅区已成为广州旧城昂贵的住宅），面积较小但相对集中。

出现这种状况的主要原因是：东山地区由于早期的建筑多以花园洋房和别墅为主，并且一直作为行政机关所在地和公职人员的主要居所，所以更新改造比较全面，现以高档楼盘和保留洋房别墅为主，成为核心圈层中住房价格最高的区域。原荔湾老城区居住混杂，人口稠密，居住环境较差，在城市改造中以交通沿线改造为主，形成了交

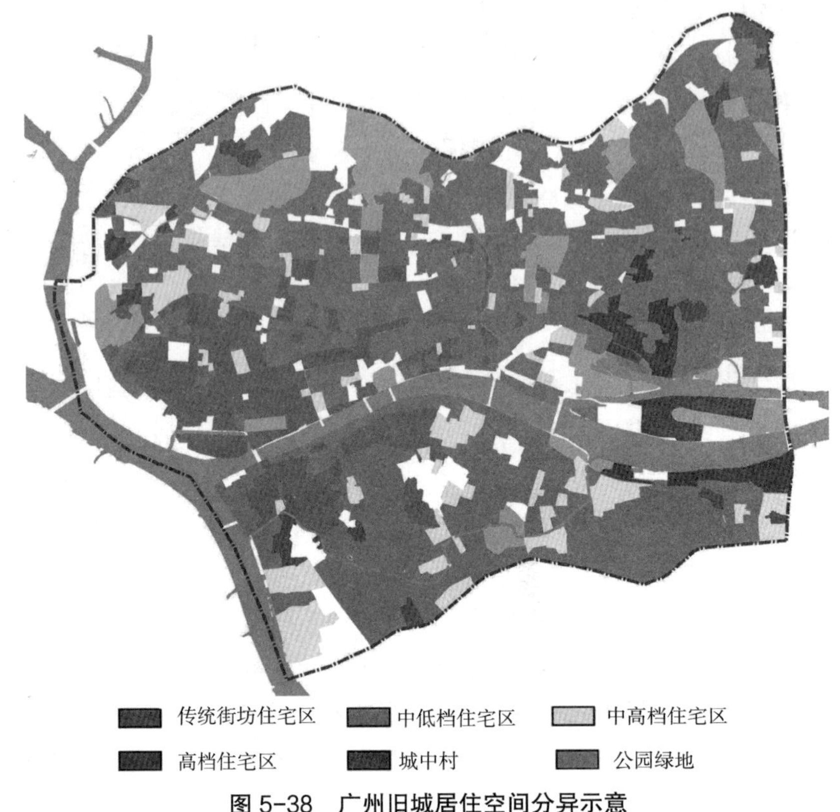

图 5-38 广州旧城居住空间分异示意

通沿线高层楼盘和交通线后大量高密度低矮老式住宅区共存的局面。原西关地区的黄沙、恩宁路、上下九等区域改造缓慢，以原有保留建筑为主，成为核心区居住条件差、建筑密度高的区域。海珠旧城的住宅区也存在着巨大的差异，靠近滨江路的老式住宅区大多被改造成为以江景为卖点的高档豪宅楼盘，宝岗大道、洪德路沿线也多被开发，而离珠江前航道和主交通沿线较远的部分则改造度较低，依然是以老式低矮住房为主。

从图 5-38 可以看出，以多层公有制住宅为主体的住宅类型仍然占据旧城的主体，集中的中高档与高档住宅区分布并不明显。可以认为，小规模渐进式更新演进使得广州旧城内各类住宅区呈现高度混合的状态，这使得社会空间分层的特征还不明显，即还没有形成很明显的社会阶层板块。大量中低档住宅与传统街坊住宅区的存在，继续容纳了大量中低收入阶层。从这个角度来看，社会制衡的自组织力量与经济驱动的组织力量之间的对抗还有很长一段路要走。

5.4 广州旧城形态演变中的分形特征

相似与分形是城市形态自组织演化过程中出现的普遍特征。1967 年曼德布罗特（B. B. Mandelbrot）在美国权威的《科学》杂志上发表了题为《英国的海岸线有多长？》的著名论文，揭示了大自然中的几何分形现象。1975 年他创立了分形几何学（fractal geometry）。在此基础上形成了研究分形性质及其应用的科学，称为分形理论（fractal theory）。分形（fractal）的基本特征是自相似性，亦即没有尺度或者特征规模 ❶。城市形态的分形特征是分形研究的中观层次。加拿大科学家凯叶（Kaye）在其《分维漫步》一书中进行了如下图解 ❷：当我们走进某个城市扇形区的时候，我们可以看到居住用地、工商业用地、开放空间和空闲地等用地类型。但是，每一种用地都不是纯粹的一类用地，当我们走进以工商业用地为主的街区的时候，我们还可以看到住宅用地、工商业用地、开放空间和空闲地。进一步讲，从街区走进以开放空间为主的邻里，从邻里走进以空闲地为主的场所时，看到的依然是上述各种用地类型的组合。相同的城市用地结构（住宅 – 工商业 – 开放空间 – 空闲地等）在扇形区、街区、邻里和场所等不同的层次上重现自己，这就是自相似的基本思想。

图 5-39　日本关西都市圈发展示意

资料来源：张勇强 . 城市空间发展自组织与城市规划 [M]. 南京：东南大学出版社，2006.

城市作为人类文明的产物，体现了人类对秩序的追求。许多理想城市形态如星形城市、方格网城市等，是通过完整的规划自上而下的结果。众多具有悠久历史的城市中心区，却往往是通过有机演化自下而上生长而来，在自组织机制下城市形态会呈现分形特征。日本关西地区以大阪湾为中心、形似大树的、稠密的水系网络是区域生物圈的轴心，自古以来，也是承担地区间联系和城市活动的走廊。这样关西地区的城市空间结构亦形成以水系为依托的树状系统，就像树由根、干、枝、叶所构成一样，关内大网络也成为由“根”（即大阪湾地域），“干”（即承担关西圈区域活动的城市轴），“枝”（即各城市区域），“叶”（即由地区组团）等系统所构成的分形空间结构（如图 5-39）❸。广州旧城经历了 2000 多年的发展，其形态演变也存在自相似分形特征，不过在支离破碎、没有规则的空间现象与非线性过程中，这种特征需要通过特殊的统计方法得以发现。

5.4.1　分形分析的意义与测定方法

欧几里得几何所描述的对象，可以用长度、面积、体积来对其进行测度，但用这种办法对分形结构做出测定则是不可能的，例如英国海岸线的长度用这个方法就无法测定。曼德布罗特放弃了这些测定而转向了维数概念，以分维（Fractal Dimension）来表征分形最主要的几何特征——结构的不规则性和复杂性。分形研究的重点在于测定

❶ 陈彦光 . 分形城市与城市规划 [J]. 城市规划 .2005（29）：34-35.

❷ 20 KayeBH.A RandomWalk through Fractal Dimensions[M].New York：VCH Publishers，1989：85.

❸ 张勇强 . 城市空间发展自组织与城市规划 [M]. 南京：东南大学出版社，2006：70-71.

分维数。欧几里得几何里点是0维，线是1维，面是2维，体是3维。但用1维单位长度去度量英国海岸线，结果是无穷大；用2维平面去度量，结果为零。因此如果想要得到确定的度量值，必须以维数介于1和2之间，这就是分形的重点所在。

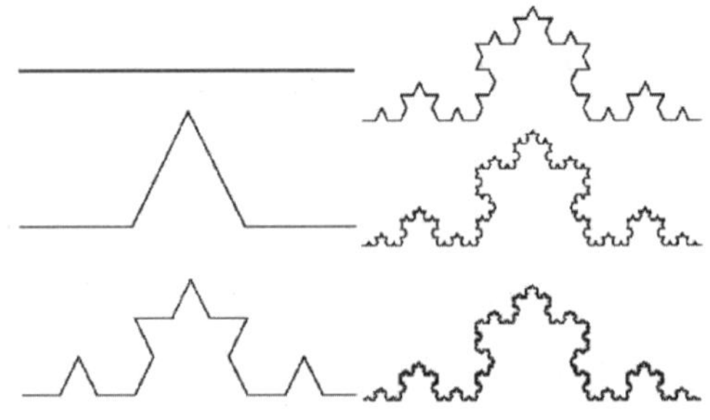

图 5-40 科赫（Koch）曲线

资料来源：张勇强．城市空间发展自组织与城市规划 [M]. 南京：东南大学出版社，2006.

科赫（Koch）曲线、谢尔宾斯基三角形（Sierpinski Triangle）、谢尔宾斯基地毯（Sierpinski Carpet）等从不同图形的角度阐释了不同分形规则的特征。目前对于分形维数的测定也主要有边界维数计量法、网格维数计量法、半径维数计量法三种方法。边界维数是从城市土地职能与结构的视角，考虑各类用地的不规则性，用几何测度关系计算分维值；网格维数是从城市空间结构 的视角，考虑城市土地利用的总体格局，采用网格计数法测算分维值；半径维数是从城市生长的视角，考虑城市从中心向外围扩展的趋势，采用回转半径测算分维值❶。对于广州旧城可以根据不同形态要素的情况采用相应的测定方法进行分析。

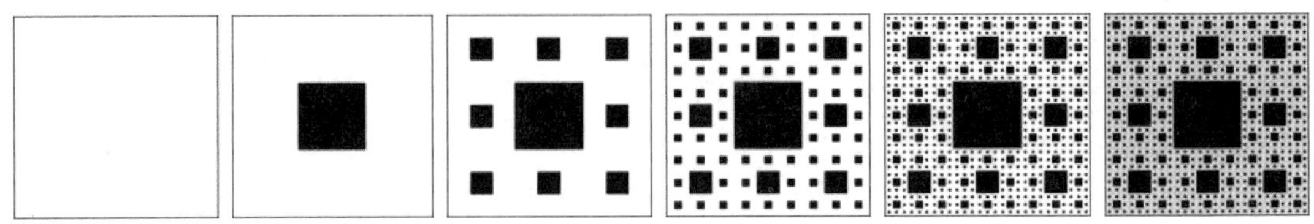

图 5-41 谢尔宾斯基地毯（Sierpinski Carpet）

资料来源：张勇强．城市空间发展自组织与城市规划 [M]. 南京：东南大学出版社，2006.

5.4.2 广州旧城街道系统演变的分形特征

广州旧城的街道系统具有很强的历史延续性。许多街区在经历了快速更新后，街区内部街巷仍被保留，其中必然存在某种自相似的分形特征。那么以道路网络构成的几何体，如何判别它的分形维数呢。根据对道路网络的相关分形研究❷，本书采用网格计算法来测定这一特征。

分形维数是一种常见的分形意义下的维数，其定义是：设某个客体分为N个局部，每个局部按相似比B与整体相似，则其分形维数 d_f 为：

$$d_f = \ln N/\ln(1/) = -\ln N/\ln(\beta) \quad (1)$$

❶ 黄勇．城市空间形态的分形研究．[硕士学位论文]. 兰州大学，2006：75-76.

❷ 王秋平 张琦 刘茂．基于分形方法的城市路网交通形态分析．城市问题 2007（06）：52-54.

采用边长为 a 的方格网覆盖需要分析的城市区域范围 A：设 A 中有道路通过的方格数为 N（a），则 N（a）的大小随着 a 的大小变化而变化。对于城市路网而言，可以认为 N（a）随着 a 的减小而增加，这是因为城市路网大都呈现比较密集的形态，对于确定范围的城市区域 A 而言，方格网边长 a 变化而引起 N（a）的变化是减函数关系。这样一来就形成了 a-1 ~ N（1）的增函数曲线。对 a-1、N（a）分别取对数，并参照分形维数定义（1）式适当修改，采用 [ln（a-1），lnN（a）] 的曲线变化率来定义城市路网的覆盖性分维，可得：

$$D(a)=\frac{d\ln[N(a)]}{d\ln(a^{-1})}=-\frac{d\ln[N(a)]}{d\ln(a)} \qquad (2)$$

（2）式又可以近似变换为：

$$D(a_i)=\frac{-\ln[N(a_i)/N(a_{i+1})]}{\ln(a_i/a_{i+1})} \qquad (3)$$

式中：a_i 为第 i 次划分分析区域 A 时的方格网边长；a_{i+1} 为第 i+1 次划分分析区域 A 时的方格网边长；N（a_i）为第 i 次划分分析区域 A 时有道路通过的方格数；N（a_{i+1}）为第 i+1 次划分分析区域 A 时有道路通过的方格数；D（a_i）为在边长 a_i 的方格网划分下城市路网 A 的覆盖性分维。

如图 5-42 所示假设在一个标准正交的道路网系统中，下一级路网不断以一级路网的 1/2 间距进行分割，则分维数 D 值为 2，即达到了分形认为的局部与整体具有完全的自相似性。D 值越趋近 2，则说明其不同局部下的相似程度越高，自组织发育的程度越完善，路网覆盖的程度也越高。

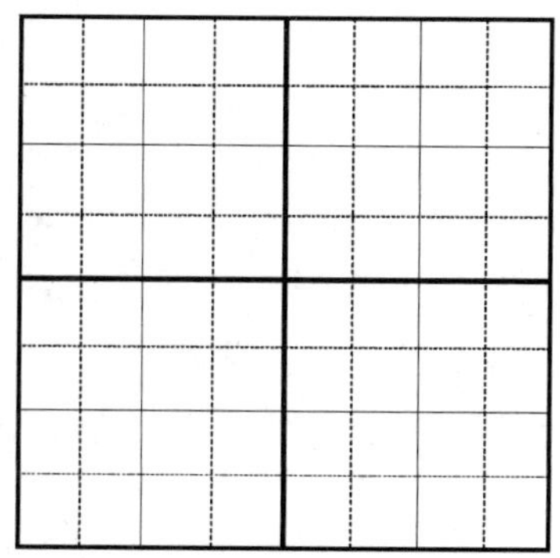
图 5-42　标准正交路网系统

分形研究首先要确认无标度区，即只有在这个范围内才具备分形特征。格局广州旧城路网的一般间距，本书选取 25 ~ 400m 作为无标度区。a 值取 50m，以 400m（8a）为起始网格值，采用下一次为上一级的一半的递减规律设定不同网格边长。以此分别对 1949 年、1978 年、2010 年三个年份广州旧城街道系统（含街区内部支路）进行测算（表 5-6）。

广州旧城路网覆盖性分形维数分析表　　表 5-6

a 值		8	4	2	1	0.5
1949 年	$\ln a^{-1}$	–2.0794	–1.3863	–0.6931	0.0000	0.6931
	N（a）	156	524	2196	6984	13936

续表

a 值		8	4	2	1	0.5
1949 年	lnN（a）	5.0499	6.2615	7.6944	8.8514	9.5422
1978 年	lna^{-1}	–2.0794	–1.3863	–0.6931	0.0000	0.6931
	N（a）	375	1357	4128	10314	23256
	lnN（a）	5.9269	7.2130	8.3255	9.2413	10.0543
2010 年	lna^{-1}	–2.0794	–1.3863	–0.6931	0.0000	0.6931
	N（a）	396	1468	5736	14344	39376
	lnN（a）	5.9814	7.2917	8.6545	9.5711	10.5809

统计结果为 1949 年、1978 年、2010 年的 D（a）分维值分别测定为 1.6699、1.4835 和 1.6560，相关系数 $R^2>0.99$。根据前文分析，大致上可以认为当 D（a）在（0-1] 区间时路网覆盖性水平低；当 D（a）在 [1，1.5] 区间时路网覆盖性水平中等；当 D（a）在区间（1.5，2] 时路网覆盖性水平高。广州旧城 3 个年份的分维值表明，1949 年旧城区的路网覆盖性较高，自相似性也比较强；1978 年分维值下降较快，主要是因为大量划拨用地大大减少了路网密度，城市的自相似特征下降；至 2010 年分维值又回升至接近 1949 年的水平，反映了路网自相似程度的进一步提升与路网密度的加大，但由于土地划拨用地格局并没有打破，旧城原有街巷也被大部分延续下来，导致相对快速城市更新而言道路系统的分维值的上升并不快。

从街区内部更容易观察到这种分形特征。图 5-43 显示了东风路、中山路、荔湾路所围合的大型街区街巷路网情况。从图中可以看出这是一个典型树状街巷系统构成的自由式街区，是一个在完全自下而上的自组织作用下形成的混沌结构。改革开放后这里虽然对建筑进行了快速更新，但街巷路网改变很小。本书采用网格法对其路网进行分维值的测算，a 定为 25m，网格分别取 100m、75m、50m、25m（即 4a、3a、2a、a），计算过程如表 5-7 所示。测定标明在 25 ~ 100m 的无标度区间内，该街区路网形态的分维值为 1.4208，相关系数 $R^2>0.99$。数据说明了广州旧城混合式街区路网演变存在分形结构特征，但目前树形结构的发育程度还不高，自相似与覆盖程度都还低于旧城的平均水平。

广州旧城东风路大型街区路网覆盖性分形维数分析表 **表 5-7**

a 值		4	3	2	1
2010 年	lna^{-1}	–1.3863	–1.0986	–0.6931	0.0000
	N（a）	95	138	254	672
	lnN（a）	4.5539	4.9273	5.5373	6.5103

Batty、Longley 等曾借助受限扩散凝聚（Dif-fusion-Limited Aggregation，DLA）模型和电介质击穿模型（Dielectric Breakdown Model，DBM）对城市形态的空间演化

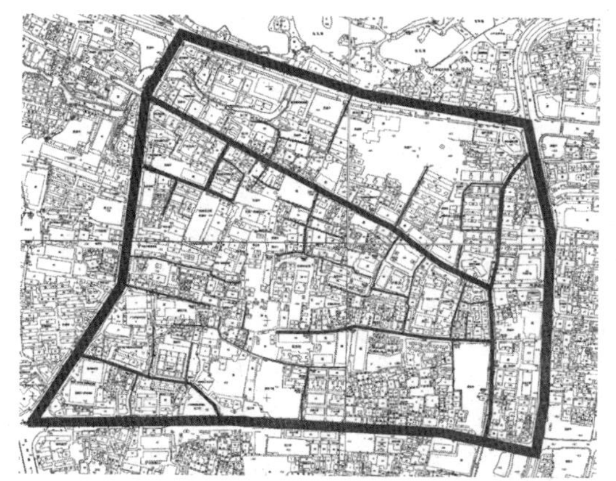

图 5-43　东风路某街区 2010 年路网形态

资料来源：根据 2010 年 1∶2000 地形图绘制

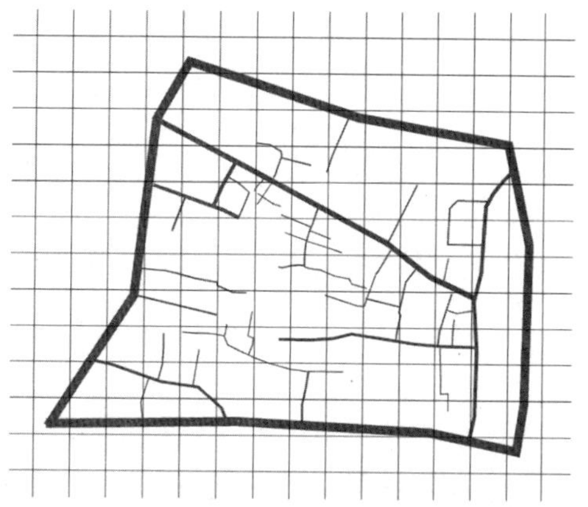

图 5-44　东风路某街区 2010 年路网形态网格法测定

（图示为间距 100m 网格）

进行了深入的模拟分析，发现城市形态的平均维数为 1.71[1]。DLA 是用以解释大自然凝聚增长的模型，DBM 是模拟大自然中的放电现象的模型。两者都基于树形衍生结构对城市形态与城市交通网络进行了分形模拟。模型测定的自然现象如水系的分维其模拟和实测值都在 1.7，而一般历史悠久城市的分维值也接近这种自然值。广州旧城路网平均分维值基本符合这一特征，但如图 5-43 所示的某些大型混合街区还偏低。

广州旧城路网分形的测算对未来的规划干预具有重要意义。对现有的街区是采取完全的方格网式重新划分，还是顺应自组织的力量进一步丰富原状肌理而提升分维值呢？城市现状的路网街巷肌理是两千年来自组织的结果，现代的规划更新手段能否或者是否有必要破坏这种自组织过程呢？这正是自组织与他组织需要寻找的平衡点。

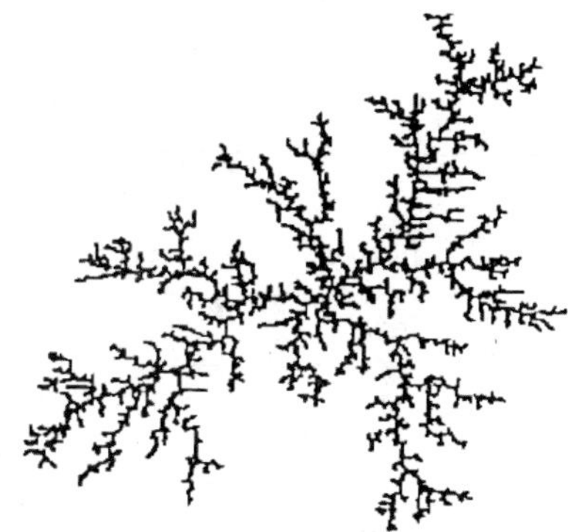

图 5-45　DLA 或 DBM 的模拟图式

（Batty，1991）

5.4.3　旧城土地利用演变的分形特征

对城市土地地块进行分析研究是目前城市形态分形研究的重要方法。由 Batty 和 Longley 提出的城市形态边界维数法最初只是被用来测算城市的周界，后来逐渐被应用到城市土地利用空间结构的研究中去[2]。假设城市是一个封闭地域，总面积为 A，周界边长为 P，若边界是维数为 D 的分形线，则根据几何测度关系有：

❶ BATTY M，LONGLEY P.Fractal Cities：A geometry of form and function[M].London：Academic Press，1994.

❷ BattyM，LongleyPA.Fraetal——based deseriptionofurbanform[J]. EnvironmentandplanningB：Planningand Design，1987，14：123-134.

$$P^{1/D} \infty A^{1/2} \quad (4)$$

即

$$P \infty A^{D/2} \quad (5)$$

将上式表示为一般形式为

$$P=\varphi A^{f(D)} \quad (6)$$

式（9）中 φ 为常数，f（D）为与分维 D 有关的函数。将该式两边取对数，得到：

$$lgP=lg\varphi +f(D)\,lgA \quad (7)$$

f（D）=D/2 为式（7）线性回归的斜率。上述式（6）、（7）为边界维数的常规模型。

边界维数 D 的大小表征了城市地域边界作为分形线的复杂曲折程度，即非线性性质的强弱，边界维数越大，城市边界线的非线性越强，城市形态越复杂。在城市土地利用空间形态的研究中，可以将城市土地分成不同的类型，按照上述方法分别计算不同土地类型的边界维数，从而可以反映各种用地斑块边界的曲折性及其在空间上相互交错、相互渗透的复杂程度。本书根据 1949 年、1978 年、2010 年三个年份广州旧城的土地利用图，运用 Arcgis 对居住、商业、工业三类用地进行边界维数法的测定，测算结果如表 5-8，测定的相关系数 R^2>0.95。

广州旧城土地利用边界维数测定表 表 5-8

	居住	商业	工业
1949 年	1.25	1.33	1.16
1978 年	1.32	1.06	1.38
2010 年	1.43	1.52	1.05

测定结果反映了广州旧城不同土地功能的分形特征。居住用地在 1949 年处于比较规整的状态，1949 年以来由于土地划拨与市场经济发展，其边界日益复杂，边界维数持续上升；商业用地分维值在 1949 年处于略高于居住的状态，但改革开放前由于政府对商业的计划发展，大量商业用地得不到发展，导致边界维数迅速下降。但改革开放后随着快速城市更新，商业地块呈现日趋复杂的斑块状，边界维数迅速上升。工业用地在 1949 年前主要分布在城区西部（西村工业区），1978 年前形成了 5 个工业集聚区，同时城区内部也出现了许多小型工厂，导致边界维数迅速上升。但改革开放后由于大量工业用地功能置换，使得边界维数迅速回落。

对广州旧城土地功能的分形研究反映了其形态演变自组织的总体趋势：即在小规模渐进式更新改造过程中，城市形态更为复杂多元化。这对城市规划干预同样具有启示。是通过规划强制手段限定城市的土地功能、划定鲜明的功能分区，还是按照自组织的规律进一步提升土地功能的混合性、加大边界维数？城市土地与功能如何在多元要素影响下获得良好的匹配关系，这同样是系统演变中需要寻找的平衡点。

5.4.4　旧城形态单元演变的分形特征

旧城土地利用演变的分析研究反映的是旧城不同用地的分形特征，那么在形态单元即街区的尺度下，其分形特征如何呢？如前文所述，形态单元重要的形态要素构成是形态基底与更新地块，如果能够把不同类型的更新地块按照边界维数的方法进行分形研究，就能揭示形态单元中各种更新地块的形态破碎程度与自相似特征。

本书以环市路、东方路、人民路与康王路围合的街区为例来分析其更新地块的分形特征。该街区 1978 年主要包括近代自由式商住区与长街式商住区两种形态单元，2000 年开通了南北向的康王路后，街区被一分为二。至 2010 年康王路东侧的街区已演化出 7 个形态单元。本书根据地块更新情况划分出该街区内的形态基底与三种类型更新地块：近代竹筒屋形态基底、7 ~ 9 层中高层住宅区更新地块、高层商住区更新地块、高层商务区更新地块，共计有更新地块 45 个。由于更新地块比较破碎，非常不规则，为研究其自相似分形特征，本书采用边界维数法对各类更新地块及全街区总地块测定分维值。测定公式如（7），测定结果如表 5-9。测定标明各地块边界的面积与周长呈线性相关关系，相关系数 R^2>0.95。统计发现，该街区总体平均分维值为 1.5397，其中作为形态基底的近代竹筒屋地块与高层商务区更新地块分维值较低，而其他两类更新地块分维值较高。

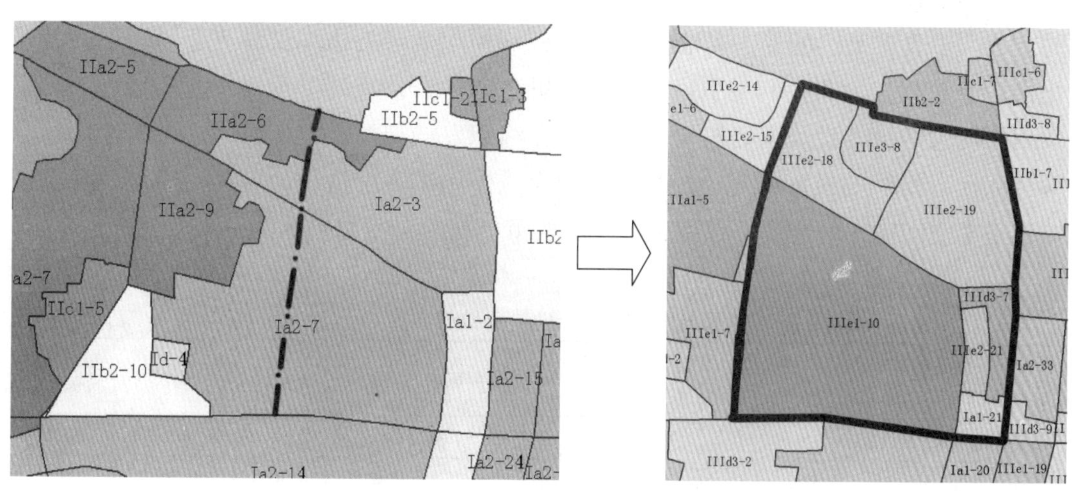

图 5-46　环市路某街区 1978 年与 2010 年形态单元对比

出现这种情况的主要原因是：由于街区更新度较高，形态基底残留较少，所以分维值较小；高层商务区主要为位于街道旁的规整地块，面积差别不大，分维值也比较小；而作为旧城更新主体内容的 7 ~ 9 层住宅区与高层商住区，由于地块分布比较破碎，面积大小不一，分形特征比较明显。特别是高层商住区，更新地块既有一定规模的商住小区，也有单体楼，面积逐步递减导致了较高的自相似分形特征。

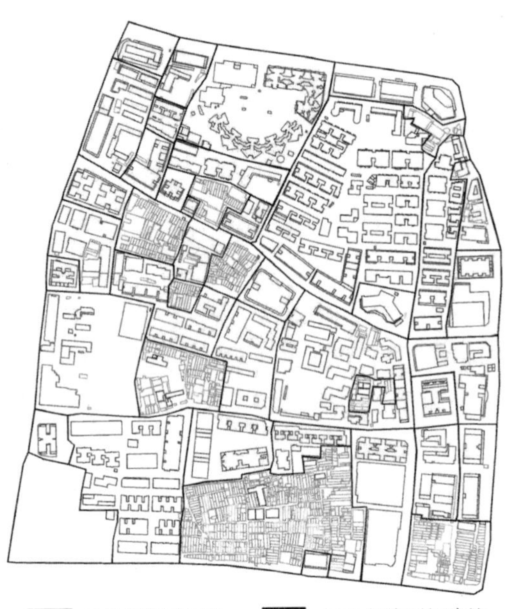
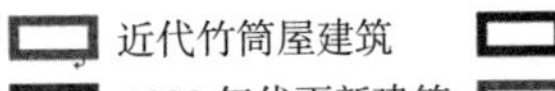

图 5-47　环市路某街区建筑更新情况

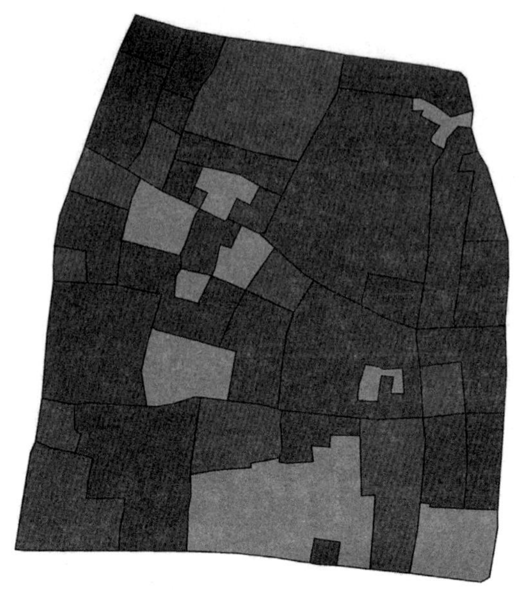

图 5-48　环市路某街区更新地块情况

以上分析反映了广州旧城街区内部更新地块与形态基底的一般自组织规律。在复杂的动力机制作用下，以 7～9 层中高层与高层住宅为主体的更新地块逐步以不均匀的方式“蚕食”街区的形态基底。1978 年前均质化的形态格局被具有分形特征的破碎化格局所演替。由此我们又引发一个问题思考。在城市规划干预当中，通过人为的手段划分均匀的更新地块是否符合城市形态自组织发展规律？本书认为，更新地块的分形特征是自组织的最好体现，规划的干预应该作用于一个适合的层面，应该是在保证城市基本空间秩序的前提下预留街区内部城市更新的自组织空间。

环市路某街区各类更新地块分维值测算　　表 5-9

	近代竹筒屋地块（形态基底）		7～9 层中高层住宅区更新地块		高层商住区更新地块		高层商务区更新地块		街区总体平均
分维值	1.2331		1.7237		1.9115		1.1985		1.5397
Lnp 与 lna 值	lnp	lna	lnp	lna	lnp	lna	lnp	lna	
	8.0307	5.8171	9.5585	6.2086	8.5378	5.7137	8.6002	5.6971	
	8.5335	5.7838	9.0766	6.1696	10.4298	6.5876	8.7690	5.8021	
	9.1177	5.9480	8.1470	5.5491	6.4200	4.6052	7.8876	5.3423	
	8.6287	5.7430	11.0774	6.9847	8.7766	5.8021	9.3588	6.2748	
	7.6935	5.2204	9.7789	6.6720	7.9226	5.3471	8.6953	5.7430	
	9.5172	6.1654	8.7302	6.0234	8.6470	5.7268	9.2589	6.0450	
	7.8936	5.7038	9.2959	6.1269	8.6271	5.7038	9.5046	6.3099	

续表

	近代竹筒屋地块（形态基底）		7～9 层中高层住宅区更新地块		高层商住区更新地块		高层商务区更新地块		街区总体平均
Lnp 与 lna 值	10.6840	6.9632	9.6584	6.5751	8.4198	5.6021	9.0456	6.0474	
	9.5635	6.1800	8.6764	5.8201	9.9532	6.4661	1.1985	0.9840	
			9.5558	6.2672	9.5405	6.1738			
			10.4673	7.0202	9.9418	6.5236			
			10.4696	6.7731	1.9115	0.9964			
			8.8335	6.0162					
			7.4018	5.0752					
			9.2224	6.0730					

5.5　广州旧城形态演变中的混沌与秩序

混沌与秩序作为一种对事物发展状态的认识，有着悠久的历史。中国自古以来就把盘古开天辟地说成是混沌初开。阴阳五行说认为“混沌生阴阳，阴阳生五行，五行生万物”。20 世纪下半叶以来，随着系统自组织理论的建立和发展，特别是混沌理论的建立和发展，让人们重新认识了混沌。

城市混沌状态的认识源自对于城市形态演变发展的随机性与非线性。城市某种功能的聚集与扩散是从一个或多个分叉点开始，最初的生长点往往符合某个要求，但并不能线性预测。就如前文所述的中山八路的形态演变案例一样，童装的最初聚集在这里符合区位原则，但最终这一现象的产生却有随机性，因为当时谁也不能预测到这里会有童装批发聚集，这就是城市自组织机制下的混沌状态特征。在广州旧城的形态演变中这种现象随处存在。广州旧城形态单元的大量产生与演变，也是在随机的、不可线性预测的状态下发生。

与混沌对立统一的是秩序。卢原义信在批评第二次世界大战以后日本的城市状态时提出：“在日本的城市中，局部是洗练的，整体是在胡乱布局的，后面有着一种隐藏的秩序，使得它们适于人的居住”[1]。卢原义信所指的“隐藏的秩序”就是隐藏在混沌状态中的“无周期序”。在广州旧城的城市形态演变中，这种隐藏的秩序有两类：第一是通过外界干预而形成的秩序，例如沙面等地区形成的规整的街区形态；另一种是在复杂的自组织机制下形成的分形秩序，这就如前段所述的广州旧城中的各种分形特征。这两种秩序并不是截然对立，而是你中有我、我中有你的镶套关系。

广州旧城的形态演变始终处于整体结构有序而局部演变混沌的路径中。从宏观看，广州旧城空间发展一直保持原有的风水格局与延续历史的功能结构，保持了足以稳定

[1]（日）卢原义信. 隐藏的秩序——东京走过二十世纪 [M]. 台湾：田园城市出版社，1995：102-103.

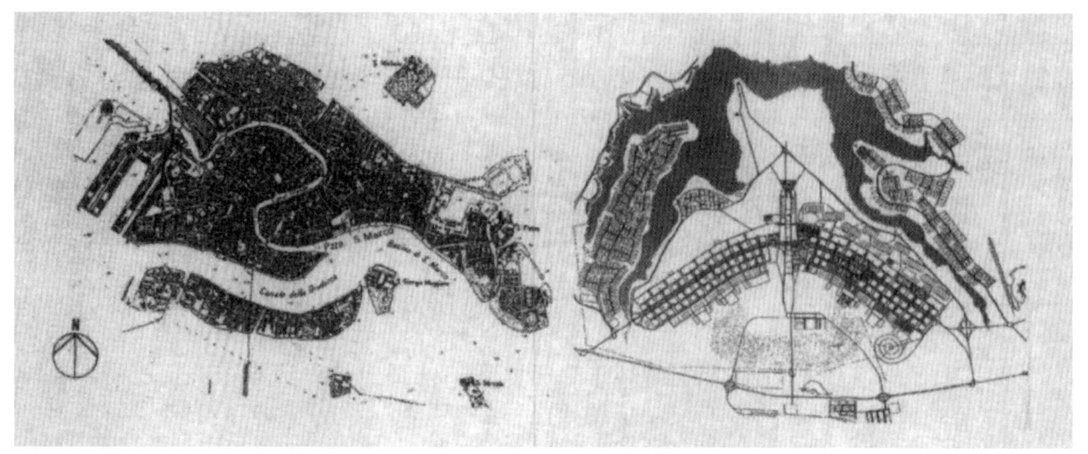

图 5-49 混沌和秩序城市空间发展的两极

（左图为威尼斯城市平面图，右图为巴伐利亚城市总规平面图）

资料来源：张勇强．城市空间发展自组织与城市规划 [M]. 南京：东南大学出版社，2006.

空间结构的秩序。同时又通过局部空间随机涨落，诱发整体空间结构的逐步转变。从微观看，城市建设主体的行为看似随机和无序，但在整个建设行为中却隐含了普遍遵循的规则。在竞争协同机制下，城市空间发生各种“隐藏秩序”之下的自组织行为。正是这样的过程，才充分显示了城市系统的开放性与复杂性。

多元混杂的城市形态正是城市系统中混沌与秩序的对立统一体现。1949 年前广州旧城的均质性混沌空间，在小规模渐进式更新为主的改造模式下，通过协同关联效应产生渐变与突变，从而从无序混沌（平衡态）走向有序，又进一步演化为相互套嵌自相似有序的非平衡混沌。于是，广州旧城的形态演变就呈现出一幅由简单到复杂、从低级到高级、从个体随机到整体秩序的循环演进过程。混沌带来了城市的多样化，带来了城市的混合性，但完全的混沌状态不能满足城市功能的发展。秩序带来了城市组织效率的提高，但完全的秩序磨灭了个体的自组织发展，抑制了城市的活力。广州旧城正是在不同阶段的混沌与秩序中循环演进，以不断适应更高城市功能的要求。

5.6 本章小结

自组织是广州旧城形态演变的内生动力。本章重点从“自组织演化的路径——功能与形态的循环适配过程”“自组织演化的动力机制——竞争与协同”“自组织演化的空间特征——城市分形”“自组织演化的辩证观——混沌与秩序”4 个方面来研究广州旧城演变过程中的自组织机制特征。

从自组织演化路径看，广州旧城的功能与形态结构客观存在 6 个阶段的循环适配过程，这种适配体现着城市空间发展的有机性和整体性。

从自组织演化的动力机制看，广州旧城存在经济与社会两个方面的生态位竞争协同关系。经济方面，因区位不同而产生的价值差异驱使不同竞租能力的功能业态进行空间的集聚与演替。社会方面，不同年龄结构、职业结构与文化结构的人群进行空间竞争而产生社会空间分异。经济与社会的竞争协同机制互相制约、互为博弈，共同作用与影响了广州旧城形态的自组织发展。

从自组织演化的空间特征看，通过运用网格法与边界维数法，对旧城的街道系统、土地利用斑块、形态单元细分地块等形态要素进行综合测定，可以发现其存在较明显的分形特征。分形是城市形态自组织演化的重要空间表征，也对未来城市形态的调控具有重要启示作用。

从自组织演化的辩证观看，多元混杂的城市形态是城市系统中混沌与秩序的对立统一体现。自组织作用下的城市形态，不能追求单一的混沌和秩序，建立相互套嵌自相似有序的非平衡混沌状态，是城市形态演变所追求的目标。

第 6 章 广州旧城形态演变中的规划调控机制及优化探讨

广州旧城在自组织力量带动下出现高度混杂与多元趋势。内生动力给旧城带来了城市更新的动力，也带来了一系列问题。第一是竞争协同机制促使旧城经济功能不断增强，造成服务设施与就业人口的过度集中，形成了单中心城市格局与摊大饼式增长模式。第二是市场力驱动下的更新改造模式造成旧城高容积率倾向，对旧城的历史文脉保护造成很大压力。第三是人口的空间竞争与演替使得高收入人群不断涌入旧城而原住居民被挤出旧城，可能加大社会阶层分化，扩大社会矛盾。以上问题可以归结为城市系统在演化中的涨落过渡与竞争机制失衡，如果任由自组织这个看不见的手自由操纵的话，旧城的形态并不能向合理适宜的方向发展演变。他组织力量是人为干预牵引城市发展的必要手段。对一个开放的城市系统而言，他组织力量包括了社会、经济等各方面的干预措施，其涉及面很大，因此本书重点对与城市形态密切相关的规划调控机制进行研究。

6.1 广州旧城形态演变中的规划调控机制及主要问题

本书将影响城市形态演变的规划调控机制归纳为更新改造政策与城市规划管控两个方面。前者通过拆迁补偿政策、产权政策与资金运作政策影响调控城市形态演变发展，后者通过城市规划手段管控城市形态演变发展。

6.1.1 更新改造政策

6.1.1.1 拆迁补偿政策

（一）广州拆迁补偿政策的历史变迁

拆迁补偿政策是城市更新重要的保障性政策。广州拆迁补偿政策变迁大致可以分为以下三个阶段。

第一阶段是 1991 年前。1983 年国务院《城市私有房屋管理条例》规定“城市私有房屋因国家建设需要征用拆迁时，建设单位应当给予房屋所有人合理的补偿，并按房屋所在地人民政府的规定对使用人予以妥善安置。被征用拆迁房屋的所有人或使用人应当服从国家建设的需要，按期搬迁，不得借故拖延”。1984 年 11 月 22 日广州开始实施《广州市国家建设征用土地和拆迁房屋实施办法》，采用单一的实物补偿。补偿标准上参照搬迁户的原住房面积和质量一比一补偿。搬迁户住房原则上就地或就近安置，从广州市市区迁到郊区、县城镇的，安置的住房面积可增加 30% ~ 50%。实物补偿为主的原因是 1988 年第一轮全国房改之前，广州公房占住房总数的大部分，被拆迁人不拥有房屋的所有产权。如果采取货币补偿，房屋承租人只能拿到补偿款的一部分。而且当时的房地产租赁市场不发达，被拆迁人较难租到房屋。

第二阶段是 1991 ~ 2002 年。在 1991 年国务院发布《城市房屋拆迁管理条例》后，广州市于 1992 年 1 月 6 日发布了《广州市城市房屋拆迁管理实施办法》。在补偿形式上提出可以采用产权调换、作价补偿，或者产权调换和作价补偿相结合的形式。这奠定了广州城市住房拆迁管理的政策基础。1997 年的《广州市房屋拆迁管理条例》是对 92 版的《实施办法》的进一步修订，细化了产权调换与作价补偿的实施办法。总体来说，1990 年代由于房地产市场还不健全，广州拆迁补偿仍然以实物安置为主作价补偿为辅。

第三阶段是 2003 年至今。为了贯彻落实国务院 2001 年制定的新《城市房屋拆迁管理条例》，广州 2003 年 2 月 14 号颁布了《关于执行〈城市房屋拆迁管理条例〉有关问题的通知》，2004 年 1 月 1 日实施《广州市城市房屋拆迁管理办法》，明确了产权调换与实物安置两种补偿模式。该办法对于产权调换（实物安置）做了以下规定：①“拆迁租赁房屋，被拆迁人与房屋承租人对解除租赁关系达不成协议的，拆迁人应当对被拆迁人实行房屋产权调换，不作货币补偿”；②“拆迁人与被拆迁人应当计算被拆迁房屋的补偿金额和所调换房屋的价格，结清差价”；③“被拆迁房屋所在地块依照规划建设的住宅房屋，其面积大于或者等于原所在地块被拆迁住宅房屋总面积的，被拆迁人可以选择原址产权调换的补偿形式”。在产权调换补偿方式下安置居民基本按照等面积原则。而对于安置方式又分为两类：一类是回迁安置，即在被拆迁地块内部安置。一类是异地安置，即在其他地区进行安置。货币补偿即按一定标准对拆迁房屋进行货币安置。广州市货币补偿标准主要依据广州市国土房管局 2004 年 1 月 1 日公布实施的《广州市城市房屋拆迁评估技术规范（试行）》，拆迁人委托具备房屋拆迁评估资格的房地产评估机构，对拆迁范围内的所有房屋进行评估，并根据相关规定确定被拆迁房屋补偿金额，按照被拆迁房屋补偿金额确定拆迁补偿安置资金总额。该办法目前正由国土资源与房屋管理局进行修正，新修正的办法大大提高了货币补偿的标准（按照同地段新建住宅差价），这将使旧城更新的总成本大大上升。

（二）拆迁补偿政策对城市形态演变的影响

不同补偿方式与货币补偿标准将很大程度影响城市形态。在产权调换的回迁安置模式下，传统社区结构得以保留，居民的通勤、就业影响很小，因此回迁率一度成为衡量改造是否成功的标准。但是在旧城改造中全部实现回迁安置是十分困难的。首先回迁成本极高，资金难以平衡，全部回迁会带来旧城核心区容积率的大幅提高；其次旧城更新改造是区域环境、人口、产业三者的共同更新，如果全部原居民回迁，无法达到人口更新的目的，导致产业无法升级；第三是更新后高生活成本也使中、低收入者难以承受。异地安置模式虽然成本较低，但传统社区结构被破坏，居民就业、生活配套问题难以解决。另外居民花在通勤上的时间大幅增加，提高了生活成本，也抵消了环境改善的优势。广州旧城中大多数居民不愿意接受异地安置。而在货币补偿模式下，由于改造后售价一般高于补偿价格，因此许多原居民无力再购买原址改造后住宅而不得不选择其他地区居住。

荔湾旧城的源西改造地块是一个补偿模式影响城市形态的典型案例。该地块位于荔湾旧城区西北侧，处于旧城核心区的外围，历史保护整体要求不高，地块面积约 13hm^2，现状建筑面积约 16.22 万 m^2，其中危破旧房约占 14%，现状容积率 1.2。根据评估，该地块将采用整体拆除更新模式，除保留广东省医药公司仓库及部分质量较好的住宅楼整饰外，其余建筑全部拆除重建。拟拆除建筑面积 99572m^2。原控制性详细规划对该地块的规划控制容积率为 1.54。据居民意愿调查，约有 60% 的拆迁住户希望回迁安置。改造方案就补偿方式与回迁比例考虑了 3 种情景：

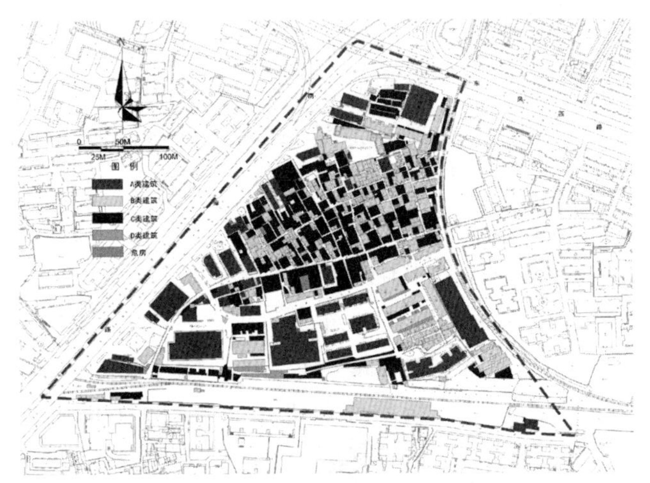

图 6-1 源西地块现状建筑情况

资料来源：《广州荔湾源西地块更新改造规划》，广州市城市规划勘测设计研究院 2009 年编制

第一，规划地块若住宅全部回迁，若政府土地取得成本能与土地收益平衡，在保证开发商市场利润条件下（25% ~ 30%左右，相当于年收益 15%），规划地块居住容积率需要达到 5.15；在维持社会平均利润的情况下（年收益 6% ~ 8%），规划地块居住容积率需要达到 4.3。在此条件下，规划地块的容积率过高，城市基础设施难以负载。

第二，规划地块若 60%拆迁房回迁，若政府土地取得成本能与土地收益平衡，在保证开发商市场利润条件下，规划地块居住容积率需要达到 4.84；在维持社会平均利润的情况下（年收益 6% ~ 8%），规划地块居住容积率需要达到 3.95。

第三，假设居住地块容积率降为 3.5，若 60%拆迁房回迁，政府土地取得成本能与土地收益平衡，则开发商的综合毛收益率需降低到 5.3%，相当于经济适用房的保障利润水平。在此条件下，开发商介入吸引力不高，需要政府成立项目公司进行运作才有可能实现，由此带来政府承担较高的市场风险和需要政府投入较大的启动资金。

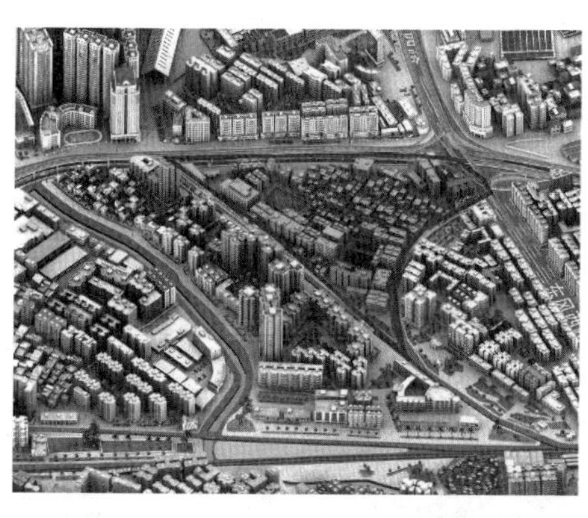

图 6-2　源西地块改造方案：60% 回迁率与 3.5 容积率

资料来源：《广州荔湾源西地块更新改造规划》，广州市城市规划勘测设计研究院 2009 年编制

上述情况反映了回迁率、拆迁货币补偿价格与可出售建筑面积三者之间的博弈关系。在地块内实现经济平衡前提下，高回迁率必然导致高容积率。而控制容积率又将影响地块可销售建筑面积，影响市场介入的可能性。为平衡三者关系，改造方案提出采取“开发商运作限价房”的模式进行操作，部分市场出售，部分住户回迁和政府回购。在容积率 3.5 的情况下，政府土地收益减少一点，开发商利润减少一点，最终实现多方共赢。由此可见，一个良好的空间演化方向正是社会、经济与环境品质达到平衡的结果。

6.1.1.2　产权政策

1949 年新中国成立后中央政府进行了社会主义土地改革，建立了农村与城市土地二元制度。城市土地制度方面，新中国成立初期中央政府首先没收了大官僚、资本家、地主与外国人拥有的土地，并征用城郊土地，形成国有与私有土地并存的局面。广州 1956 年开始对城市中的私营工商业进行社会主义改造，至 1958 年城市中的绝大部分土地已归国家所有。在整个计划经济时代，中国城市土地实行单一行政划拨制度，按照行政资源计划式配置土地。1978 年改革开放后，城市土地的商品属性逐渐恢复，土地市场化制度逐步建立。

图 6-3　2010 年荔湾旧城土地产权斑块

资料来源：根据荔湾土地产权信息绘制

伴随着产权制度的变迁调整，与之相关的替代、转换与交易的过程也发生变化。图 6-3 显示了 2010 年荔湾旧城的土地产权斑块，其中各类出让用地、划拨用地

达7000多宗。各个时代、各种背景下发生的土地产权都叠加在新中国成立前土地扁平式空间基质上。每个地块有不同的建设主体、建筑形态，从而导致了旧城高度混合的“城市拼图”。

目前广州旧城更新主要使用土地收储与自主改造两种土地产权处理政策。下面对其政策特征及对空间形态的影响进行分析。

（一）土地收储政策及对空间形态影响

土地收储是政府一级土地开发的重要手段。国家土地储备机构动用国家优先购买权力，对流入土地市场的土地使用权进行购买，通过土地整理后作为储备用地，再通过招拍挂的方式获得土地出让金而实现土地增值。广州于1992年成立了土地开发中心作为土地储备的专门机构，经过20多年发展，土地收储的方式已经日趋成熟。在旧城区的改造当中已广泛采用了土地收储模式，并逐步形成了一套以小规模产权地块逐步滚动改造的模式❶。

基于土地收储的小规模地块改造是市场、制度与社会力作用下多元平衡的结果。广州在1980年代推行街区成片综合改造过程中发现，一次性划定过大面积的征地改造区域会面临诸多问题，如前期投入资金过高，拆迁户过多，临时安置成本过高等。金花街改造就因此而中途停滞❷。小规模地块收储改造使滚动开发成为可能，具有更强的可操作性，因而成为1990年代最主要的更新方式。但也应该看到，小规模产权地块收储改造是导致广州旧城目前高密度、高强度、高度混杂城市形态的主要原因。其在城市形态塑造方面的主要问题是：第一，在产权地块内开发商为地尽其用，往往采用裙楼商业加高层住宅的高容积率复合型开发模式，这导致了街区总体开发强度过高；第二，政府在产权地块分割时多依靠原有街巷系统，没有建立内部微循环支路系统，导致高强度开发下交通疏解的巨大压力；第三，街区更新缺乏针对产权地块的控制引导，导致各地块建筑形态不协调、公共交往空间不足、环境压抑；第四，开发时序往往先易后难，导致改造时间过长，内部街区更新难度大。

土地收储需要政府投入土地储备金，来源渠道有两个：第一是政府财政拨款，第二是政府信用担保贷款。在政府财政能力有限的情况下，第二种方式往往是主要方式。在密集的旧城区，由于拆迁成本高昂，市场融资难度加大，导致了土地整体收储模式的困窘。为此，政府往往采取成立国有融资平台融集资金方式，允许政府采取土地一级开发模式引入社会资金进行开发储备，通过设定合理的利润率，吸引有实力开发主体参与土地一级开发；或者以“勾地”的方式让企业参与前期拆迁工作与后期土地招拍挂竞标。如广州市政府在《关于广州市推进旧城更新改造的实施意见》中专门提出“在确定开发建设条件和有效控制拆迁、开发风险的前提下，鼓励各区探索采取将拆迁

❶ 傅崇兰，杨重光，刘维新，史为乐.广州城市发展与建设[M].北京：中国社会科学出版社，1999：48

❷ 刘宣.旧城更新中的规划制度设计与个体产权定义——新加坡牛车水与广州金花街改造对比研究[J].城市规划，2009（08）：47-48.

及拟成片重建改造的土地使用权一并通过公开出让的方式，确定开发建设单位”。

（二）自主更新改造及对空间形态影响

改革开放后，政府对原划拨用地仍延续了不完全产权的许可，城区大部分划拨用地采取了维系原产权地块下的更新发展。据统计，1978 年划定的 93 个单位用地产权地块中，保留原单位功能的有 73 个，进行整体功能转换的有 20 个。随着城市工业的外迁，大部分城区工业用地按照原产权边界进行了功能置换。这些产权地块的自我更新改造固化了 1949 ~ 1978 年建成区的形态格局。

在市场化更新手段下，为进一步对一些原划拨用地进行功能置换，政府对于一些规模较大、产权明晰的旧厂或单位地块，允许采取在产权范围内自主更新的方式进行改造。广州市政府颁布的《关于广州市旧厂房改造土地处置实施意见》中明确提出国有土地旧厂改造的三种处理方式：一为自我改造；二为土地收储；三为公益征收。在第一种方式中，原土地产权所有权者在缴纳一定土地价格差价后，可以对原产权地块进行除商住楼以外的开发，即在原产权地块上的自主更新。根据区位条件与现状建筑情况，产权地块的自主更新也有不同的方式。一些区位好，现状建筑有改造价值的地块，会利用原有建筑进行适当改造，发展创意、展销等功能。如位于新港西路的广州轻纺交易园，就是利用原五羊摩托厂建筑改造而建设起来的大型布匹辅料批发市场。而一些拆除后利用价值更高的地块，会对原建筑进行整体拆除后发展展贸、酒店等商业设施。

自主更新改造固化了旧城形态格局的基本框架。图 6-4 显示了荔湾旧城一个典型工业街区的演变过程。该街区在 1978 年内共有 14 家工厂企业，1990 年代开始这些

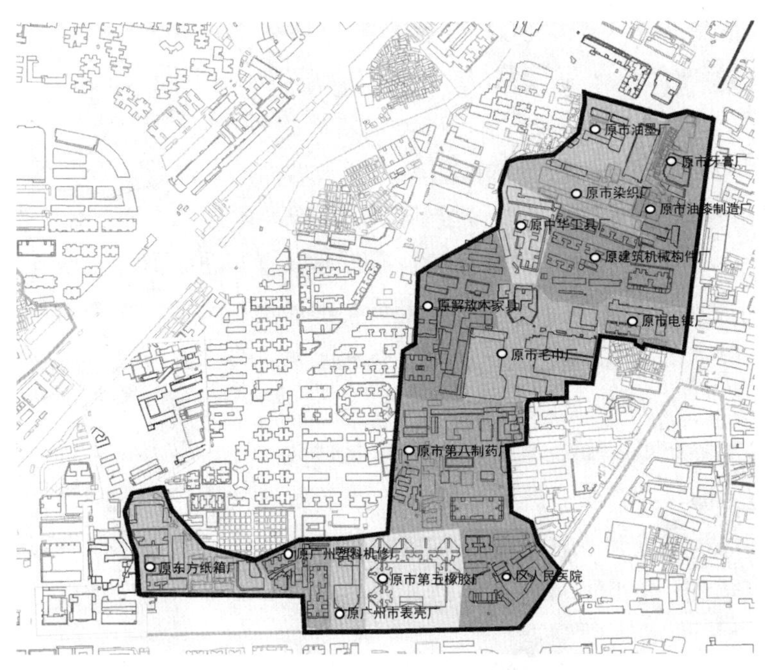

图 6-4　基于原产权边界的工业区块功能置换与自主更新改造

工厂陆续置换改造为商住区。由于当时采用的都是以企业为主体联合开发企业的改造模式，导致14个产权地块拥有不同的开发主体，建设了不同的楼盘小区。由于缺乏相应的内部道路、绿地与公共配套，居住环境大受影响。市场力作用下城市划拨用地在产权边界维系下的更新发展，既显示了其进行更新发展的动力，又显现出既有产权制度的不足。在产权使用界定不明的情况下，单位用地大产权地块无法调整，工业用地产权地块在功能置换后也无法重组，条块状的产权地块分割仍然阻碍着城市肌理的恢复。

6.1.1.3 改造资金筹措政策

（一）改造资金的来源及政策变迁

在计划经济时代，广州与其他城市一样城市建设资金主要靠国家拨款，年均约3000万元，仅占全民所有制基本建设投资的3%。因为广州靠近沿海，在“备战备荒”的背景下，国家对广州的投资比其他城市更少，这就给广州改革开放前的城市建设带来很大困难。1981年为适应开放的迫切需要，省市委利用国家对广东实行“特殊政策、灵活措施”的有利条件，开创了一条多渠道筹集城市建设资金的道路。1981年10月，广东省政府首先批准广州市实行“一费三养”[1]。一费：指固定资产投资总额的5%，收取市政建设费；三养是：“以水养水，以路养路，以园养园”的特殊政策。第二，批准收取土地使用等7种费用。第三，政府允许实行集资、利用外资，向国内外银行贷款。第四，实行土地综合配套建设。这种做法拓宽了广州城建资金的来源渠道，把原来的单一依靠财政和收费，变为集资、利用外资，贷款等多种形式，增加了旧城改造资金来源。1988年实行土地有偿使用后，以招拍挂为主的土地出让获得的土地收益逐步成为地方财政的重要支柱与城市建设的重要来源。但在1980年代，旧城改造仍以政府主导为主，采取“政府出资、政府建设”的方法，市场化程度介入不高。

1992年后，为了加快旧城更新进度，广州市政府在“胆子大一点，步子快一点”原则的指引下大力引进外资进行城市更新，规模宏大的“荔湾广场”就是这个时期的典型。引入外资模式虽然解决了旧城更新改造资金，但实施过程中出现如拖欠临迁费、用地手续不完善、投资风险大、破坏传统街区环境等问题，改造结果难以令人满意。因此在1998年之后，广州决定禁止开发商参与旧城更新改造，由政府单方面投资与建设。然而随着改造的深入，改造资金缺口越来越大，旧城更新改造进展缓慢，几乎陷入停滞的状态。

2006年12月25日举行的广州市第九次党代会上正式提出“中调”的概念，首度对社会资金进入旧城更新改造进行“松口”。允许在政府主导的前提下，引入社会资金，由政府做好居民拆迁安置工作后，由有信用的房地产公司提出建设方案，经政府审定后交由开发商建设。至此叫停了8年的开发商介入旧城更新改造得以解禁。2007年8

[1] 傅崇兰，杨重光，刘维新，史为乐．广州城市发展与建设[M].北京：中国社会科学出版社，1999：48.

月 3 日，在由广州市政府主办并于香港展览中心举行的穗港经贸合作交流会上，广州市市长张广宁首次公开邀请港商参与旧城更新改造[1]。

（二）土地财政下城市更新及对城市形态的影响

在土地市场经济下，土地收益是城市地方财政与建设资金的重要来源。1992 ~ 2010 年广州土地收益对地方财政的贡献达 38.4%[2]。大量土地收益被投入城市基础设施建设，同时也促进了经济增长与低价上升，形成互利互动的增长。1992 年土地收益和基础设施建设投资的比例一度达到 108.7%，在 2005 ~ 2010 年这近五年时期内一直稳定在 60% 以上，也就意味着 60% 以上的基础设施建设投资来自于土地收益。2010 年广州市土地出让金收入 455.6 亿元，占地方预算内收入的 32.6%。其中用于城市建设 63.2 亿元，用于地铁建设 67.6 亿元，土地储备开发 82.2 亿元，用于廉租房建设 17 亿元[3]。

为不断增加土地收益，政府更加注重推出新开发地区，因此大量基础设施投入被用于新区建设，广州旧城一直存在投入不足、资金缺口大的问题。政府为满足旧城改造资金，不得不深挖中心城区土地资源，提高容积率以进行出让。例如 1990 年代广州将旧城滨江东段的土地全部作为高层住宅出让，以最优质的滨江资源、最密集的高层住宅与最受争议的短视开发换取当时亟须的城建资金。根据《广州旧城更新改造规划纲要》估算，广州若全面启动旧城改造，扣除按规划制定的容积率而可在旧城内筹措的土地出让金外，危破旧建筑物拆除重建资金缺口达 81 亿元，基础设施更新资金缺口达 240 亿元，历史建筑修缮和街道立面整饰资金缺口达 16 亿元，总资金缺口达 337 亿元。如此大的资金投入单靠政府财政投入是十分困难的，需要通过其他渠道筹措资金。如通过其他新区的土地出让金补贴旧城改造资金，按 2010 年地价统计，需要在新区出让 5.5km^2 才能基本平衡 337 亿元旧改资金缺口。

在历史文化街区与历史古迹较多的旧城区，城市更新改造的资金缺口更大。以荔湾区为例，荔湾区旧城更新改造的资金基本上来自改造地块内部的土地出让金和公房的出售，如康王路沿街改造的资金来自沿线土地拍卖款，危破房修葺资金主要来源于公房租金等，缺乏政府专项资金的支持。假设荔湾区旧城改造完全以货币补偿方式进行操作，土地回收用于拍卖，则根据市场价格，需要补偿费用 275.2 亿元，土地出让回收资金约 163 亿元，资金缺口约 112 亿元。这种依赖土地财政筹措资金模式，将直接导致改造地块的高容积率，破坏旧城历史风貌。另外，改造项目的启动资金也是改造过程中存在的难点之一，目前以土地出让金为主的资金来源往往在后期才能实现资金回笼，但是前期的拆迁安置等相关的补偿却必须及时到位。

综上所述，伴随着土地市场经济制度的变革，广州旧城演变过程中的拆迁补偿、

[1] 新华网:《广州旧城改造首次邀请港商参与 政府仍占主导》，2007.8.

[2] 左正 . 广州：发展中的华南经济中心 [M]. 广州：广东人民出版社，2003：58.

[3] 部分数据引自《广州统计年鉴 2011》。

产权与改造资金筹措政策也呈现出强烈的市场化运作趋势。它们在更大程度上辅助了城市形态演变的自组织力量，而不是作为与自组织力量相抗衡的一种力量。

6.1.2 城市规划管控

改革开放以来，广州城市建设一直处于各种规划及法规控制之下。随着城市建设的发展各种城市法规也不断调整完善，规划调控的方法、手段也不断深化，城市规划管控已成为影响城市形态演化的重要他组织干预力量。

6.1.2.1 规划编制控制体系

改革开放以来广州市规划编制与管理体系处于不断完善构建中，旧城地区规划控制的基本框架形成大致可分为三个阶段：第一个阶段是1984年开始的旧城中心区74条行政街道的街区规划工作。它是参考学习香港分区图则的办法进行编制，是旧城区最早的一次“控规”覆盖。规划对土地使用性质、6m以上的道路红线与建筑退缩、公共配套、地块建设技术经济指标等做出规定。其中按照《广州市居住区规划审批标准》要求旧城街区规划以多层建筑为主，容积率多层建筑地区控制在2.5以下，高层建筑地区一般为3～4，拆建比控制在1：2，现有密集地区原则上不得超过现有人口密度❶。街区规划是广州对旧城区进行控制性规划的初步尝试，其更新规划是以大规模、一次性为基础，在当时的经济与制度背景下全面实施难度大。但规划建立了旧城的基本规划控制体系，奠定了旧城形态演化规划调控机制的基础，直至1990年代初期都是旧城规划审批的主要依据。第二阶段是1992年开始的分区规划。1994年广州市城市总体规划上报审批后，为保证总体规划实施，市政府决定在总体规划基础上全面编制分区规划。至1998年共完成67个地块规划与审批❷。介于城市规划控制管理的要求，分区规划将控制性详细规划的指标全部纳入并法定化，其深度已基本达到控制性详细规划要求。第三个阶段是2001年开始的基于规划管理单元的控制性规划导则编制。广州在1998年完成的分区规划基础之上，在1999～2001年期间开展了近200项城市重点地区的控制性详细规划、城市设计等工作，出现了规划管理依据分散、规划控制层次过多的问题。

为满足城市精细化管理需要，广州于2001年开始分区规划整合工作，以控制性规划导则为核心构建“一张图管理”平台。其中规划管理单元作为规划管理的基准范围，旧城中心区每个0.2～0.5km^2，新城区每个0.8～1.5km^2。至2006年广州老八区控规管理单元覆盖工作基本完成，2010年广州十区覆盖工作基本完成❸。市规划局也将此次

❶ 徐晓梅．街区规划编制工作的回顾[M]// 广州城市规划发展回顾（1949-2005）广州城市规划发展回顾编纂委员会．广州：广东科技出版社，2006：152-154.

❷ 王朝晖，等．20世纪90年代广州分区规划工作回顾[M]// 广州城市规划发展回顾编纂委员会．广州城市规划发展回顾（1949-2005）．广州：广东科技出版社，2006：321-323.

❸ 彭高峰，等．基于规划管理单元的广州市控制性规划导则编制研究[M]// 广州城市规划发展回顾编纂委员会．广州城市规划发展回顾（1949-2005）．广州：广东科技出版社，2006：536-539.

成果全部纳入规划信息系统，成为日常规划管理工作的重要平台。至此广州市以“总体规划—分区规划—控规管理单元”为层次结构的规划编制与控制体系基本建立。为针对旧城历史文化保护的特殊要求，广州市还陆续编制了历史文化名城保护规划、各历史街区保护规划、历史骑楼街保护规划等一系列专项规划，以配合法定规划实现对旧城区的综合管控。

尽快目前来看对于广州旧城地区已有一整套严密的规划管控系统，但是从改革开放以来的形态演变特征来看，许多方面并没有按照规划引导的方向发展，导致目前存在诸多城市建设问题，本书认为主要有以下几个原因：

（1）历史欠账大

根据前文分析可以看到，改革开放前计划经济体制下的土地划拨制度已严重打乱了广州旧城的空间格局，大量单位用地、职工宿舍用地、工厂企业混乱分布在旧城内，其产权属性又在市场化过程中为城市更新制造了障碍，导致目前要重新优化调整这种格局的成本很高。比如要将城区内大量的学校、单位、军队用地置换成商住用地，涉及情况十分复杂，难度很大。

（2）完整规划控制体系形成较晚，规划过程控制不力

广州直至 2006 年才基本形成系统化控规覆盖的规划控制体制。1980 ~ 1990 年代虽然有街区规划、分区规划及各类控规，但当时规划控制管理体制还不健全，突破控制指标的开发已成为常态。而整个 1990 年代又是广州旧城更新最迅速的时期，规划控制的无力与强大的市场自组织力量造成了许多遗憾。例如对珠江两岸岸线的控制，1990 年代虽然也编制过一系列规划，但直到 2002 年才出现法定的限高管控，而此时沿线大量土地已经作为高层住宅出售，大量高层屏风楼已经建起，优质的公共空间已无从谈起。目前市政府拟自筹 8 亿元补贴万科集团以阻止其大元帅府旁的高层住宅项目开发，也是在还 1990 年代盲目出让土地的账[1]。

（3）各类规划衔接不畅

针对旧城各项管理的需要，广州也编制了一系列专项规划以配合控规的管控。因此这些规划之间的相互关系就显得格外重要。是按照法定程序调整控制性详细规划，还是经行政主管部门审核交由市政府常务会议批准后直接产生法律效力呢？这里涉及方方面面的问题。第一，涉及调整或补充相关条例与法规，具有相当的难度。现行的有关规划的法律、规章如《中华人民共和国城乡规划法》、《广东省城市控制性详细规划管理条例》等，都未对旧城更新改造专项研究与控制性详细规划相互间的规划效力关系做出明确的规定，只是明确严肃地确立了控制性详细规划的法定地位并提出：控制性详细规划一经城市人民政府批准，必须严格执行，对控制性详细规划内容的调整必须依据法定的程序。同时对违反这一相关规定的，作出了明确法律责任。这就进一

[1] 大洋网：《卖出去的“地王”收回 大元帅府附近地块引热议》.2012.4.17.

步加大了对于专项规划尤其是旧城专项规划与其他规划在规划效力的相互关系上进行制度改革的难度。第二，需要对旧城更新改造专项规划在编制内容，编制技术及组织方式等方面做出明确的规定。现行传统规划类型难以适应管理需求多样化的需要，于是各种针对城市建设管理中新问题的解决而应运而生的各种新规划类型：如旧城更新改造专项规划、城中村改造专项规划等等，但许多方面与传统规划还有出入。当旧城更新改造专项规划法律依据或者法定地位确定之后，相关的规划编制规定必须同时跟进才能使得规划管理过程的每一步有法可依。

（4）静态规划管控与规划动态实施的矛盾

规划编制过程是目标导向型的工作，编制成果最终的形成，是建立在最终较为理想的目标之上，然而在旧城更新改造过程中以往静态、终极、远景的目标蓝图远远不能适应目前的改造工作。旧城的改造过程存在改造的阶段性，在实际过程中往往需要经过几个阶段才能达到最终的改造目标。比如对旧城的某个工业区的改造存在三个阶段：①厂房及物业的回购，利用现状产业升级改造。②完全拆除、保留工业的功能不变，营造环境。③整个片区的功能置换改造。这三个阶段对应的规划管理图则及规划控制指标是完全不同的，三个阶段组成了动态的改造实施过程，仅凭一张最终结果的图则是无法有效指导改造的实施。再如历史旧城中大量道路采用一刀切式的空线管控方式，涉及现状大量的民宅与骑楼街，短期内无法实施，却在近期又影响道路改造与周边建筑的改造，人为制造了改造障碍。

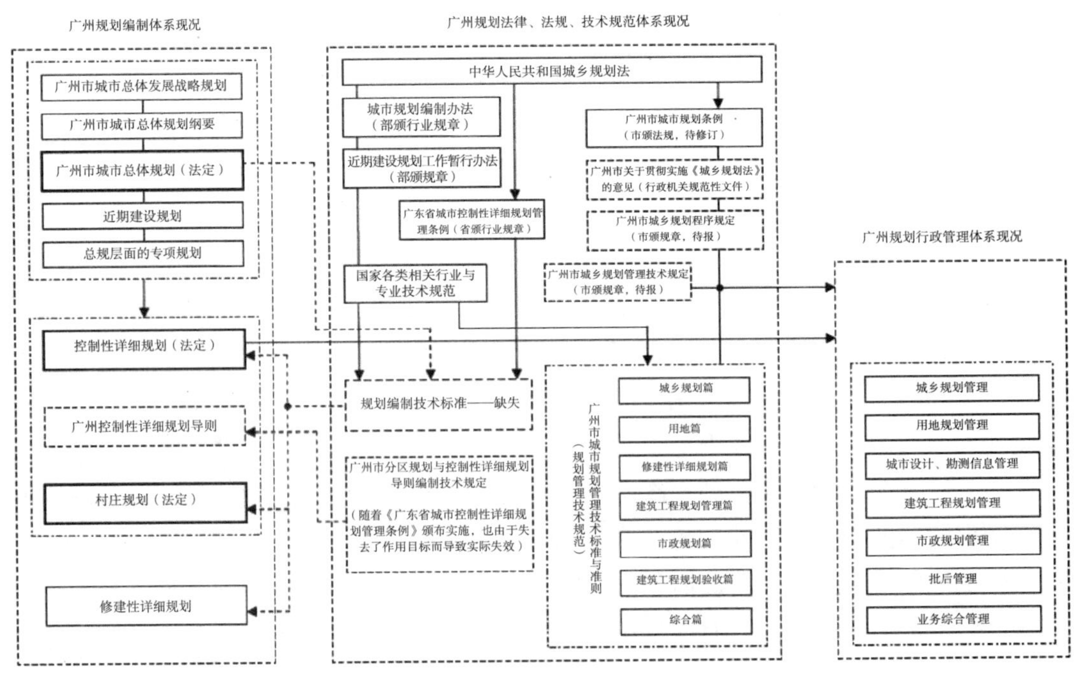

图 6-5 广州城市规划编制体系

资料来源：《广州宜居城乡规划标准研究》，广州市规划编制研究中心 2010 年组织编制

6.1.2.2 规范标准体系

广州市人大常委会、广州市人民政府于1986年12月制定颁布了《广州市城市规划管理办法》，1987年12月审议通过《广州市城市规划管理办法实施细则》，至此广州市的城市规划法规规范体系已初步建立起来。1989年12月26日全国人大常委会讨论通过《中华人民共和国城市规划法》（1990年4月1日正式实施），为了更好地在新的形势下执行《中华人民共和国城市规划法》，广州市人大常委会于1996年1月12日颁布了《广州市城市规划条例》，原来的《广州市城市规划管理办法》予以明示废止。《广州市城市规划条例》是全国第一个城市规划立法条例，奠定了广州市城市规划法规体系的良好基础。1997年市规划局开始组织编制《广州市城市规划条例实施细则》（又称"新细则"），但由于种种原因而未能通过。2003年8月《中华人民共和国行政许可法》的颁布，对城市规划方方面面的工作提出了更加规范、更加严格的要求，广州市建立完善的城市规划法规与技术标准体系的需要变得越来越迫切。在这种背景下，广州市出台了《广州市城市规划管理技术标准与准则》（以下简称《标准与准则》）、《广州市城市规划管理技术规定》、《广州市城市规划管理程序规定》等一系列重要的立法计划，包括广州市的地方法规、政府规章、政府规范性技术文件三个层次，涵盖了规划编制、审批、实施、监督检查的全过程，形成了一整套规划技术规范体系。

这些规范体系建立的基础是与土地用途控制相适应的一整套开发指标控制体系。通过对用地属性、容积率、建筑高度、建筑密度等一系列指标控制与影响广州旧城的形态演变。然而在实际运行整套体系时仍存在诸多问题，主要包括以下方面：

（1）开发强度控制的一般性失效

目前广州城区居住用地采用密度分区控制体系。根据2005年12月颁布实施的《广州市城市规划管理技术标准与准则》，广州旧城属于密度一区，1～5hm^{2}的组团级住宅用地最高容积率为2.9，旧城改造项目且用地周边公建配套项目较为完善的，其各项控制指标可适当增加，最大不超过组团控制指标的1.25倍。2008年5月公布实施的《关于适度提高居住用地开发强度的意见》（穗规办（2008）284号）在《广州市城市规划管理技术标准与准则》基础上，结合区位、交通、环境、经济等条件对居住用地的开发强度分区及控制指标进行了修正。

居住用地人口密度和建筑容量控制指标　　表6-1

密度区	住宅层数	人口毛密度（人/hm^2）			住宅容积率			容积率			建筑密度（%）		
		居住区	小区	组团	居住区	小区	组团	居住区	小区	组团	居住区	小区	组团
一区	1～3（低）		270	340		0.8	1.0		0.9	1.0		32	35
	4～6（多）	370	400	490	1.1	1.2	1.5	1.3	1.3	1.6	28	30	32
	7～9（中高）	470	500	620	1.4	1.5	1.9	1.6	1.6	2.0	25	28	30
	≥10（高）	680	740	900	2.1	2.3	2.8	2.4	2.4	2.9	22	25	28

续表

密度区	住宅层数	人口毛密度（人/hm²）			住宅容积率			容积率			建筑密度（%）		
		居住区	小区	组团	居住区	小区	组团	居住区	小区	组团	居住区	小区	组团
二区	1 ~ 3（低）		250	290		0.7	0.9		0.8	0.9		30	32
	4 ~ 6（多）	340	370	470	1.0	1.1	1.4	1.2	1.2	1.5	25	28	30
	7 ~ 9（中高）	430	470	600	1.3	1.4	1.8	1.5	1.5	1.9	22	25	28
	≥ 10（高）	620	680	870	1.9	2.1	2.7	2.2	2.2	2.8	20	22	25

注：居住区用地规模为 50 ~ 100hm²，小区用地规模为 10 ~ 15hm²，组团用地规模为 1 ~ 5hm²。人口规模按照住宅建筑面积 100m²/户、3.2 人/户的标准计算。

《广州宜居城乡规划标准研究》[1] 曾分析统计 2007 ~ 2010 年广州市十区批出的修详规共 316 个样本数据，其中居住用地项目 80 个。其中越秀、荔湾、海珠三区的居住样本容积率最高，平均在 3.2 以上，远高于全市平均水平的 2.31。也高于《标准与准则》的指标控制的一般性要求。

各行政区居住用地样本平均容积率　　表 6-2

行政区	个数	平均容积率
越秀区	5	4.28
荔湾区	6	3.14
海珠区	13	3.34
天河区	16	2.60
黄埔区	1	3.47
白云区	17	2.05
番禺区	22	1.89
花都区	0	——
萝岗区	0	——
合计	80	2.31

为何实际批出与建成的居住地块会普遍高于规划控制规范的一般要求呢？改革开放以来，广州疏解旧城人口、降低旧城开发强度的总体导向一直没有改变，规划部门对旧城采用控制容积率的方式也一直在坚持。但通过荔湾旧城正在进行的宝源路、华林寺等几个改造地块的统计，可以看到在考虑回迁户与综合拆迁成本后，改造容积率的临界值都比规划控制指标高。目前广州提请批准的《广州市历史文化名城保护规划》中，明确提出 20.39km² 内的历史老城区建筑高度控制分别在 12m、18m 和 30m 以下。

[1] 《广州宜居城乡规划标准研究》由 2010 年广州市规划局组织编制，广州市规划编制研究中心、广州市城市规划勘测设计研究院、华南理工大学等单位参与。

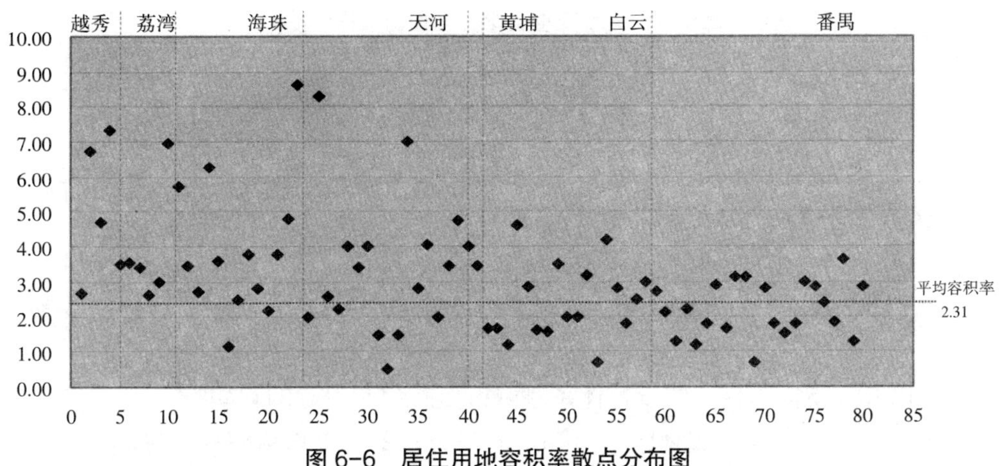

图 6-6　居住用地容积率散点分布图

资料来源：《广州宜居城乡规划标准研究》，广州市规划编制研究中心 2010 年组织编制

由于历史老城区内建筑容积率一般已达 1.5，30m 限高意味着要通过 10 层以下新楼更新旧住宅，这在市场化运作中是无法操作的，因此只能通过政府财政投入或区外平衡解决。而这在现有的体制下还没有成熟经验。理想的规划管控与现实经济可行性的矛盾结果就是政府与开发商都不碰，历史老城基本维持现状。

规划控制指标的普遍性失效状况提醒我们，一是目前控制的规范标准是否科学合理，一个现实无法实现的标准将逐渐失去权威意义；二是目前的改造模式是否适宜。以地块自我平衡为基础的市场化模式必然导则高容积率倾向。对此两方面都要进行反思。为加大住宅用地供应量，促进土地集约利用，2008 年 5 月广州市公布实施了《关于适度提高居住用地开发强度的意见》，在《广州市城市规划管理技术标准与准则》基础上，结合区位、交通、环境、经济等条件对居住用地的开发强度分区及控制指标进行了修正，将全市居住区开发强度调整区域控制划分为不调整开发强度区、开发强度调整控制一区、二区、三区与四区。对符合条件的部分用地均提高了容积率上限。对此可以看出是政府对目前规范普遍失效的一种反应。

经营性居住用地开发强度上限分区控制指标表　　表 6-3

开发强度区	容积率			建筑密度（%）		
	用地规模（hm²）≥ 15	用地规模（hm²）5 ~ 15	用地规模（hm²）≤ 5	用地规模（hm²）≥ 15	用地规模（hm²）5 ~ 15	用地规模（hm²）≤ 5
开发强度调整控制一区	2.8	3.2	3.5	20	22	25
开发强度调整控制二区	2.6	3.0	3.3	20	20	22
开发强度调整控制三区	2.4	2.7	2.9	22	25	28
开发强度调整控制四区	2.2	2.6	2.8	20	22	25

资料来源：《关于适度提高居住用地开发强度的意见》

政府保障型住房开发强度上限分区控制指标表 表 6-4

开发强度区	容积率		
	用地规模（hm^2）≥ 15	用地规模（hm^2）5 ~ 15	用地规模（hm^2）≤ 5
开发强度调整控制一、二区	3.3	3.7	4.0
开发强度调整控制三、四区	2.8	3.4	3.8

资料来源:《关于适度提高居住用地开发强度的意见》

（2）以开发指标为核心的管控体系对城市形态控制引导的缺陷

我国现行控制性详细规划以土地开发控制为对象，以指标管理为核心。控规控制的地块容积率、建筑密度、建筑高度、绿地率等指标并不能和空间形态形成一一对应关系[1]，即一个控规指标下可能形成多种不同的空间形态。广州目前以大密度分区为基础的控制指标体系与具体空间区位十分缺乏对应关系，造成许多具体地块开发控制的不确定性。如广州旧城全部属于密度 1 区，空间划分过于粗略，不足以反映不同地区开发条件和管理控制要求的差别。《居住用地人口密度和建筑容量控制指标表》对各密度分区都根据建筑物层数不同给出了不同开发强度的选择，各密度区之间的开发强度上下限值差别很小，重叠幅度很大，而密度区内部最低到最高控制指标的范围则很大，因此密度分区的作用大打折扣。控规指标对于空间形态的“无控性”直接导致了利益驱动下牺牲公共空间的行为，例如屏风楼的出现、大规模的封闭式住区吞噬城市道路等。对于高强度中心区，由于缺乏有效的城市设计控制手段，无法对整体形态进行有效控制。比如办公建筑的塔楼间距及形态、裙楼的组合形态、街道空间塑造等，均无法通过目前的控制指标得到有效的整体性控制，而只能依靠开发商的个体性发挥，造成了旧城许多商业地区的形态混乱。

开发强度控制的一般性失效与规划控制指标的空间不确定性在一定程度上还促进了旧城均质性高容积率演化的趋势。由于开发强度规范指标低，更新地块都尽量贴近与突破上限，因而无论是在历史街区、轨道站点旁还是城市商业街区，无论周边环境如何，只要开发条件允许地块控制指标都比较接近，建成的产品也比较接近。

（3）规划引导与奖励政策的缺失

广州目前对旧城的控制规范既体现在控制体系的粗糙，也体现在相关引导与奖励政策的缺失。主要包括：① 混合性使用的不明确。从香港、台湾等城市的经验来看，规划顺应市场的需求及发展趋势专门在规划法规中规定了混合用地及管理办法，而目前广州市已有的对该类用地的态度政策上没有明确。②建筑相邻权影响方面的相关规定缺失。人口密度、建筑密度高度聚集的旧城区，是最易引起邻里纠纷的焦点，建设

[1] 曹曙，翁一峰．控制性详细规划中对城市空间形态控制的探究 [J]. 城市规划，2006（12）：45.

过程中产生的纠纷无评判标准，使得旷日持久的纠纷既直接影响了改造的进度也影响政府决策的过程。③文物建筑更新与功能置换的相关规定。文物建筑在各种限定之下，其实已失去建筑原先鲜活的使用价值，只能够作为标本供人瞻仰，建筑失去了生命力。政府只能投入大量人力、物力维持，文物建筑变成了负担、包袱。曾有领导头痛文物财富过多，以致限制了发展的空间。文物建筑立法保护本无可厚非，但却忽略了建筑本身使用功能的发展需求，也因为如何利用、使用、改造文物建筑的条款在相应法律及政策上的缺失，掐断了建筑自我更新、合理利用的途径。

综上所述，面对广州旧城错综复杂的建设现状，广州目前以土地用途管制为基础的规范体系已无法满足城市精细化管理的需求。大量依法行政的过程依据不足，审批人自由裁量决定，管理操作过程随意性大，客观需要对现有规范体系进行优化。

（4）一般性规范与历史文化保护的需求

广州现有规范对道路、用地指标等作出一般性规范要求，但难以满足旧城历史文化保护的精细化管控要求。以道路规划为例，根据广州中心城区交通规划，历史老城内的主要道路都进行了不同幅度的规划拓宽，有的甚至需拓宽20m以上，且多数需拓宽的街道为现存风貌较好的特色街巷。其中拓宽20m以上的道路共9条，占总拓宽道路数的5.49%；拓宽11～20m（含20m）的道路共87条，占总拓宽道路数的53.05%；拓宽1～10m（含10m）的道路共62条，占总拓宽道路数的37.8%。如按上述规划实施，将和现有旧城区域城市肌理、历史文化街区、建筑的保护产生巨大矛盾，因此广州一般的道路红线分级标准在旧城区并不适用。另外，即使道路扩宽之后，如没有合适的交通发展政策引导，由于道路交通供给的增加所诱增的机动交通将会给旧城带来更大的压力，加重交通拥堵。

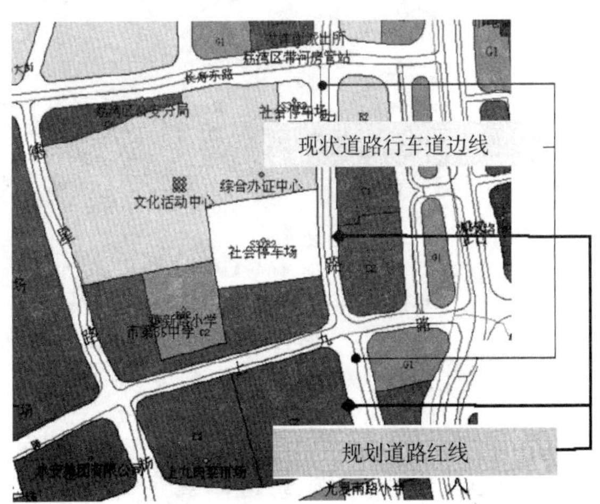

图6-7 规划红线与现状道路红线对比分析

资料来源：左图引自《广州市历史文化名城保护规划》，广东省城乡规划设计院、清华大学2010年编制

历史旧城区范围内道路拓宽情况一览表　　表 6-5

类型	数目	所占比例（%）
无拓宽道路	6	3.66
拓宽 1 ～ 10m（含 10m）的道路	62	37.80
拓宽 11 ～ 20m（含 20m）的道路	87	53.05
拓宽 20m 以上的道路	9	5.49
合计	164	100.00

资料来源:《广州市历史文化名城保护规划》，广东省城乡规划设计院、清华大学 2010 年编制

事实上，按照一般性道路红线控制的规划手段已经对广州历史街道造成了破坏。图 6-8 显示了 1978 年后广州旧城内消失与保留的骑楼街。其中拆除消失的骑楼街主要分布在中山四路、龙津路、东华西路、北京路、珠光路等。从消失的原因看，多数是因为交通改造道路拓宽而拆除，因此具有沿道路单边拆除的特征；少数是零星地块的拆除改造，主要分布在交通路口。以中山路为例，旧惠爱街一直是广州旧城东西向主干道，改革开放前道路狭窄，沿线分布以骑楼为主，包括了致美斋、大学鞋店、宝生园、艳芳照相馆等一批老字号门店，商业气氛浓厚。但自广州市中山路扩建工程及 1992 年地铁动工以来，路面要扩宽到 38m，沿线的许多古老骑楼、建筑物被拆除。目前中山路上仅在中山六路保留有一段约 400m 骑楼建筑，其他基本消失殆尽。

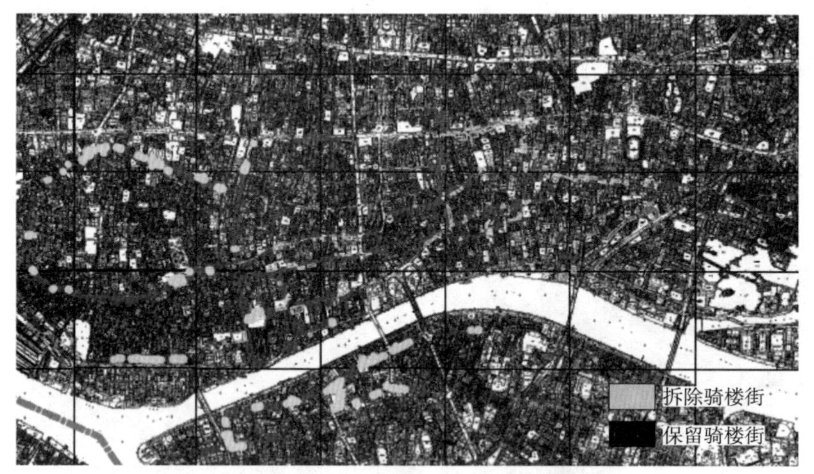

图 6-8　1990 年代以来广州骑楼街保留与拆除情况

资料来源:《广州市骑楼街保护与开发研究检讨》，广州市城市规划勘测设计研究院 2012 年编制

6.1.2.3　规划实施管理体系

长期以来，广州旧城更新活动存在自上而下的政府指令推动与自下而上的市场动力推动两种实施机制。前者主要是政府改造危破房与整治重点地区环境，后者主要是开发商通过更新建设获取利润。

1998 年广州禁止开发商介入旧城改造后，广州旧城更新活动主要自上而下指令推动。规划任务的下达、更新资金的划拨等均要由市有关部门决定，呈现非常明显的政府一元主导特征。在缺乏综合统筹机构的情况下，零星的个案改造根据不同的目的而推动，并由不同的部门主导。例如恩宁路的改造目的是为了改善该地区大片的危旧房，因此是由荔湾区国土房产局下设恩宁路项目办负责主导改造的。而在越秀区的一德路改造中，因为商业旅游发展是带动该片地区改造的主要动力，所以越秀区的商业旅游局是该地区改造的主导部门。处于基层的区级规划部门尽管对当地的旧城区域的信息以及市场经济情况较为熟悉,却由于决策空间有限,只能被动地等待上级下达有关任务。这种远离市场的管理模式，使得规划管理部门与市场日渐产生疏离感，对旧城更新改造的市场开发的可操作性以及民间的投资能力缺乏充分的了解。

2008 年以来广州重启旧城改造市场模式，颁布了一系列市场介入旧城改造的配套政策后，自下而上的更新动力逐渐加强，越来越多的市场导向的改造个案涌现。为此 2010 年广州市成立了“三旧”改造办公室，作为市“三旧”改造领导小组日常性工作机构及统筹全市“三旧”改造工作的常设性工作部门，区一级的“三旧”改造管理部门也都陆续成立。旧城更新活动逐步进入有序的实施管控机制中来。但从目前的形势来看，更新项目主要以自下而上的个体产权或集体产权的旧厂、旧村改造为主，连片收储改造项目较少。改造的复杂性（高成本及社会影响）使得政府对这类项目在较早前进行过行政干预后一直不敢触动。但这类项目的市场动力又不足，使得在规划实施中表现出明显的“不鼓励，不主动，缺少激励机制”的特点。

旧城更新的实施机制对城市形态的演变具有重要意义。1998 年以前广州旧城在缺乏统一实施管理的情况下呈现以个体化改造为主的模式，整体改造模式并不成功，导致城市形态演变的诸多问题。在当前的形势下，为保证旧城的整体环境品质，合理引导城市形态自组织演变，政府更需要主动作为，以科学合理的方式推进连片改造（当然并不是简单的大规模推倒重来）与个体改造，对城市形态的演变发展采取更主动的介入姿态。

综上所述，1978 年以来广州旧城的规划编制、规范标准与规划实施管理体系日趋完善，至今已逐步建立起一套规范的规划管控体系。但由于建成时间晚、管控指标精细化程度不够、缺少空间形态指引等原因，导致旧城在规划控制中出现了许多问题。从某种程度上说，现有规划管控制度实际是限制而非引导旧城的空间发展更新。

6.2　广州旧城形态演变的情景分析

情景分析是假定某种现象或某种趋势将持续到未来的前提下，对预测对象可能出现的情况或引起的后果作出预测的方法。通常用来对预测对象的未来发展作出种种设想或预计，是一种直观的预测方法。情景分析的基本方法是通过对环境的研究，识别影响研究主体或主体发展的外部因素，模拟外部因素可能发生的多种交叉情景分析和各种可能前景的预测。前文论述了1949年以来广州旧城形态演变的自组织机制与主要的他组织规划调控手段，在此基础上可以进行不同目标导向下的演变情景分析。

6.2.1 自组织作用下的旧城形态演变情景分析

（一）整体开发量的情景分析

如前文所述，在竞争协同机制作用下，市场力推动旧城快速更新，并在区块经济自我平衡与高回迁率政策下造成旧城高容积率倾向。据此，本书将广州划定的28个历史文化街区与文物单位作为历史保留建筑，其余1978年前的建筑作为未来更新建筑，1978年后的建筑作为已更新建筑，可得出未来旧城整体更新的情景（图6-9）。

图6-9　市场经济自组织导向下的形态演变情景

根据测算，在现状旧城范围内的9013万m^2建筑量中，历史保留建筑量约175万m^2，未来更新建筑量约1370万m^2，已更新建筑量约7468万m^2。扣除部分学校与公共设施建筑，按照目前市场平衡下1：2.5的拆建比，未来旧城的建筑总量将达到约12000万m^2，较现状增加3000万m^2，增幅约33%。

由此可见，在目前市场力作用机制下，广州旧城的开发量将大幅提升。由此带来的不仅是城市景观的影响，更在交通疏解、市政配套方面带来巨大压力。因此这并不符合广州旧城整体调控发展的方向。

（二）形态单元演变的情景分析

根据前文研究，市场力作用下的形态单元自组织演变主要受到以下几个要素影响。第一，距离道路的距离。形态单元一般按照沿主次干道、内部街巷逐步渗透的方式进行逐步更新。第二，距离主要商业中心与交通枢纽的距离。形态单元内部一般呈距离商业中心和交通枢纽更新衰减的规律。第三，建筑残留的可利用价值。一般可按照年代久远拟定建筑残留的可利用价值。根据以上原则本书拟定了环市路形态单元的情景分析。图 6-10 显示了形态单元的演变情景过程。第 1 阶段，形态单元内部有一定

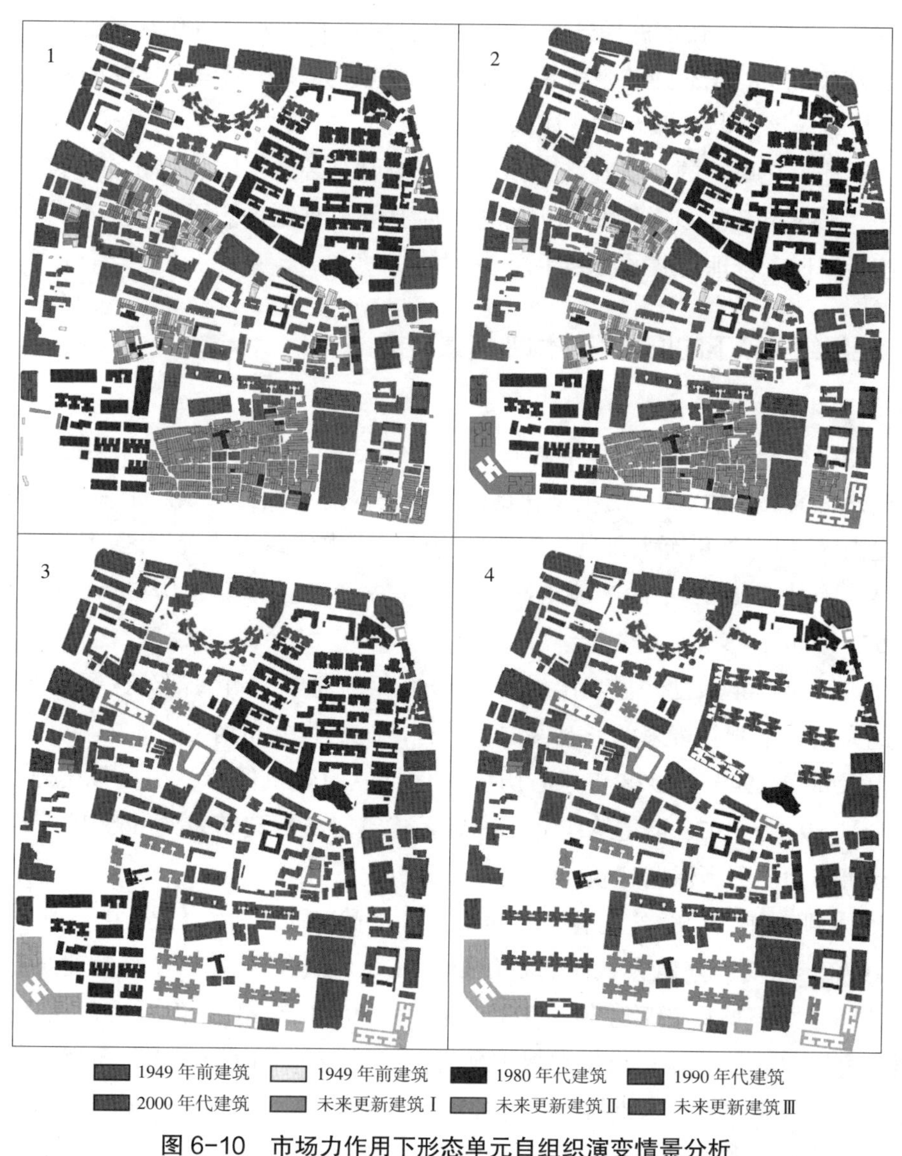

图 6-10　市场力作用下形态单元自组织演变情景分析

数量的 1949 年前的传统住宅区块，但分布零散；第 2 阶段，沿主要道路部分的旧住宅区按照原有内部街坊的区块划分而逐步被更新，换之以高层塔楼与裙楼商业；第 3 阶段，街区内部旧住宅区逐步渗入更新，换之以与周边形态契合的高层住宅楼，街区内部 1978 年前建筑全部更新完毕；第 4 阶段，1980 年代建设的多层与中高层住宅被更新。

在这个案例中，街区内建筑总量原为 82 万 m^2。阶段 3 全部更新后达到 103 万 m^2，城市总体开发容量适度提高。按照多样性分析原则，若将街区内部传统竹筒屋、多层或 7 ~ 9 层住宅区与商住楼作为构成城市肌理的小型建筑，高层塔楼与商业裙楼作为中型建筑的话、超高层办公楼与大型商场作为大型建筑的话，原建筑功能配比为 4.3∶1.8∶0.9，全部更新后建筑功能配比调整为 3.8∶2.2∶1.1，总体来说符合多样性适宜的逆幂配比关系。但是在阶段 4 后 1980 年代建筑开始更新，在仍然采用塔式高层替换多层或 7 ~ 9 层条式住宅的模式，街区总建筑量将上升为约 200 万 m^2，建筑功能配比将调整为 1.2∶3.8∶1.3，建筑量大幅提升并严重违背了旧城适宜多样性的标准。因此，阶段 4 的情景应该是旧城形态演变应该避免的方向。

综上所述，在单一的市场经济导向下，旧城形态必然朝向高容积率、高开发强度方向演变，形态单元的多样性配比也将背离应有的适宜结构。因而政府介入的控制干预是调控旧城形态合理发展的必要手段。

6.2.2 他组织干预下的旧城形态演变情景分析

（一）整体开发量的情景分析

单一他组织干预手段可以理解为政府通过行政手段对大部分旧城传统历史建筑的保留。广州目前公布的 28 个历史文化街区及文化保护单位虽然划定了最精华部分的文物与历史街区，但区外仍有大量有一定历史价值的历史建筑与传统街区。但据本书统计，广州旧城内有建于 1949 年前的建筑约 845 万 m^2，其中位于划定历史街区保护范围之外的有 670 万 m^2。

广州市政府今年来已经显示出对所有 1949 年前建成建筑大部分保留的强烈意愿。本书以此为情景预测其将来的形态发展。结合传统街区分布情况，本书将大部分 1949 年前建筑及部分 1949 ~ 1978 年具有历史文化价值的建筑保留，历史保留建筑达 880 万 m^2；少量 1949 ~ 1978 年建筑作为未来更新建筑，更新建筑量约 665 万 m^2；1978 年后建成建筑作为已更新保留建筑，以此进行分析（图 6-11）。

分析表明，在历史文化保护导向下，扣除部分学校与公共设施建筑外，1949 ~ 1978 年可更新建筑大致在 300 万 m^2，按 1∶2 的拆建比，小部分建筑拆除后变为城市公园，则旧城更新后建筑量大致可控制在 9300 万 m^2 以内，比现状略有增加。这个增幅可以较好控制建筑总量与保护现有传统风貌，但由于可用于市场更新的建筑与用地小，而需要政府投入维持与改造的历史建筑多，按照目前土地财政的运作模式，地方政府要投入相当的资金。

图 6-11　历史文化保护导向下的形态演变情景

（二）形态单元演变的情景分析

广州目前对于认定的历史街区都采用了严格的限制控制手段。即不允许重新拆建中高层建筑，而只能采取政府主导下的“抽疏”方式。图 6-12 显示了宝源路形态单元的演变情景。该形态单元属于“荔湾湖—逢源大街历史文化街区”，除北部有部分单位宿舍外，大部分为民国时期建设的竹筒屋。单元用地面积约 10hm^2，现状建筑面积约 27 万 m^2。根据历史街区“抽疏”的原则，拟保留 22 万 m^2 建筑，拆除 2.5 万 m^2 建筑，改建 2.5 万 m^2 建筑。其中保留建筑采取居民自住改造，拆除建筑采取政府补偿，改造建筑采取小连片居民自住改造。形态单元内部的街巷系统、地块组织与建筑形式都没有改变。按照规划方案评估，政府需投入约 2.08 亿元，主要包括市政配套完善、拆除补偿部分建筑与部分街面整治。

宝源路形态单元以“抽疏”为主的规划控制手段代表了广州目前对于划定的历史街区的一般做法。在政府一元主导的他组织控制中，旧城的自组织生长动力被遏制。这种做法需要以政府大量投入为代价，如果应用于全部 1949 年前的建筑，政府将面临严峻的资金筹措问题。

综上所述，以上两种机制作用下的情景分析代表了单一自组织与他组织状态下广州旧城形态演化的方向。分析说明，在任何一种单一状态下，旧城形态都难以按照合理的路径演变发展。因而客观需要自组织与他组织相结合而制定合理的规划调控方法。

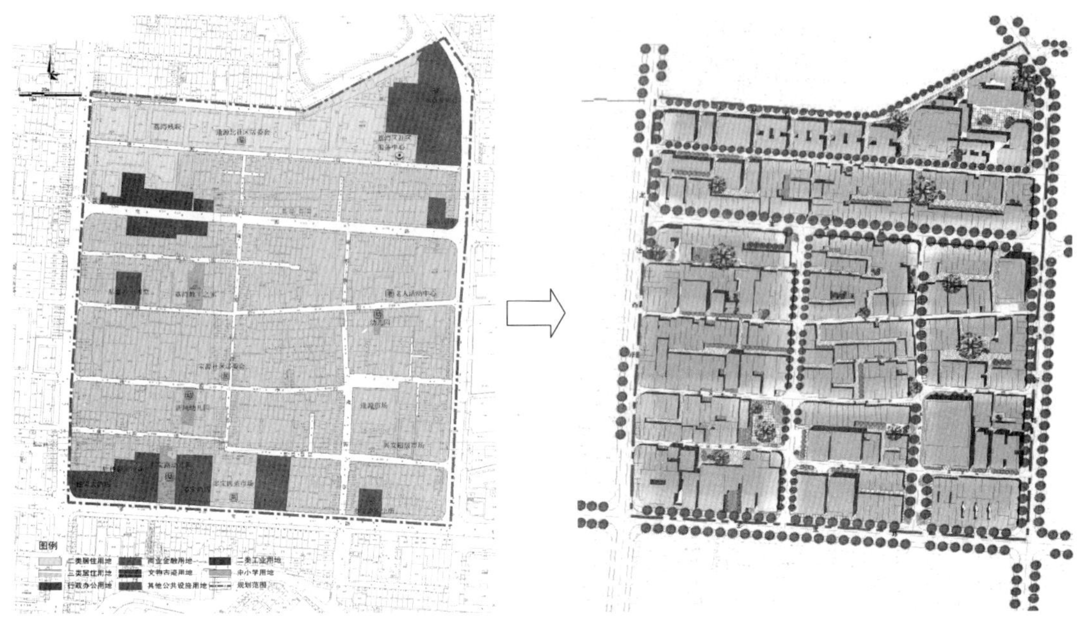

图 6-12　宝源路形态单元更新改造规划

资料来源:《宝源路更新改造规划》，广州市城市规划勘测设计研究院 2008 年编制

6.3　多元目标体系下广州旧城的形态调控方向

要优化广州旧城形态发展的规划控制手段，应首先明确旧城形态调控的目标与方向。如果旧城以强化经济职能为主要目标，那么旧城更新就需要为相应的经济功能腾出空间，并且外迁部分原住居民；如果旧城以改善人居环境为主要目标，那么旧城更新重点是完善设施配套、整治社区环境、拆建危破房，原住人口不需要进行大的调整；如果旧城是以历史保护为主要目标，那么就应按照历史文化名城保护要求弱化行政、商务职能，减少各项经济活动，限制旧城的经济规模及就业人员。不同的目标导向将会引导旧城空间形态走向不同的方向。

6.3.1　经济目标导向与旧城形态调控

改革开放以来，广州旧城一直是广州城市经济系统中的重要组成，承担着重要的经济职能。在广州的一系列规划中，由于发展与保护的导向不同而对旧城定位产生了一定偏差。在发展性主导的规划中一般强调新型经济职能的构建，如《广州城市总体规划（2010—2020）纲要》中提出旧城中心区是城市的综合中心区，是城市的政治、经济、文化和对外交往中心;《越秀分区规划》中提出“强调发展总部经济，做大商务，做强商贸”构建以“现代服务中心”和“中高档消费中心”为特色的产业发展体系;《荔湾分区规划》中提出强调“西联先锋”作用，发展为广佛的文化商旅中心和商务流通中心；海珠分区规划强调建设为广州的“南部商圈”。在保护性主导的规划中一般强调在历史延续基础上选择性消弱服务职能，以达到疏解旧城的目的。这些定位都反映了政府对于旧城经济功能的巨大期望。综合各种发展形势，广州旧城在将来很长的一段时期内都还将承担城市重要的对外经济职能，并进一步强化总部经济、金融保险、商务会展、商贸购物等现代服务业功能。

然而，单一经济功能导向下的自组织力量不能将旧城形态向合理化方向导向，有意识地进行经济功能的调控是影响城市形态发展的重要手段。基于此本书认为城市服务业态的选择应重点把握好以下几个方面。

（1）就业密度

从就业密度看，广州旧城内一般办公类建筑就业为 25m^2/ 职位，零售商业类约 20m^2/ 就业岗位，批发商业类约 4 ~ 5m^2/ 就业岗位。按平均就业岗位占建筑面积计，若从批发商贸功能提升到商业零售、办公功能，单位建筑面积就业岗位下降 5 ~ 6 倍。因此就业密度应成为旧城服务业态选择的重要考虑要素。应在旧城限制吸引大量人流、物流的设施进入；限制大型商业项目的进入，鼓励小型特色商业、传统商业的发展，逐步迁出大型商贸批发市场。这样才可能适度消减旧城的就业人口通勤负载。

（2）产出效益

旧城目前存在许多产出效益较低的经济业态，这与其城市中心的区位价值不符。2010 年越秀区人均地区生产总值达到 2.1 万美元，是全市平均水平的 2 倍；地均产出 48.5 亿元 /km^2，是全市平均水平的 33.4 倍。其高产出效益原因是大量总部经济的集聚带来了高昂税收。而荔湾旧城的税收水平则较低，大量低端批发业态“旺丁而不旺才”，如岭南街批发额约 14 亿元，主营业务税金及附加仅 157 万元，迫切需要进一步调整与提升的业态。因此，外迁传统批发市场无论从就业密度与产出效益看都是必须采取的措施。广州 2007 年提出“着手对市区内 130 多个专业市场整备外迁”，今后市区内不再建设“现货、现金、现场”的传统批发市场。拟通过逐步合并、搬迁、转型等方式，分类整合分散小市场并搬迁到黄埔、番禺等外围地区的大型商贸批发中心，以达到疏解旧城的目的。然而实际经过这几年的发展，设想中的大量批发行业并没有外迁的动向，一些地区反而有进一步集中的趋势。这种情况出现的主要原因还是历届区级政府对外迁面临的风险存在犹豫，以及对既有的效益不愿放弃。

此外，计划经济时期在旧城内形成了一些占地面积不小的大专院校、职业学校。一方面它们占据了优越的区位而未能体现经济价值，另一方面学校规模有限也不能满足不断增加的学生需求，因而也应尽量外移。

（3）功能混合与多样性

高度混合造成了广州旧城无限的城市活力。这种自组织力量构成的城市特色不应被城市更新消除，而应通过他组织手段进一步规范完善，并建立一个适宜的内在空间秩序。因此在旧城服务业态的选择中，混合性与多样性是应该鼓励的方向。

图 6-13 显示了一个符合多样性价值目标的旧区更新方案。在以 6 层以下住宅为主

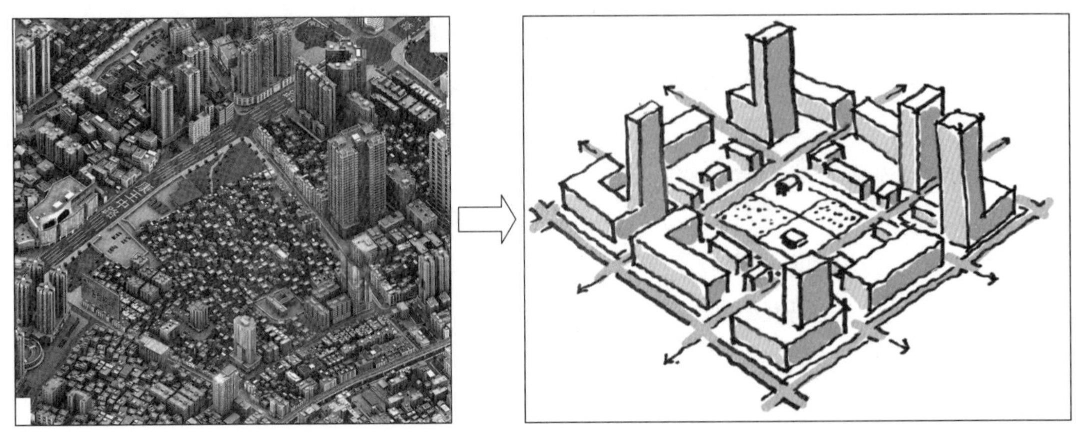

图 6-13 基于业态功能多样性的形态单元规划方案

资料来源：左图引自三维网

的形态基底中，方案将高层商务办公与大型购物商场设置在道路周边，而内部保留多层住宅的肌理与丰富的社区商业空间，建筑业态功能总体符合逆幂定律的原则要求。这样的方案满足了高端业态提升的需求，实现了业态功能的多样化组合。事实上，这样的形式在现在建设的六马路地区已经实现，相比高层塔楼对整个形态单元的全覆盖方案而言，大量街区肌理与商业的保留更加增强了这一地区的活力与商业价值。

（4）历史文化特色

广州旧城拥有丰富的历史文化资源，把商业开发与历史文化结合也是政府一直倡导的目标。上海“新天地”树立了一个城市更新、城市运营与历史文化特色三位一体的典型。尽管“新天地”模式的复制引起广大学者的讨论，但这一方式无疑是政府可以看到的行之有效的一种方式。

广州历史旧城内存在不少原本就是商业街区的传统街区，如今面临着严重的衰败与空心化问题。结合文化特色的高端文化商业植入无疑是实现城市更新的重要途径。图 6-14 显示了荔湾旧城清平路形态单元的规划方案。形态单元现状大部分是破旧的竹筒屋，南部是广州著名的清平中药材批发市场，街巷内部也有大量的仓库与小型批发店面。由于地处沙面北侧，大量的现货交易影响了市容环境，日益危破的旧住宅也需要改造。根据业态分析，规划方案确定了以中药材批发为基础，延展开发中药疗养、美食养生的现代服务业规划方案，将传统现货交易市场转型为高端展销与文化旅游区。以此制定了按照原有街巷肌理，保留部分有价值的竹筒屋与改造部分竹筒屋的方案。改造方案在建筑量不变的情况下，降低了建筑密度。更为重要的是，在满足服务业态转型提升的同时，也实现了形态单元历史肌理的延续。

基于以上 4 项因素，广州旧城应因地制宜地进行经济功能的选择与提升。越秀旧城应大力发展总部经济和高档零售商业。从做大到做强，限制一般商务商业的开发规模，重点提升发展品质，实现部分功能的疏解和再优化，以商业服务环境品质的提升带动

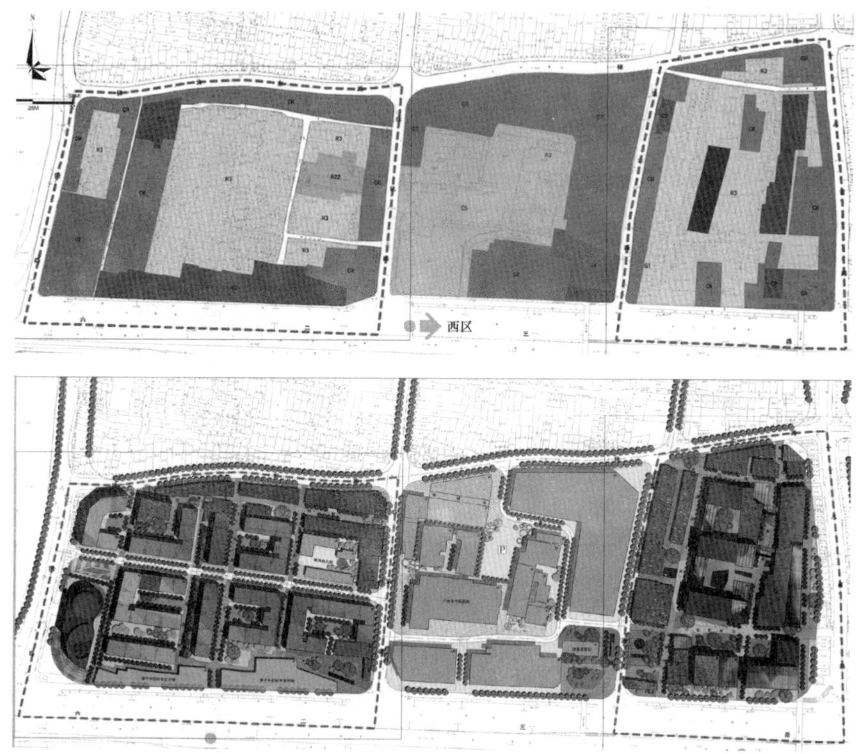

图 6-14　基于历史文化特色的清平路形态单元的规划方案

资料来源:《广州市荔湾区清平路地块更新改造规划》，广州市城市规划勘测设计研究院 2009 年编制

地区经济发展。荔湾旧城应通过迁、提、转、引等措施，促进产业的逐步升级，从批发贸易走向商旅、休闲服务，突出成行成市的产业特色。结合和挖掘传统岭南文化特色，重点发展商贸旅游、休闲娱乐和文化创意产业，争取成为具有国际声誉的岭南特色文化休闲中心。海珠旧城应限制居住职能的扩张，培育、扶持小型商务、社区商业以及滨江休闲旅游业。依托白鹅潭经济圈和沿江资源，培育商务商业及文化产业，突显小型商务办公产业特色，以及居住、商贸、饮食和娱乐一体的滨江文化特色，确保地区有较好的产业基

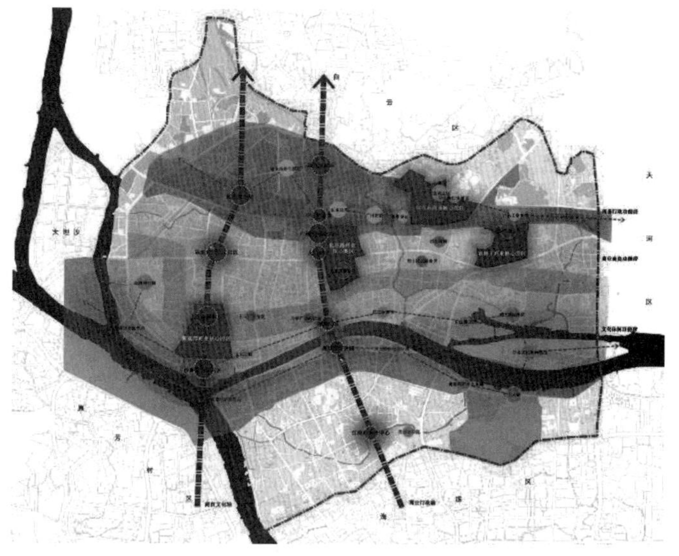

图 6-15　广州旧城功能结构规划目标

资料来源:《 广州市旧城更新改造规划》，广州市城市规划勘测设计研究院 2010 年编制

础，增加就业岗位，带动地区经济活力，争取居住就业就地平衡。

6.3.2 社会目标导向与旧城形态调控

社会目标是城市形态调控的主要目标，一个以构建和谐社会为目标的城市形态调控应该重点考虑以下要素。

（1）适宜的人口规模与城市容量的控制

维持旧城适宜的居住与就业人口是在保证城市活力与良好城市环境间获得平衡。广州旧城长期以来保持200万人左右的居住人口就是自组织与他组织综合平衡的结果。为保持现有活力，本书认为未来旧城的人口规模应控制在现有水平不再增加。事实上，由于广州近10年年均人口增量均在40万人以上，在城市的核心旧城不增加居住人口是一件困难的事情。

对此，政府干预下的城市容量控制应成为旧城形态发展重要的调控目标。第一是城市建设容量的总体控制。在前文的情景模拟中，我们已经看到了两种导向下的建筑总量。从理想的状况看，历史文化保护导向下的9900万 m^2 建筑量控制应该成为旧城更新的总量容量控制目标。为达到这一目标，政府需要在旧城内部及旧城与新区之间进行综合平衡，避免单一经济自组织力量的高容积率趋势。第二是结合人口的流动制定城市空间容量的分配。越秀旧城应基本稳定现有居住人口，局部地区为保护旧城格局需要可适当抽疏人口，抽疏及转移的人口尽量在越秀区外安置。重点通过产业功能的提升调整就业岗位，疏解高峰时期的就业人口，减少就业人口流通带来的设施和城市环境的压力。荔湾旧城应通过与产业提升、保障性住房建设、产权调整和土地资源整合、旧城环境改善和建筑改造等措施的配合，实现“迁出一批、留下一批、引进一批”，调整人口结构，逐步改变人口老龄化的现状，提升旧城活力。因此荔湾旧城的空间容量应该是适度降低。

海珠旧城应实现从“引人”到“留人”，不再增加旧城常住人口，而是通过产业的发展、就业机会的增加，实现人口在本地就业。在城市形态的调控中，应根据人口导向战略制定适宜的控制开发容量，同时通过政府主导建设的公共设施配合引导，最终实现人口合理空间导向与空间形态合理演变的匹配。

（2）和谐社会结构与多样化城市形态

改革开放以来，市场转型导致的社会阶层分化已逐步成为广州旧城社会空间分异的内在力量。城市居住空间极化与隔离的本质是社会不公正，是社会不平等在居住空间上的表现。透过居住空间极化与隔离的表面现象，其背后是社会制度的不平等进而导致的在居住空间上的两极分化与城市公共资源分配的不平等。

广州旧城现状人口的职业与文化结构呈现高度的混合性，低收入与普通服务业人群所占比例较大，所以社会阶层的分化特征还不十分突出。但是，随着城市更新改造的推进，在经济社会自组织作用下，越来越多的低收入原住居民将可能被“溢出”旧城，这将会导致消极的社会后果。因此不能任由市场这只“看不见的手”来完全主导这一趋势。在城市形态调控中应注意以下方面的措施：第一，在旧城更新中注重多样化的形态塑造。图 6-13 所示的案例在满足服务业态多样化塑造同时，也满足了社会结构多元塑造需求。第二，在旧城中设置专门的限价房、廉租房，满足多元人口需求，同时保证更新改造项目中具有一定数量的回迁率。第三，改造方案中注重现有社区形态肌理的保存。第四，引导社区自治自理，通过自下而上的方式增强社会民众的力量，改变城市居民在居住空间结构的安排过程中完全被动的角色地位。第五，实现基本公共服务设施均等化，保障各阶层居民的基本生活配套需求。当然，最为根本的手段还是整体提升居民的收入水平，扩大中等收入群体的规模，减少贫困收入群体，使得绝大多数的城市居民都享有基本公平的居住空间与社会公共资源。

6.3.3　历史文化目标导向与旧城形态控制

广州旧城具有两千多年的发展历史。随着城市的快速发展与更新，旧城面貌发生了翻天覆地的变化。旧街区不断拆旧建新，道路改建扩建，多数水系已经被填盖，高层建筑失控，景观视廊遭到遮挡，商贸街市为大体量现代购物中心所取代，城市肌理破碎，旧城的天际轮廓线发生改变，原有的空间格局和历史风貌正变得日渐模糊。因此，政府必须采取调控措施协调好保护与发展的关系，否则仍由自组织作用，旧城的历史面貌将荡然无存。因此基于历史文化保护导向出发，城市形态调控应重点考虑以下问题。

（1）旧城整体历史文脉的保护。旧城除了划定的历史街区外，还应对历史城区整体的文脉与风貌进行保护。从古城轮廓、传统中轴线、城市主要景观视廊、特色街道、传统街区、历史水系空间等方面入手，通过各种规划控制手段保护历史的形态格局。

（2）利于社会自组织的力量赋予传统街区活力。单一的他组织干预模式不能给予传统街区充分活力。因此形态调控更应注重人与社会的力量。要延续传统街区肌理与保证一定数量的原著居民，延续传统特色和生活氛围，保持社会网络的完整性。要特别突出社区服务网络、购物网络以及步行和绿地开敞空间体系的构建，确保原有社会网络的整体性。

6.3.4　多元目标体系下广州旧城的形态发展图景

综上所述，广州旧城的空间演变必然承载着众多的目标与利益诉求，单一目标导向的调控不足以引导其正确发展。只有将经济目标、社会目标与历史文化目标三者结合，达到“帕累托最优”状态，才是一个科学合理的他组织干预手段。综合三个目标导向的要求，本书将 2010 年形态单元分为 4 种类型。

（1）历史保护型

已列入或建议列入的一些文物古迹比较集中、能较完整展现城市历史发展脉络且具有较高的文化保护价值的地区，包括广州已公布的历史街区及有保护价值的历史地段。

图 6-16 多元目标体系下广州旧城改造地区分类（按 2010 年形态单元）

历史文化保护区主要采取政府主导、整体保护修缮的改造模式。由文物管理部门申请经费，由政府对保护区内的历史建筑进行修缮和维护；其余的一般建筑由政府补贴，业主按规划要求自行改造。图 6-12 所示的宝源路形态单元规划控制即是这种类型的典型。

（2）历史更新型

整体街区风貌较好，具有一定规模的集中连片传统历史建筑，但不属于城市紫线保护范围，大部分建筑质量一般的地区。主要分布在广州历史城区内。建议通过整建延续街区风貌和格局，提升或更新片区功能。对于具有商业价值的地区，可以采用类型“新天地”式的改造模式，将文化商业功能与传统街区有机结合。对于一般性的传统住宅地区，主要采取私人业主主导、小连片整建的改造模式，延续街区格局，提升或更新片区功能。政府在规划设计、施工、规划程序等方面提供必要的技术支持，鼓励私人业主按规划要求联合对小连片或零散地块进行改造。在改造过程中，对涉及公共设施的建设或风貌保护要求的，政府给予一定补助或容积率奖励。对于更新发展区中的公房，由政府负责改造。

图 6-13 所示的清平路形态单元规划属于这种类型。此外《荔湾区恩宁路更新改造规划》[1] 制定的恩宁路首期改造方案也属于这一类型的典型（图 6-17）。由于该区只有

[1] 《荔湾区恩宁路更新改造规划》由华南理工大学 2010 年编制完成。

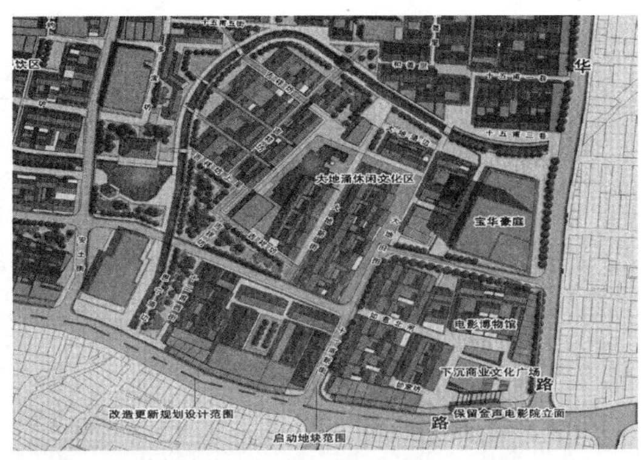

图 6-17　历史更新型：恩宁路首期改造规划

资料来源：《荔湾区恩宁路更新改造规划》，华南理工大学 2009 年编制

少部分属于城市紫线范围，其他部分可以结合原有建筑风格进行适当改造。基于传统西关大屋与竹筒屋形制，规划创造了一种新式的院落式西关大屋，并以此衍生出旅馆、餐饮、展览、会所、高档住宅等功能。规划采取了传统、半传统与现代风格的有机结合，在遵循原有建筑模数的基础上，合理的采用传统与现代风格的建材、工艺和装饰风格。这种方式摆脱了传统历史街区只划定保护而少投入改善的状况，使功能更新、形态更新与历史传承能结合起来，为地区发展注入新的活力。

（3）整治完善型

将历史城区内夹杂有少量 1978 年前建筑的街区，以及 1980 年代初期建成的公有房住宅区作为整治完善型。主要位于广州历史城区内。其大部分建筑质量尚可，但需要完善小区配套，进行建筑外立面和环境修缮。对小块的危房进行局部改造，并尽可能多留出街区内部的绿地公园。整治完善型主要采取私人业主组成的业主委员会主导、整体修缮的改造模式，进行小区环境治理及配套设施完善，改善居住环境。

（4）拆除重建型

建造时间较早、建筑质量差、配套设施不足、存在卫生或安全隐患等问题，现状建筑物客观上已不能满足市民实际生活并建议拆除重建的地区。主要位于广州历史城区外。主要采取市场主导、大连片拆除重建的改造模式。政府负责核算经济账，制定建设的约束条件，通过市场选择合适开发商对街区进行开发。位于旧城核心区内的拆除重建区，需要采取“建新如旧”的原则，保持旧城的原有肌理、城市尺度、色彩等空间格局及城市风貌，实现新老建筑、建筑与环境的协调。

根据以上类型分区，本书对旧城内未来的建筑量进行了模拟统计。历史保护型与历史更新型形态单元建筑量保持现状，整治完善型建筑拆建比按 1∶1.3，拆除重建型按 1∶2（现状容积率一般为 1.0）。测算结果为更新完毕后总建筑量达 9865 万 m^2，较现状增加约 800 万 m^2，增幅约 9%。上述说明，通过基于形态单元的改造类型分类，可以把经济、社会与历史文化目标较好的融合统一，同时对旧城的建筑量进行有效控制。当然在既有的经济自我平衡模式下，这种分类改造并不能实现投入产出的自我平衡。政府需要以此为目标在改造资金筹措政策方面进行进一步优化调整。

6.4 广州旧城形态调控机制的优化探讨

6.4.1 更新改造政策优化

6.4.1.1 拆迁补偿政策优化

拆迁活动表面上是指人员的搬出、建筑的拆除，实质是一个产权交易过程：政府通过给予业主一定的补偿使产权人放弃房屋，从而获得房屋所占土地的使用权。所有的政策设计都是为了保证这一产权交易快速、公平、低成本的完成。适宜拆迁补偿政策的制定是保证良好空间形态的重要条件。根据前文论述，适当地降低实物调换比例可以降低更新地块的开发容量，但货币补偿的方式在实际操作中会遇到更多的阻力。香港涉及对被拆迁人补偿的政策，一个是“收购物业政策”，一个是“编配安置及特惠金发放政策”。“收购物业政策”详细规定了对住宅和非住宅的收购政策：对于住宅的收购采取“市值交易价 + 自置居所津贴 + 补助津贴”的形式；对于非住宅物业的收购，市建局将会给予非住宅单位（工业楼宇除外）业主物业市值交易价和津贴。编配安置及特惠金发放政策制定了对租客及二房东的补偿标准。由于补偿价格测算公开、公正，市民一般比较容易接受。广州目前的房屋交易系统还不支持这样的补偿测算，但长远来看货币补偿是有利于全市资源调配与降低旧城开发容量的必然选择。针对广州目前情况本书提出以下建议：

（1）把房屋补偿和安置分割成两个互相独立的过程，单独进行核算。首先分割补偿安置两个过程可以最大化保障产权人利益，避免因为安置房不到位产权人得不到任何补偿的情况；其次分割的做法可以避免因为区位不同产生的补偿不公平问题，比如旧城商铺的拆迁，如果直接采用产权调换方式，外街和内街商铺价值不同会导致获得内街商铺的业主利益受损，而先完成货币补偿再根据商铺区位不同定价卖给业主，就可以避免类似问题发生。在安置环节，针对不同收入的居民提供不同价格（租金）的安置住房，采取就近安置。

（2）合理处理安置措施。使实物调换的人群获得匹配的安置住房是有效降低旧城开发容量、推进有效更新的重要条件。安置房一部分需要靠房地产市场供给，对象是旧城高收入阶层；另一部分需要靠政府供给，对象是中、低收入阶层，其带有明显的福利性质。基于广州旧城现状，在“保护房屋产权人利益、兼顾承租人利益”的思想指导下，建议采用就近安置的模式，并按照居民的收入水平和居住现状，政府统一建设经济适用房、廉租房进行安置，纳入保障性住房体系。安置完成后，由住改办统一管理。以此达到资金平衡与居民居住环境改善的双重目标。在条件允许的情况下也可以考虑部分居民回迁安置，在改造条件相当困难的情况下，可以考虑异地安置。

对于有资格享受廉租房、经济适用房资格的旧城居民，如果补偿金额不足购买经济适用房或缴纳房租，可申请安置救济，由政府进行补贴，方式可以采用贴息贷款、政府直接补贴、减免租金等，具体规则由相关部门自行制定。

广州旧城不同类型业主拆迁安置政策建议　　表6-6

产权类型	处理方法
一般性私房业主	政府提供经济适用房源，业主获得就近购买经济适用房资格
私公共有房业主	如果已经完成产权处理的，可以按一般性私房业主安置，未完成产权处理的，提供廉租房进行安置，维持产权关系不变
代管房业主	公示，整体进行货币补偿，补偿款由政府代为保管，确权完成后，退还产权人
私公共有房中的私人业主	如果已经完成产权处理的，可以按一般性私房业主安置，未完成产权处理的，提供廉租房进行安置，维持产权关系不变
公房租客	政府就近提供廉租房，采用实物配租方式，收取廉租租金；对特困户和低收入困难户实行租金补贴
私房租客	私房业主自行解决

（3）探讨第三方拆迁模式。旧城改造中虽然名义上政府和开发商都可以成为旧城拆迁主体，但实际操作已把非政府机构排除在拆迁活动之外。另一方面，绝大多数开发商出于成本考虑更倾向于获得熟地储备，这两点原因导致旧城只能由政府完成拆迁，而政府作为拆迁主体在政策上也是可操作的并且能保障大多数居民的利益。在确定拆迁主体后，可采用的拆迁模式有政府自主拆迁与政府委托第三方拆迁两种选择。为了避免政府自行拆迁的低效率、高行政成本以及委托第三方拆迁缺乏公信力的问题，建议采用政府委托下属拆迁公司如道扩办进行拆迁的方式（如果采用重建局或住宅局的组织机构模式，则拆迁的主体仍然是重建局、住宅局或者复兴公司）：拆迁公司按照政府制定的补偿标准对被拆迁户进行补偿，具体补偿金额由房地产评估机构评估，政府及拆迁公司都不得干预，政府按工作量（完成拆迁户数）支付给拆迁公司报酬。这样的好处在于一方面政府下属拆迁公司具备政府背景，在重大决策时方便同主管部门沟通，降低三方谈判成本，有利于政府对拆迁过程的监督；另一方面，拆迁公司是独立法人，与政府签订拆迁合同，除了合同规定的硬性指标，可以自主制定灵活的拆迁策略，在完成合同后获得报酬。

6.4.1.2 产权政策优化

（一）产权界定的明晰与划拨用地产权的转换

土地法规中土地利用权力边界的界定是市场有效发展的关键。我国虽然颁布并实施了一些城市土地管理的法律和法规，但是现行土地管理法规仍属于公法性质，所调节的是政府和土地使用者、所有者之间的关系，而对土地使用者、所有者之间的关系的调节缺乏法律规定❶。虽然新中国成立后对私有产权制度下形成的宅地关系进行了分离，但房屋拥有者事实拥有产权地块排他性使用权益。政府在小规模产权地块分割过程中，完全依靠行政的力量、以适应市场承受为原则对原产权地块进行重组，原住居民按照实物补偿的方式原地或异地安置，并按照房屋建筑面积占小区全部房屋总建筑面积比例获得小区建设用地使用权。这个过程实际是在土地产权界定模糊化状况下政府的强制更新过程。原产权地块使用权拥有者并未真正参与其中，也根本不知道这种重组的过程。正是这种产权权益的模糊化处理，使得征地拆迁工作越来越困难，因为原住居民越来越认识到产权地块的重要性，而不仅仅是住宅房屋本身。

计划经济时代产生的大量以行政划拨方式形成的土地产权，其产权关系界定也比较模糊。土地使用者的权利不充分，不能对土地进行转让，也没有明确的合约形式界定土地使用期限与使用权限。这使得大量的单位用地难以通过正常的市场渠道进行置换，大部分只能维持现状或通过非正规的渠道获取市场收益。因此只有对这些产权地块在法律与政策上予以更清晰界定，才能更有效地实施历史旧城的保护与更新，才能推动历史划拨用地的置换改造，才能恢复与重塑旧城应有的形态肌理。

（二）基于动态产权的更新改造

我国传统土地产权体系是由土地所有权、使用权、开发权、租赁权、抵押权等多项权能构成的权利束，其特征是以静态的土地所有权和使用权为中心，“只反映土地利用的静态权利，未能反映土地利用的动态权利”❷。1950 年代英、美、法等国相继设置一项重要的土地产权制度——土地发展权（Land Development Rights）。土地发展权是土地产权的重要组成部分，是可以与土地所有权相分离的、反映土地动态使用中权益增量的财产权，可以通过改变土地用途、提高土地利用集约度，以及增加对土地的投入而产生的发展利益的权利归属和利益分配。土地发展权的基本规定方式主要有国有、私有、国有与私有并存这三种。英国的土地发展权归属于国家所有，美国的土地发展权归属于土地所有者及联邦政府、地方政府或个人，法国是国有与私有并存规定方式的代表。土地发展权可以通过转移的方式使其处于动态过程之中。土地开发权转移（Transfer of Development Right）即是指在一定的范围内，允许土地所有者转移其所有土地的未使用的发展权到其拥有的其他宗地上，或是以出售的方式转移给其他的土地

❶ 姜崇洲，王彤. 试论促进产权明晰的规划管制改革：兼论“城中村”的改造 [J]. 城市规划，2002（12）：23-25.

❷ 汪利娜. 中国城市土地产权制度研究 [M]. 北京：社会科学文献出版社，2006：274-276.

所有者；获得发展权的宗地的所有者能够以高于原有区划限制的高度和容积率来开发土地；移出发展权的宗地所有者能够继续限制性地使用土地，同时从出售发展权中获得补偿（Frankel，1999）。通过发展权移转方法的应用可以实现十分广泛的社会和环境目标，包括历史建筑或地标的保护、开放空间的提供、农地的保护，诸如水源、泄洪区、风景名胜、森林和动植物独特的栖息地等环境资源的保护，或者是控制特定的基础设施或公共服务受限地区的开发强度。

TDR 的有关做法在中国旧城保护中的借用已经引起国内广泛关注。将不同类型的开发地块捆绑在一起交由一个开发企业进行更新，将受限制地区的容积率转移到不受限制地区，则可能实现旧城保护与经济平衡之间的协调。由华南理工大学编制的广州南华西地块与草芳围地块规划中制定了这两个地块联动开发的方案。将历史保护要求较高的南华西地块改造中的 2.6 亿元资金缺口转移到开发限制较少的草芳围地块，从而增加了草芳围地块 2.44 万 m^2 的建筑量。开发量转移机制的建立关键在于政府搭建一个公平、公开且交易成本较低的平台，已有学者提出开设“容积率银行”式的交易机构，而重庆在城乡“增加挂钩”的政策下也率先进行了开发指标的公开招拍挂。《广州旧城更新规划纲要》评估旧城 $54km^2$ 的更新改造资金缺口为 337 亿元，如完全通过财政投入实施难度较大。若采用土地融资的办法，经折算需在新区提供约 $5.5km^2$ 毛用地用于资金平衡。如果能实施产权地块联动开发机制，更新改造资金是能够平衡的。

图 6-18　南华西地块（左）与草芳围地块（右）规划效果示意

资料来源：《广州市海珠区危破房改造规划（南华西二期—草芳围地块）》，华南理工大学 2008 年编制

（三）明晰房屋产权处理

房屋产权复杂是广州旧城更新面临的重要问题。产权处理是为了完成对被拆迁人的补偿、收回私房产权。产权处理的困难主要集中在私私共有房、代管房和私公共有房上。对于代管房，建议采用先公告，再进行整体货币补偿或者就近等面积实物（房屋）重置的办法，补偿款由政府代为保管，一旦产权处理完毕，即退还产权人所有补偿款；对于私私共有房及共有房的处理，建议先以廉租房对使用人进行安置，再整体对房屋进行货币补偿，补偿款由政府代为保管，一旦产权处理完毕，即退还产权人所有补偿款。这样处理可以在短时

间内收回私房产权，为拆迁铺平道路，同时也有效地保护了产权人的利益。

明晰房屋建筑产权是旧城更新改造与历史文化街区保护的重要基础。在耀华大街22号的案例中可以看到这种关系影响。耀华大街22号位于广州市的历史文化保护街区荔湾区逢源街内，房屋占地面积约130m^2，两层高，建筑面积360m^2。房屋共居住9户家庭，居民22人，居民多为低收入人群，形成了低收入者群租的现象。房屋外表面经过风貌保护改造，建筑外观较好，但房屋内部居住环境十分恶劣。这里房子已有一百多年的历史，属于传统的西关大屋，1982年前是100%私人产权，房子由王女士的母亲和她的姐姐共同使用。1982年姨丈提出要将房子出售，买方是广州市土产公司，王女士的外婆同意出售房子，但王姨的母亲坚决不同意出售，如果姨丈要卖就卖自己的部分，王女士一家要保留居住权（60m^2）。经过协商，便在10万元的购房款中扣了1.2万元，给回土产公司，保留居住权，并在买卖合同中注明如果重建成8层后要给回2个50～60m^{2}的单元给王姨和其弟弟，后在法院签了合同。土产公司在购得房子后，打算将之拆除，重建为一栋8层高的楼房，但没有通过规划报建，规划只准建5层，土产公司觉得这样不经济，因此一直没有重建，加之后来土产公司因经营不善而破产，因此22号就一直维持原状。现在耀华大街是历史文化保护街区，需进行规划保护，只准保留两层高的原状。1998年省土产公司破产，房产作为固定资产抵债，破产后部分职工仍需居住于此，每月交2.5元/m^{2}的租金，银行因为房屋居住了低收入人群和产权复杂等原因，一直没有回收房子。耀华大街22号这种复杂的产权关系导致建筑的更新进入了困难的境地。政府既没有足够的资金投入全部收购该处房产，又难以通过其他方式置换其功能，导致目前建筑得不到应有保护而低效使用。

对于这种情况，可以考虑采取“产权平移，公房腾挪，维持共有产权”的做法。针对产权构成复杂，私人和企业产权的任何一方处理起来都十分困难的情况，为顺利推进改造，避开复杂产权的处理问题，对房屋产权进行平移，利用公房来腾挪，维持共有产权。政府可以在附近的非历史文化保护地区买一套跟22号相似的房子，房管局接管，成为公房。用该公房与耀华大街22号进行“交换”，“交换”内容包括产权以及居住人口，即22号的产权和居民都平移到公房。在公房的房产证中注明他项权利，保留私人部分的优先居住权，房屋所有权还是银行，但政府设立一个代管人，负责对其进行管理。这样22号就成为公有产权的住房，政府可以推进全方位改造。

房屋产权优化处理措施　　表6-7

产权类型	私房		公房			私公共有房
	一般私房	私私共有房	一般公房	经租房	代管房	
处理方法	通过补偿收回产权	先以廉租房对使用人进行安置，再整体对房屋进行货币补偿，补偿款由政府代为保管，一旦产权处理完毕，即退还补偿款	通过补偿直接收回产权	通过补偿直接收回产权	公告，整体进行货币补偿，补偿款由政府代为保管，确权完成后，退还产权人。或者相近地段等面积实物（房屋）重置	先以廉租房对使用人进行安置，再整体对房屋进行货币补偿，补偿款由政府代为保管，一旦产权处理完毕，即退还补偿款

6.4.1.3　资金筹措政策优化

考虑到部分片区的历史保护、低层、低容积率的开发要求，单个地块的改造资金难以实现平衡。建议首先在旧城整体范围的改造地块中进行资金平衡，然后在全市进行平衡。全市的综合平衡依靠封闭运行的改造资金。可以按照“市场运作、财政支持、综合平衡”的原则，积极探索旧城改造资金筹措新方式。

（1）新旧区开发平衡，不同区位地块捆绑开发。即按照前文所述动态产权开发办法，实现旧区与新区土地或不同区位地块的链接开发。市政府可考虑将土地运营权授权给区政府，区政府统一进行辖区范围内土地的管理和监督，招拍挂所获得的土地出让金全部纳入旧城改造专项资金。在不能完全放权的情况下，可以划定一般地区和重点地区，重点地区的土地管理和监督的主体仍然是市政府，一般地区的土地运营权下放给区政府。

（2）土地出让收益返还。区级专项资金主要来自市政府返还的旧城改造土地和联结地块的出让收益，返还的土地出让收入的比例由市和各区政府达成统一协定。鉴于旧城改造的难度及资金缺口大，建议全部返还。

（3）政府主导建立投融资平台，引导多方位资金投入。对于区位价值高、商业开发潜力大的地区，可以通过引入战略性投资伙伴，与市场资本进行合作。对于大量公有制住房，可以考虑以公房销售、公房出租收益、银行借贷等形式作为改造专项资金来源的主要辅助方式。在业主自行改造的情况下，可以鼓励业主自筹资金。

总而言之，旧城改造不能够只依靠既有的土地财政，更不能实施封闭式自我平衡，必须通过全市资源导入才能满足更新资金需求。

6.4.2　规划控制体系优化

针对目前广州旧城以控规为核心的规划管控体系存在的诸多问题，结合城市形态自组织演化特征，本书认为可以通过以下方式对规划控制体系进行优化完善。

首先，根据前文分析，将旧城更新的多元化目标，把社会、经济、空间形态的多种功能导向分解到旧城的具体空间去，形成改造政策分区，划分更新改造单元；第二，以更新改造单元为自组织与他组织平衡的管控对象，通过有效的设计控制引导单元内城市形态的自组织演化；第三，研究规划实施管理体系，完善奖励机制、公共参与、责权机制等方面的内容。通过以上三个方面调整完善最终实现旧城地区形态演变的精细化管控。

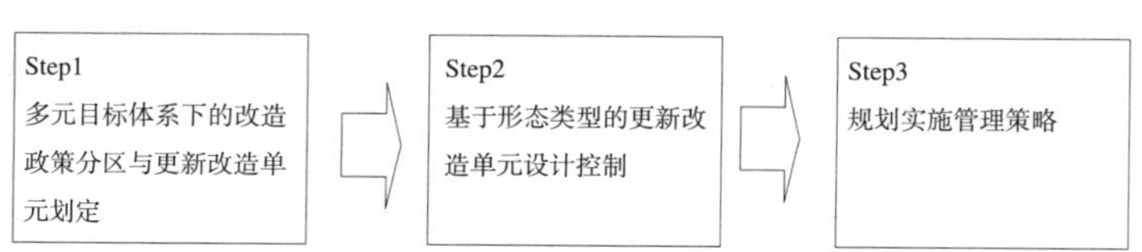

图 6-19　广州旧城规划控制体系优化流程示意

6.4.2.1 基于多元目标体系的政策分区与更新改造单元划定

前书提出了多元目标导向下广州旧城形态控制的图景，并将 2010 年形态单元划定为历史保护、历史更新、整治完善、拆除重建 4 种类型。在此基础上进一步结合经济功能与历史文化要素，可以划定政策改造分区与更新改造单元。

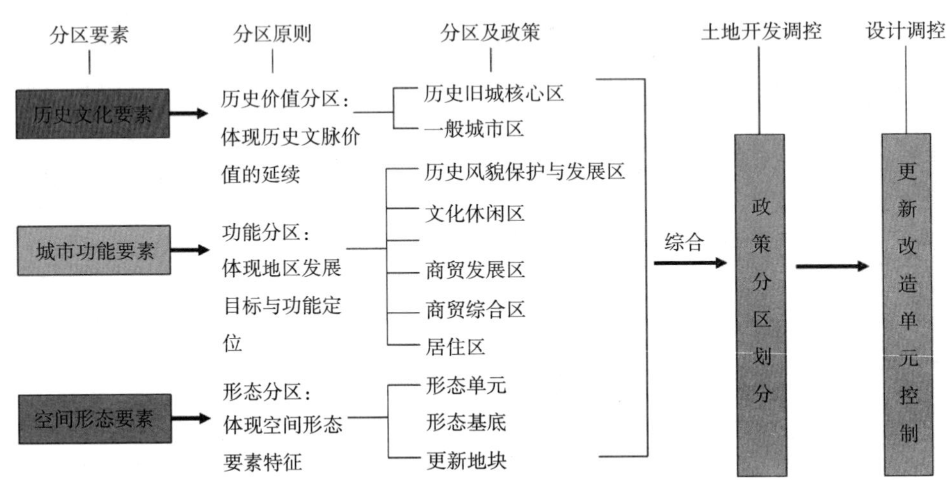

图 6-20　广州旧城多目标导向下改造政策分区与更新改造单元的划定框架

以荔湾旧城为例，首先按照历史文化导向要求，可以将旧城划分为历史旧城核心区及一般城市区两类。历史旧城核心区指能较集中、完整展现广州传统的城市文化价值的地区，其中划定紫线的部分应作为核心保护范围。第二，按照社会经济发展导向的需要，根据各地区不同的发展目标与功能定位，把旧城分为 6 类功能区：历史风貌保护与发展区、商贸发展区、文化休闲区、商住综合区、居住区、公园绿地区。不同的功能分区一般对应 1 ~ 2 个发展主题。如：文化休闲区内有“新荔湾”饮食文化休闲坊。为促进这些地区的发展，规划需制定与土地及建筑使用相关的鼓励政策。第三，按照前文形态单元的分类，共分出历史保护型、历史更新型、整治完善、拆除重建 4 种类型。

将以上各级分区进行空间叠加，形成改造政策分区，政策分区内以形态单元为基础设立更新改造单元（部分面积较小的形态单元可整合为一个更新改造单元），以实现对旧城形态的有序引导与控制。图 6-21 显示了荔湾旧城历史保护、功能分区与形态单元的综合叠加过程。

6.4.2.2 基于形态类型的更新改造单元设计控制

作为具有强烈自组织特征的广州旧城，不可能通过完全的规划干预手段“模具式”的塑造出一个理想形态。而是需要有效的引导城市空间的自组织发展。那么改造管理单元就可以看作一个自组织与他组织综合作用平衡的基础平台。在这里既可以通过有效的管控手段控制其基本形态要素特征，又不会磨灭城市自组织生长的多样性与复杂性。

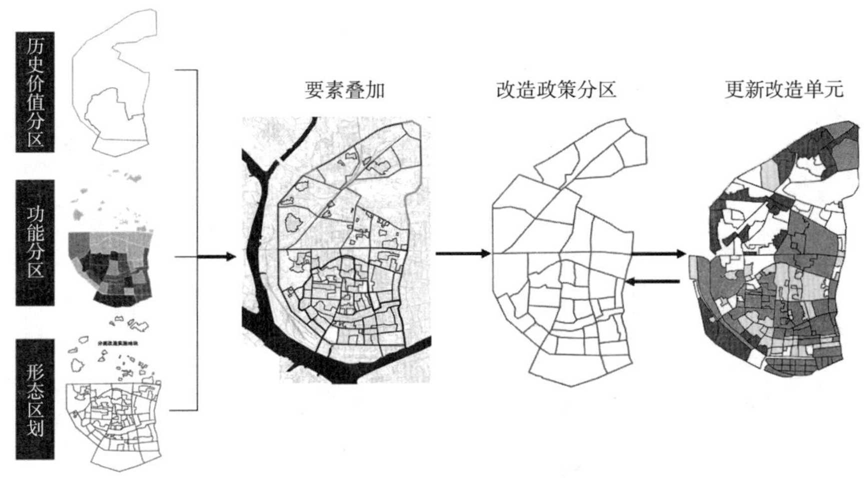

图 6-21　荔湾旧城的政策分区叠加形成过程

康泽恩学派的核心理念是通过平面分析的方法寻找城市中的“形态原型”。如果能够把这个原型模块中的典型形态要素抽取出来作为设计控制的准则，就能有效指导城市形态发展。“城镇平面分析”与建筑类型学在方法论方面的互补性提供了创造综合的“类型—形态”（typo-morphological approach）的新的城市分析框架并应用于城市规划设计实际案例研究的可能性❶。基于“形态类型”的分析框架在美国“新城市主义”实践中得到了很好的应用。

能否将形态学中“形态类型—设计控制”的理念应用到具体的规划实践当中呢？本书对此进行了初步构思：第一步是确定改造管理单元改造的目标要求与现状的形态类型。可以结合政策分区的要求与形态单元的分析明确这一内容。第二步是制定理想的形态模式。可以结合相关旧城改造专项规划或城市设计，明确城市形态演变发展的理想目标。第三步提炼形态控制要素。根据形态类型学方法找出影响改造管理单元的关键要素，研究其影响规律。第四步是标准“形态模块”的制定。基于形态控制要素的内容，结合相关城市设计或历史文化专项保护规划要求，将改造管理单元的控制要求制作成标准的形态模块。第五步是与控规指标的融合，将形态模块的导则、控制指标与控规相融合，从而起到影响规划管理的目的。

通过以上五个步骤，旧城地区的形态演变信息与形态控制要求可以较好地融入城市规划管理单元之中，从而有效弥补现有规划体系对空间形态控制引导的缺陷。大量的城市设计与历史文化保护专项规划也能通过这种形式将形态控制信息“转译”到规划管控体系中来。

❶ 田银生，谷凯，陶伟．城市形态研究与城市历史保护规划 [J]. 城市规划，2010（4）：23-25.

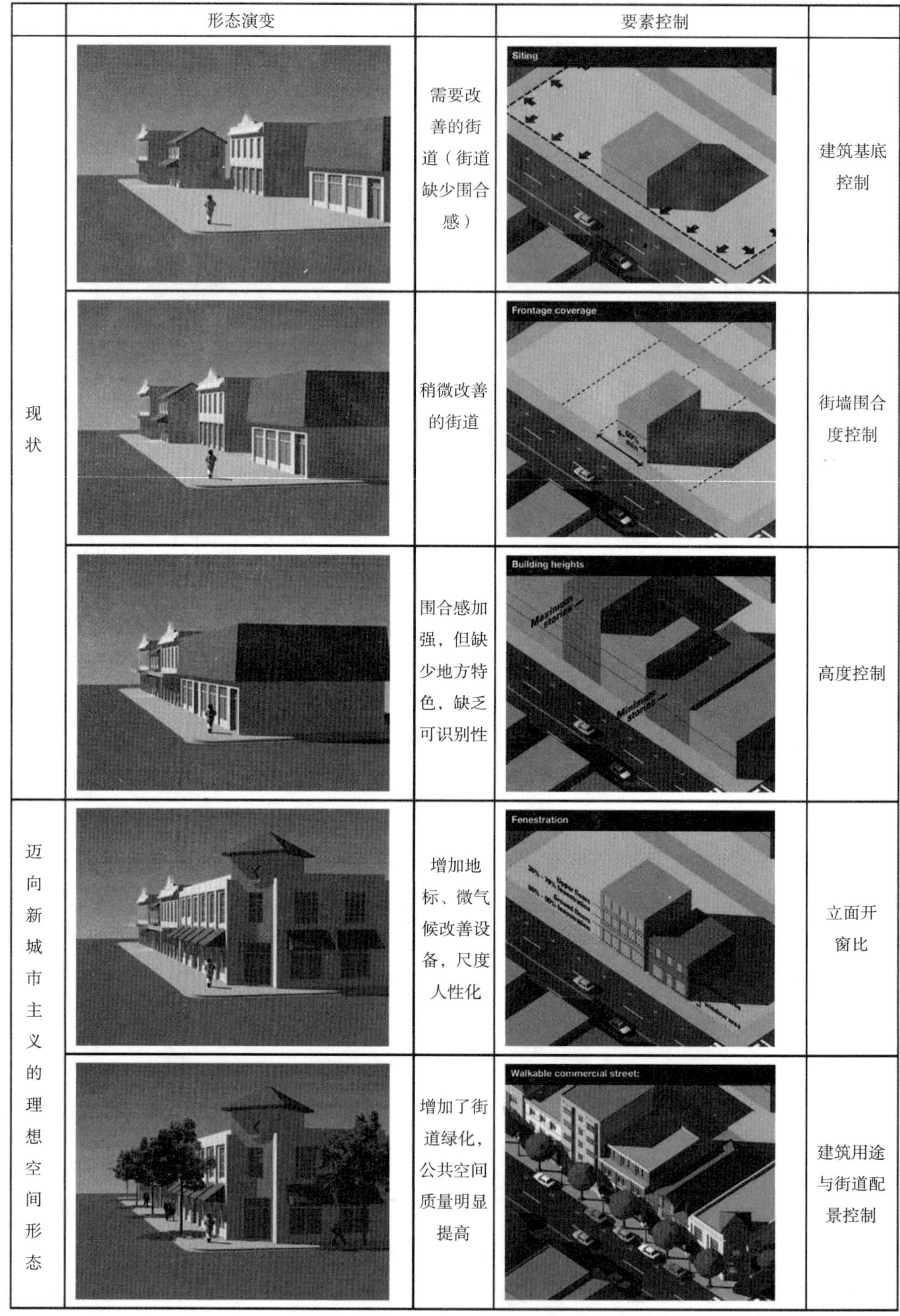

	形态演变		要素控制	
现状		需要改善的街道（街道缺少围合感）	Siting	建筑基底控制
		稍微改善的街道	Frontage coverage	街墙围合度控制
		围合感加强，但缺少地方特色，缺乏可识别性	Building heights	高度控制
迈向新城市主义的理想空间形态		增加地标、微气候改善设备，尺度人性化	Fenestration	立面开窗比
		增加了街道绿化，公共空间质量明显提高	Walkable commercial street:	建筑用途与街道配景控制

图 6-22 新城市主义某空间模块的空间要素控制——“形态译码”（Form-Based Code）

资料来源:《广州宜居城乡规划标准研究报告》，广州市规划编制研究中心 2010 年组织编制

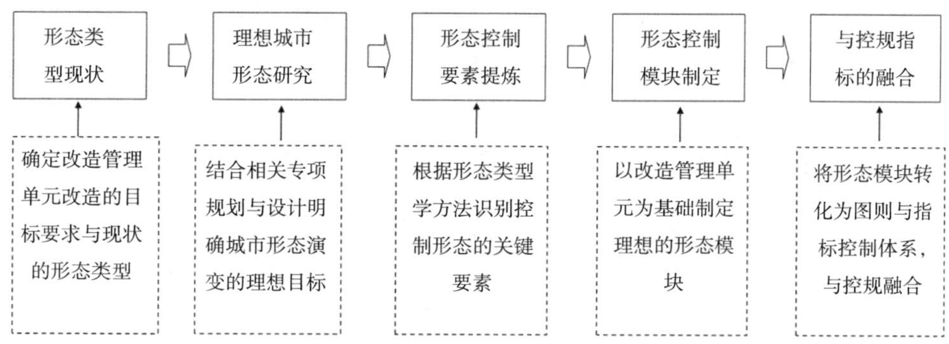

图 6-23　基于形态类型进行改造管理单元设计控制的流程构思

按照上述方法步骤，下面本书对于广州旧城的居住用地的设计控制进行应用研究。

（一）改造控制单元现状形态类型的识别

结合前文对形态单元的分析，可识别出广州旧城 1949 年前的 5 类居住形态类型和 1949 年以来的 3 种形态类型。前者可视为旧城居住的形态原型，分别为“长街式商住街区”（Ia1）、“自由式商住街区”（Ia2）、“规整式商住街区”（Ia3）、“近代花园洋房式街区”、“混合式商业街区”；后者分别为多层公有制住宅区、7 ~ 9 层中高层住宅区与中高层住宅区。

长街式商住街区

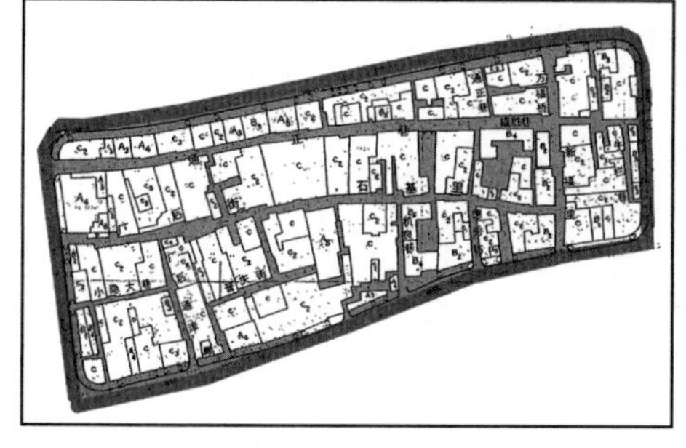

自由式商住街区

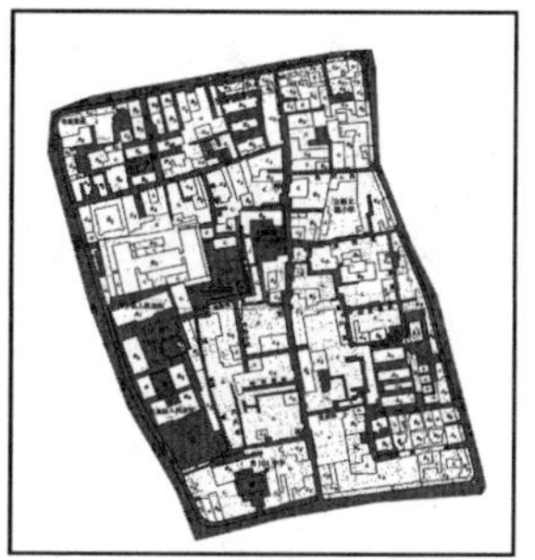

规整式商住街区

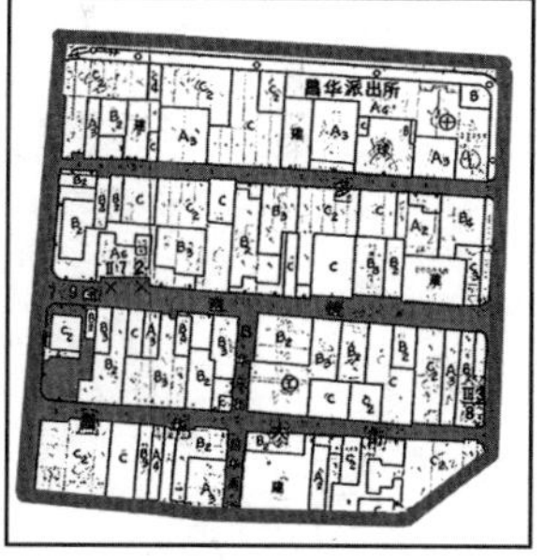

近代花园洋房式街区

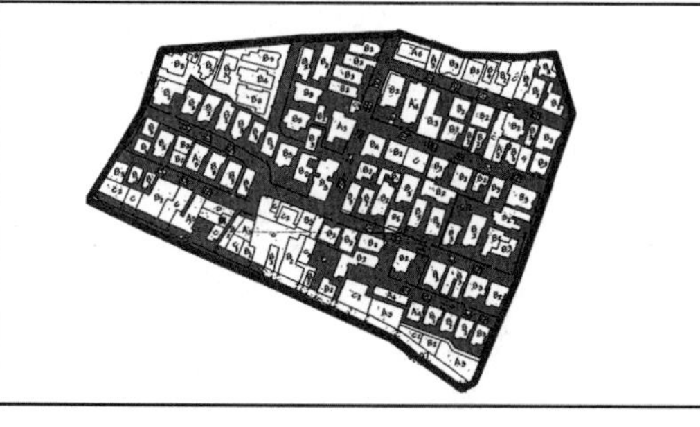

混合式商住街区

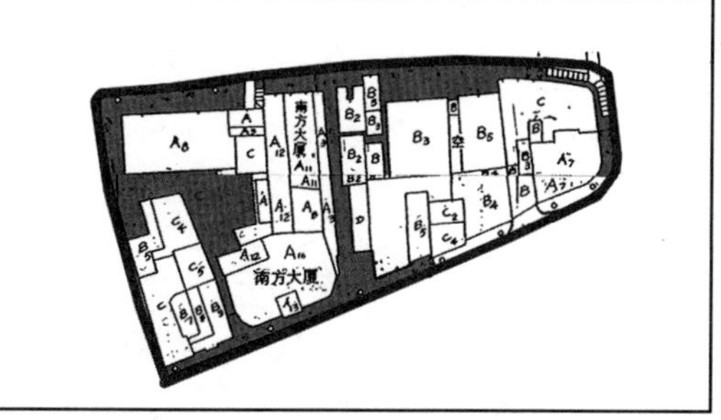

图 6-24　1949 年广州旧城居住用地“形态原型”示意

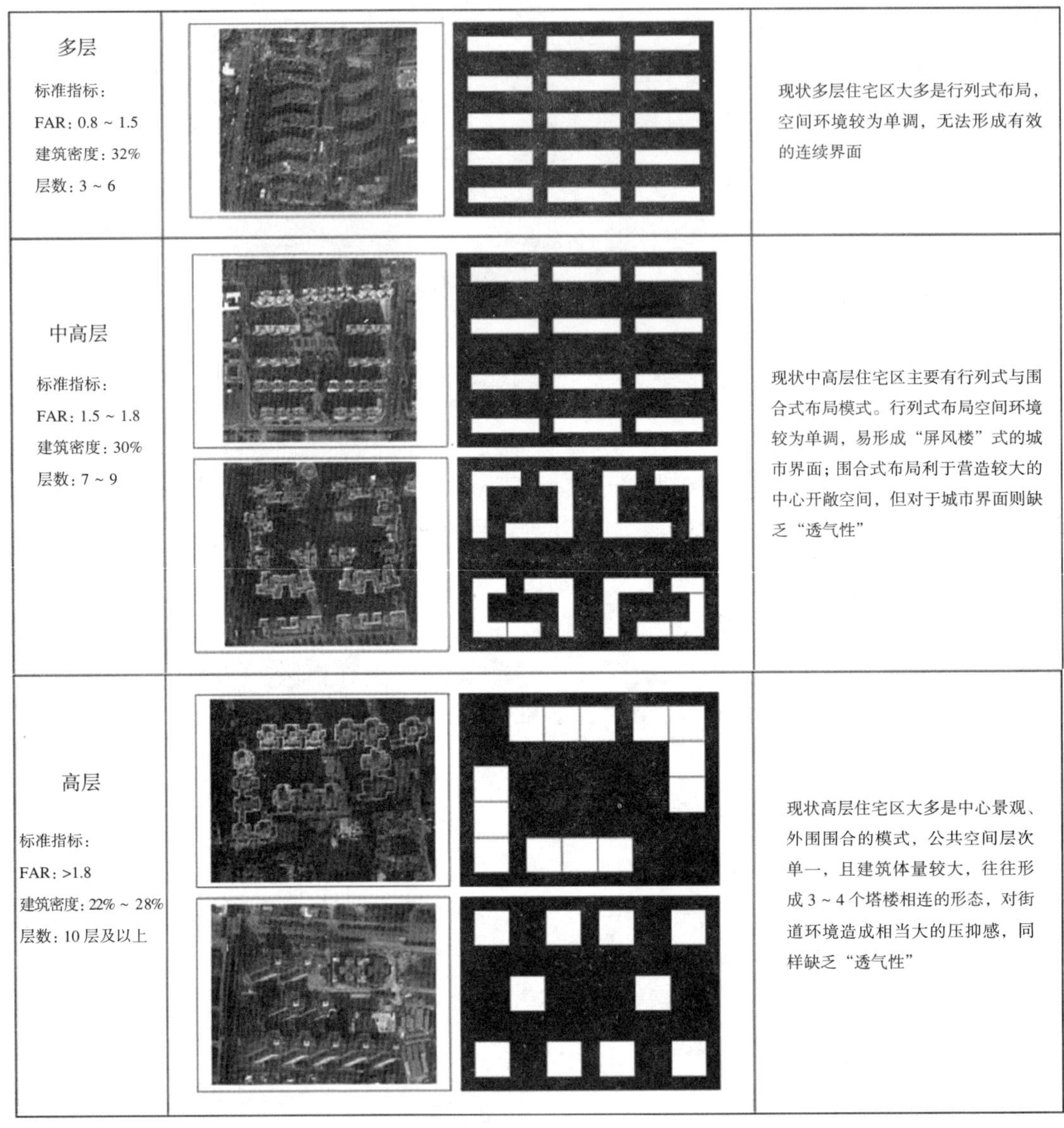

图 6-25　1949 年以来广州旧城居住用地形态类型

资料来源：《广州宜居城乡规划标准研究》，广州市规划编制研究中心 2010 年组织编制

根据前文对形态单元“更新率”指标的测算，（更新率 =1949 年后平面单元内重建的建筑基底面积 / 平面单元内总建筑基地面积），将平面单元分为整体更新（更新率 >70%）、大量更新与局部更新（30%< 更新率 <70%）、少量更新（更新率 <30%）3 种类型。对更新率小于 30% 的传统商住街区平面单元，仍纳入原形态类型区并划定改造管理单元。对较完整的现代城市商住区按街区或产权边界大于 $2hm^2$ 的独立用地划定改造管理单元。由于许多“传统商住街区”在 1949 年以来进行了小规模渐进式改造，各类建筑高度混杂，将更新率大于 30% 的此种类型平面单元作为一个独立的形态类型区——“混合更新型商住街区”改造管理单元进行划定。

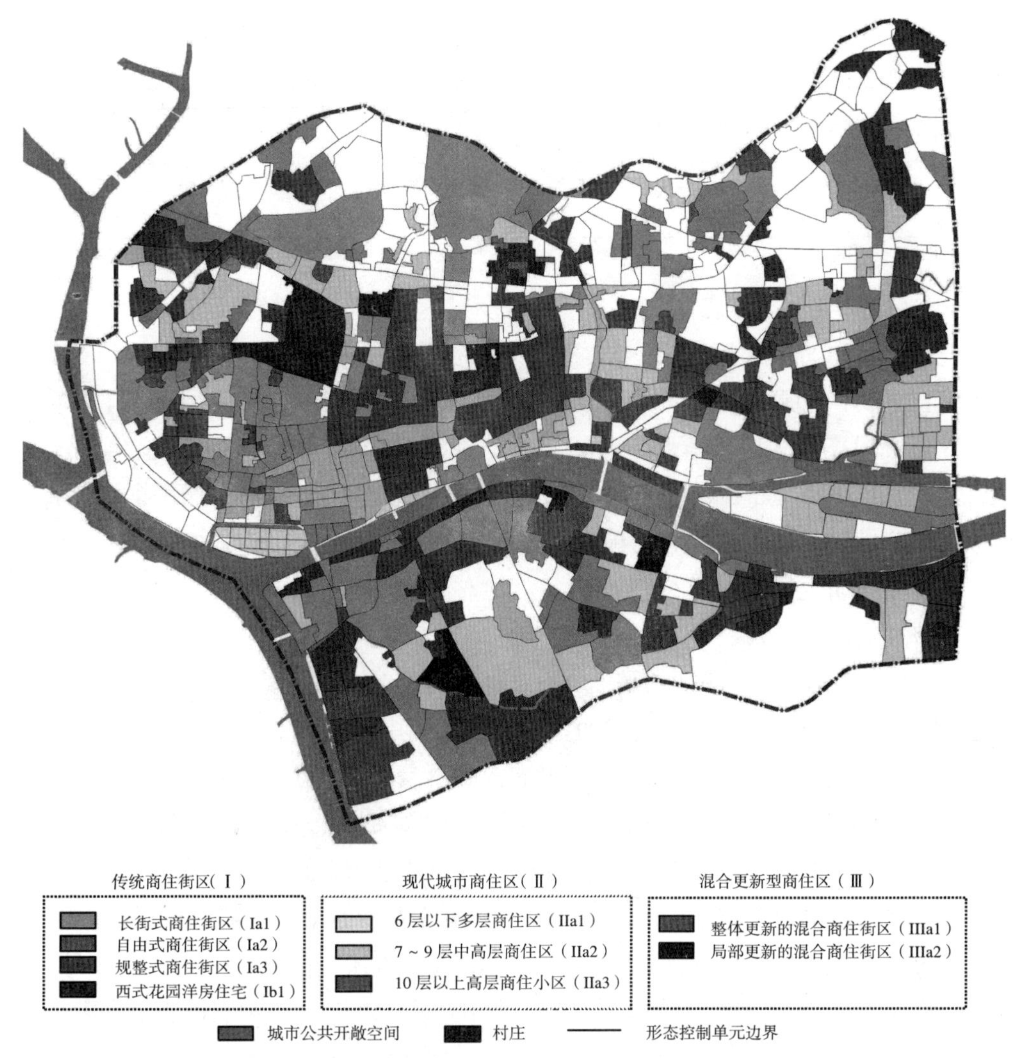

图 6-26　广州旧城居住用地改造管理单元现状形态类型

2010 年广州旧城居住用地改造管理单元划定情况　　表 6-8

属性	改造管理单元类型	备注
传统商住街区（Ⅰ）	“长街”式商住街区	更新率小于 30% 的原平面单元作为改造管理单元
	自由式大街区	更新率小于 30% 的原平面单元作为改造管理单元
	规整式街区	更新率小于 30% 的原平面单元作为改造管理单元
	近代花园式住宅区	更新率小于 30% 的原平面单元作为改造管理单元
现代城市商住区（Ⅱ）	6 层以下多层住宅区	1978 年前建设的公有房住宅区。完整街区或面积大于 $2hm^2$ 的独立产权地块作为改造管理单元
	7 ~ 9 层中高层商住小区	1980 年代末至 1990 年代初建设的小区。完整街区或面积大于 $2hm^2$ 的独立产权地块作为改造管理单元
	10 层以上高层商住小区	1990 年代后期开始建设的高层商住小区。完整街区或面积大于 $2hm^2$ 的独立产权地块可作为改造管理单元

续表

属性	改造管理单元类型	备注
混合更新型商住区（Ⅲ）	整体更新的混合商住区	小规模渐进模式下形成的混合街区，主要由更新率大于 70% 的传统商住街区平面单元转换而来
	局部更新的混合商住区	小规模渐进模式下形成的混合街区，主要由更新率 30% ~ 70% 的传统商住街区平面单元转换而来

（二）理想城市形态研究

本书认为可以将广州城区理想居住形态分为传统宜居街区与现代宜居社区两大类型。传统宜居街区强调尊重广州历史街区的布局模式，并将冷巷、外封闭内开敞、庭院天井等传统形态模式应用于城市更新当中。现代宜居社区应更强调街道生活、功能复合、宜人尺度和生态低碳，因地制宜的塑造空间形态，切实提升居民的生活品质。同时也应充分借鉴传统民居的宜居模式。理想城市形态的研究工作应本着“一单元一策”的原则进行专门研究制作。

（三）形态控制要素提炼

确定理想城市形态后，重要的是抽取出关键性的形态控制要素，以控制引导单元形态的自组织发展。为将形态控制要素有效的融入现有规划体系当中，本书将需要控制的规划要素分为“强度容量控制要素”与“空间形态控制要素”。“强度容量控制要素”主要为已经纳入控规体系中的空间限定要素，如建筑高度、建筑密度、容积率、绿地率等。“空间形态控制要素”为尚未被纳入控规编制体系，但对塑造城市空间形态起关键作用的要素。

“空间形态控制要素”的提炼与制定是一个系统复杂的工作，需要根据改造管理单元的类型进行分类制定标准。对于历史“形态原型”的形态控制要素，根据广州大进深建筑传统街区的特征，结合康泽恩形态分区的平面要素，本书提出包括“基本单元规模、街巷系统控制（含街道布局、街廓控制）、地块组织、建筑基地、建筑特征（含平立面与三维特征）”5 项形态控制要素。

对于现代城市商住区，可以采用现代城市形象要求的形态要素进行控制。如对于以超高层公寓与裙楼组合改造管理单元，本书建议采用“基本单元规模、建筑立面连续度、高层塔楼布局，塔楼建筑形式”4 项指标作为其形态控制要素，其中对于高层塔楼建筑的控制尤为重要。而对于以中高层住宅组合为主的商住街区，建议以“基本单元规模、建筑立面连续度控制、居住塔楼控制、居住塔楼界面率控制”4 项指标作为形态控制要素。

对于混合更新型商住街区，由于其现状形态非常混杂，可以根据前两类改造管理单元的要素，结合实际情况提炼形态控制要素。例如图 6-29 所示是一个典型的“商包住”型混合更新地块，沿主干道路部分地块已更新为高层商住区，但内部还是低矮破旧的民宅，规划控制毛容积率为 2.8。结合形态单元现状肌理与自组织发展特征，确定以周边高层商业建筑围合内部传统住宅建筑的空间组织模式（图 6-30），并根据这个目标

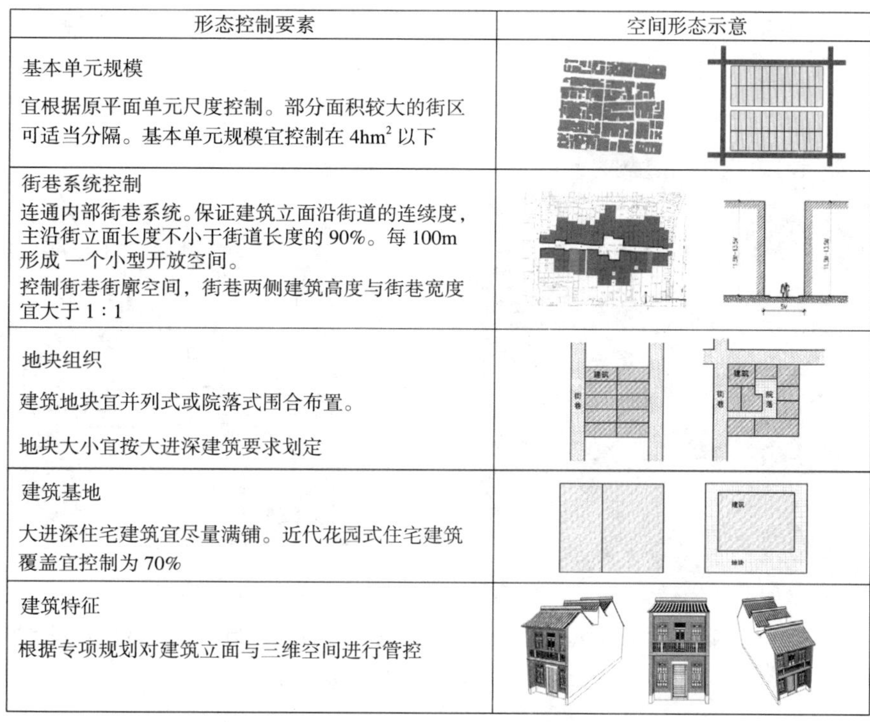

形态控制要素	空间形态示意
基本单元规模 宜根据原平面单元尺度控制。部分面积较大的街区可适当分隔。基本单元规模宜控制在 4hm² 以下	
街巷系统控制 连通内部街巷系统。保证建筑立面沿街道的连续度，主沿街立面长度不小于街道长度的 90%。每 100m 形成 一个小型开放空间。 控制街巷街廓空间，街巷两侧建筑高度与街巷宽度宜大于 1 : 1	
地块组织 建筑地块宜并列式或院落式围合布置。 地块大小宜按大进深建筑要求划定	
建筑基地 大进深住宅建筑宜尽量满铺。近代花园式住宅建筑覆盖宜控制为 70%	
建筑特征 根据专项规划对建筑立面与三维空间进行管控	

图 6-27 广州旧城“形态原型”改造管理单元控制要素示意

超高层商住街区形态控制要素

形态控制要素	空间形态示意
基本单元规模控制 为合理组织街道空间，有效利用土地，宜采用长矩形地块划分方式。 基本单元规模宜控制在 1 ~ 2hm² 1ha<L(D1)*L(D2)<2ha	
建筑立面连续度控制 商务建筑底层宜布置商业裙房提升活力。主沿街建筑立面长度不宜小于街道长度的 80%，以保证街道街面的连续性和街道空间的围合感。次沿街建筑立面长度根据开敞空间设置可灵活控制。塔楼之间距离考虑视线通廊。 主沿街面 L(R)/L(D)>80%	
商业塔楼控制 商业塔楼应面向主干道和次干道布置。控制塔楼建筑面宽。控制塔楼基地面积占裙楼的比例，以减少高度的压迫感。距离街道较近的高层塔楼应进行分层式建筑后退。裙楼屋顶进行绿化处理。 L(T) ≤ 75m（塔楼主面宽） 40% ≤ R(T)/R(s) ≤ 70%（塔楼基地面积与裙楼基地面积比）	
塔楼建筑控制 修长比例的塔楼优于占地面积大的塔楼。塔楼建筑形态变化的优于单一形态的	

中高层商住街区形态控制要素

形态控制要素	空间形态示意
基本单元规模控制 旧城地区宜采用街坊式建筑布局。基本单元规模不宜过大，应控制在现行规范组团级 1 ~ 5ha，超过此面积地块应增设市政道路。 1ha<L(D1)*L(D2)<5ha	
建筑立面连续度控制 居住建筑底层宜布置商业裙房提升社区活力。主沿街建筑立面长度不宜小于街道长度的 80%，以保证街道街面的连续性和街道空间的围合感。 主沿街面 L(R)/L(D)>80%	
商业塔楼控制 面宽过大的高层塔楼会对街道立面与城市空间造成压迫感。尤其是在滨水、绿地等开敞空间周边。应严格控制塔楼面宽比例。连续塔楼面宽不得超过 75m。 L(T) ≤ 75m（塔楼主面宽）	
居住塔楼界面率控制 居住塔楼侧向间距仅满足消防要求 “居住塔楼界面率”是批塔楼建筑总面宽占同侧地块长度的比值。居住塔楼界面率应控制在 60% 以下，重要开敞空间周边应控制在 50% 以下。 L(T)/L(D) ≤ 60%	

图 6-28 广州旧城现代商住区改造管理单元要素控制示意

资料来源：右图根据《广州宜居城乡规划标准研究》修改绘制

要求提炼出4项形态控制要素。在这种模块管控下，即使在多个开发主体下街坊形态也可以按照既定方式发展演化。

图6-29　IIIa2-25改造管理单元现状

资料来源：三维网

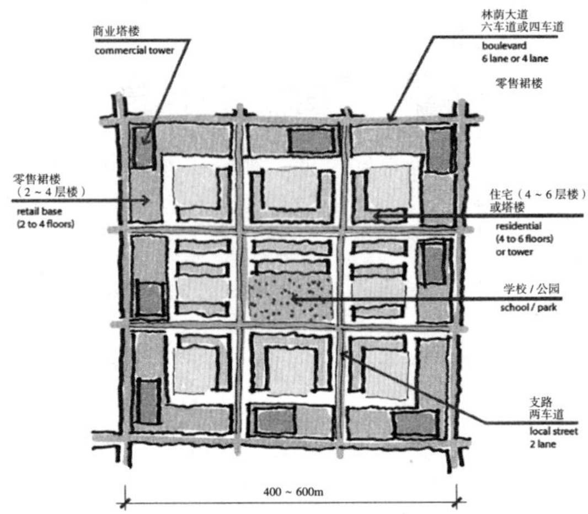

图6-30　IIIa2-25改造管理单元理想形态目标

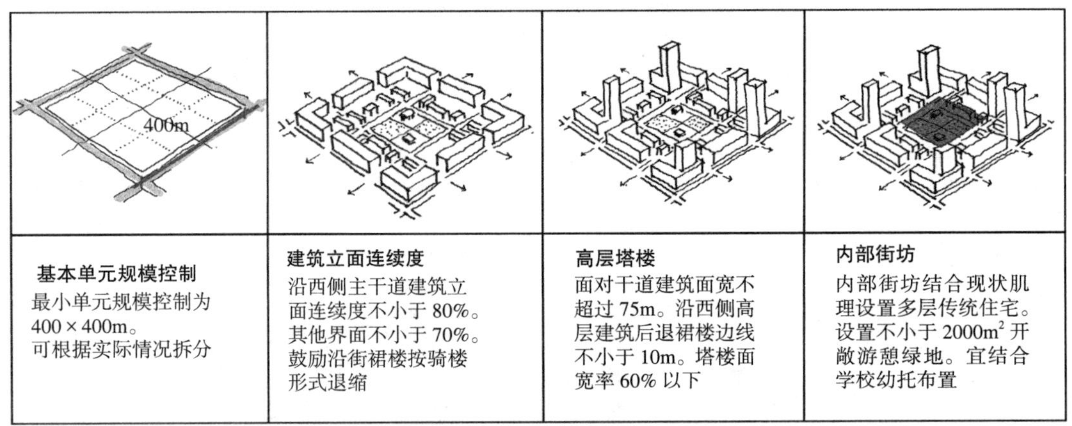

基本单元规模控制	建筑立面连续度	高层塔楼	内部街坊
最小单元规模控制为400×400m。可根据实际情况拆分	沿西侧主干道建筑立面连续度不小于80%。其他界面不小于70%。鼓励沿街裙楼按骑楼形式退缩	面对干道建筑面宽不超过75m。沿西侧高层建筑后退裙楼边线不小于10m。塔楼面宽率60%以下	内部街坊结合现状肌理设置多层传统住宅。设置不小于2000m^{2}开敞游憩绿地。宜结合学校幼托布置

图6-31　混合更新型商住街区形态要素控制示意

（四）标准“形态控制模块”制作

在形态控制要素上，结合旧城区各项城市设计与专项规划，可以制作出各个改造控制单元的“形态控制模块”。《广州市宜居城乡规划标准研究报告》以理想状况下的居住地块为例，结合对空间形态控制的建议性要素，分别建立理想的、允许的与禁止的三种空间形态模块，对此有一定借鉴意义。由于广州旧城的高度复杂性，本书建议应根据每个改造管理单元的具体情况，结合相关城市设计与历史文化保护专项规划的要求，按照“一类型一模块”的标准制定导则。

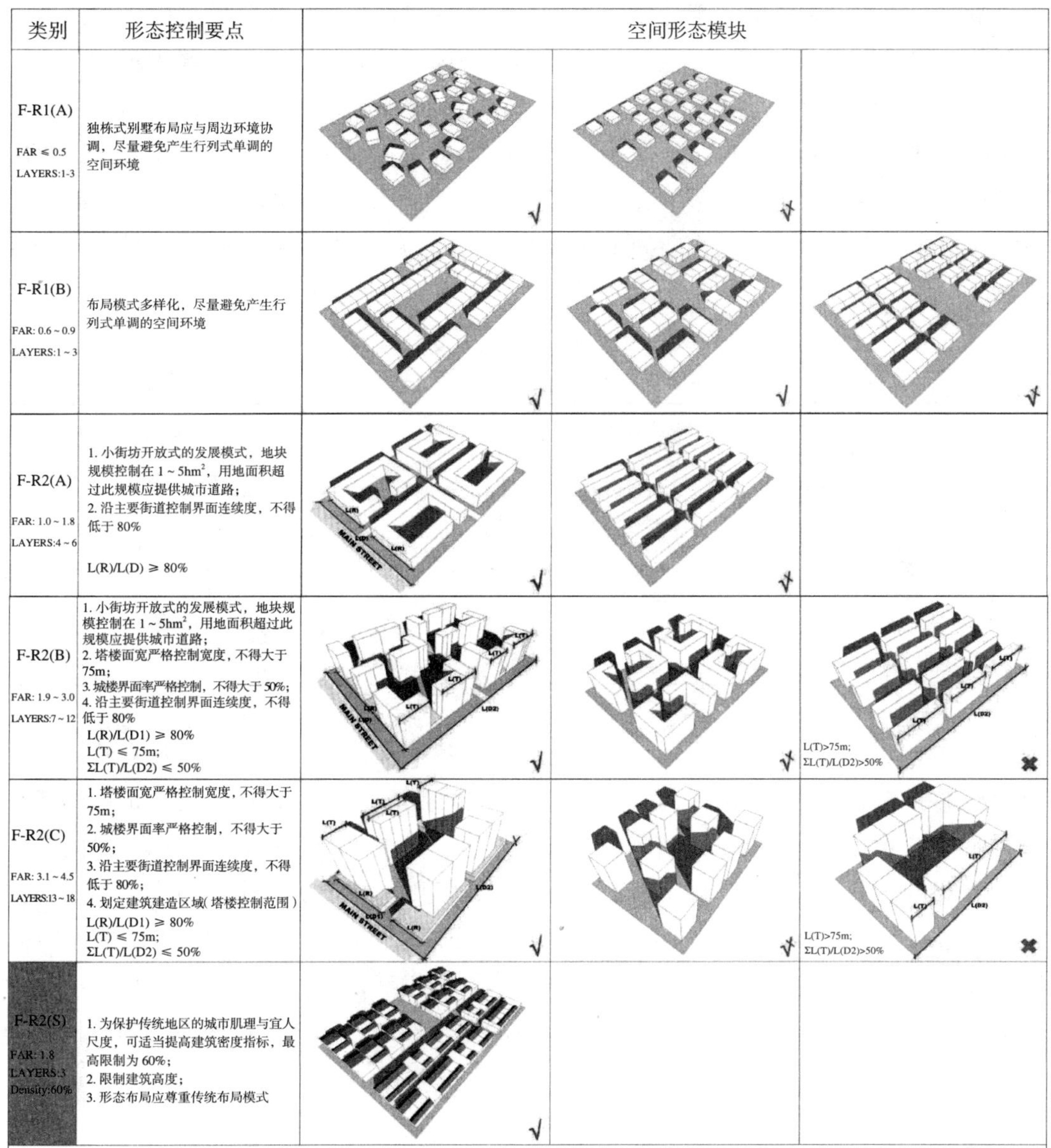

类别	形态控制要点	空间形态模块
F-R1(A) FAR ≤ 0.5 LAYERS:1-3	独栋式别墅布局应与周边环境协调，尽量避免产生行列式单调的空间环境	
F-R1(B) FAR: 0.6 ~ 0.9 LAYERS:1 ~ 3	布局模式多样化，尽量避免产生行列式单调的空间环境	
F-R2(A) FAR: 1.0 ~ 1.8 LAYERS:4 ~ 6	1. 小街坊开放式的发展模式，地块规模控制在 1 ~ 5hm²，用地面积超过此规模应提供城市道路； 2. 沿主要街道控制界面连续度，不得低于 80% L(R)/L(D) ≥ 80%	
F-R2(B) FAR: 1.9 ~ 3.0 LAYERS:7 ~ 12	1. 小街坊开放式的发展模式，地块规模控制在 1 ~ 5hm²，用地面积超过此规模应提供城市道路； 2. 塔楼面宽严格控制宽度，不得大于 75m； 3. 城楼界面率严格控制，不得大于 50%； 4. 沿主要街道控制界面连续度，不得低于 80% L(R)/L(D1) ≥ 80% L(T) ≤ 75m; ΣL(T)/L(D2) ≤ 50%	L(T)>75m; ΣL(T)/L(D2)>50%
F-R2(C) FAR: 3.1 ~ 4.5 LAYERS:13 ~ 18	1. 塔楼面宽严格控制宽度，不得大于 75m； 2. 城楼界面率严格控制，不得大于 50%； 3. 沿主要街道控制界面连续度，不得低于 80%； 4. 划定建筑建造区域(塔楼控制范围) L(R)/L(D1) ≥ 80% L(T) ≤ 75m; ΣL(T)/L(D2) ≤ 50%	L(T)>75m; ΣL(T)/L(D2)>50%
F-R2(S) FAR: 1.8 LAYERS:3 Density:60%	1. 为保护传统地区的城市肌理与宜人尺度，可适当提高建筑密度指标，最高限制为 60%； 2. 限制建筑高度； 3. 形态布局应尊重传统布局模式	

图 6-32 广州居住用地标准“形态控制模块”示意

资料来源：《广州宜居城乡规划标准研究》，广州市规划编制研究中心 2010 年组织编制

（五）与现有规划管控体系的融合与优化

基于形态类型的设计控制理念需要融入现有的规划控制体系当中，才能对现实的规划管控发挥作用。根据广州旧城区规划管控的现状基础，本书提出以下几点优化建议。

第一，协调好改造管理单元与规划管理单元关系，增强规划管理的空间引导性。目前广州旧城施行以规划管理单元为核心的规划管控，应考虑将改造管理单元与其紧密结合。部分规划管理单元建议调整为与改造管理单元一致，以便于控制指标的统一。同时建议由市规划局统筹旧城区已编制的城市设计，统一制定形态模块。

第二，规划控制指标体系的优化调整。鉴于现状规划指标体系的缺陷，应考虑结合形态区划情况对原有指标体系进行优化调整。第一是对原有密度分区进行细化。结合不同“改造管理单元”要素管控要求，对目前全部为密度一区的广州旧城区进行开发控制区细分与差异化管理。局部地区可结合形态塑造要求适当提高开发强度，以应对容积率“天花板”过低问题。第二是完善以土地开发控制为核心的管控指标体系。在既有指标体系基础上，融入空间形态控制要素作为参考性指标，配合指导地块开发建设。

改造管理单元一体化控制标准体系示例　　表 6-9

用地性质	建筑类型	强度容量控制					空间形态控制				
		容积率	建筑密度	建筑层数	绿地率	人均公共类用地	基本单元规模	塔楼面宽	塔楼界面率	主要道路建筑立面连续度	形态模块示意索引
商住混合	高层商业塔楼、商业裙楼、多层住宅	2.5	22%	30	35%	—	16	75m	60%	80%	F-（A）

第三，对历史街区保护规划进行深化细化。历史街区保护规划是与规划管理单元衔接较紧密的专项规划，但目前主要的工作在于划定紫线控制范围，对于街区的形态要素控制并不统一。紫线一旦划定后，历史街区即进入了一个政府不愿动、民间资本难以介入的自我发展地带，许多街区因此而逐步衰败。如果能结合形态类型与设计控制的理念，把历史街区及周边地区进行整体形态的塑造与策划包装，既尊重历史文脉，又发展部分休闲文化产业，这对历史旧区健康更新发展是有利的。因此应该在旧城的历史街区规划中通过类型识别制定更为细致的形态控制，以推进这些地区的有机更新与活力再造。

6.4.2.3　形态控制的实施与管理策略

根据改造管理单元“形态控制模块”可以较好地控制旧城更新中的各项形态要素。但在具体实施过程中，还需要研究具体的实施操作办法，保证理想的形态目标得以实现。

（一）建立基于产权地块的规划控制机制

目前，不论是以英国为代表的土地国有制，还是以美国为代表的土地私有制，土地产权地块都是土地买卖、批租、开发的基本单元，城市用地规划、建设控制、审批管理也全部是建立在土地产权地块层面之上。如美国的区划法和土地细分法的控制机制就是基于地块（Lot）、街廓（block）和街道（street）3 个抽象元素而建立的[❶]。地块是开发建设的单元，是以产权线围合的地块。在街道的包围下，相连的地块组成了街廓。

❶ 梁江，孙晖．城市土地使用控制的重要层面：产权地块［J］．城市规划，2000（06）：40-42.

对三者的形式、尺度和相互关系的控制对城市形态的塑造起到决定性作用。目前我国的城市规划还停留在功能区划水平，无论是在规划编制还是控制实施中都没有真正重视明晰产权，更没有上升到法律轨道。对于城市新区，规划师往往为追求整体的美学布局，凭借经验的路网组织方式而对场地进行划分。对于城市旧区，规划师也往往难以按照既有产权地块的情况量体裁衣式的制定更新规划。在规划中缺乏有意识的产权地块划分与相应控制，这使得多数城市的更新规划只能停留于图纸之上。

广州旧城多数街廓都在原有街巷系统上进行小规模渐进式更新，原有高密度、低强度、均质化空间逐步转化为高密度、高强度、混杂化空间，重要原因之一就是没有在街廓内部针对个体产权地块进行详细的设计控制。部分规划无视产权地块划分而简单制定方格形支路网，既破坏现有街巷肌理又根本无法实施。规划的失效导致市场力推动街廓内部自下而上的自组织更新。因此针对产权地块完善现有规划控制体系，是通过产权地块影响城市形态塑造的基础。

因此，在对改造管理单元的设计控制当中，需要重视产权地块的规划控制。第一是产权地块划分。应在充分考虑现有产权信息与形态基底基础下，结合土地出让的要求与市场承受能力，合理划定拟改造的产权地块位置与规模。划定过程中要考虑“肥瘦兼顾”原则，推进改造单元的整体更新，避免单元内部区位价值不高的地块难以更新。第二是内部街道系统建设。要结合现状街巷肌理和产权地块设置足够的微循环支路系统，保证改造单元容积率提升后的交通疏解能力。第三是产权地块内的建筑覆盖，要通过详细的控制导则，规定地块内建筑退界、建筑密度、建筑立面连续度、塔楼界面率等要素，使得单元内建筑组织能彼此协调，城市形态能得到整体控制。通过以上 3 个方面的控制，才能有效控制住城市形态自组织演化的“细胞单元”，实现真正的精细化管控。

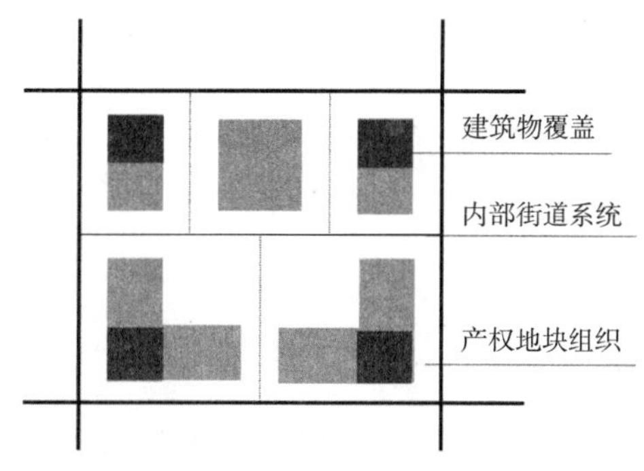

图 6-33　更新改造单元的 3 个形态控制要素

（二）混合用途与奖励机制

混合用途与奖励机制是实现改造管理单元形态控制的重要保障。用地类型的混合以及同一栋建筑上不同功能的混合是在旧城经常能够看到的现状情况，然而并不是所有的功能都能在特定的空间里进行组合。旧城改造用地及建筑使用情况的复杂性使得未来的功能组合也必定是较为复杂和多样的。规划需要在多种条件的综合考虑下，明确土地使用性质和建筑功能混合用途开发组合的可行性。

日本在城市高强度发展状况下制定了详细的混合用途与容积率补偿制度。补偿内容针对建筑物的建筑优良性、道路和公共设施的建设、完善状况等由特定的行政厅（市）考虑、综合判断。如对容积率类型设置有限制容积率与缓和容积率两种。在城市中心商业地区，根据“建筑确认住宅容积率缓和制度”，居住用途建筑物、混合用途建筑物的用地内，容积率允许缓和到指定容积率的1.5倍，但是商务办公用途部分要控制在指定容积率以内。被指定进行大型设计的地区，含有商务办公用途的混合用途建筑物，限于商务办公用途部分在指定容积率以内，混合用途建筑物容积率允许增补到指定容积率的1.5倍。当该建筑物商务办公用途部分的容积率在指定容积率以下情况时，其不足部分的容积率允许转移到指定地区。

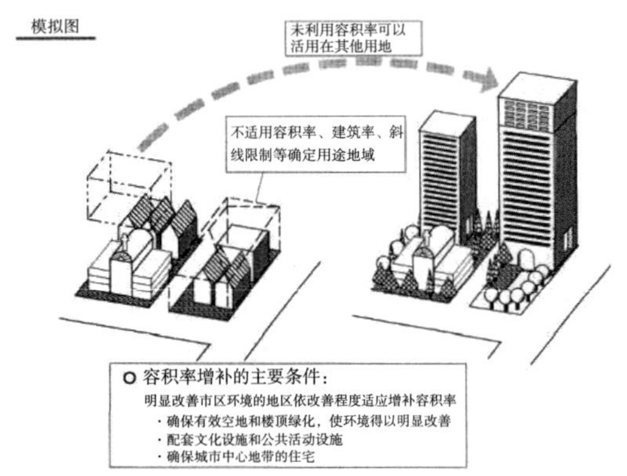

图 6-34　容积率增补方法模拟图

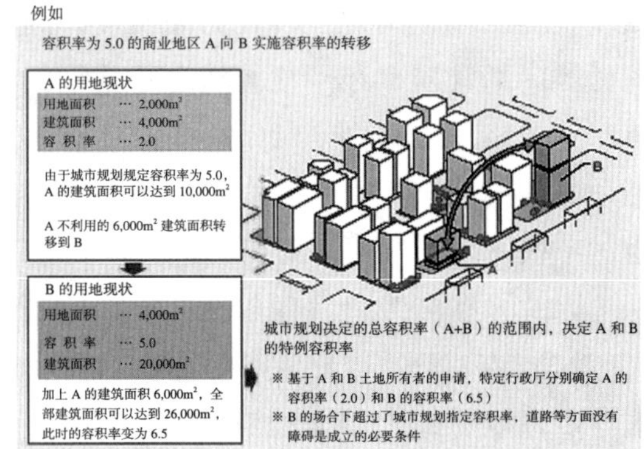

图 6-35　特例容积率适用区域制度的活用模拟图

资料来源：《广州荔湾旧城更新改造规划》专题报告，广州市城市规划勘测设计研究院2009年编制

■ 诱导用途所占比例考虑补偿容积率，根据前面道路的宽度，对现行容积率可以增补。但是，总建筑面积的1/2以上必须为与诱导用途相关的建筑面积。办公事务用途的建筑面积要在总建筑面积的1/2以下。

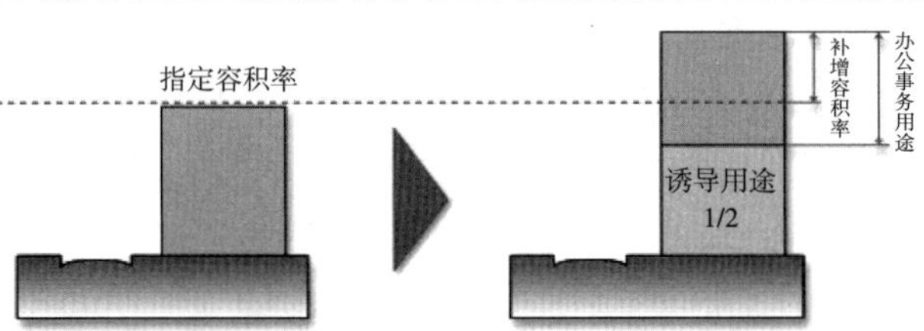

■ 根据公共空间的改善缓和容积率，为改善公共空间提供用地面积，对应提供的用地面积追加容积率。

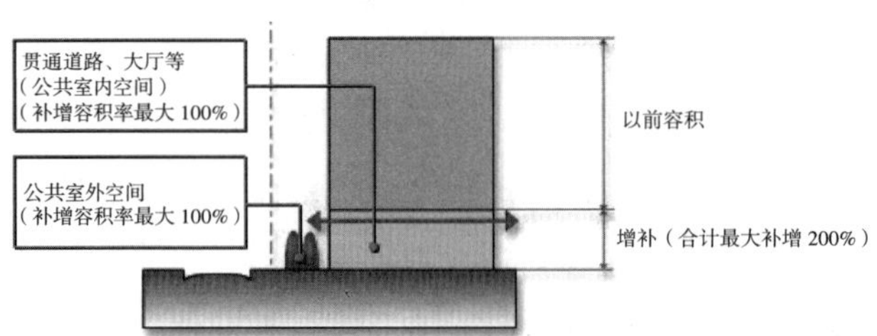

■ 停车设施的使用与容积率补偿：建筑内设置机动车、自行车等停车专用设施的情况下，面积不超过建筑总面积的1/5程度，容积率基础计算中不考虑停车设施部分的使用面积

图 6-36　日本容积率增补表现示意图

资料来源：《广州荔湾旧城更新改造规划》专题报告，广州市城市规划勘测设计研究院2009年编制

以上述情况为基础，形态控制制度的运用中还要通过对城市基础设施（车站、街道等）的建设、对地球环境的贡献（绿化、节能、水循环的对应等）、城市构造的改良（确保由于街区大规模化、超高层化的开放空间、实现住处靠近工作单位的复合用途等）等进行最大限度的评价，对有益于改善这些方面的良好的规划用地容积率不设上限，大幅度缓和容积率限制。

虽然目前广州的城市精细化管理还无法达到日本的阶段，但针对目前单一容积率刚性控制所带来的一系列旧城问题，可以考虑从以下方面进行调控政策的完善：

第一，给予优惠的规划条件。比如用地及容积率奖定办法的实施（工业区的升级改造过程给予一定比例的新增用地或容积率进行鼓励）。

第二，资金来源与开发权的优惠。如小连片地区业主自己出资按照规划指引更新改造自主拥有房屋，允许其新建面积按照原建筑面积一定比例进行开发。

第三，进一步补充和细分缺失的或者模糊的政策规定并研究与之相关的激励措施。由于之前相关政策的模糊处理，许多自愿改造的业主无法得到确定的批复。作为激励的管理政策的体现，明确的政策及充分的政策说明是展现政府积极态度的第一步。同时，激励的本质特点也应该体现在具体的政策内容之中，而不是虽然明确了各项政策，但是改造根本无法推动。

6.5　本章小结

他组织调控是人为干预与引导城市形态合理发展演变的重要手段。本章首先评估了现有的更新改造政策与城市规划管控对广州旧城形态演变的作用机制。其中，更新改造政策主要包括拆迁补偿政策、产权政策与改造资金筹措政策。评估认为，目前施行的实物产权调换与高回迁率政策是造成旧城高容积率倾向的拆迁补偿制度方面原因；土地收储制度下的小产权地块分割滚动式开发与划拨用地自我更新改造是造成旧城高度混杂的产权政策方面的原因；土地财政与自我开发平衡是造成旧城高密度、高强度更新的资金运作政策方面的原因。城市规划管控评估主要包括规划编制控制体系、规范标准体系与规划实施管理体系三个方面。评估认为，现有以简单指标式的控规管理方式无法满足旧城复杂的规划控制要求；现有以《标准与准则》为基础的规范标准体系无法满足旧城多样化形态管控要求；现有自上而下的规划实施管理体系也无法满足旧城更新的根本动力问题。

基于完全的自组织内生动力与完全的他组织外在控制两种模式，本书对未来广州旧城的形态演变进行了情景模拟。模拟的结果是，按现有自组织机制，广州旧城的建筑总量将在现有 9000 万 m^2 基础上增加到 12000 万 m^2；按完全他组织控制方式，广州旧城的建筑总量将保持现有建筑量水平甚至减少。前种状况是内生动力驱动的方向，后种状况是外在干预控制的理想目标。客观需要自组织与他组织相结合而制定合理的规划调控机制。以此为基础，本书分析了经济、社会、历史文化目标导向对旧城形态调控的影响，并制定了多元目标体系下广州旧城的形态发展方向。以此为基础，本书将旧城分为历史保护型、历史更新型、整治完善型、拆除重建型4种类型，以有效结合多元目标需求，达到“帕累托最优”状态。

基于以上分析，本书提出了未来广州旧城形态调控的优化建议。更新改造政策方面，本书提出应适当降低实物调换比例，鼓励货币补偿方式，把房屋补偿和安置分割成两个互相独立的过程、明晰产权界定与划拨用地产权转换、基于动态产权的更新改造等优化建议。规划控制体系方面，本书提出应建立基于多元目标体系的政策分区与基于形态单元的更新改造单元。通过形态原型识别、形态控制要素提炼、形态控制模块制定、与控规指标融合几个步骤，把形态分区与形态控制有效地结合起来，应用到实际的规划控制当中。本书在形态控制实施策略方面进一步提出建立基于产权地块的规划控制机制与混合用途奖励机制，以保障以上过程的实施。

结论与讨论

一、基本结论

在许多人眼里，广州是一座说不清的城市。相对北京的大气、上海的华丽，广州更多的印象是多元、包容与平民化。在这个因商而生的千年古城中心，高楼大厦、“高尚”住宅、工人新村与岌岌可危的竹筒屋以“共生”的方式映射出这个城市的活力与多样化。成行成市的大小商业街、川流不息的客贩商旅，烘托着这个城市的繁华。

城市形态是城市社会经济发展的最终物质表现。一些领导者认为通过设计师的手勾画出的设计蓝图就代表了这个城市的发展方向。或许在一个未有建设的新区，这种方式比较容易实现。但对于一个拥有上千年历史，有着深厚文化承载与历史包袱的旧城地区，发展建设的复杂性超出想象。1949 以来的 60 多年是广州实现现代城市更新的最重要时期，本书基于对其旧城形态演变的客观规律总结与更新机制分析，主要形成了以下认识和结论：

结论一：本书建立的多层次形态分区研究框架，适用于城市旧城地区的形态演变研究

基于康泽恩的城镇平面分析，本书根据中国城市具体情况建立了多层次形态分区研究框架，提出了形态单元、形态格局、产权地块 3 个层级的形态解构体系，确定了“街巷系统、用地性质、地块组织、建筑特征、形态基地、形态更新地块”6 项形态单元要素。通过广州旧城的实证研究，证明了这种研究框架的有效性。通过形态单元研究，可以有效分析旧城形态基本构成单位演变特征；通过形态区域研究，可以归纳总结城市总体形态格局演变规律；通过产权地块研究，可以深入探究建筑及其组织特征。3 个层级关系紧密，相互影响，共同反映了从具象的建筑形态到抽象结构特征之间的内在联系。

结论二：通过形态分区研究，可以发现 1949 年以来的广州旧城总体呈现从单核到圈层、从均质到混杂、从高密度到高强度的形态演变特征

1949 年前，以大进深传统建筑、花园式洋房等为主的形态单元构成了广州旧城高密度、低强度、均质化的形态基底。计划经济土地划拨制度在 1949 年建成区外形成了许多非街区类型的形态单元，原有的空间肌理被打乱，内外圈层的形态结构特征逐步形成。改革开放后，1949 年建成区在传统形态基底上，进行了以小规模渐进式更新为

主的形态演变，形成了高度混杂的空间形态格局。1949年建成区以外的地区，在以单位用地、工厂、公有制住房等划拨用地基础上，进行了以产权边界内自主更新为主的形态演变。两种演变模式的不同，导致了内外迥然不同的形态差异，也使广州旧城呈现高度混杂与高强度的演变趋势。

结论三：广州旧城的形态演变中客观存在城市边缘带扩张、形态单元的继承、演替与分裂、形态周期、形态多样化等规律

通过整体形态格局演变研究，发现广州旧城形态扩张过程中客观存在两个城市边缘带：即以计划经济时期的政府划拨用地为主导的城市边缘带I与市场经济时期以村庄建设用地为主导的城市边缘带II。通过形态单元演变研究，发现继承、演替与分裂是其一般演变过程。通过周期性演进规律，发现广州旧城遵循形态原型、初期填充、加速阶段、高潮阶段、衰退阶段5个循环演进过程。通过形态单元尺度、细分地块尺度与建筑尺度的研究，发现广州旧城在小规模渐进式更新主导下呈现的多样化趋势。这些都是通过形态分区研究方法而深入归纳总结的客观规律。

结论四：自组织是广州旧城形态演变重要的内生动力

通过形态分区研究，可以看到1949年以来的广州旧城形态演变呈现明显的自组织特征。本书主要从“自组织演化的路径——功能与形态的循环适配过程”“自组织演化的动力机制——竞争与协同”“自组织演化的空间特征——城市分形”“自组织演化的辩证观——混沌与秩序”4个方面来研究广州旧城演变过程中的自组织机制特征，以揭示自组织内生动力机制影响下广州旧城形态发展的方向。

结论五：结合形态类型与自组织机制，建立多元目标导向的规划调控机制是有效引导旧城形态合理发展的重要手段

他组织调控是人为干预与引导城市形态合理发展演变的重要手段。通过对现有更新改造政策与城市规划管控对广州旧城形态演变的作用影响评估，本书总结了其存在的主要问题。通过完全的自组织内生动力与完全的他组织外在控制两种模式下的情景评估，揭示了必须结合自组织机制建立他组织调控手段这一客观事实。为此，本书基于经济、社会、历史文化多元目标导向而建立了旧城形态调控的优化体系，提出了政策分区的划分方法与根据形态单元设立更新改造单元的一整套管控体系。这套体系可以把形态控制的要求有效融入现有控规体系中，对完善现有旧城规划管控体系具有重要意义。

二、创新与特色

创新点一：基于康泽恩城镇平面分析方法，结合中国旧城地区具体实际，创新性构建了形态分区的研究框架，为全面理性的探讨中国内城地区的形态演变提供了新的方向。

相对西方国家较为成熟的形态学研究领域，国内大部分城市形态研究还停留于城市内部空间结构研究与街区层面的具象物质空间描述，迫切需要建立一个全面理性的分析

框架。虽然不少对康泽恩的研究与卡吉尼亚的研究已经应该用中国城市，但由于国情的差异，更多的是对比研究与案例研究。本书在充分研究康泽恩城镇平面分析方法基础上，创新性的构建了适于中国旧城地区的形态分区体系，把建筑肌理、街区与整体形态格局3个不同层面的形态研究有机融合在一起，有效的建立了从具象空间到抽象结构的分析框架。这个框架为全面理性的探讨中国内城地区的形态演变提供了新的方向。

创新点二：在城镇平面分析中运用Arcgis分析技术，采用定量分析与大规模个案研究相结合的方法，创新性划定了不同时期广州旧城的形态单元与形态区域，为形态演变的实证研究提供了新的技术方法。

在形态分区的研究中，本书通过Arcgis系统与地形矢量信息，建立了不同年代的建筑信息库，以此为基础可以对形态演变进行大量定量分析。这一应用在广州旧城的形态分区中得到了较好的效果。Arcgis分析技术在城镇平面分析中的应用有效弥补了其只适用于较小研究范围与人工比对的弊端，开拓了其未来的研究领域。

创新点三：把自组织机制引入城市形态演变研究当中。在功能与形态适配研究、竞争协同机制研究、城市分形研究方面，都采取了相应的理论方法，保证了研究的科学性、规范性与深度。

在系统动力学引入国内后，自组织机制研究已经引起广泛兴趣。但鉴于历史数据的缺乏与研究方法的不足，针对城市形态自组织的科学研究还比较少。基于形态分区的形态演变特征研究为自组织机制研究提供了良好的基础。针对自组织机制的几个重点方面，本书均进行了一定深度的科学研究。如对于经济竞争协同机制，本书运用地租空间数据与形态分区的符合性分析，以揭示经济区位的竞争协同与形态演变的内在关系。对于社会竞争协同机制，本书运用不同时期人口结构对比与人口住宅选址调查数据，深入研究社会空间竞争与形态演变的关系。对于城市分形研究，本书采用网格法与边界维数法，对旧城全区、形态单元、建筑功能等不同层面进行分形特征研究。这些科学方法的应用，保证了自组织研究的科学性与规范性，保证了研究的深度。

创新点四：结合形态分区与自组织研究提出一系列规划调控优化措施，特别是创新性提出制定旧城政策分区与更新改造单元的规划管控方法，对提升现有旧城地区规划管控水平具有实践意义。

有效的规划调控是引导旧城形态合理演变的重要手段。本书在形态分区与自组织机制研究基础上，提出了一系列规划调控优化措施。特别是创新性地提出了制定旧城政策分区与基于形态单元设定更新改造单元的规划管控方法。通过形态原型识别、形态控制要素提炼、形态控制模块制定、与控规指标融合几个步骤，把形态分区与形态控制有效地结合起来。这一方法可以弥补现有控制性详细规划对旧城管控不足的状况，对提升现有旧城地区规划管控水平具有较强的实践意义。

创新点五：多学科的研究方法与研究理论运用

本书采用了城镇平面分析、建筑类型学等形态学研究方法，也运用了系统理论、自组织理论、地租理论、生态位竞争理论、设计干预理论等多学科理论方法，增强了实证研究的科学性。

三、进一步讨论与研究的问题

1. 基于不同城市特征的形态单元划定研究

划定适合中国城市的形态单元是形态分区工作的重要基础。在符合前文所述的边界稳定性、适合分别率与反映形态结构联系 3 项基本特征外，由于各个城市的具体情况不同，研究对象尺度不同，形态单元的具体标准可能存在差异。本书针对广州旧城的具体案例提出了形态单元的划定标准，为将形态分区的方法推广到其他城市，应在今后的研究中选取不同类型的城市进行比较分析，以更加明确不同城市的形态单元构成要素与划定标准。

2. 形态单元三维演变的深化研究

基于城镇平面分析的形态分区研究侧重于形态二维层面的形态类型识别。下一步在针对特定形态单元演变的深化研究中，可以加强建筑三维空间组合、建筑立面、街巷尺度、内部开敞空间等方面的研究。应进一步把建筑类型学与城镇平面分析相结合，更多的反映形态单元内在的要素特征。

3. 基于 CA 的情景模拟研究

目前基于 CA 的情景模拟研究主要应用于城市外部拓展方面，而在城市内部更新演替研究方面应用还很少。形态分区为这一领域的拓展提供了基础。在进一步深化研究中，可以考虑以形态单元为对象进行 CA（元胞自动机）的定量模拟研究。通过综合考虑建筑残值、区位价值、业态竞租能力、交通站点影响等方面因素，建立模拟模型。通过不同类型形态单元的 CA 模拟，最终得出整个旧城地区的演变模拟情况。这种模拟分析可以使城市形态分析进入一个更为科学、定量与可预测的阶段。

4. 基于形态单元的规划管控深化研究

形态单元建立了形态管控与用地管控之间的联系。本书提出了根据形态单元设定更新改造单元，通过类型控制方法制定更新改造单元模块的方法，从而与现有控制性详细规划有效结合。基于形态单元的规划管控还有很多方面需要进一步研究，例如更新改造单元模块的制作就是一项系统工程，需考虑的因素很多。此外，以形态单元为对象的建筑类型配比研究、微气候研究、多样性研究等都值得深入探讨，因为这些都是未来城市管控需重点面对的问题。

总之，本书为中国旧城地区的形态演变研究提供了一个新的视角，以此为基础还有很多方面值得深入探讨。随着研究的继续，我们对中国城市形态的本质了解会更为深刻。

参考文献

一、英文文献

[1] B Gauthiez. The history of urban morphology [J]. Urban Morphology，2004，8（2）.

[2] A V Moudon. Urban morphology as an emerging interdisciplinary field [J]. Urban Morphology，1997（1）.

[3] J Castex. Histoire de la forme urbaine [C]//J Castex，J –L Cohen，J –Ch Depaule. Histoire Urbaine，Anthropologie Delespace. Paris: Centre National de la Recherche Scientifique，1995.

[4] O Schluter. Uber den Grundriss der Stadte [J]. Z Ges Erdk Berl，1899（34）.

[5] R J Johnston. 人文地理学词典 [M]. 柴彦威，等译 . 北京：商务印书馆，2004.

[6] J W R Whitehand. Background to the urban morphologenetic tradition [C]//J W R Whitehand. The urban landscape: historical development and management: papers by M. R. G. Conzen. London，England: Academic Press，1981.

[7] B Hofmeister. The study of urban form in Germany [J]. Urban Morphology，2004，8（1）.

[8] P J Larkham. The study of urban form in Great Britain [J]. Urban Morphology，2006，10（2）.

[9] M Darin. The study of urban form in France [J]. Urban Morphology，1998，2（2）.

[10] M R G Conzen. Alnwick，Northumberland: a study in town-plan analysis[J]. Transactions and Papers（Institute of British Geographers），1960.

[11] J Gilliland，P Gauthier. Mapping urban morphology: A classification scheme for interpreting contributions to the study of urban form [J]. Urban Morphology，2006，10（1）.

[12] C P Lo. The application of geospatial technology to urban morphological research[J]. Urban Morphology，2007，12（2）.

[13] A E J Morris. History of Urban Form [M].London: Pearon Education Limited，1994.

[14] P J Larknam. The study of urban form in Great Britain[J]. Urban Morphology，2006，10（2）.

[15] P J Larknam. Urban morphology and typology in the United Kingdom [C]// Attilio Petruccioli. Typological Process and Design Theory，1998.

[16] C Dyer，T R Slater. The Midlands [C]// D M Palliser. The Cambridge urban history of Britain I. Cambridge: Cambridge University Press，2000.

[17] D M Palliser，T R Slater，P Dennison. The topography of towns 600-1300 [C]// D M Palliser. The

Cambridge urban history of Britain I. Cambridge: Cambridge University Press, 2000.

[18] T R Slater. The south-west of England [C]// D M Palliser. The Cambridge urban history of Britain I. Cambridge: Cambridge University Press, 2000.

[19] T R Slater. English medieval towns with composite plans: evidence from the Midlands [C]// T R Slater. The Built Form of Western Cities. Leicester, England: Leicester University Press, 1990.

[20] K D Lilley. Taking measures across the medieval landscape: aspects of urban design before the Renaissance [J]. Urban Morphology, 1998, 2（2）.

[21] T R Slater. Geometry and medieval town planning [J]. Urban Morphology, 1999, 3（2）.

[22] A J Srase. Development and change in burgage plots: the example of Wells [J]. Journal of Historical Geography, 1989（15）.

[23] T R Slater. Ideal and reality in English Episcopal medieval town planning [J]. Transactions of the Institute of British Geographers NS, 1987（12）.

[24] P J Larkham. Changing conservation areas in the English midlands: evidence from local planning records [J]. Urban Geography, 1988（9）.

[25] M Freeman. Commercial building development: the agents of change [C]// T R Slater. The Built Form of Western Cities. Leicester, England: Leicester University Press, 1990.

[26] P J Larkham. Agents and types of change in the conserved townscape [J]. Transactions of the Institute of British Geographers NS, 1988（13）.

[27] T R Slater. Family, society and the ornamental villa on the fringes of English country towns [J]. Journal of Historical Geography, 1978（4）.

[28] J W R Whitehand, C M H Carr. The creators of England' s inter-war suburbs [J]. Urban History, 2001（28）.

[29] M R G Conzen. Historical townscapes in Britain: a problem in applied geography [C]// J W R Whitehand. The Urban Landscape: Historical Development and Management: Papers by M. R. G. Conzen. London, England: Academic Press, 1981.

[30] P J Larkham. Conserving the suburb: mechanisms, tensions, and results [C]// K. Slonilov, B C Scheer. Suburban form: an international perspective. London, England: Routledge, 2004.

[31] M R G Conzen. The growth and character of Whitby [C]// G H J Daysh. A Survey of Whitby and the Surrounding Area. Eton, England: Shakespear Head Press, 1958.

[32] P Steadman, F Brown, P Rikaby. Studies in the morphology of the English building stock [J]. Environment and Planning B, 1991（18）.

[33] F E Brown, J P Steadman.The analysis and interpretation of small house plans: some contemporary examples [J]. Environment and Planning B, 1987（14）.

[34] S Holtier, J P Steadman, M G Smith. Three-dimensional representation of urban built form in a GIS [J]. Environment and Planning B, 2000（27）.

[35] C P Lo. The application of geospatial technology to urban morphological research [J]. Urban Morphology, 2007, 12（2）.

[36] Chengzhi Peng, Davad C Chang, B Jones. On an alternative framework for building virtual cities: supporting urban contextual modlling on demand [J]. Environment and Planning B, 2002（29）.

[37] M Batty, P A Longley. Fractal cities: a geometry of form and function [M]. London: Academic Press, 1994.

[38] B Hillier. The common language of space: a way of looking at the social, economic and environmental functioning of cities on a common basis [J/OL]. [1998]. http: // www. Spacesyntax. Org/ publications/ commonlang. Html.

[39] B Hillier. Space is the machine [M]. Cambridge, Britain: Cmbridge University PRESS, 1996.

[40] P J Hubbard. Professional v sly tastes in design control-an empirical investigation [J]. Planning Practice and Research, 1994（9）.

[41] J W R Whitehand. Conzenian ideas: extension and development [C]// J W R Whitehand. The Urban Landscape: Historical Development and Management: papers by M. R. G. Conzen. London, England: Academic Press, 1981.

[42] J W R Whitehand. Townscape management ideal and reality [C]// T R Slater. The built form of Western cities. Leicester, England: Leicester University Press, 1990.

[43] P Jones. Historical continuity and post-1945 urban redevelopment: the example of Lee Bank, Birmingham, UK [J]. Planning Perspectives, 2007（19）.

[44] P J Larkham. Reconstructing the industrial town: warime Wolverhampton [J]. Urban History, 2002(29).

[45] M R G Conzen. Geography and townscape conservation [C]// J W R Whitehand. The Urban Landscape: Historical Development and Management: Papers by M. R. G. Conzen. London, England: Academic Press, 1981.

[46] M R G Conzen. The plan analysis of an English city Centre [C]// J W R Whitehand. The Urban Landscape: Historical Development and Management: Papers by M. R. G. Conzen. London, Engliand: Academic Press, 1981.

[47] K S Kropf. Urban tissue and the character of towns [J]. Urban Design International, 1996（1）.

[48] S Kostof. The City Shaped: Urban Patterns and Meaning through History [M]. London: Thames & Hudson, 1991.

[49] P J Larkham, Conservation and the management of historical townscapes [C]// T R Slater. The Built Form of Western Cities. Leicester England: Leicester University Press, 1990.

[50] N J Baker, T R Slater. Morphological regions in English medieval towns [C]// J W R Whitehand, P J Larkham. Urban Landscapes: International Perspectives. London, Britain: Routledge, 1992.

[51] M R G Conzen. Alnwick, Northumberland: a study in town-plan analysis [J]. Transactions and Papers (Institute of British Geographers), 1960.

[52] J W R Whitehand, N J Morton. Fringe belts and the recycling of urban land: an academic concept and planning practice [J]. Environment and Planning B, 2003（30）.

[53] J w r Whitehan, N J Morton. Urban morphology and planning [J]. Cities, 2004, 21（4）.

[54] M R G Conzen. Morphogenesis, morphological regions and secular human agency in the historic townscape, as exemplified by Ludlow [C]// D Denecke, G Shaw. Urban Historical Geography. Cambridge, England: University Press, 1988.

[55] J Springett. Landowners and urban develop ment; the Ramsden Estate and nineteenth-century Huddersfield [J]. Journal of Historical Geography, 1982（8）.

[56] B Gauthiez. The history of urban morphology[J]. Urban Morphology，2004，8（2）.

[57] BATTY M，LONGLEY P.Fractal Cities:A geometry of form and function[M].London:Academic Press，1994.

二、中文著作书籍

[58] 武进 . 中国城市形态 : 结构、特征及其演变 [M]. 南京：江苏科学技术出版社，1990.

[59] 梁江，孙晖 . 模式与动因——中国城市中心区的形态演变 [M]. 北京：中国建筑工业出版社，2007.

[60] 白友涛，陈赟畅 . 城市更新社会成本研究 [M]. 南京：东南大学出版社，2008.

[61] 周霞 . 广州城市形态演进 [M]. 北京：中国建筑工业出版社，2005.

[62] 段进 . 城市空间发展论 [M]. 南京：江苏科学技术出版社，2006.

[63] 段进，B. Hillier，邵润青，等 . 空间句法与城市规划 [M]. 南京：东南大学出版社，2007.

[64] 林耿，周锐波 . 大城市商业业态空间研究 [M]. 北京 : 商务印书馆，2008.

[65] 熊国平 . 当代中国城市形态演变 [M]. 北京 : 中国建筑工业出版社，2006.

[66] 陈泳 . 城市空间 : 形态、类型与意义——苏州古城结构形态演化研究 [M]. 南京 : 东南大学出版社，2006.

[67] 阳建强，吴明伟 . 现代城市更新 [M]. 南京 : 东南大学出版社，1999.

[68] 简・雅各布斯 . 美国大城市的死与生 [M]. 北京：译林出版社，2005.

[69] 阿尔温・托夫勒 . 第三次浪潮 [M]. 北京：中信出版社，2006.

[70] 段进，邱国潮 . 国外城市形态学概论 [M]. 南京：东南大学出版社，2009.

[71]（美）凯文・林奇 . 城市形态 [M]. 林庆怡，等译 . 北京 : 华夏出版社，2001.

[72] 沈克宁 . 建筑类型学与城市形态学 [M]. 北京：中国建筑工业出版社，2010.

[73] 曾菊新 . 空间经济：系统与结构 [M]. 武汉：武汉出版社，1996.8.

[74] 于一凡 . 城市居住形态学 [M]. 南京：东南大学出版社，2010.

[75] 张京祥，城镇群体体空间组合 [M]. 南京：东南大学出版社，2000.

[76] 傅崇兰，杨重光，刘维新，史为乐 . 广州城市发展与建设 [M]. 北京：中国社会科学出版社，

1999.
[77] 广州城市规划发展回顾编纂委员会 . 广州城市规划发展回顾 [M]. 广州：广东科技出版社，2006.
[78] 曾昭璇 . 广州历史地理 [M]. 广州：广东人民出版社，1991.
[79] 华揽洪 . 重建中国城市规划三十年 1949-1979[M]. 北京：三联书店，2006.
[80] 李红卫 . 城市土地使用与管理—以广州为例的研究 [M]. 广东：广东人民出版社，2013.
[81] 陈鹏 . 中国土地制度下的城市空间演变 [M]. 北京：中国建筑工业出版社，2009.
[82] 张勇强 . 城市空间发展自组织与城市规划 [M]. 南京：东南大学出版社，2006.
[83]（日）卢原义信 . 隐藏的秩序——东京走过二十世纪 [M]. 台湾：田园城市出版社，1995.
[84] 左正 . 广州：发展中的华南经济中心 [M]. 广州：广东人民出版社，2003.
[85] 汪利娜 . 中国城市土地产权制度研究 [M]. 北京：社会科学文献出版社，2006.
[86]（美）詹姆斯・E・万斯 . 延伸的城市——西方文明中的城市形态学 [M]. 凌霓，潘荣译 . 北京：中国建筑工业出版社，2007.
[87]（德）格哈德・库德斯 . 城市形态结构设计 [M]. 杨枫译 . 北京：中国建筑工业出版社，2008.
[88] 储金龙 . 城市空间形态定量分析研究 [M]. 南京：东南大学出版社，2007.
[89] 胡俊 . 中国城市：模式与演进 [M]. 北京：中国建筑工业出版社，1995.

三、学位论文

[90] 吴敏 . 广州旧城更新与保护研究 [D]. 上海：同济大学，2008.
[91] 魏宏杨 . 城市中心区空间形态的集聚度控制策略初探 [D]. 重庆：重庆大学，2004.
[92] 苏钠 . 近代北京城市空间形态演变研究（1900—1949）[D]. 西安：西安建筑科技大学，2005.
[93] 赵柏洪 . 密度构成策略下的城市空间形态 [D] . 上海：同济大学，2006.
[94] 李厚强 . 广州城市居住空间分异研究 [D]. 广州：暨南大学，2008.
[95] 胡冬冬 . 广州 1949—1978 年住宅规划发展研究 [D]. 广州：华南理工大学，2010.
[96] 孙翔 . 广州民国时期住宅建设 [D]. 广州：华南理工大学，2010.
[97] 刘华刚 . 广州住宅建筑发展演变 [D]. 广州：华南理工大学，2000.
[98] 綦伟琦 . 城市设计与自组织的契合 [D]. 上海：同济大学，2006.
[99] 黄勇 . 城市空间形态的分形研究 [D]. 兰州：兰州大学，2006.

四、中文期刊

[100] 谷凯 . 城市形态的理论与方法：探索全面与理性的研究框架 [J]. 国外规划研究，2001，25（12）.
[101] 栾峰，王忆云 . 城市空间形态成因机制解释的概念框架建构 [J]. 城市规划 2008，32（5）.
[102] 倪天华，左玉辉 . 城市特质空间形态解析——以杭州城市空间形态变迁为例 [J]. 城市问题，2006（2）.

[103] 潘海啸，等 . 城市形态对居民出行的影响——上海实例研究 [J]. 城市交通，2009，7（6）.

[104] 段进 . 城市形态研究与空间战略规划 [J]. 城市规划 .2003，27（2）.

[105] 段进，邱国潮 . 国外城市形态学研究的兴起与发展 [J]. 城市规划学刊 . 2008（5）.

[106] 郑莘，林琳 . 1990 年以来国内城市形态研究述评 [J]. 城市规划，2002，26（7）.

[107] 林炳耀 . 城市空间形态的计量方法及其评价 [J]. 城市规划汇刊，1998（3）.

[108] 易晓峰 . 从地产导向到文化导向——1980 年代以来的英国城市更新方法 [J]. 城市规划，2009，33（6）.

[109] 钟虹滨，钱海容 . 国外城市街道改造与更新研究述评 [J]. 现代城市研究，2009（9）.

[110] 董奇，戴晓玲 . 英国“文化引导”型城市更新政策的实践和反思 [J]. 城市规划，2007，31（4）.

[111] 林耿，许学强 . 广州市商业业态空间形成肌理 [J]. 地理学报，2004（9）.

[112] 陈泳 . 苏州商业中心区演化研究 [J]. 城市规划，2003，27（1）.

[113] 梁江，孙晖 . 中国封建传统商业街区的空间形态及模式分析 [J]. 华中建筑，2006，24（2）.

[114] 吴志强 . 百年西方城市规划理论史纲导论 [J]. 城市规划汇刊，2000（2）.

[115] 霍耀中，谷凯 . 市镇规划分析 : 概念、方法与实践 [J]. 城市发展研究，2005（2）.

[116] 唐子来 . 西方城市空间结构研究的理论和方法 [J]. 城市规划汇刊，1997（6）.

[117] 林耿，李燕 . 历史文化因素对广州市商业业态空间的影响 [J]. 人文地理，2005（4）.

[118] 冯健，周一星 . 中国城市内部空间结构研究进展与展望 [J]. 地理科学进展，2003（3）.

[119] 冯健 . 西方城市内部空间结构研究及其启示 [J]. 城市规划，2005（8）.

[120] 张庭伟 . 1990 年代中国城市空间结构的变化及其动力机制 [J]. 城市规划，2001，25（7）.

[121] 石崧 . 城市空间结构演变的动力机制分析 [J]. 城市规划，2004（1）.

[122] 王颖 . 传统水乡城镇结构形态特征及原型要素的回归 [J]. 城市规划汇刊，2000（1）.

[123] 段险峰，等 . 旧城中心区更新规划的价值取向——以广州市荔湾区更新规划为例 [J]. 城市规划汇刊，1998（4）.

[124] 杨东援，韩皓 . 道路交通规划建设与城市形态演变关系分析——以东京道路为例 [J]. 城市规划汇，2001（4）.

[125] 陶松龄，陈蔚镇 . 上海城市形态的演化与文化魄力的探究 [J]. 城市规划，2001（1）.

[126] 王承慧 . 中等城市中心区空间形态浅析 [J]. 城市规划汇刊，1999（1）.

[127] 何流，崔功豪 . 南京城市空间扩展的特征与机制 [J]. 城市规划汇刊，2000（6）.

[128] 王建国 . 城市空间形态的分析方法 [J]. 新建筑，1994（1）.

[129] 相秉军，顾卫东 . 苏州古城传统街巷及整体空间形态分析 [J]. 现代城市研究，2000（3）.

[130] 叶俊，陈秉钊 . 分形理论在城市研究中的应用 [J]. 城市规划汇刊，2001（4）.

[131] 王建国 . 常熟城市形态历史特征及其演变研究 [J]. 东南大学学报，1994（6）.

[132] 胡海波 . 城市空间演化规律和发展趋势——以常熟为例 [J]. 城市规划，2002（4）.

[133] 阎小培，等 . 广州 CBD 的功能特征与空间结构 [J]. 地理学报，2000（4）.

[134] 曹康，顾朝林 . 西方现代城市规划史研究与回顾 [J]. 城市规划学刊，2005（1）.

[135] 马润潮 . 人文主义与后现代化主义之兴起及西方新区域地理学之发展 [J]. 地理学报，1999（7）.
[136] 吴志强 . 百年西方城市规划理论史纲导论 [J]. 城市规划汇刊，2000（2）.
[137] 梁鹤年 . 精明增长 [J]. 城市规划，2005（10）.
[138] 黄慧明 . Sam Casella.Faicp.PP. 美国“精明增长”的策略、案例及在中国应用的思考 [J]. 现代城市研究，2007（5）.
[139] 刘海龙 . 从无序蔓延到精明增长——美国“城市增长边界”概念述评 [J]. 城市问题，2005（03）.
[140] 王颖 . 信息网络革命影响下的城市——城市功能的变迁与城市结构的重构 [J]. 城市规划，1999（8）.
[141] 江曼琦 . 聚集效应与城市空间结构的形成与演变 [J]. 天津社会科学，2001（04）.
[142] 叶超，蔡运龙 . 地理学思想变革的案例剖析：哈维的学术转型 [J]. 地理学报，2012（01）.
[143] 叶俊，陈秉钊 . 分形理论在城市研究中的应用 [J]. 城市规划汇刊，2001（4）.
[144] 霍耀中，谷凯 . 市镇规划分析：概念、方法与实践 [J]. 国外城市规划，2005（02）.
[145] 田银生，谷凯，陶伟 . 城市形态研究与城市历史保护规划 [J]. 城市规划，2010（4）.
[146] 温锋华，许学强 . 广州商务办公空间发展及其与城市空间的耦合研究 [J]. 人文地理，2011（2）.
[147] 朱晓秋 . 近代广州城市中轴线的形成 [J]. 广东史志，2002（1）.
[148] 梁江，孙晖 . 中国封建传统商业街区的空间形态及模式分析 [J]. 华中建筑，24（2）.
[149] 苏保义 . 建国 35 年以来广州城市住宅建设的发展 [J]. 广州住宅建设，1975（4）.
[150] 许学强，温华锋 .《基于分形理论的特大城市新型产业空间发展演变研究——以广州商务办公空间为例》[J]. 城市发展研究，2010（5）.
[151] 段进，邱国潮 . 租地权周期与微干预规划设计 [J]. 城市规划，2010（08）.
[152] 魏立华，等 . 20 世纪 90 年代广州市从业人员的社会空间分异 [J]. 地理学报，2007（04）.
[153] 闫小培 . 改革开放以来广州城市社会结构变化研究 [J]. 中山大学学报（社会科学版），1999，2.
[154] 陈彦光 . 分形城市与城市规划 [J]. 城市规划，2005（29）.
[155] 王秋平，张琦，刘茂 . 基于分形方法的城市路网交通形态分析 [J]. 城市问题，2007（06）.
[156] 刘宣 . 旧城更新中的规划制度设计与个体产权定义——新加坡牛车水与广州金花街改造对比研究 [J]. 城市规划，2009（08）.
[157] 姜崇洲，王彤 . 试论促进产权明晰的规划管制改革：兼论“城中村”的改造 [J]. 城市规划，2002（12）.
[158] 梁江，孙晖 . 城市土地使用控制的重要层面：产权地块 [J]. 城市规划，2000（06）.

图表索引

致谢

本书是在我博士论文基础上修改完成的。在许多人眼里，广州是一座说不清的城市。相对北京的大气、上海的华丽，广州的印象更多是多元、包容与平民化。在这个因商而生的千年古城，高楼大厦、骑楼街、西关大屋与工人新村以“共生”的方式映射出这个城市的活力与多样化。成行成市的大小商业街、川流不息的客贩商旅印证着这个城市的繁华。1949年以来的近70年是广州旧城更新最快的时期，也是现状城市形态形成的主要时期。对这个时期的城市形态演变规律进行实证研究，有助于正确看待旧城所处的历史阶段，明确城市更新中的“所为”与“所不为”，帮助制定正确的规划与建设方式。

因为一直在规划设计院工作，长期的实践工作让我积累了很多素材与思考，本书的撰写也让我有机会对工作与生活了20多年的城市进行专业探究。6年中，我奔波在广州旧城的街坊巷里，在图纸上记录下岭南的酷暑暖冬，也更深入感受到了这座2200多年历史文化名城的魅力与活力。

感谢我的导师田银生老师对本书的指导。他严谨的学术态度、深厚的学术功底与高尚的品德对我影响至深。感谢华南理工大学的王世福、刘玉亭、汤黎明教授，华南师范大学的朱竑教授，中山大学李郇教授，他们在本书研究过程中给出了有益的指导。感谢华南师范大学陈虹老师。她为本书提供了部分英文文献支持。

感谢广州市国土资源和规划委员会的各位领导与广州城市规划勘测设计研究院的各位同事，他们对我工作的支持使我能顺利完成本书工作。

感谢我的父母和我的太太陈静女士，他们让我没有后顾之忧可以专心于学术研究与本文撰写。感谢我的女儿黄晨歆，刚撰写时她才学会走路，现在已经待上初中，让人感慨岁月如梭。

最后向关心和帮助过我的所有老师、长辈、领导、同学、同事和朋友致以最衷心的感谢！

希望可以在城市形态研究领域继续前行，越行越远。